THE STATE-OWNED CAPITAL CARRIER

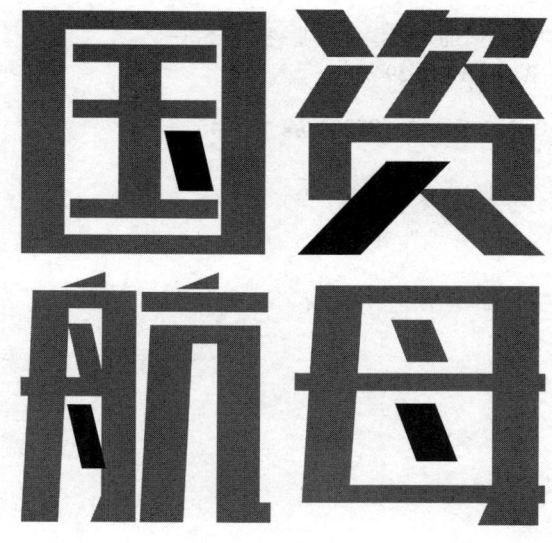

国有资本投资公司改革
探索与实践

—— 张 军 ◎ 著 ——

中国经济出版社
CHINA ECONOMIC PUBLISHING HOUSE

·北京·

图书在版编目（CIP）数据

国资航母：国有资本投资公司改革探索与实践／张军著．--北京：中国经济出版社，2023.7
ISBN 978-7-5136-7351-8

Ⅰ．①国… Ⅱ．①张… Ⅲ．①国有企业-投资公司-国企改革-研究-中国 Ⅳ．①F832.39

中国国家版本馆 CIP 数据核字（2023）第 104945 号

策划编辑	崔姜薇
责任编辑	张　博
责任印制	马小宾
封面设计	任燕飞装帧设计工作室

出版发行	中国经济出版社
印 刷 者	北京富泰印刷有限责任公司
经 销 者	各地新华书店
开　　本	710mm×1000mm　1/16
印　　张	23
字　　数	368 千字
版　　次	2023 年 7 月第 1 版
印　　次	2023 年 7 月第 1 次
定　　价	98.00 元

广告经营许可证　京西工商广字第 8179 号

中国经济出版社 网址 www.economyph.com 社址 北京市东城区安定门外大街 58 号 邮编 100011
本版图书如存在印装质量问题，请与本社销售中心联系调换（联系电话：010-57512564）

版权所有　盗版必究（举报电话：010-57512600）
国家版权局反盗版举报中心（举报电话：12390）　　服务热线：010-57512564

谨以此书献给我的母校

中央财经大学　中国人民大学

序 言
PREFACE

国有资本投资公司改革任重道远前景光明

孙国辉[①]

支持有条件的国有企业改组组建为国有资本投资公司,是党的十八届三中全会提出的重大战略部署。作为一项持续推进的改革任务,深化国有资本投资公司改革,科学合理界定政府及国资监管机构、国有资本投资公司、所持股企业的权利边界,被写入了国家"十四五"规划和2035年远景目标纲要。国有资本投资公司改革,上接国资改革、下接国企改革,是一项具有聚合效应的综合性改革,是解决国企改革发展深层次问题的一项创新性工程,意义重大,任务艰巨。国有资本投资公司没有现成的示范样板,改革中的挑战大、难度大。经过近十年的探索实践,从试点先行到规范设计,再到持续深化,沿着正确的改革方向闯出了一条新路,对国有资本完善管理体制、改进运行机制、优化布局结构发挥了重要作用,在我国国企改革发展史上具有里程碑意义。尽管试点企业大力探索,但此项改革仍未取得最终胜利。为方便国资监管机构和国有企业更好地支持、推动、深化此项改革,将中央的部署要求进一步落实到位,系统总结既往改革经验做法、典型模式,很有意义。

张军自研究生毕业后入职五矿集团,从基层业务员干起,直至肩负集团职能管理工作,是五矿集团开展国有资本投资公司改革的参与者、贡献者,也是中央企业国有资本投资公司改革的见证者、参谋者,亲身经历了国有资本投资公司剥茧而出、蜕变发展的全过程。国有企业是中国特色社

---

① 中央财经大学商学院教授、博士生导师,享受国务院政府特殊津贴。曾任中央财经大学副校长、商学院院长。

会主义市场经济的顶梁柱和压舱石，如何将国有企业建设好、发展好，在过去70多年里我们进行了全方位的探索。在改革开放40多年中，国有企业改革经历了放权让利、两权分离、建立现代企业制度、建立现代产权制度等多个阶段。其中也包含了党的十八大后的深化国企改革的重点任务之一——完善国资监管体制。总的来看，改革的趋势是国有企业与市场经济越来越融合，越来越体现中国特色社会主义市场经济和中国式现代化的要求，改革的成效是国有企业和国有资本越来越发展壮大。国有企业以市场原则为基础，通过企业经营行为，服务落实国家战略。张军的研究回顾了这一过程，这对未来坚定改革信念、推动国企高质量发展，具有积极作用。

  国有资本投资公司要强化体制创新，打造更加符合我国国情的国资国企管理体制，进而更好地推进国有资本布局优化和结构调整，为发挥战略支撑作用作出新的更大贡献。国有资本投资公司的目标模式是什么模样？如何通过改革促进国有资本投资公司模式更加成熟？张军在工作中通过不断思考和总结归纳，努力把改革实践中的经验理论化、结构化，提炼出一套具有推广价值的实践模型和实战打法，形成了国有资本投资公司改革"七步法"，犹如一本实用手册，步骤清晰、举措务实。其中所涉及的重大改革实践问题，比如：习近平新时代中国特色社会主义思想，特别是习近平经济思想，如何在国有资本投资公司改革实践中具体应用，体现高质量发展？一家普通国企如何申请成为国有资本投资公司试点，如何进行试点准备、做好顶层设计？国有资本投资公司如何贯彻"以管资本为主"的监管导向，如何评估子企业成为"五自"独立市场主体的进展程度，通过哪些有效途径和策略能真正激发企业活力？国有资本投资公司如何不断增强产业投资人、资本管理者的意识，用足用好产业经营和资本运作"两个引擎"，带动整个行业提升国际竞争力和抗风险能力？等等。张军基于改革实践与自己的亲身经历，对诸如此类的问题进行了系统阐述，其中也包含了自己的很多思考和见解。与此同时，国有资本投资公司还是一块综合改革试验田，虽然本书内容是以投资公司改革为主线，但也让我们从深化国企改革的全景视角，看到了集团总部改革、混合所有制改革、市场化机制改革、结构优化、资本运作、党的建设等各个重要领域和环节的改革思路、原则和方法。总之，张军务实的研究，其归纳、总结、提炼、思考及所形成的观点，对未来国有资本投资公司的改革具有较高的参考价值。

作为一位从事国企管理与改革工作的专业人员,张军突出的特点在于,强烈的使命感和责任感,不断学习,追求进步,善于思考,勇于创新,持续探索。正是基于此特点,伴随着繁忙的日常工作,是他利用大量的业余时间对相关问题进行系统归纳总结与深入思考研究,从而形成了呈现在读者面前的这一专著。国有资本投资公司改革是一项极具探索性、创新性的改革,任重而道远,但前景光明、未来可期。通过张军的研究和思考,我们可以清楚地看到国有企业特别是中央企业改组成为国有资本投资公司可能遇到的挑战,了解其攻坚克难的探索实践过程,掌握其中的宝贵经验和应对之策,看到其中的创新实践与创新理论。

此书非常适合有志成为国企一员的年轻学子以及从事国资国企管理工作和研究工作的同仁学习、参阅。期待张军未来有更多的研究成果呈现给大家!也相信不断改革与发展的国有资本投资公司必将成为中国国有企业迈向世界一流企业的有效发展模式。

前 言
FOREWORD

改组组建国有资本投资公司是2013年党的十八届三中全会对国企改革提出的重大理论创新和实践命题，是中国特色社会主义新时代以管资本为主改革和完善国有资产管理体制、调整优化国有资本布局结构的中心环节和关键抓手。

国有资本投资公司是党在经济领域的航空母舰，不惧任何风高浪急，坚定捍卫国家经济安全。它是体制隔板平台，作为政府与一般国有企业之间的中观组织，实现国有资本所有权与经营权有效分离，犹如托起舰载机的航母在大海上纵横驰骋；它是资本运作平台，按照国有资本布局结构调整要求展开常态化重组整合、剥离脱售，犹如航母团队落实作战任务实施一系列专业操作；它是产业发展平台，投资引领各类产业组合和行业领军企业迈向高质量发展，犹如航母带领着驱逐舰、巡洋舰、护卫舰、补给舰和潜艇等共同组成航母战斗群。随着改革实践深入推进，我国的一艘艘钢铁航母、材料航母、矿业航母、航运航母、民生航母等横空出世，交付入列。

国有资本投资公司改革没有教科书现成答案。自2014年启动试点以来，先后有19家中央企业、140多家地方国企开展了国有资本投资公司改革探索。经过10年的理论实践探索，特别是"国企改革三年行动"以来，涌现出了一大批先进代表企业，总结出了一批经验做法和典型模式，为国有资本投资公司改革发展奠定了坚实基础。国有资本投资公司改革是当前国有企业改革的热点话题，不少专家学者作了一定研究，但主要基于政策研究和典型案例形成汇编，缺乏系统性的理论思考、模型设计和实战策略。

本书以国有资本投资公司为研究对象，重点围绕建设什么样的国有资本投资公司、如何建设国有资本投资公司等问题，以习近平新时代中国特色社会主义思想为指导，遵循习近平经济思想，结合中央企业国有资本投资公司多年改革探索，从理论指导、政策体系、实践模型、实施路径、典型案例等方面进行了系统性、创新性的总结归纳，为国有资本投资公司改革发展模式更加成熟定型提供了方向与策略参考。这是一本关于国有资本投资公司改革的"百科全书"，全面涵盖各项改革要件；也是一本关于国有资本投资公司建设的"操作手册"，重在实战操作落地；更是一幅关于国企改革的"时代画卷"，生动展现新时代国企改革的实践成果。

本书共分四个部分，从理论到实践成为一个有机整体。第一部分理论篇，从国有资本投资公司的概念出发，阐述了国有资本投资公司对国资国企改革体制创新、布局优化、机制革命的重大意义和实践进展，在回顾马克思主义政治经济学基本原理的基础上，重点剖析习近平经济思想、习近平总书记关于国有企业改革发展和党的建设的重要论述对国有资本投资公司改革的引领指导，概述西方经济学和管理学有关理论参考借鉴。第二部分方向篇，通过梳理企业集团、授权经营、国资监管体制的改革历史，在解读"1+N"相关政策文件的基础上，提出国有资本投资公司的实践模型，详细描述国有资本投资公司的核心功能（干什么用）、基本画像（长什么样），归纳分析两种不同类型国有资本投资公司（产业主导型投资公司、产业引导型投资公司）的特点，并浅析国有资本投资公司同国有资本运营公司、产业集团公司的区别。第三部分路径篇，创新提出国有资本投资公司改革的七个步骤方法（以下简称改革"七步法"），为理论和政策落地提出了具体实施路径，在每个步骤中给出具体的操作策略，并对国有资本投资公司的集团总部设计、"五自"独立市场主体的量化标准、授权放权的原则方法、五化一体的投资运营模式等提出了思考。当然，改革"七步法"不必按照绝对的先后顺序串联推进，试点企业可结合自身实际，总体考虑、统筹推进、相机而动。第四部分案例篇，以试点转正的代表企业和独具特色的典型案例深度剖析，总结提炼主要做法和经验启示。同时，在论述改革"七步法"中，辅以33个"微案例"，对重要领域和关键环节的改革举措如何落实落细给予实战参考，增进读者理解。

未来，国有资本投资公司、国有资本运营公司、产业集团公司三类国家出资企业的格局将更加鲜明。国有资本投资公司将履行更光荣、更重要的使命职责，发挥更突出、更专业的功能作用。本书写作的初衷就是，为国有资本投资公司改革发展模式更加成熟定型提出一些思考，为改革一线的促进派和实干家们贡献一份参考，为各界人士对国有资本投资公司的建设性探讨抛砖引玉。本书适合国有资本投资公司改革的实践者、研究者等专业人士阅读，也适合关注国企改革发展的干部员工参考之用，以及经济管理类在校本科生、研究生、MBA等作为国企改革发展的辅导教材使用。鉴于作者水平有限，请大家对书中不当之处批评指教。

欲戴王冠，必承其重。国有资本投资公司是经济领域的大国重器，其改革历程可能充满荆棘、历尽艰辛，虽不能一蹴而就，但必将不辱使命、改革成功。在习近平新时代中国特色社会主义思想的指引下，在国务院国资委、财政部、发展改革委等主管部门的指导推动下，在相关企业的务实奋斗、开拓创新中，国有资本投资公司改革一定能更加成熟定型，为深化国资国企改革发挥更大贡献。

张 军

2023年5月10日

目 录 CONTENTS

第一部分 理论篇

第一章 问题的提出 ……………………………………………………… 003
 第一节 国有资本投资公司改革的主要背景 ……………………… 003
 第二节 国有资本投资公司改革的重大意义 ……………………… 004
 第三节 国有资本投资公司改革的重要进展 ……………………… 007

第二章 国有资本投资公司改革的理论基础 …………………………… 011
 第一节 以马克思主义政治经济学基本原理为重要基础 ………… 011
 第二节 以习近平经济思想为根本遵循 …………………………… 014
 第三节 以习近平总书记关于国企改革发展和党的建设的重要论述为行动指南 ……………………………………………………… 019
 第四节 以西方经济学和管理学相关理论为借鉴参考 …………… 028

第二部分 方向篇

第三章 国有资本投资公司改革的历史脉络 …………………………… 039
 第一节 企业集团母公司是国有资本投资公司的微观法人基础 … 039
 第二节 国有资本授权经营是国有资本投资公司的基本责权依托 … 045
 第三节 国有资产管理体制是国有资本投资公司的宏观体系框架 … 053

第四章 国有资本投资公司改革的顶层设计 …………………………… 056
 第一节 新时代改革和完善国有资产管理体制的总体部署 ……… 057
 第二节 新时代国有资本授权经营体制改革的推进策略 ………… 060
 第三节 新时代探索国有资本投资公司改革的总体要求 ………… 063

第五章　国有资本投资公司的实践模型 075
第一节　国有资本投资公司功能作用 075
第二节　国有资本投资公司基本画像 076
第三节　国有资本投资公司主要类型 083
第四节　与国有资本运营公司、一般产业集团公司的区别 084

第三部分　路径篇

第六章　步骤1　改组组建国有资本投资公司 091
第一节　申请改革试点 091
第二节　遴选确定试点 094
第三节　制定试点实施方案 096
第四节　批复试点实施方案 103

第七章　步骤2　建设中国特色现代企业制度 105
第一节　健全有效制衡的治理结构 105
第二节　建立系统规范的治理制度体系 108
第三节　健全协调运转的运行机制 115

第八章　步骤3　塑造真正独立市场主体 120
第一节　建立独立市场主体的实践标准，让改革有的放矢 120
第二节　优化子企业股权结构，引入积极股东 124
第三节　健全子企业法人治理，夯实授权基础 132
第四节　深化干部人事制度改革，建设高素质干部人才队伍 137
第五节　深化薪酬分配制度改革，优化薪酬结构强化正向激励 141
第六节　尊重竞争中性原则，共同塑造国企优胜劣汰外部环境 142

第九章　步骤4　重塑集团组织体系和管理体系 146
第一节　以"小总部"为方向调整功能定位 146
第二节　国有资本投资公司集团组织体系 149
第三节　国有资本投资公司战略管理体系 164
第四节　国有资本投资公司人力资源管理体系 170
第五节　国有资本投资公司全面风险管理体系 173
第六节　国有资本投资公司党建工作体系 177

第十章　步骤5　建立适应以管资本为主的集团管控模式 …………… 181
第一节　优化集团管控模式是解决两层关系问题的关键环节 ……… 181
第二节　国有资本投资公司集团管控的目标、原则与路径 ………… 182
第三节　积极稳妥对子企业授权放权 …………………………………… 183
第四节　建立健全集团"大监督"体系 ………………………………… 195

第十一章　步骤6　以"大产业"为方向建立一强多精的业务组合 … 198
第一节　突出集团主责主业，构建核心产业基本业务体系 ………… 199
第二节　优化内部布局结构，发挥供给侧结构性改革引领作用 …… 206
第三节　推动行业并购整合，提升产业全球竞争力和影响力 ……… 211

第十二章　步骤7　建立市场化的投资运营模式 ……………………… 217
第一节　多元化的投资融资模式 ………………………………………… 217
第二节　体系化的产业培育模式 ………………………………………… 234
第三节　常态化的流转退出模式 ………………………………………… 239
第四节　商业化的科技创新模式 ………………………………………… 247
第五节　协同化的产融结合模式 ………………………………………… 253

第四部分　案例篇

第十三章　国家开发投资集团有限公司案例 ……………………………… 263
第十四章　中国宝武钢铁集团有限公司案例 ……………………………… 274
第十五章　中国五矿集团有限公司案例 …………………………………… 286
第十六章　中国建材集团有限公司案例 …………………………………… 298

附　录

附录1　国务院关于推进国有资本投资、运营公司改革试点的实施意见 …… 311
附录2　国务院关于印发改革国有资本授权经营体制方案的通知 …………… 319
附录3　国务院关于改革和完善国有资产管理体制的若干意见 ……………… 327
附录4　关于印发《国务院国资委授权放权清单（2019年版）》的通知 …… 333
附录5　中央企业国有资本投资公司改革试点企业名单 ……………………… 338
参考文献 …………………………………………………………………………… 339
后记 ………………………………………………………………………………… 347

01 | 第一部分
理论篇

第一章 问题的提出

第一节 国有资本投资公司改革的主要背景

改组组建国有资本投资公司,是党中央、国务院在中国特色社会主义新时代提出的国资国企改革重大命题,是我国国有企业改革发展史上的重大理论创新和实践创新,是新阶段国资国企改革的一项标志性工程。

2013年,习近平总书记在党的十八届三中全会上提出,以管资本为主加强国有资产监管,改革国有资本授权经营体制,组建若干国有资本运营公司,支持有条件的国有企业改组为国有资本投资公司。全会审议通过了《中共中央关于全面深化改革若干重大问题的决定》,"国有资本投资公司"的概念首次出现在中央文件中,标志着国资国企改革新时代开启新视角、迎来新任务。

2015年,中共中央、国务院印发《关于深化国有企业改革的指导意见》(中发〔2015〕22号,以下简称中发22号文),进一步部署改组组建国有资本投资、运营公司,探索有效的运营模式。作为新时代国企改革的顶层设计,中发22号文从两个维度对国有资本投资公司作了清晰的界定。一是在国资监管体制中的定位,即授权经营的出资人,国有资产监管机构授权国有资本投资公司对授权范围内的国有资本履行出资人职责;二是在经济发展中的定位,国有资本投资公司是产业发展的投资人,作为国有资本市场化运作的专业平台,国有资本投资公司重点发挥投资功能,依法自主开展国有资本运作,按照责权对应原则承担国有资产保值增值责任。

国有资本投资公司上接国资改革、下联国企改革,在国资国企改革总体框架中发挥着承上启下的中枢作用。国有资本投资公司改革既是深化国企改革的关键一招,也是国资国企改革的关键环节。国有资本投资公司在新时代国企改革中的方位坐标,如图1-1所示。

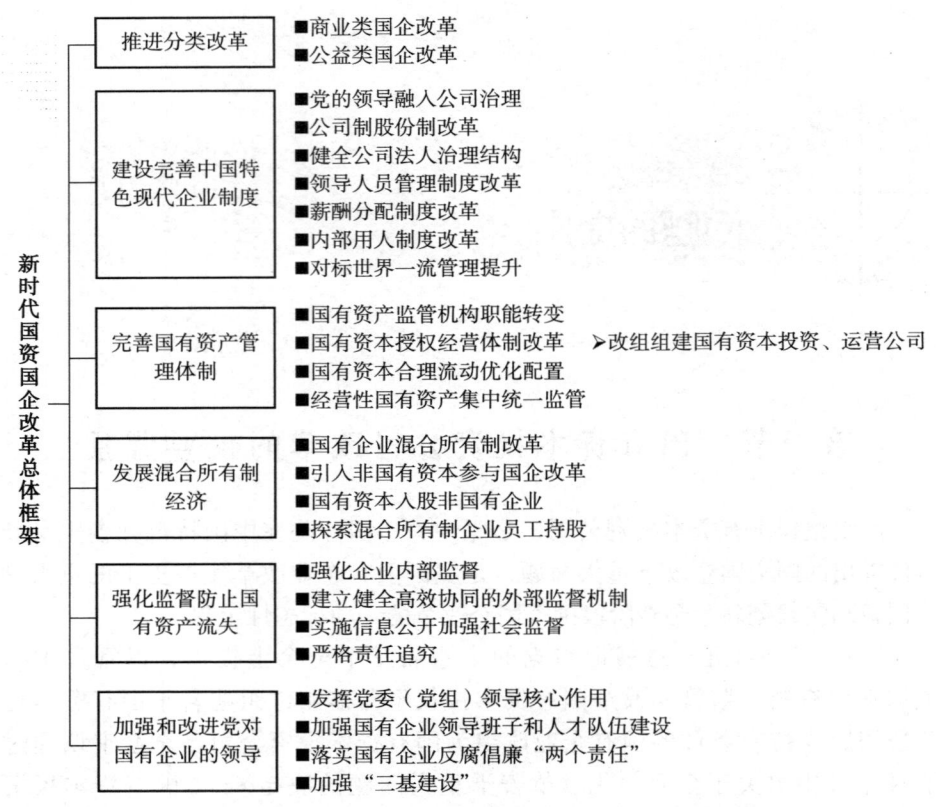

图 1-1 国有资本投资公司在新时代国企改革中的方位坐标

第二节 国有资本投资公司改革的重大意义

改革是由问题倒逼而产生，又在不断解决问题中深化的。经过改革开放40多年的改革发展，我国国有企业已经同市场经济相融合。习近平总书记指出："我国国有企业为我国经济社会发展、科技进步、国防建设、民生改善作出了历史性贡献，功勋卓著，功不可没。"[①] 但也存在一些仍待解决的突出矛盾和问题，如国资监管体制有待完善、中国特色现代企业制度有待健全、市场化机制还不够灵活、国有资本配置和运行效率有待提高、国有资本布局有待进一步优化等。面对这些问题，以习近平同志为核心的党中央高瞻远瞩、审时度势，作出一系列新的重大决策部署。国有资本投资公司应运而生，为

---

① 中共中央宣传部，国家发展和改革委员会. 习近平经济思想学习纲要 [M]. 北京：人民出版社，学习出版社，2022：73-74.

解决国企改革三个重要问题提供了新视角、新抓手，具有重要的现实意义和深远的历史意义。

一、推动体制创新

国有资本投资公司改革是以管资本为主完善国资监管体制、改革国有资本授权经营体制的创新性举措。

国有资本投资公司是国有资产管理体制从"管资产与管人、管事相结合"向"以管资本为主"转变的关键抓手，推动国资监管架构从"国资监管机构—国有企业"两层架构向"国资监管机构—国有资本投资公司、国有资本运营公司、一般产业集团公司—国资授权出资企业"新架构转变。国有资本投资、运营公司不从事具体生产经营活动，在政府与国有企业（大多为国资授权出资企业，即国有资本投资、运营公司作为国有资本授权的出资人所投资的企业，包括国有控股企业、参股企业等）之间搭建"隔离层"和"防火墙"，推动国资监管机构和集团股东进一步通过公司法人治理履行出资人职责和股东职权，从根本上解决政企不分、政资不分，国有资产管理体制中缺位、越位等关键问题。

所谓"缺位"，主要是指该管的没有管好，在管好国有资本布局、国有资本运作、国有资本回报、国有资本安全等方面仍在一定程度上存在不足。在国有资本布局方面，对国有企业的发展战略和中长期规划硬约束存在不足，对战略性新兴产业布局引导相对滞后，一些企业各自为战、重复投资建设的现象仍然存在；在国有资本运作方面，通过国有资本金预算支持国有企业调结构、强创新的力度仍显不足，对上市公司市值管理等体现国有资本价值增值的重要领域支持不够；在国有资本回报方面，净资产收益率、营业现金比率等体现股东回报和运营质量的指标仍有不足，对企业中长期发展的潜力指标与当期经营的业绩指标之间的平衡性个性化安排有待改进，个别企业在"经营业绩考核争A保A"上疲于奔命；在国有资本安全方面，企业内部人控制、靠企吃企、利益输送、资金转移等违纪违规事件时有发生，在国有股权转让、科技成果转让、国有资产评估等环节仍存在程序不规范、暗箱操作等问题，存在国有资产流失风险。

所谓"越位"，主要是指不该管的仍在管。在中国特色社会主义市场经济环境中，存在政府机构仍然延续行政化管理企业的思维和方式，对国有企业经营发展管得过深过细，企业董事会、经理层法定职权难以有效落实，使得一些企业想事容易、干事难、干成事更难。《企业国有资产法》规定，履行出资人职责的机构代表本级人民政府对国家出资企业依法享有资产收益、参与重大决策和选择管理者等出资人权利;《公司法》规定,公司股东依法享有资产收益、参与重大决策和选择管理者等权利。履行出资人职责的机构与公司股东的法定权利是基本统一的,但在实际行使的具体职权上出资人职责与股东职权有较大差异。

二、推动布局优化

国有资本投资公司改革是新时代国有资本布局优化、结构调整和战略性重组的迫切性需要。

国有资本投资公司是国有资本市场化运作的专业平台,要通过市场化运作,推动国有资本向关系国家安全、国民经济命脉和国计民生的重要行业和关键领域重点基础设施集中,向前瞻性战略性产业集中,向具有核心竞争力的优势企业集中,推动国有经济实体产业基础高级化、产业链现代化,推动国有企业开展关键核心技术攻关、打造原创技术策源地、培育现代产业链链长,从而全方位解决国有资本布局分散、结构不优等关键问题。

当前,我国的经营性国有资产分布广泛、体量巨大。2021年末,全国国有企业(不含金融企业)资产总额308.3万亿元,国有资本权益86.9万亿元①。国有资产分布在国民经济行业全部20个门类、96个行业大类,其中近90%分布在石油石化、军工、通信、电力、铁路、机械等基础传统产业,在互联网、信息数据、新零售、大健康等新兴产业中的比重较低。巩固推动传统产业补链强链、转型升级,退出不具备优势的产业和低效无效资产,进入战略性前瞻性业务领域,加快解决"卡脖子"关键技术,进一步发挥国有经济的战略支撑作用,是国有经济布局优化和结构调整的紧迫任务。

三、推动机制革命

国有资本投资公司改革是引领带动国企改革全面突破、纵深推进的示范性平台。

国有资本投资公司是国有企业的综合改革试验田,通过市场化改革,完善企业内部市场化经营机制,以人为核心改革和完善决策执行监督机制、用人机制、激励机制、约束机制,打造对党忠诚、勇于创新、治企有方、兴企有为、清正廉洁的国有企业领导人员队伍,造就德才兼备、善于经营、充满

---

① 国务院关于2021年度国有资产管理情况的综合报告。

活力的优秀企业家，进一步推动国有企业成为依法自主经营、自负盈亏、自担风险、自我约束、自我发展的独立市场主体，从而进一步推动解决机制不灵活、活力不足等关键问题。

企业活力不足、内部机制不灵活，既是长期困扰国有企业改革发展的无形枷锁，也是制约国企干部员工干事创业的一大障碍。有的企业决策效率低，内部管理节点多、审批链条长，重大经营发展机会或资产处置机会转瞬即逝。有的企业选人用人机制僵化，晋升难与退出难并存，骨干人才流失严重，正确鲜明的用人导向难以长久建立。有的企业激励不到位，岗位价值评估差异小、"高水平"大锅饭依然存在，重当期激励、轻长期激励，重物质激励、轻精神激励。有的企业监督问责不到位，强政策制度制定、弱执行落实见效，对不作为、慢作为、乱作为约束不足，在容错纠错、尽职合规免责等方面对想干事的干部员工保护不足。

第三节　国有资本投资公司改革的重要进展

党的十八届三中全会以来，从中央企业到地方国企的国有资本投资公司如雨后春笋般破土而出。国有资本投资公司改革取得了长足进步，从试点先行、到政策完善，再到全面深化，大胆试、大胆改、大胆闯，涌现出一批国有资本投资公司典型代表企业，形成一批可复制、可推广的改革经验做法。

一、企业试点成果丰硕

2014年7月，中粮集团、国家开发投资集团成为国有资本投资公司首批试点，2016年7月，招商局集团、中国五矿等6家中央企业入选第二批改革试点，2018年12月，航空工业集团、华润集团等11家中央企业成为第三批改革试点。据不完全统计，截至2020年底，中央19家、地方省级140多家企业开展了国有资本投资公司试点。①

改革试点取得显著进展和成效，形成一系列经验做法。一是国务院国资委对试点企业"一企一策"放权授权。对中粮集团、国开投集团给予18项放权授权，对第二批和第三批试点给予31项放权授权，并给予部分试点企业个性化授权。二是试点企业率先建立健全中国特色现代企业制度。在完善公司

---

① 由于部分地方国企未明确区分国有资本投资公司与国有资本运营公司，本数据包含地方国企以国有资本投资运营公司命名的试点。

治理中全面加强党的领导，将党的领导有机融入决策、执行、监督各环节。试点企业全面规范建设董事会，实现外部董事占多数，董事会下设战略与投资委员会、提名委员会、薪酬与考核委员会、审计委员会、风险控制委员会等专门委员会。三是集团总部以上率先开展职能和机构改革。例如，中粮集团以"小总部，大产业"为方向，强化战略研究、资源配置、资本运营等核心功能，将生产经营职能全部下放至专业化公司，集团总部职能部门从13个压缩到7个，总部人员压减65%，各专业化公司职能部门人员压减40%以上。四是试点企业注重通过公司治理履行股东职权。全面建立集团专职董事制度，对具备条件的所出资企业实行分类放权授权，支持子企业依法落实董事会职权，同时有效加强监督机制。五是试点企业在国有资本布局优化和结构调整中发挥了重要作用。中国宝武积极推进钢铁行业重组整合，打造钢铁生态圈。中国五矿依托资源优势和技术优势，在新能源电池材料新兴产业培育产业链链长企业。六是试点企业在科技自立自强、解决"卡脖子"技术问题方面作出重要贡献。国开投集团以基金方式先后投资了近600个项目，很多都是突破产业"瓶颈"、打破技术壁垒的行业领军企业，其中49家已在科创板上市。七是试点企业在市场化机制改革方面走在了央企前列。中粮集团推进子企业混合所有制改革，自试点以来引入超过30家市场化投资人，引入外部资本合计超过330亿元。招商局集团推动企业高管人员市场化选聘，对招商金融等6家二级公司总经理实行全球公开招聘，选聘过程坚持唯能力、不唯分数，突出集团战略发展目标的导向作用。八是试点企业在加强党的建设方面以高质量党建引领高质量发展作出表率。国投集团通过章程融入、组织融入、岗位融入、机制融入等，促进党建与经营、责任与考核、组织与个人三个方面联动，推进"卓越党建领航"品牌和"一组织一特色"的国投基层党建品牌建设。

中央企业19家国有资本投资公司试点，经营业绩显著提升，2020年营业收入同比增长6.6%，净利润同比增长14.3%，大幅超过同期央企平均水平，在此基础上，2021年上半年试点企业营业收入、净利润分别同比增长34.3%和72.2%；资本投资运营能力显著增强，实施混改项目数量在全部中央企业中占比近50%，引入非国有资本金额占比近70%；市场化机制活力显著释放，平均职业经理人数、按照契约化管理的人数、公开招聘人数、员工持股激励人数等约为央企平均值的2倍。[①]

---

① 刘志强. 国有资本投资公司改革进展良好[N]. 人民日报，2021-07-22（13）.

二、改革政策日益完善

自 2015 年 9 月中共中央、国务院出台《关于深化国有企业改革的指导意见》（中发〔2015〕22 号）以来，国务院及相关部委出台了一系列国有资本投资公司改革的政策文件，推动改革试点从自由试点到规范试点、深化试点，不断走深走实、积累经验。

2015 年 10 月，国务院出台《关于改革和完善国有资产管理体制的若干意见》（国发〔2015〕63 号）。文件对改组组建国有资本投资公司、明确国有资产监管机构与国有资本投资公司的关系、界定国有资本投资公司与所出资企业的关系等提出了进一步要求。

2018 年 7 月，国务院出台《关于推进国有资本投资、运营公司改革试点的实施意见》（国发〔2018〕23 号）。文件从国有资本投资公司试点的指导思想、试点目标、试点原则、试点内容、实施步骤、配套政策等方面作了具体部署，指导改革试点更加系统化、规范化。

2019 年 4 月，国务院印发《关于印发改革国有资本授权经营体制方案的通知》（国发〔2019〕9 号）。文件明确了出资人代表机构对国有资本投资公司授权放权的主要内容，包括战略规划和主业管理、选人用人和股权激励、工资总额和重大财务事项管理等，亦可根据企业实际情况增加其他方面授权放权内容。同时，文件要求在集团管控方面，国有资本投资公司要以对战略性核心业务控股为主，建立以战略目标和财务效益为主的管控模式，重点关注所出资企业执行公司战略和资本回报状况。

同月，国务院国资委出台改革试点有关工作意见，对中央企业开展国有资本投资公司试点的任务目标、重点工作、配套政策等进行了具体部署和要求。

2021 年 7 月，国务院国资委出台有关工作通知，在公司治理、管控模式、产业升级、增强活力等重要改革领域作出进一步部署和要求。

三、组织推动有序有力

国务院国资委高度重视国有资本投资公司改革试点工作，多次组织推动相关工作。

2017 年 4 月，国务院国资委在中粮集团召开国有资本投资公司试点工作座谈会。会议指出，国有资本投资公司要具备鲜明的产业功能，始终坚持服务国家战略，提升产业竞争力，大力发展优势产能，核心主业要走在行业前列，力争国际先进水平，具备产业研究发展能力，坚持创新驱动，引领产业发展；集团总部要具备很强的资本运作和资本配置能力，突出国有资本的市场化、专业化运作能力和市场化经营能力，提高运营的质量和效益，资本回报水平要优于一般产业集团；要打造市场运作的专业平台，积极主动发挥国有经济布局结构调整的主导作用。

2018年11月，国务院国有企业改革领导小组办公室召开国有资本投资、运营公司座谈会。会议强调，要进一步扩大试点范围，推动综合改革，进一步激发企业内生活力和发展动力；要进一步加大授权放权力度，切实落实企业市场主体地位，同时确保国有资本规范有效运行；要进一步打造市场化运作专业平台，更好服务实体经济，充分发挥在深化供给侧结构性改革和推动经济高质量发展中的引领带动作用；要进一步完善配套支持政策，为试点工作提供充分保障；要进一步加强总结提炼，尽快形成可复制可推广的经验和模式。①

2021年7月，国务院国资委召开深化国有资本投资公司改革工作推进会，翁杰明副主任出席会议并讲话。会议提出，试点企业要做到"五个聚焦"，即聚焦构建新发展格局，在落实国家创新驱动战略、完善产业链发展和服务实体经济中发挥更大作用；聚焦打造一流总部，将战略管控和授权放权落实到位，加快优化管控模式；聚焦发挥产业引领作用，进一步优化投资体系，加快培育战略性新兴产业；聚焦市场化改革，转机制增活力，加快打造一批更具活力的微观市场主体；聚焦提升管理效能，对标世界一流，持续加强核心能力建设。②

2022年6月，国务院国资委印发《关于国有资本投资公司改革有关事项的通知》（国资改革〔2022〕245号），对中央企业改革试点进行了调整优化。该通知明确，中国宝武、国投、招商局集团、华润集团、中国建材5家企业正式转为国有资本投资公司；航空工业集团、国家电投、国家能源集团、国机集团、中铝集团、中国远洋海运、中粮集团、中国五矿、通用技术集团、中交集团、保利集团、中广核12家企业继续深化试点。国务院国资委要求各企业准确把握国有资本投资公司功能定位，认真落实各项任务要求，持续深化巩固改革成果，有效发挥功能作用，加快形成具有鲜明特点的发展模式。③

各级地方国资部门也在积极推动国有资本投资、运营公司试点工作。据不完全统计，截至2019年末，全国已有近一半省（区、市）出台了"两类公司"试点实施方案，部分地市也相继出台了本地方案。

---

① 证券日报网：国资委深入推进国有资本投资、运营公司改革试点（2018-11-20）。
② 国务院国资委网站：精准发力 务求实效 推动国有资本投资公司改革走深走实（2021-07-22）。
③ 国务院国资委网站：国资委深入推进国有资本投资公司改革（2022-06-20）。

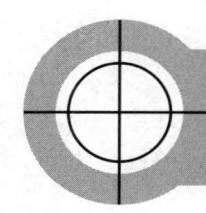

第二章
国有资本投资公司改革的理论基础

第一节 以马克思主义政治经济学基本原理为重要基础

马克思主义政治经济学是马克思主义的重要组成部分,是马克思、恩格斯根据辩证唯物主义和历史唯物主义的世界观和方法论,在批判继承历史上经济学的思想成果基础上,通过深入研究人类经济活动而创建的。习近平总书记指出:"现在,各种经济学理论五花八门,但我们政治经济学的根本只能是马克思主义政治经济学,而不能是别的什么经济理论。"① 中国共产党为什么能,中国特色社会主义为什么好,归根结底是因为马克思主义行!我们要通过马克思主义政治经济学的相关基本原理和方法论,认识经济运动过程,把握经济发展规律,更好指导国有企业改革和国有资本投资公司改革实践。

一、所有制理论

所有制理论是马克思主义政治经济学理论中最基本、最核心的基础理论。马克思主义政治经济学认为,生产资料所有制是整个生产关系体系的基础,决定经济社会的性质。人类要生存和发展,必须进行物质生产,而劳动者与生产资料的结合方式是生产活动的出发点。马克思强调,"生产资料与劳动者结合的特殊方式和方法"对区分不同社会制度具有重要意义。他指出,"不论生产的社会的形式如何,劳动者和生产资料始终是生产的因素。但是,二者在彼此分离的情况下只在可能性上是生产因素。凡要进行生产,它们就必须结合起来。实行这种结合的特殊方式和方法,使社会结构区分为不同的经济时期"②。因此,马克思、恩格斯在《共产党宣言》中提出,"共产主义革命

---

① 习近平. 不断开拓当代中国马克思主义政治经济学新境界 [J]. 求是,2020 (16).
② 马克思恩格斯文集(第6卷)[M]. 北京:人民出版社,2009:44.

就是同传统的所有制关系实行最彻底的决裂"①。列宁也强调，"工人阶级要获得真正的解放，必须进行从资本主义生产方式的全部发展中自然产生的社会革命，即消灭生产资料私有制，把它们变为公有制"②。同时，"即使在社会主义制度下，如果高管贪污腐败，特别是如果发展成果不能惠及广大人民，职工没有当家作主的权利，那么，这样的国企也会失去社会主义性质……国有企业改革，应注重确立劳动者作为企业主人与生产资料相结合的社会主义生产方式"③。

根据马克思主义所有制理论的科学内涵，国有资产必须属于国家所有即全民所有，国有经济必须作为国民经济的主导力量，国有资本必须为国家、人民服务。生产资料的社会主义公有制（全民所有制和劳动群众集体所有制）是我国社会主义经济制度的基础。国家代表全体劳动者占有、使用、管理生产资料。发展是为了人民，这是马克思主义政治经济学的根本立场。在实践中，国有企业要按照社会主义公有制的内在要求，始终坚持和完善公有制为主体、多种所有制经济共同发展的基本经济制度。注重国有资本的盈利性，实现保值增值，守护好全体人民的共同财产；注重国有资本的功能性，履行好国有企业的政治责任、经济责任和社会责任。同时，使劳动者真正作为国家和企业的主人与归全民所有的生产资料相结合，依照法律规定，通过职工代表大会和其他形式，实行民主管理。

二、资本运动理论

关于"资本"的概念，通常有两种理解：一种是"作为一种生产要素的资本"，另一种是"作为一种社会关系的资本"。马克思认为，资本概念是上述两者的统一体，即资本社会关系和生产要素的统一体。产业资本是投入物质生产领域的资本，包括单个资本的循环和周转，也包括社会总资本的循环和流动。马克思主义政治经济学按照唯物史观的科学方法，从宏观和微观视角分别考察了产业资本运动的形态变化和实现条件，分析得出资本运动的规律。产业资本循环依次经过购买、生产、销售三个阶段，相应执行货币资本、生产资本、商品资本三种职能，实现价值增殖。产业资本循环连续的条件是，三种职能形态及其三种循环形式在空间上是并存的，在时间上是继起的。产业资本循环的第一阶段和第三阶段属于流通过程，第二阶段属于生产过程，资本

---

① 马克思恩格斯选集（第1卷）[M]. 北京：人民出版社，1995：293.
② 列宁全集（第6卷）[M]. 北京：人民出版社，1986：413.
③ 卫兴华. 企业性质不仅仅取决于所有制[N]. 人民日报，2015-05-11（6）.

的循环过程是生产过程和流通过程的统一。"资本的循环,不是当作孤立的行为,而是当作周期性的过程时,叫作资本的周转。"① 马克思主义资本周转理论包括三个核心,即资本周转方式、资本周转时间、资本周转效益。根据价值周转方式不同,生产资本可分为固定资本和流动资本。资本周转时间等于资本的生产时间和流通时间之和。② 资本生产时间可进一步分为劳动时间和非劳动时间,资本流通时间可进一步分为购买时间和出售时间两个阶段。资本周转效益主要包括预付资本量、年剩余价值率、资本家个人消费和社会资本再生产。

根据马克思主义资本运动理论的科学内涵,资本在运动中增殖,运动是资本的生命。资本在中国特色社会主义的存在,不仅具有合理性,而且是中国特色社会主义社会发展不可缺少的因素。③ 在实践中,要注重国有资本的流动性,树立"资本流转、资产流动"的观念。从微观层面来看,国有企业日常生产运营要不断促进资本运动,提高资本循环速度,加快资本周转效率,对货币资本、生产资本、商品资本合理配置,保持合理的现金流;同时,对所出资企业和企业资产的效率效益要定期评估,及时处置清理抵销无效资产,防止国有资产流失。从宏观层面来看,国有资本出资人和企业集团母公司要落实国家战略部署,洞察产业发展趋势,持续优化业务布局和结构,突出主责主业,合理配置辅业,推动国有资本向关系国家安全和国民经济命脉的重要行业领域集中、向战略性新兴产业集中、向产业链价值链中高端集中。

三、市场经济理论

市场经济理论是马克思主义政治经济学的重要组成部分,也是社会主义市场经济理论最为重要的理论来源之一。马克思通过深入研究资本主义的生产方式,揭示了市场的本质及其运行规律,同时也指出了市场机制的缺陷和不足。马克思主义政治经济学认为,流通是商品所有者全部相互关系的总和,只有从社会关系上认识市场,把它当作商品社会人们相互关系的总和,才算真正把握了市场的本质。市场经济运行包含一些基本规律和原则。一是价值规律。商品交换要以价值量为基础,进行等价交换。市场上的商品所有者不能使用较少的价值量与别人交换较多的价值量,所有市场主体必须按照社会的、统一的价值尺度来进行商品交换。马克思指出:"生产这些产品的社会必要劳动时间作为起调节作用的自然规律强制地为自己开辟道路,就像房屋倒

---

① 马克思. 资本论(第2卷)[M]. 北京:人民出版社,2018:174.
② 马克思. 资本论(第2卷)[M]. 北京:人民出版社,2018:259.
③ 吴立忠:论科学认识中国特色社会主义社会的资本[J]. 哈尔滨学院学报,2016(7).

在人的头上时重力定律强制地为自己开辟道路一样。"① 二是竞争规律。竞争是市场经济的灵魂，优胜劣汰是市场经济的基本法则。正如马克思指出的，"独立的商品生产者相互对立，他们不承认任何别的权威，只承认他们相互利益的压力加在他们身上的强制"②。三是平等原则。平等是市场经济的一般特征，也是市场交易的重要原则。马克思强调，在市场上经济活动参加者之间的关系是平等的，"只需考察的是形式规定，……那么，在这些个人之间就绝对没有任何差别"。"作为交换主体，他们的平等关系，在他们之间看不出任何差别，更看不出对立，甚至连丝毫的差异也没有。"③ 对于市场机制的缺陷，马克思指出了市场具有局限性、滞后性和盲目性。

根据马克思主义市场经济理论的科学内涵，在中国特色社会主义市场经济中，我们要注重把握市场规律，既按市场规律办事，又能更好发挥政府作用。从国有资本所出资企业角度来看，各个层级的国有企业都要在坚持社会主义市场经济改革方向的前提下，遵循市场经济规律和企业发展规律，实现激励机制和约束机制有机结合，真正成为依法自主经营、自负盈亏、自担风险、自我约束、自我发展的独立市场主体。从集团母公司角度来看，集团总部要以更加市场化的方式管理控制所出资企业，坚持政企分开、政资分开、所有权与经营权分离，实现权利、义务、责任相统一。从政府角度来看，要坚持依法治国理念，不断完善各类市场主体公平竞争的法治环境，加强市场监管，维护市场秩序，确保企业在市场竞争中权利平等、机会平等、规则平等，保障公平竞争。

第二节　以习近平经济思想为根本遵循

"问题是时代的口号"④，正如习近平总书记指出："当前，世界经济和我国经济都面临许多新的重大课题，需要作出科学的理论回答。我们要立足我国国情和我们的发展实践，深入研究世界经济和我国经济面临的新情况新问题，揭示新特点新规律，提炼和总结我国经济发展实践的规律性成果，把实践经验上升为系统化的经济学说，不断开拓当代中国马克思主义政治经济

---

① 马克思. 资本论（第1卷）[M]. 北京：人民出版社，2018：92.
② 马克思. 资本论（第1卷）[M]. 北京：人民出版社，2018：394.
③ 马克思恩格斯全集（第46卷）[M]. 北京：人民出版社，1979：192-193.
④ 马克思恩格斯全集（第40卷）[M]. 北京：人民出版社，1982：289.

学新境界，为马克思主义政治经济学创新发展贡献中国智慧。"①

习近平经济思想是习近平新时代中国特色社会主义思想的重要组成部分，是运用马克思主义政治经济学基本原理对新时代经济发展实践作出的系统理论概括，是以习近平同志为核心的党中央治国理政实践创新和理论创新在经济领域的集中体现，是立足国情、放眼世界、引领未来的科学理论，是党和国家十分宝贵的精神财富，为做好新时代经济工作指明了正确方向，提供了根本遵循。② 习近平经济思想是当代中国马克思主义政治经济学的核心体现，为国有资本投资公司改革奠定了坚实的理论依据。③

一、基本指导原则

习近平经济思想明确了中国特色社会主义政治经济学需要坚持的基本原则。

一是坚持以人民为中心的发展思想。发展为了人民，这是马克思主义政治经济学的根本立场。党的十八届五中全会提出，要坚持以人民为中心的发展思想，把增进人民福祉、促进人的全面发展、朝着共同富裕方向稳步前进作为经济发展的出发点和落脚点。这是我们党部署经济工作、制定经济政策、推动经济发展要坚持的根本立场。国有资本和国有企业要为人民服务，是国资国企改革要坚持的根本立场。

二是坚持新发展理念。针对我国经济发展环境、条件、任务、要求等方面发生的新变化，党的十八届五中全会提出要树立和坚持"创新、协调、绿色、开放、共享"的发展理念。这五大发展理念是我们党在推动经济发展中获得的感性认识的升华，是对推动经济发展实践的理论总结。国有企业必须在改革发展中完整、准确、全面贯彻新发展理念，将其作为"指挥棒""红绿灯"，持续推进高质量发展。

三是坚持和完善社会主义基本经济制度。强调坚持公有制为主体、多种所有制经济共同发展。要毫不动摇巩固和发展公有制经济，毫不动摇鼓励、支持、引导非公有制经济发展，推动各种所有制取长补短、相互促进、共同发展。我国的基本经济制度是中国特色社会主义制度的重要支柱，也是社

---

① 习近平. 不断开拓当代中国马克思主义政治经济学新境界 [J]. 求是, 2020 (16).
② 中共中央宣传部, 国家发展和改革委员会. 习近平经济思想学习纲要 [M]. 北京：人民出版社, 学习出版社, 2022：3-4.
③ 刘伟. 当代中国马克思主义政治经济学新境界——学习习近平中国特色社会主义政治经济学 [J]. 政治经济学评论, 2021 (1).

主义市场经济体制的根基，公有制主体地位不能动摇，国有经济主导作用不能动摇。国有资本和国有企业必须做强做优做大，积极稳妥推进混合所有制改革，有效发挥国有资本放大功能。

四是坚持和完善社会主义基本分配制度。按劳分配为主体、多种分配方式并存的分配制度，有利于调动各方面积极性，是实现效率和公平有机统一的制度安排。要努力推动居民收入增长和经济增长同步、劳动报酬提高和劳动生产率提高同步，不断健全体制机制和具体政策，调整国民收入分配格局，不断缩小收入差距。国有企业尊重物质利益原则，但不能把物质利益作为唯一原则，要从物质方面和精神方面多途径调动企业干部职工的积极性和主动性，推动实现企业与员工利益共享、风险共担。同时，国有企业要积极履行社会责任，成为自觉履行社会责任的表率。

五是坚持社会主义市场经济改革方向。在社会主义条件下发展市场经济，是我们党的一个伟大创举。我们是在中国共产党领导和社会主义制度的大前提下发展市场经济，什么时候都不能忘了"社会主义"这个定语。① 要坚持辩证法、两点论，继续在社会主义基本制度和市场经济的结合上下功夫，坚持使市场在资源配置中起决定性作用和更好发挥政府作用，既要"有效的市场"，也要"有为的政府"。这是对经济学上的世界性难题的重大突破。坚持社会主义市场经济改革方向，是深化国有企业改革必须遵循的基本规律。既要坚持政企分开、政资分开、所有权与经营权分离，使国有企业真正成为独立的市场主体，又要坚持增强活力和强化监管相结合，切实防止国有资产流失。

六是坚持对外开放基本国策。在经济全球化深入发展的条件下，要善于统筹国内国际两个大局，利用好国际国内两个市场、两种资源。要顺应我国经济深度融入世界经济的趋势，发展更高层次的开放型经济，积极参与全球经济治理，促进国际经济秩序朝着公平公正、合作共赢的方向发展。同时，也要坚决维护我国发展利益，积极防范各种风险，确保国际经济安全。国有企业要以国家战略为引领，在"一带一路"等重大国家战略中积极发挥引导带动作用，在激烈的竞争中努力成为世界一流企业，同时要防范化解生产经营特别是国际化经营中的重大风险，不断提高抗风险能力。

二、主要理论成果

中国特色社会主义进入了新时代。习近平总书记系统总结了中国共产党

---

① 共产党员网：对社会主义市场经济的创造性理论贡献（2022-09-20）。

推进马克思主义政治经济学中国化，特别是改革开放以来当代马克思主义政治经济学的理论进展和成果。1984年10月，党的十二届三中全会通过了《中共中央关于经济体制改革的决定》，邓小平评价道："写出了一个政治经济学的初稿，是马克思主义基本原理和中国社会主义实践相结合的政治经济学。"随着改革开放的不断深入，在实践的基础上逐渐形成当代中国马克思主义政治经济学的许多重要理论成果，这些成果是我们在新时代做好经济工作的理论基础。

习近平总书记概括了九个方面的理论成果，包括关于社会主义本质的理论，关于社会主义初级阶段基本经济制度的理论，关于树立和落实"创新、协调、绿色、开放、共享"的新发展理念的理论，关于发展社会主义市场经济、使市场在资源配置中起决定性作用和更好发挥政府作用的理论，关于我国经济发展进入新常态的理论，关于推动新型工业化、信息化、城镇化、农业现代化相互协调的理论，关于农民承包的土地具有所有权、承包权、经营权属性的理论，关于用好国际国内两个市场、两种资源的理论，关于促进社会公平正义、逐步实现全体人民共同富裕的理论。

三、经济发展方略

习近平总书记运用中国特色社会主义政治经济学分析进入新时代中国社会经济发生的深刻变化，探索回答经济社会时代之问的正确答案，形成崭新的经济发展方略。

党的十九大指出，我国经济发展由高速增长转向高质量发展阶段。"高质量发展，就是指能够很好满足人民日益增长的美好生活需要的发展，是体现新发展理念的发展，是创新成为第一动力，协调成为内在特点，绿色成为普遍形态，开放成为必由之路，共享成为根本目的的发展。"① 习近平总书记指出，总体来说，我国经济进入新常态后，经济增长速度从高速增长转向中速增长，经济增长方式从规模速度型粗放增长转向质量效率型集约增长，经济结构从增量扩能为主转向调整存量、做优增量并举的深度调整，经济发展动力从传统增长点转向新的增长点。这些变化是不以人的意志为转移的经济发展的客观必然，因此，认识、适应、引领新常态是当前和今后一个时期我国经济发展的大逻辑。② 对于如何实现经济高质量发展、如何贯彻新发展理念，习近平同志指出，"推动高质量发展，就要建设现代化经济体系"，"建设现代

---

① 习近平. 习近平谈治国理政（第3卷）[M]. 北京：外文出版社，2020：238.
② 习近平. 关于社会主义经济建设论述摘编[M]. 北京：中央文献出版社，2017：79.

化经济体系是我国发展的战略目标,也是转变经济发展方式,优化经济结构,转换经济增长动力的迫切需要"。"只有形成现代化经济体系,才能更好顺应现代化发展潮流和赢得国际竞争主动,也才能为其他领域现代化提供有力支撑。"[1] 在长期实践探索和理论思考的基础上,习近平同志将"现代化经济体系"概括为七大体系,包括:创新引领、协同发展的产业体系,统一开放、竞争有序的市场体系,体现效率、促进公平的收入分配体系,彰显优势、协调联动的城乡区域发展体系,资源节约、环境友好的绿色发展体系,多元平衡、安全高效的全面开放体系,充分发挥市场作用、更好发挥政府作用的经济体制。这七大体系是统一整体,要一体建设、一体推进。[2] 以上几个体系一体建设、一体推进必须要有一条明确的主线,才能使其有机统一,协调开展。这条主线就是深化供给侧结构性改革。正如习近平总书记指出的,从国际经验来看,一个国家发展从根本上要依靠供给侧推动,我国经济进入新常态"现阶段我国经济发展主要矛盾已经转化为结构性问题,矛盾的主要方面在供给侧,主要表现在供给结构不能适应需求结构的变化"[3]。

建设现代化的经济体系需要通过什么样的具体路径来实现,关键在于构建新发展格局。当前,我国经济发展的环境已经发生深刻变化,传统的主要依靠降低生产要素成本来拉动经济的增长方式和以"两头在外、大进大出"的循环方式推动经济发展的竞争格局难以持续,必须构建新的发展格局,塑造新的竞争优势。构建以国内大循环为主体、国内国际双循环相互促进的新发展格局,势在必行。这一新发展格局是经济发展进入新阶段,面对国内国际环境发生的新变化,贯彻新发展理念,建设现代化经济体系,以实现"五位一体"现代化发展目标战略举措的系统性安排。习近平总书记系统阐述了构建新发展格局的基本框架。一是构建新发展格局必须以创新引领作为战略支撑,创新驱动是贯彻新发展理念、建设现代经济体系,进而畅通国民经济循环的关键;二是构建新发展格局必须以扩大内需为战略基点,我国自身经济发展也完全具备以扩大内需为立足点的条件;三是构建新发展格局必须以深化供给侧结构性改革为战略方向,一方面从深化供给侧结构性改革入手,另一方面以克服供给侧结构性矛盾为重点;四是构建新发展格局必须坚持开放性经济、国内国际双循环相互促进为战略前提,开放是基本国策,要坚持实施更大范围、更宽领域、更深层次对外开放;五是构建新发展格局必须以区域性增长极带动

---

① 习近平. 习近平谈治国理政(第3卷)[M]. 北京:外文出版社,2020:239-240.
② 习近平. 习近平谈治国理政(第3卷)[M]. 北京:外文出版社,2020:240-241.
③ 习近平. 习近平谈治国理政(第3卷)[M]. 北京:外文出版社,2020:235.

为战略突破，包括京津冀协同发展、长三角一体化、粤港澳大湾区、长江经济带、黄河生态保护与健康发展等；六是构建新发展格局必须以"稳中求进"为工作总基调，稳的重点要放在稳住经济运行上，进的重点是深化改革开放和调整结构。稳和进有机统一、相互促进。经济社会平稳才能为深化改革开放和经济结构调整创造稳定的宏观环境。要继续推进改革开放，为经济社会发展创造良好预期和新的动力。①

四、根本政治保障

中国特色社会主义最本质的特征是中国共产党的领导，中国特色社会主义制度的最大优势是中国共产党的领导。党政军民学，东西南北中，党是领导一切的。坚持党对经济工作的领导是我国政治制度的优势。加强党对经济工作的集中统一领导，是保证我国经济沿着正确方向发展的必然要求，是改革开放40多年来我国经济建设取得辉煌成就的根本原因。

习近平总书记指出："坚持党的领导，发挥党总揽全局、协调各方的领导核心作用，是我国社会主义市场经济体制的一个重要特征。"做好经济工作，必须维护党中央权威和集中统一领导。要把落实党中央经济决策部署作为政治责任，坚决反对经济工作中的分散主义、自由主义、本位主义、山头主义、地方保护主义，决不允许搞上有政策、下有对策，防止不切实际地定目标，更不能搞选择性执行。坚持和完善党领导经济工作的体制机制，为推动各方面共同做好经济工作提供重要保证。中央政治局常委会、中央政治局定期研究分析经济形势、决定重点经济事项，中央财经委员会及时研究经济社会发展重大问题，中央全面深化改革委员会及时研究经济社会领域重大改革。加强党对经济工作的领导不是包办一切，而是要管大事、议大事，做好经济领域重大工作的顶层设计、总体布局、统筹协调、整体推进、督促落实，发挥把方向、管大局、保落实作用。要把全面从严治党要求体现在党领导经济工作之中，将正风肃纪反腐与深化改革、完善制度、促进治理、推动发展贯通起来。

第三节 以习近平总书记关于国企改革发展和党的建设的重要论述为行动指南

党的十八大特别是2016年全国国有企业党的建设工作会议以来，以习近

---

① 摘自习近平总书记在2014年12月中共中央召开的党外人士座谈会上的讲话。

平同志为核心的党中央，站在党和国家事业发展全局战略高度，全面总结我国国有企业改革发展和党的建设经验，创造性地提出了一系列新思想、新论断、新要求，成为习近平新时代中国特色社会主义思想的重要组成部分，也成为习近平经济思想的重要实践应用。习近平同志对国有企业改革发展和党的建设的重要论述及相关指示批示，全面、系统、科学地回答了中国特色社会主义新时代为什么需要国有企业、需要什么样的国有企业、如何建设国有企业等一系列重大问题，为国有企业各项改革提供了具体行动指南。

一、国有企业的性质与功能

性质功能决定存在意义。国有资产属于国家所有即全民所有，是全体人民共同的宝贵财富。习近平总书记指出，国有企业是中国特色社会主义的重要物质基础和政治基础，是我们党执政兴国的重要支柱和依靠力量。新中国成立以来特别是改革开放以来，国有企业发展取得了巨大成就。国有企业关系公有制主体地位的巩固，关系我们党的执政地位和执政能力，关系我国社会主义制度，贡献不容否定、作用不可替代。国有企业要继续做强做优做大，那种不要国有企业、搞小国有企业的说法、论调都是错误的、片面的；我们实行公有制为主体、多种所有制经济共同发展的基本经济制度，这一点毫不动摇；任何怀疑、唱衰国有企业的思想和言论都是错误的。[①] 作为社会主义公有制下从事商品生产经营的组织，国有企业既具有企业的一般属性，也具有社会主义市场经济条件下的特殊属性，主要体现在经济、政治、社会三个方面，并具有相应的功能。

1. 经济属性和经济功能

一般而言，企业是以营利为目的而从事商品生产流通或服务的经济组织和经营实体，具有经济性、营利性和独立性等基本特征。在经济性上，国有企业作为法人企业，拥有独立的法人财产权，本质上属于经济组织。国家出资企业对其动产、不动产和其他财产依照法律、行政法规以及企业章程享有占有、使用、收益和处分的权利。在营利性上，国有企业肩负着经营管理国有资本职责，承担国有资本保值增值的任务。国有企业首先必须发挥经济功

---

① 杜尚泽．习近平总书记调研东北三省并主持召开深入推进东北振兴座谈会纪实［N］．人民日报，2018-09-30（1）．

能，创造市场价值，更好为党和人民服务①，并按照国家要求，上缴国有资本收益，向社保基金划转股权。在独立性上，国有企业是依据《企业法》《公司法》注册的独立法人实体，是依法自主经营、自负盈亏、自担风险、自我约束、自我发展的独立市场主体。除创造市场价值外，国有企业的经济功能还体现在发挥创新引领作用，在关键核心技术攻关、高端人才引进、科研成果转化应用等方面作出表率；发挥提升产业链供应链水平的引领作用，带动民营企业健康发展；发挥维护国家经济安全的基础性作用，在抵御宏观风险中托底；发挥支持宏观调控功能，贯彻落实党和国家的各项经济发展战略和产业政策。

2. 政治属性和政治功能

习近平总书记指出，中国特色社会主义制度，坚持把根本政治制度、基本政治制度同基本经济制度以及各方面体制机制等具体制度有机结合起来。② 国有企业是我们党执政的重要基础，是国家治理的重要组成部分，是优秀干部人才的重要输入来源。作为执政基础，国有企业是公有制经济的重要实现形式，而社会主义公有制是我们党执政的基本经济制度。作为国家治理体系和治理能力的重要组成部分，国有企业的治理和管控是国家治理体系在经济领域的延伸，国有企业广大党员干部职工是关键时刻听指挥、拉得出，危急关头冲得上、打得赢的基本队伍。截至2018年，国有企业拥有4000多万名在岗职工、近80万个党组织、1000多万名党员。③ 作为我们党干部人才的重要输入来源，国有企业领导人员是党在经济领域的执政骨干，是治国理政复合型人才的重要来源。国有企业的领导人员是既讲政治的企业家，也懂经营的政治家。基于这些政治属性，国有企业必须履行应有的政治功能。国有企业要发挥讲政治的功能，旗帜鲜明讲政治，讲中国共产党的政治、讲中国特色社会主义的政治、讲基本经济制度的政治。深刻领会"两个确立"的决定性意义，树牢"四个意识"，坚定"四个自信"，坚决做到"两个维护"，不断提高政治判断力、政治领悟力、政治执行力。国有企业要发挥保落实的功能，坚定执行党中央决策部署，保障国家战略贯彻落实，在关键时刻不讲条件、不讲困难、不讲代价。国有企业党员干部要发挥输送人才的功能，不断提高政治站位，持续提升素质本领，坚决服从组织安排。

---

① 中国政府网：刘鹤出席国务院国有企业改革领导小组第四次会议及全国国有企业改革三年行动动员部署电视电话会议并讲话（2020-09-27）。
② 习近平．习近平谈治国理政［M］．北京：外文出版社，2014：9-10.
③ 国有企业党建蓝皮书：国有企业党建发展报告（2018）。

3. 社会属性和社会功能

国有企业的社会属性既具有一般性，也具有特殊性，集中体现在社会性、人民性两个方面。从社会性来看，每个企业都是一个社会主体，不仅是一个经济组织，而且是一个社会组织，负有对社会的义务。这一点对于作为企业的国有企业同样适用。社会性要求国有企业在追求经济利益的同时，也要将社会价值的实现作为目标之一，在社会系统中对股东、员工、客户、环境、政府等利益相关方承担社会责任。从人民性来看，国有企业的最终所有权属于全体人民，国有企业履行社会责任是中国特色社会主义制度的本质要求。国有企业自诞生之日起，不仅具有追求经济利益的价值诉求，而且具有实现社会公共利益的价值诉求。当国有企业自身利益与人民利益、国家利益出现冲突时，国有企业必须坚持"人民至上"，舍弃自身利益，服务国家利益。国有企业的社会属性决定了其必须发挥两大方面的社会功能，履行好一般的和特殊的社会责任。一方面，国有企业同其他企业一样，坚持依法诚信经营、珍惜资源保护环境、积极参与公益事业、维护各利益相关方合法权益。另一方面，国有企业根据功能定位和分类，提供社会公共服务，加强应急能力保障，在保障就业、脱贫攻坚等方面发挥引领带动作用，在保障社会民生和应对重大挑战等方面发挥特殊保障作用。①

二、国企改革的方向与标准

中国特色社会主义进入了新时代，党中央对国有企业提出了新的使命定位和方向要求。习近平总书记指出，国有企业是中国特色社会主义的重要物质基础和政治基础，是中国特色社会主义经济的"顶梁柱"。② 要努力成为"六个力量"，即成为党和国家最可信赖的依靠力量，成为坚决贯彻执行党中央决策部署的重要力量，成为贯彻新发展理念、全面深化改革的重要力量，成为实施"走出去"战略、"一带一路"建设等重大战略的重要力量，成为壮大综合国力、促进经济社会发展、保障和改善民生的重要力量，成为我们党赢得具有许多新的历史特点的伟大斗争胜利的重要力量。③

习近平总书记为国有企业指明了新时代的前进航向。他在党的十九大提出，推动国有资本做强做优做大，培育具有全球竞争力的世界一流企业；在

---

① 中国政府网：刘鹤出席国务院国有企业改革领导小组第四次会议及全国国有企业改革三年行动动员部署电视电话会议并讲话（2020-09-27）。

② 中国政府网：习近平在江苏徐州考察强调紧扣新时代要求推动改革发展（2017-12-14）。

③ 习近平总书记在全国国有企业党的建设工作会议上发表重要讲话有关报道。

党的十九届五中全会进一步提出，加快完善中国特色现代企业制度，做强做优做大国有资本和国有企业，加快建设世界一流企业；在党的二十大强调，深化国资国企改革，加快国有经济布局优化和结构调整，推动国有资本和国有企业做强做优做大，提升企业核心竞争力。综合来看，国有企业改革的前进方向就是建立中国特色现代企业制度，根本目的是做强做优做大国有资本和国有企业，当前目标是加快建设世界一流企业。特别是国有企业改革的前进方向从现代企业制度与时俱进到中国特色现代企业制度。习近平同志提出，坚持党对国有企业的领导是重大政治原则，必须一以贯之；建立现代企业制度是国有企业改革的方向，也必须一以贯之。中国特色现代国有企业制度，"特"就特在把党的领导融入公司治理各环节，把企业党组织内嵌到公司治理结构之中。

为确保国有企业改革的方向不偏航，习近平同志提出了检验国企改革成败的"三个有利于"重要论断，确立了深化国企改革的标准，即有利于国有资产保值增值、有利于提高国有经济竞争力、有利于放大国有资本功能。这一系列重要论述，深刻阐明了通过改革使国有企业真正成为独立的市场主体，在激烈的市场竞争中充满活力、发展壮大，是检验改革成效的根本标尺。[①]

建设具有全球竞争力的世界一流企业，是习近平同志对企业改革发展的明确要求，国有企业特别是大型骨干企业要带头落实。2022年2月，中央全面深化改革委员会第二十四次会议审议通过了《关于加快建设世界一流企业的指导意见》，习近平同志在会议上强调，要坚持党的全面领导，发展更高水平的社会主义市场经济，毫不动摇巩固和发展公有制经济，毫不动摇鼓励、支持和引导非公有制经济发展，加快建设一批产品卓越、品牌卓著、创新领先、治理现代的世界一流企业，在全面建设社会主义现代化国家、实现第二个百年奋斗目标进程中实现更大发展、发挥更大作用。当前，国有企业正从跨越式发展追赶者，成为与国际先进企业同台竞争的并行者，而且在很多领域和行业已经成为领跑者。[②] 国务院国资委落实中央决策部署，对中央企业打造世界一流提出"三个领军""三个领先""三个典范"的具体要求，即成为在国际资源配置中占主导地位的领军企业，成为引领全球行业技术发展的领军企业，成为在全球产业发展中具有话语权和影响力的领军企业；在全要素生产率和劳动生产率等方面领先，在净资产收益率和资本保值增值率等关键

---

① 郝鹏. 深入实施国企改革三年行动 推动国资国企高质量发展［J］. 求是，2021（2）.
② 李雯博. 新时代国有企业的战略定位和历史使命——本刊记者专访国务院国资委党委书记郝鹏［J］. 求是，2018（3）.

绩效指标上领先，在提供的产品和服务品质上领先；成为践行绿色发展理念的典范，成为履行社会责任的典范，成为全球知名品牌形象的典范。①

三、国企改革的任务与要求

习近平同志指出，谁说国企搞不好？要搞好就一定要改革，抱残守缺不行，改革能成功，就能变成现代企业。② 对于如何改革，他提出了一系列重大任务和要求。

1. 建立完善中国特色现代企业制度

建立中国特色现代企业制度既是国企改革的前进方向，也是国企改革的重要任务。习近平同志提出要坚持"两个一以贯之"，建立中国特色现代国有企业制度。特别指出，中央企业党委（党组）是党的组织体系的重要组成部分，发挥把方向、管大局、保落实的领导作用。要完善体制机制，明确党委（党组）在决策、执行、监督各环节的权责和工作方式，正确处理党委（党组）和董事会、经理层等治理主体的关系，坚持权责法定、权责透明、协调运转、有效制衡的公司治理机制，推动制度优势更好转化为治理效能。③

2. 推进国有经济布局优化和结构调整

习近平同志指出，推进国有经济布局优化和结构调整，对更好服务国家战略目标、更好适应高质量发展、构建新发展格局具有重要意义；要坚持问题导向，针对当前国有经济布局结构存在的问题，以深化供给侧结构性改革为主线，坚持有所为有所不为，聚焦战略安全、产业引领、国计民生、公共服务等功能，调整存量结构，优化增量投向，更好把国有企业做强做优做大，坚决防止国有资产流失，不断增强国有经济竞争力、创新力、控制力、影响力、抗风险能力。④ 特别提出，要坚定不移深化供给侧结构性改革，深入推进"三去一降一补"，紧紧抓住处置"僵尸企业"这个"牛鼻子"，更多运用市场机制实现优胜劣汰。有关部门、地方政府、国有企业和金融机构要把思想和认识统一到党中央要求上来，坚定不移处置"僵尸企业"。⑤ 对于国有企业必须突出主责主业，调整优化内部业务结构。习近平同志强调，凡是成功的企业，要攀登到事业顶峰，都要靠心无旁骛攻主业。交叉混业也是为了相得

---

① 翁杰明. 围绕"三个三"目标培育世界一流企业［J］. 企业管理，2018（10）.
② 中国政府网：习近平：国企一定要改革，抱残守缺不行（2018-06-14）.
③ 中央全面深化改革委员会第十七次会议有关报道.
④ 中央全面深化改革委员会第十六次会议有关报道.
⑤ 2017年2月中央财经领导小组第十五次会议、7月中央政治局会议有关报道.

益彰发展主业，而不能是投机趋利。① 做企业、做事业，不是仅仅赚几个钱的问题。做实体经济，要实实在在、心无旁骛地做一个主业，这是本分。②

3. 加强科技创新提升自主创新能力

习近平同志指出，创新始终是推动一个国家、一个民族向前发展的重要力量。③ 创新是企业经营最重要的品质，也是今后我们爬坡过坎必须要做到的。关键核心技术必须牢牢掌握在我们自己手中，制造业也一定要抓在我们自己手里。④ 他强调，创新是引领发展的第一动力，要加强知识、人才积累，不断突破难题、攀登高峰，国有企业要做落实新发展理念的排头兵、做创新驱动发展的排头兵、做实施国家重大战略的排头兵。⑤ 他对包括国有企业在内的各类企业提出号召，各类企业都要把创新牢牢抓住，不断增加创新研发投入，加强创新平台建设，培养创新人才队伍，促进创新链、产业链、市场需求有机衔接，争当创新驱动发展先行军。⑥

4. 积极稳妥推进混合所有制改革

习近平同志在党的十八届三中全会上提出，国有资本、集体资本、非公有资本等交叉持股、相互融合的混合所有制经济，是基本经济制度的重要实现形式，有利于国有资本放大功能、保值增值、提高竞争力，有利于各种所有制资本取长补短、相互促进、共同发展。这一重要论断首次将混合所有制经济提升到基本经济制度重要实现形式的高度，充分肯定了发展混合所有制经济的目的、意义、地位和作用，为完善我国所有制结构指明了方向。同时提出"三个允许"，即允许更多国有经济和其他所有制经济发展成为混合所有制经济；国有资本投资项目允许非国有资本参股；允许混合所有制经济实行企业员工持股，形成资本所有者和劳动者利益共同体。他指出，混合所有制改革是国企改革的重要突破口，按照完善治理、强化激励、突出主业、提高效率的要求，在电力、石油、天然气、铁路、民航、电信、军工等领域迈出实质性步伐。⑦ 特别强调，发展混合所有制经济，基本政策已明确，关键是细则，成败也在细则；要吸取过去国企改革的经验和教训，不能在一片改革声

---

① 习近平总书记两会期间在山东代表团参加审议有关报道（2018年3月8日）。
② 习近平总书记两会期间在福建代表团参加审议有关报道（2019年3月10日）。
③ 习近平总书记在湖北考察烽火科技集团有关报道（2018年4月26日）。
④ 习近平总书记在湖南考察山河智能装备股份有限公司有关报道（2020年9月17日）。
⑤ 习近平总书记在广西考察南南铝加工有限公司有关报道（2017年4月20日）。
⑥ 习近平总书记在浙江考察有关报道（2015年5月26日）。
⑦ 中央经济工作会议在北京举行 习近平李克强作重要讲话[N].人民日报,2016-12-17(1).

浪中把国有资产变成牟取暴利的机会；改革的关键是公开透明。①

5. 完善国有资产监管体制

改革和完善国有资产管理体制是国资国企改革的重要内容。习近平同志为新时代完善国有资产管理体制指明了方向、确定了任务、提出了要求。他在党的十八届三中全会上提出，完善国有资产管理体制，以管资本为主加强国有资产监管，改革国有资本授权经营体制，组建若干国有资本运营公司，支持有条件的国有企业改组为国有资本投资公司；在党的十九届四中全会上进一步提出，形成以管资本为主的国有资产监管体制，有效发挥国有资本投资、运营公司功能作用；在党的十九届五中全会上进一步要求，健全管资本为主的国有资产监管体制，深化国有资本投资、运营公司改革。他同时强调，国有企业改革要先加强监管、防止国有资产流失；要按照以管资本为主加强国有资产监管的要求，依法依规建立和完善出资人监管权力和责任清单，重点管好国有资本布局、规范资本运作、提高资本回报、维护资本安全。"以管资本为主"成为完善加强国有资产管理体制的改革方向，改革国有资本授权经营体制是重要路径，开展国有资本投资、运营公司改革是重要抓手。

6. 建设忠诚、干净、担当的高素质干部人才队伍

"政治路线确定之后，干部就是决定的因素。"② 习近平同志在新时代党的组织路线中提出，"着力培养忠诚、干净、担当的高素质干部，着力集聚爱国奉献的各方面优秀人才，坚持德才兼备、以德为先、任人唯贤"③。同时，他也强调，"要坚持党管人才，坚持面向世界科技前沿、面向经济主战场、面向国家重大需求、面向人民生命健康，深入实施新时代人才强国战略，全方位培养、引进、用好人才，加快建设世界重要人才中心和创新高地"④。对于国有企业领导人员，习近平同志进一步提出，国有企业领导人员必须做到对党忠诚、勇于创新、治企有方、兴企有为、清正廉洁；国有企业领导人员要坚定信念、任事担当，牢记自己的第一职责是为党工作，牢固树立政治意识、大局意识、核心意识、看齐意识，把爱党、忧党、兴党、护党落实到经营管理各项工作中；面对日趋激烈的国内外市场竞争，国有企业领导人员要迎难而上、开拓进取，带领广大干部职工开创企业发展新局面。对于国有企业的组织工作，他重点强调，要坚持党管干部原则，保证党对干部人事工作的领

---

① 习近平总书记两会期间在安徽代表团参加审议有关报道（2014年3月10日）。
② 毛泽东. 毛泽东选集（第二卷）[M]. 北京：人民出版社，2008：526.
③ 共产党员网：习近平总书记在全国组织工作会议上的讲话（2018-09-17）。
④ 中国政府网：习近平总书记出席中央人才工作会议并发表重要讲话（2021-09-28）。

导权和对重要干部的管理权，保证人选政治合格、作风过硬、廉洁不出问题；要让国有企业领导人员在工作一线摸爬滚打、锻炼成长，把在实践中成长起来的良将贤才及时选拔到国有企业领导岗位上来；对国有企业领导人员，既要从严管理，又要关心爱护，树立正向激励的鲜明导向，让他们放开手脚干事、甩开膀子创业。①

7. 统筹推进改革试点

试点是重要改革任务，更是重要改革方法。习近平同志深刻阐述了试点在改革全局中的重要作用，对如何抓好改革试点指明实践路径、提出明确要求。他指出，抓好试点对改革全局意义重大。试点的目的在于探索改革的实现路径和实现形式，为面上改革提供可复制、可推广的经验做法。要加强改革试点工作统筹，分析各个改革试点内在联系，合理把握改革试点工作节奏。对具有基础性、支撑性的重大制度改革试点，要争取早日形成制度成果。对关联度高、互为条件的改革试点，要统筹协调推进。对领域相近、功能互补的改革试点，可以开展综合配套试点，推动系统集成。对任务进展缓慢、到期没有完成的改革试点，要提前预警、督促落实。② 他强调，要准确把握改革试点方向，把制度创新作为核心任务，发挥试点对全局改革的示范、突破、带动作用。③ 抓试点、求突破，加强试点工作统筹，及时评估试点的成效、经验和问题，对证明行之有效的经验和做法，要及时推广应用。④

8. 坚持党的领导加强党的建设

坚持党的领导、加强党的建设，是我国国有企业的光荣传统，是国有企业的"根"和"魂"，是我国国有企业的独特优势。习近平同志提出了新形势下国有企业坚持党的领导、加强党的建设的总要求："坚持党要管党、全面从严治党，紧紧围绕全面解决党的领导、党的建设弱化、淡化、虚化、边缘化问题，坚持党对国有企业的领导不动摇，发挥企业党组织的领导核心和政治核心作用，保证党和国家方针政策、重大部署在国有企业贯彻执行；坚持服务生产经营不偏离，把提高企业效益、增强企业竞争实力、实现国有资产保值增值作为国有企业党组织工作的出发点和落脚点，以企业改革发展成果检验党组织的工作和战斗力；坚持党组织对国有企业选人用人的领导和把关作用不能变，着力培养一支宏大的高素质企业领导人员队伍；坚持建强国有

---

① 共产党员网：习近平总书记在全国国有企业党的建设工作会议上发表重要讲话（2016-10-11）。
② 中国政府网：习近平总书记主持召开中央全面深化改革领导小组第三十五次会议（2017-05-23）。
③ 中国政府网：习近平总书记主持召开中央全面深化改革领导小组第二十二次会议（2016-03-22）。
④ 中国政府网：习近平总书记主持召开中央全面深化改革领导小组第二十七次会议（2016-08-30）。

企业基层党组织不放松，确保企业发展到哪里，党的建设就跟进到哪里，党支部的战斗堡垒作用就体现在哪里，为做强做优做大国有企业提供坚强组织保证。"他指出，党对国有企业的领导是政治领导、思想领导、组织领导的有机统一。要明确党组织在决策、执行、监督各环节的权责和工作方式，使党组织发挥作用组织化、制度化、具体化。他强调，全面从严治党要在国有企业落实落地，必须从基本组织、基本队伍、基本制度严起。要同步建立党的组织、动态调整组织设置。要把党员日常教育管理的基础性工作抓紧抓好。企业党组织"三会一课"要突出党性锻炼。要让支部成为团结群众的核心、教育党员的学校、攻坚克难的堡垒。要把思想政治工作作为企业党组织一项经常性、基础性工作来抓，把解决思想问题同解决实际问题结合起来，既讲道理，又办实事，多做得人心、暖人心、稳人心的工作。① 对于党建工作，他特别指出，我们坚持党建工作和中心工作一起谋划、一起部署、一起考核，坚决防止"一手硬、一手软"。加强党的基层组织建设，关键是从严抓好落实。要加强企业、农村、机关、事业单位、社区等各领域党建工作，推动基层党组织全面进步、全面过硬。②

第四节　以西方经济学和管理学相关理论为借鉴参考

习近平同志指出，"我们坚持马克思主义政治经济学基本原理和方法论，并不排斥国外经济理论的合理成分。西方经济学关于金融、价格、货币、市场、竞争、贸易、汇率、产业、企业、增长、管理等方面的知识，有反映社会化大生产和市场经济一般规律的一面，要注意借鉴"③。当然，这种借鉴要坚持去粗取精、去伪存真，坚持以我为主、为我所用，不能照抄照搬、生搬硬套。在西方资本主义市场经济中，投资公司④（Investment Company）通常是指从事证券发行和投资业务的公司（a company that issues and invests in securities），一般包括共同基金（mutual funds）、封闭式基金（closed-end funds）和单位投资信托（unit investment trusts）。1940年，美国制定颁布《投资公司法》（*Investment Company Act of* 1940），对从事投资、再投资证券交易，以及

---

① 共产党员网：习近平总书记在全国国有企业党的建设工作会议上发表重要讲话（2016-10-11）。
② 共产党员网：习近平总书记在全国组织工作会议上的讲话（2018-09-17）。
③ 习近平. 不断开拓当代中国马克思主义政治经济学新境界［J］. 求是，2020（16）.
④ 美国证券与交易委员会网站：www.investor.gov/introduction-investing/investing-basics/glossary/investment-company。

向投资界发行证券的各类投资公司的管理作出法律约束，以保护投资者利益。西方的投资公司类似于我国的基金公司，主要通过向投资者发行基金产品，然后投资证券市场，从中收取管理费用。尽管西方发达经济体中没有与我国相同类型的国有资本投资公司，但西方经济学和管理学中在投资与管理领域的一些相关理论，对我们的国有资本投资公司改革或有一定参考价值，主要包括委托代理理论、管控模式理论、投资组合与估值相关理论等。

一、委托代理理论

委托代理理论是西方经济学现代企业理论的重要组成部分。现代经典委托代理理论认为，企业所有者同时作为经营者的做法存在极大弊端，企业所有权和经营权应该分离，企业所有者保留剩余索取权而让渡经营权，因此产生了委托代理问题。委托代理是一个人或一些人（委托人）委托其他人（代理人）根据委托人的利益从事某些活动，并相应授予代理人某些决策权的契约关系。委托代理关系一般是指委托人如何设计一个契约来激励代理人为委托人的利益行动，它具有四个基本特征：一是委托代理契约的不完备性，即难以考虑到所有可能发生情况下的委托代理双方责权利的契约；二是委托人和代理人可以是同一个人，也可以是同一个集团或社会组织；三是委托代理契约是双方讨价还价后形成一致意见的产物；四是在一定条件下，代理人可以将代理事项的部分或全部再委托给其他人。委托代理理论强调，委托人和代理人之间可能存在利益不一致且存在信息不对称。委托代理理论主要包括两方面内容：代理人的行为选择和代理成本。

代理人的行为选择由委托人和代理人各自掌握信息的情况决定，如果双方掌握不同的信息量，那么就会产生信息不对称，从而产生委托代理问题。肯尼思·阿罗将委托代理问题划分为两种类型，即道德风险和逆向选择。道德风险是指"代理人利用自身的信息优势，通过减少自身的要素投入或采取机会主义行为在为自己最大限度地增进效用时，做出的损害他人利益、降低组织决策效率的行为"，也可简单理解为代理人借委托人观察监督困难之机而采取的不利于委托人的行动。逆向选择是指"如果私有信息无法为他方验证，那么掌握私有信息的人就有可能隐瞒或谎报真实情况，以获取自己的经济利益"，或者说，代理人占有委托人所观察不到的信息，并利用这些私人信息进行决策而谋取私利。

代理成本是委托人为防止代理人损害自己的利益，而通过契约关系和对代理人的严格监督来限制代理人的行为，从而付出的代价。代理成本一般由三部分组成：一是委托人监督成本，即委托人激励和监控代理人，以促使代理人为委托人利益而尽力的成本；二是代理人担保成本，即代理人用以保证不实施损害委托人利益的行为的成本，以及如果实施了那些行为，需要给予赔偿的成本；三是剩余损失，即委托人因代理人代行决策而产生的价值损失，也就是代理人决策与委托人在具有代理人相同信息和经营才能条件下自行决策之间的差异。由此可见，委托人监督成本、代理人担保成本是实际成本，而剩余损失是一种机会成本。

二、管控模式理论

管理控制理论起源于泰勒开创的科学管理，控制被认为是管理的一项职能。[①] 集团管控模式是西方企业管理理论中，大型企业集团内部管理的重要内容。管控是管理者影响组织中的其他成员以落实组织战略的过程。集团母公司对子公司的管控主要体现为以委托代理机制为基础的公司治理和行政管理活动。集团管控是代表集团整体利益的集团总部及其授权的管理主体，对集团所属成员企业进行必要的管理和控制影响，以使集团所实现的价值大于成员企业各自独立运营所可能创造的价值总和的行为过程。西方管理学对母子公司管控模式（管理风格）的研究有很多论述，具有代表性的有以下几种。

（一）三种基本的集团管控模式

集团管控模式最早是古德尔在《公司层面战略》一书提出的，他将集团管控模式分为三种基本类型。一是战略规划型，母公司在制定战略规划和业务经营计划时深度介入子公司的决策，强调长期目标的作用和控制过程的竞争动态；二是财务控制型，母公司将制定战略规划和业务经营计划的权力授予子公司，并对子公司进行注重短期利润目标的控制；三是战略控制型，母公司允许子公司进行部分长期性的自主决策，同时关注短期利润目标，在战略规划型和财务控制型之间寻求管控平衡。后来，罗兰贝格咨询公司在此基础上按照集团总部对子公司管控时的集权与分权的程度，将管控模式划分为财务管控型、战略管控型和运营管控型（或操作管控型）（见表2-1）。

---

① Otley, Badbent, Brry. Research on management control: an overview of its development [J]. British Journal of Management, 1995 (S1)

表 2-1 三种基本的集团管控模式

功能和人员配置		财务管控型	战略管控型	运营管控型
集团总部功能	核心功能	财务/资产 集团战略 投资管理 并购重组 监控	财务/资产 集团战略/战略业务单元规划 投资管理 并购重组 监控	财务/资产 集团战略/战略业务单元规划 投资管理 并购重组 监控
	重要功能	总部组织机构管理	公共关系 法律 审计 集团营销 现金管理 人才培养 总部组织机构管理	公共关系 法律 审计 集团营销 现金管理 人才培养 研发 采购/物流 销售网络 人力资源管理 总部组织机构管理
集权与分权程度		相对分权	集权与分权相结合	相对集权

资料来源：罗兰贝格咨询公司。

（二）四种拓展的集团管控模式

埃森哲咨询公司在前人研究的基础上，重点考虑子公司战略重要性、组织成熟度和子公司业务相关性等因素，进一步将集团管控模式拓展为财务管控型、战略规划型、战略控制型、运营管控型四大类，集团总部在不同的管控模式下扮演不同角色，即不同的集团定位（见表 2-2）。

1. 财务管控型

集团总部扮演财务投资者角色，集团实现投资组合和风险分散。在实行财务管控的企业集团中，集团母公司起到投资运作和资产监管的作用，主要通过董事会预算委员会和财务绩效考核来实现对投资业务的管控。集团管控的目标是，确保母公司在收益和风险搭配的投资组合中实现投资回报（财务收益）最大化。这类母公司一般以财务投资者的视角来审视集团业务，偏好企业并购和分立等外部成长方式。集团下属的企业可以自行制定业务发展战略、业务竞争策略和经营计划，并独立运营，不受或很少受到母公司的干预。集团总部每年会与所投资的企业，就当年财务目标的底线进行讨论并达成一致,并按季度及年度进行严格的考核,以确保所持股企业善用其自主权来保证股东投资得到预期的回报。

2. 战略规划型

集团总部扮演战略投资者角色,集团实现业务组合更新和治理经济。在实行战略规划型管控的企业集团中,集团母公司对旗下业务单元的管理超越了产权关系架构,对整个集团起到战略性引导和监控的作用。集团总部会以关注长远和全局的战略投资者的视角来审视集团业务,根据业务发展前景进行注资或撤资,并利用预算系统以及经理人员任免、薪酬和晋升等机制,责成业务板块责任人承担起对下属业务单元管理的责任。集团管控的目标是战略方向和绩效,而不是短期的财务绩效。各业务板块在遵从集团整体战略框架下享有比较大的经营自主权,以"受制衡的分权"方式自主决策,获得独立经营所具有的治理经济。集团总部会利用内部资本市场,将相当数量的资源用于新业务创设和公司发展,以便实现集团业务组合的调整和更新。集团总部的管控措施相对隐蔽、不对战略进程及非财务资源投入进行直接控制,而主要着眼于塑造一个使各业务单元处于受控状态的管理情境,考核评价也侧重于战略举措、长期绩效及少数关键财务指标。

3. 战略控制型

集团总部扮演战略管理者角色,集团实现业务战略协同和范围经济。在实行战略控制型管控的企业集团中,总部对下属业务单元实施直接、有形的控制。总部不仅确定集团发展的战略方向和规划,还根据业务组合平衡制订细致周密的经营计划、预算计划和投资计划,并参与制定业务单元的竞争战略、业务发展计划及年度经营计划。同时,总部会定期进行集团总体和业务战略推进过程的监测、评价及控制,在确保集团整体利益最大化的基础上,注重运营层面核心竞争力的打造,帮助提升业务部门的战略执行技能和运营绩效。集团管控的目标是,促成具有较强相关性的业务单元之间形成协同效应。由于集团总部管控力度较强,业务单元的自主权明显下降,所以是一种"有限度的分权"的管控模式。这类集团总部会倾向于制定通用的职能流程,通过细化的、统一的政策及程序规则来实现较具深度的、规范的管控。总部用以考核业务单元的年度绩效指标,除了产出目标,还使用一些关键的经营类目标,以确保长久取得卓越的运营绩效。

4. 运营管控型

集团总部扮演全面管理者角色,集团实现业务整合和规模经济(见表

2-2）。在实行运营型管控的企业集团或大型单体企业中，总部对下属单位的业务运营进行直接的、深度的管理控制，是覆盖战略管理和运营管理各个方面的全面管理者。这类总部强调集中决策、集中经营，要求各业务单元在总部统筹安排下开展步调一致的业务运营活动，其管控的目标是，追求全集团的经营行为统一和整体协调成长。为了实现规模经济，集团内产业链相关的各个业务单元，无论是否具有独立的法人地位，都会被重组整合为集团或公司内部一体化的价值链。总部通常与业务单元共同制订从市场预测、销售、物流、生产至采购的贯穿价值链的计划，并确保贯穿供应链全过程的计划获得最大价值。总部通常还参与运营计划执行过程的调度，业务单元主要负责按照与总部协同制订的计划进行业务运营的操作。总部对业务单元的多条线管控往往十分深入，甚至直接介入和干预下属单位日常经营策略性活动。成员企业具体执行集团总部下达的各项目标，在总部决策和动态管控下开展日常运营层面的战术性、例行性工作。总部会对业务单元设定一套具体、详细的绩效考核指标，既包括财务方面的指标，也包括运营方面的指标，如产量、生产计划完成率、成本等，并且还会每月定期进行检查和监控。

在管理实践中，由于现实情况的复杂性，事实上很难看到某个企业集团采取某种纯粹的管控模式的情形。从权变的原则出发，在具体情境中应用的管控模式并不是单纯化、一般化的，更不可能是"一刀切"的。集团总部要对子企业的管控模式"一企一策"进行研究确定，在不同的管控模式框架下，以权责清单或管控清单的形式具体落实。

表 2-2 四种拓展的集团管控模式

核心职能	财务管控型	战略规划型	战略控制型	运营管控型
战略投资管理	没有战略规划；从上至下制定目标；总部严格控制财务指标；从短期维度来衡量资本成本	总部审阅业务部门的战略计划和目标，严格控制风险；总部制定关键的战略与财务指标；从长期维度来衡量资本成本	共同制订战略计划和目标；总部周期监测财务和运营指标，提供更多支持；从长期维度来衡量资本成本	总部制订经营计划和预算；总部日常监控多个运营及财务指标，参与制定纠偏措施；从长期维度来衡量资本成本
协同管理	没有关联影响	较少以正规的机制来协调内部协同；对协同有较少影响	以较多正规的机制来协调内部协同；对协同有很高的影响力	掌控相关界面来保证利用协同效应

续表

核心职能	财务管控型	战略规划型	战略控制型	运营管控型
共享服务	没有共享服务	尽在某些特定领域方面（如不易获得的专业技能方面）提供共享服务；可以由总部提供，也可以由子公司提供	普遍通过共享服务来获得协同效应和规模效应；可以由总部提供，也可以由子公司提供	具有较高程度的共享服务；由总部提供

资料来源：埃森哲咨询公司。

三、投资组合与估值相关理论

投资组合理念是各类投资公司的基本投资理念之一，是统筹投资收益与风险、市场机会与企业能力的有效途径。而估值反映了对目标公司价值的投资评价，对投资决策具有重要意义。建立"投资组合"和"资产估值"的理念，是投资公司构建投资思维框架的重要内容。

（一）现代投资组合理论

现代投资组合理论（Modern Portfolio Theory），也称投资分散理论或证券组合理论，由美国经济学家马科维茨于1952年在《证券组合选择》一文中首次提出，是资产配置模型的理论基石，这一理论阐述了投资公司或投资者如何通过调整资产的配置来改变某一投资组合的风险与收益。

1. 理论假设条件

一是证券市场是有效的；二是投资者以期望的收益率衡量未来实际收益率的总体水平，以收益率的方差衡量未来不确定收益率的风险，且投资者只关心投资的期望收益率和方差；三是投资者厌恶风险，总是希望期望收益率越高越好，同时风险即方差越低越好。

2. 理论核心内容

现代投资组合理论认为，投资者的效用曲线（U）由其资产组合的随机流动性的头两阶距 μ 和 σ^2（均值和方差）决定，其中 $\frac{\alpha U}{\alpha \mu}>0$，$\frac{\alpha U}{\alpha \sigma^2}<0$。通过单个证券收益率的方差衡量单一证券的风险，通过单个证券收益率的方差和其他证券收益率的协方差来衡量证券组合的风险，建立最小方差模型来确定证券最优组合，即图2-1中曲线 abc 上任意一点，这样的组合称为前沿证券组

合，所有前沿证券组合的集合组成的证券组合前沿，即曲线 abc。

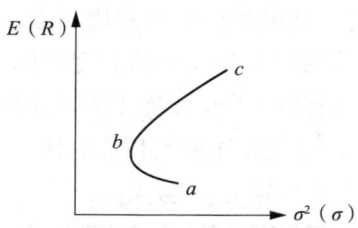

图 2-1　证券组合风险收益前沿

3. 主要理论价值

现代投资组合理论的重要贡献：一是让人们认识到证券投资组合的主要意义是可以实现在一定风险条件下的收益最大化，或在一定收益条件下的风险最小化，具有降低投资活动风险的机制；二是投资者可以通过投资组合降低投资风险，同时可以根据有关信息进一步实现投资的最优选择。推而广之，投资公司为提高资本收益、降低投资风险，要在投资中建立起业务组合、资产组合、企业组合等基本概念，通过构建并动态优化投资组合，不断实现投资收益与风险的平衡。

（二）估值理论

一个公司是否实现了保值增值，需要通过资产的价值体现，一个公司是否具有投资价值，也同其估值密切相关。一般而言，价值分为两类，即账面价值和市场价值（见表2-3）。账面价值是由资产或公司的账面或其财务状况决定的价值，可根据资产负债表确定。市场价值则是资产或公司的市场资本总额或其流通股份份数与股价的乘积，它代表了公司的股权价值，是公司可分配给股东的价值。对于企业来说，企业价值是公司的整体价值，包括归属债权人的价值以及公司所承担的其他义务。价值如何确定，主要有三种代表性的估值理论方法。

表 2-3　价值的分类

价值类别	账面价值	市场价值
股权价值	股东权益	市场资本总额
企业价值	股东权益+任意潜在债务与责任扣除现金等价物	市场资本总额+任意潜在债务与责任扣除现金及现金等价物

注：任意潜在债务与责任可包括短期债务、长期债务、长期债务中的当期部分、资本租赁下的责任、优先股、非控制性权益及其他非经常性负债（如未分配的养老金等）。

1. 可比公司分析法

这种方法主要是将所要估值的公司与规模相当、产品相似和地域相似的公司进行比较，一般利用乘数①作为比较的测度指标（见表2-4）。这种方法的主要优点是可以基于最新的股票价格及公司财务数据进行分析；缺点是找到可比公司比较困难，同时市场也可能高估或低估了公司价值。

表2-4　常用乘数

市场价值乘数	企业价值乘数
市场资本总额/净利润	企业价值/销售额
股价/每股收益（EPS）	企业价值/息税前利润（EBIT）
市场资本总额/账面价值	企业价值/息税折旧摊销前利润（EBITDA）

2. 先例交易分析法

这种方法主要通过参考历史交易的乘数再评估相对价值。目标公司的价值是相对于历史交易中支付给其他相似公司的价格。这种方法的主要优点是购买价格中包含了溢价，它将有助于确定支付多少溢价来说服目标公司的股东同意出售公司；缺点是当经济环境发生显著变化时，历史分析容易失败，同时，找到相关交易和数据也存在一定难度。

3. 现金流折现分析法

这种方法主要通过目标公司预期的去杠杆现金流折现为现值，从而确定公司当前价值。这种方法是估值方法中技术性最强的，其优点是基于最新的市场数据进行预测；其缺点是不同因素的主导会影响模型预测的准确性，同时折现率较难确定。②

---

① 乘数是指用以比较公司价值与其经营业绩的指标，包括市场价值乘数或企业价值乘数等。
② 保罗·皮格纳塔罗. 财务模型与估值［M］. 刘振山，张鲁晶，译. 北京：机械工业出版社，2015：245-252.

02 | 第二部分
方向篇

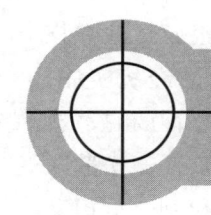

第三章
国有资本投资公司改革的历史脉络

第一节 企业集团母公司是国有资本投资公司的微观法人基础

在计划经济时代，国家投资的企业一直是政府的附属，是高度集中的计划经济中的一个生产单元或经营单元。改革开放以来，中国经济逐步从高度集中的计划经济向中国特色社会主义市场经济转型。在这一伟大的历史进程中，政府直接管理的企业从政府附属到市场主体，从单一个体到企业联合体，再到大企业大集团、国家授权投资等，直到今天的国有资本投资公司、国有资本运营公司和一般产业集团公司，企业自主经营权逐步扩大，市场竞争力显著提升，国有资本保值增值能力日益增强。2015年国务院提出，国有资本投资公司可选择具备一定条件的国有独资企业集团改组设立①。国有独资企业集团特别是大型企业集团的集团母公司，资产规模大，投融资能力强，是国有经济的骨干中坚力量，是改组为国有资本投资公司的首选。当前，19家中央企业国有资本投资公司改革试点都是集团公司。国有资本投资公司改革试点为何要优先选择集团公司呢？要从我国企业集团的诞生和发展说起。

一、企业集团基本概念

企业集团是指以资本为主要联结纽带的母子公司为主体，以集团章程为共同行为规范的母公司、子公司、参股公司及其他成员企业或机构共同组成的具有一定规模的企业法人联合体。简而言之，企业集团是企业之间在产权上相互结合而形成的企业联合体。企业集团不具有企业法人资格②。

---

① 《国务院关于改革和完善国有资产管理体制的若干意见》（国发〔2015〕63号）。
② 《关于印发〈企业集团登记管理暂行规定〉的通知》（工商企字〔1998〕59号）。

按照国家有关部门（国家体改委、国家经委）最初的改革设计，企业集团一般由紧密联合的核心层、半紧密联合层以及松散联合层组成。其中，集团公司是企业集团的紧密联合层，是集团的实体部分，是自主经营、独立核算、自负盈亏、照章纳税、能够承担经济责任、具有法人资格的经济实体；半紧密联合层的企业可以以资金或设备、技术、专利、商标等作价互相投资，并在集团统一经营下，按出资比例或协议规定享受利益并承担责任；松散联合层的企业在集团经营方针指导下，按章程、合同的规定享有权利，承担义务，并独立经营，各自承担民事责任。集团公司（母公司）与其全资子公司、控股子公司、参股公司和协助企业的集合，组成了企业集团这一联合体，而在企业实践中，集团公司有多种别称，如控股公司、母公司、集团母公司、集团总部等，这些称谓的法人企业在性质上一般都属于集团公司。

二、企业集团试点探索

我国的企业集团是在市场不健全、企业不成熟、政府职能转变不到位的情况下，从企业横向联合开始，逐步摸索试点、逐步发展壮大。企业集团逐渐成为国有企业改革"抓大放小"的重要工具，也是提升国有企业国际竞争力的有力抓手。企业集团的建立和发展也从一个侧面成为国有企业改革壮大的缩影。在改革开放初期，国家对国有企业采取放权让利、利改税、拨改贷、经济责任制等改革措施，逐步打破计划体制的束缚，改变企业作为行政附属的地位。在改革过程中，一些地区为加强企业间的专业化协助，组建了一批经济联合体，实现了跨地区、跨部门、跨系统的企业协作。为引导和促进这些经济联合体规范发展，国家出台了一系列改革政策。

1980年7月，国务院提出，"各种形式的联合体，在保证完成国家下达的计划任务的前提下，超计划的产品和自己组织原材料生产的产品，有的可以由商业、物资部门收购，有的可以按国家政策自销，互通有无"[①]。

1986年3月，国家第一次提出"企业集团"的概念。[②] 通过企业之间的横向经济联合，逐步形成新型经济联合组织，发展一批企业群体或企业集团。横向经济联合是发展社会主义商品经济的客观要求，是社会化大生产的必然趋势，是对条块分割、地区封锁的有力冲击，对加快整个经济体制改革和社会主义现代化建设，具有深远的意义。中央高度重视企业集团的企业化，要

---

① 《国务院关于推动经济联合的暂行规定》（1980年7月1日）。
② 《国务院关于进一步推动横向经济联合若干问题的规定》（1986年3月23日）。

求去行政化，明确"企业之间的横向经济联合组织是企业性的，不能变成行政性的管理机构。不允许在联合组织上面再加一层行政性的公司，或把现有的行政性公司换个牌子当作联合组织，不准行政性公司干涉企业之间的经济联合"。

1987年12月，国务院有关部门进一步深化了对企业集团的认识①，提出"企业集团是以公有制为基础，以名牌优质产品或国民经济中的重大产品为龙头，以一个或若干个大中型骨干企业、独立科研设计单位为主体，由多个有内在经济技术联系的企业和科研设计单位组成；它在某个行业或某类产品的生产经营活动中占有举足轻重的地位，有较强大的科研开发能力，具有科研、生产、销售、信息、服务等综合功能"。在内部管理上，集团公司要按照集权、分权相结合的原则进行管理，不同情况的集团公司，集中、分散管理的范围和程度可以有所区别，一般应注意搞好重大经营决策、重大投资项目确定、主要管理人员任免等方面的集中统一管理。同时强调，企业集团特别是集团公司应具有相应的经营自主权，政府要为企业集团发展提供外部条件。

1991年12月，国家组织57家企业开展大型企业集团试点。② 企业集团试点的条件：一是必须有一个实力强大、具有投资中心功能的集团核心；二是必须有多层次的组织结构，除核心企业外，必须有一定数量的紧密层企业，最好还要有半紧密层企业和松散层企业；三是企业集团的核心企业与其他成员企业之间，要通过资产和生产经营的纽带组成一个有机的整体，其中核心企业与紧密层企业之间应建立资产控股关系，核心企业、紧密层企业与半紧密层企业之间要逐步发展资产的联结纽带；四是企业集团的核心企业和其他成员企业，各自都具有法人资格，这是企业集团与单个大型企业的主要区别。考虑到政府对现有企业的管理办法已经不能适应实际需要，国务院要求各有关部门要抓紧研究制定对企业集团进行具体管理的办法，包括国有资产授权经营办法、企业集团的登记管理办法、财务会计制度和管理办法等。

企业集团试点形成重要的改革突破，通过明确试点企业集团核心企业与紧密层企业的关系，初步确立了集团公司与成员企业的关系，即以产权连接为基础或以授权经营方式建立的管控关系。试点企业集团核心企业对紧密层企业的主要活动实行"六统一"，包括规划计划、承包经营、银行贷款、进出口权、资产经营、干部任免等。具体包括：一是发展规划、年度计划，由集

---

① 《国家体改委、国家经委关于组建和发展企业集团的几点意见》（1987年12月16日）。
② 《国务院批转国家计委、国家体改委、国务院生产办公室关于选择一批大型企业集团进行试点请示的通知》（国发〔1991〕71号）。

团的核心企业统一对计划主管部门;二是实行承包经营的,由集团的核心企业统一承包,紧密层企业再对核心企业承包;三是重大基建、技改项目的贷款,由集团的核心企业对银行统贷统还;四是进出口贸易和相关商务活动,由集团的核心企业统一对外;五是紧密层企业中国有资产的保值、增值和资产交易,由集团的核心企业统一向国有资产管理部门负责;六是紧密层企业的主要领导干部,由集团的核心企业统一任免。"六统一"的基本要求:既要保证实现企业集团的统一发展战略和发展规划,又不能影响成员企业的独立法人地位和积极性。集团的核心企业对紧密层企业的"六统一",可以通过多种途径来实现,既可以通过核心企业向紧密层企业投资入股并达到控股,建立起母子公司关系;也可以结合国有资产管理体制的改革,经国有资产管理部门授权,进行把紧密层企业的国有资产交由核心企业经营的试点。

三、企业集团发展深化

随着我国经济体制改革的深入推进,我国企业集团的发展进一步深化,国有企业集团成为建立现代企业制度的排头兵和参与国际竞争的主力军。集团母公司逐步建立起以资本为主要联结纽带的母子公司体制,充分发挥集团公司的引领管控功能,成为改革的核心力量。

1993年11月,党的十四届三中全会通过的《中共中央关于建立社会主义市场经济体制若干问题的决定》提出,进一步转换国有企业经营机制,建立适应市场经济要求,产权清晰、权责明确、政企分开、管理科学的现代企业制度。建立现代企业制度,是发展社会化大生产和市场经济的必然要求,是我国国有企业改革的方向。按照现代企业制度的要求,现有全国性行业总公司要逐步改组为控股公司。发展一批以公有制为主体,以产权联结为主要纽带的跨地区、跨行业的大型企业集团,发挥其在促进结构调整,提高规模效益,加快新技术、新产品开发,增强国际竞争力等方面的重要作用。

1995年9月,党的十四届五中全会提出"国家必须重点抓好一批在国民经济中起骨干作用的大型企业和企业集团"。国家进一步深化了试点的目的,强化了试点的措施,又组织63家企业开展试点。[①] 当时改革的大背景是我国经济体制从传统的计划经济体制向社会主义市场经济体制转变,经济增长方式由粗放型向集约型转变;在建立社会主义市场经济体制中,确定了国有企

---

① 《国务院批转国家计委、国家经贸委、国家体改委关于深化大型企业集团试点工作意见的通知》(1997年4月29日)。

业改革的方向是建立现代企业制度，颁布实施了《公司法》。深化大型企业集团试点的主要措施包括：一是建立以资本为主要联结纽带的母子公司体制。试点集团母公司是国有独资公司的，其出资人应是国家授权投资的机构或国家授权的部门。少数具备条件的试点企业集团母公司，经国务院批准，可以作为国家授权投资的机构。二是进一步增强试点企业集团母公司的功能，试点企业集团母公司在制定集团发展战略、调整结构、协调利益等方面发挥主导作用，逐步成为集团投融资、科技开发、对外贸易和经济技术交流等重大经营活动的决策中心。三是多渠道增补试点企业集团资本金，发挥其在结构调整中的作用。包括合理调整试点国有企业集团负债结构；建立资本金注入制度，试点企业集团母公司、子公司无资本金或资本金未达到有关规定的，应由其出资人注入资本金；积极支持试点企业集团对国有资产存量进行重组。

四、企业集团改革成效

试点产生了明显的示范和带动作用，企业集团成为中央管理企业采取的一种主要组织形式，作为各地结构调整的主要措施。企业集团试点极大地推动了相关国有企业效益效率的提升。1999年，120家大型企业集团试点实现营业收入2.05万亿元，同比增长20.97%，比面上企业集团增长高7.4个百分点；利润总额329.83亿元，同比增长48.06%，比面上企业集团增长高27.2个百分点；资产利税率4.34%，比面上企业集团高0.86个百分点；劳动生产率18.2万元/人，比面上企业集团高0.02万元/人；资产负债率58.91%，比面上企业集团低1.26个百分点。[①]

五、企业集团授权经营

随着我国改革开放的步伐逐步加快，进一步培育发展具有国际竞争力的企业集团既是对内经济结构调整和产业升级、体制机制创新的现实需要，也是对外开展国际竞争、应对国内市场竞争国际化的必然要求。国家"十五"计划纲要提出，要"形成一批拥有著名品牌和自主知识产权、主业突出、核心能力强的大公司和企业集团"。2001年9月，国家经贸委、中央企业工委、国家计委等八部委联合制定《关于发展具有国际竞争力的大型企业集团的指导意见》，提出要发展具备"六大特征"的重点大型企业集团。"六大特征"

[①] 国家经贸委经济研究中心课题组. 中国企业集团成长研究[M]. 北京：中国城市出版社，2002：47.

包括技术创新能力强、市场开拓能力强、经营管理能力强、劳动生产率和净资产收益率先进、规模经济效益好。

企业集团层面的改革措施包括：一是建立现代企业制度，完善公司治理结构，建立健全科学的决策程序，落实可追溯的决策责任制度，建立产权管理制度；二是加强和完善战略管理，要制定和不断完善发展战略，建立发展战略研究和管理机构，强化在重大决策、投融资、财务监控、产权管理、技术创新、技术改造、人力资源开发等方面的功能；三是提高技术创新能力，要建立技术开发中心，提高研究开发费用在企业销售收入中的比重；四是提高市场营销能力，建立适合本企业特点的营销网络和售后服务体系，积极开拓国际国内市场；五是推进内部改革，重点推进三项制度改革，充分引入竞争机制，形成职工能进能出、管理人员能上能下、收入能增能减的机制；六是加强企业管理，加强成本管理、质量管理、合同管理、采购和营销管理等各项管理工作，加强资金和财务管理，加强内部审计监督；七是突出主业，做好企业集团内部重组和分离分流工作，要明晰管理层次、缩短管理链条，母子公司管理层级应控制在三层以内，同时理顺产权关系，优化内部组织结构，根据自身特点和发展需要，实行事业部制、分公司制或以产权为纽带的母子公司体制。

政府层面的改革措施包括：一是对具备条件的企业集团国有资产实行授权经营，通过授权经营明确和规范政府与企业集团的关系，建立国有资产经营责任制度，使企业集团成为投融资、结构调整和技术创新的主体；二是支持企业集团上市和多渠道融资，借助资本市场的规则和竞争压力，规范经营行为，增加决策的透明度，切实转换经营机制；三是改革项目审批办法和支持技术创新，选择一批大型的重点骨干企业集团，其中长期总体发展规划经国务院或有关部门批准后，其具体投资项目不再审批（除国家另有规定或规划变更外）；四是改革工资总额管理方法，对已按照《公司法》进行规范化股份制改造、法人治理结构比较健全的企业集团，经国家有关主管部门批准，有关部门不再审批企业集团工资总额；五是支持分离分流，对授权经营的企业集团，根据国家制定的统一政策，经国家有关部门批准，可用企业集团辅业国有资产的变现收入，支付分离分流的成本，同时对产品无市场、资不抵债、扭亏无望的子企业，依法实施兼并破产；六是鼓励开发国际市场和跨国经营，对具备条件的企业集团在授信额度、出口信用保险、境外投资和外汇管理方面，通过简化手续、提高效率等方式给予支持；七是充分利用国际国内两种人才资源，加快企业经营者市场配置的改革步伐，拓宽人才引进的渠道，吸引具有国际经营能力和技术开发能力的优秀人才在我国企业集团担任各类重要管理职务；八是建立政府有关部门与企业集团定期沟通的渠道，国务院有关部门定期召开会议，听取有关企业集团的情况汇报，研究企业集团在市场竞争中取得的经验、成效和遇到的问题。

从国资国企体制改革的视角看，企业集团的发展带来两个巨大进步。一是极大推动了国有产权制度改革。从所有权和经营权合一，到两权逐步分离，国有企业产权的概念逐步清晰。国有企业的国有产权和公司制企业的国有股权统称为国有产权；国有产权持有人和国有股权持有人统称为国有产权持有人。国有产权持有人是指国家授权的部门或国家授权投资的机构、持有国有资本的企业及其他经济组织①。二是极大推动了授权经营体制的建立健全。授权经营包括两个层面：第一层是政府对集团母公司的国有资产经营权的授权，第二层是集团母公司对企业集团子公司的国有资产经营权的授权。在企业集团试点中，第二层授权经营问题基本解决，集团母公司以产权为基础对子公司行使股东职权，但第一层授权经营问题仍是下一阶段改革的重点和难点。回顾这段国企改革历史，我们开展企业集团试点的思路和方法，对当前开展国有资本投资公司改革试点仍具参考价值。

第二节　国有资本授权经营是国有资本投资公司的基本责权依托

国有资本授权经营②，是国有资本所有权与经营权分离的必然结果，是解决政企分开、政资分开问题的最优路径。国有资本授权经营的制度安排，一方面有助于解决政府及出资人代表机构不能直接经营国有资产的问题，要按照市场经济的专业化分工原则委托市场主体对全民的共同财富保值增值负责，促进国有资本和国有企业做强做优做大；另一方面有助于解决当时国有企业普遍规模不大、效率不高难以满足市场需求和应对国际竞争的问题，加快推动国有企业建立产权纽带，打造大企业大集团。在企业集团试点的基础上，国家组织开展了国有资本授权经营试点，并取得显著成效。

---

① 《利用外资改组国有企业暂行规定》（国家经贸委令第42号）。
② 党的十八届三中全会以前称"国有资产授权经营"。

一、国有资本授权经营的内涵

授权经营来自国有企业改革实践,经试点探索和不断总结,成为国有资产管理体制的重要组成部分,逐步建立并丰富了概念内涵和体制框架。

1989 年,东风汽车公司向国家国有资产管理局①提出,希望对没有产权关系的产业链相关国有资产由政府授权经营,主要目的是加快经营联合和资产联合,推动汽车工业发展规模经济。国务院相关部门结合企业集团试点,采取开放包容的态度,一方面积极研究并出台指导政策,另一方面组织开展授权经营试点。

1992 年 9 月,国务院相关部门②把国有资产授权经营定义为由国有资产管理部门将企业集团中紧密层企业的国有资产统一授权给核心企业(集团公司)经营和管理,建立核心企业与紧密层企业之间的产权纽带,增强集团凝聚力,使紧密层企业成为核心企业的全资子公司或控股子公司,发挥整体优势。在东风汽车集团、东方电气集团、中国重汽汽车集团、中国一汽汽车集团、中国五矿集团、天津渤海化工集团、贵州航空工业集团(55 家企业集团试点)和中国纺织机械集团共 8 家企业,组织实施第一批国有资产授权经营试点。1993 年 2 月,东风汽车公司获得批复,作为核心企业(集团公司)与紧密层等各成员企业建立规范化的资产联结纽带,形成包括全资子公司、控股子公司和参股子公司等形式的母子公司关系,在集团内形成大型控股公司控制下的多元化、多层次结构。③

【微案例:中国五矿授权经营试点情况④】

在全国第一批 8 家国有资产授权经营试点单位中,中国五矿是唯一一家以外贸专业总公司为主体结构的试点企业集团。国家选择中国五矿集团进行国有资产授权经营试点的主要目的是,探索以外贸专业总公司为核心企业的企业集团进行推动贸工、贸技相结合为主要形式和内容的改革尝试。通过授权经营试点,逐步打破条块分割的旧的计划经营模式的国有资产经营管理体

---

① 国家国有资产管理局于 1988 年设立,在 1998 年部门改革中并入财政部。
② 《国家国有资产管理局、国家计委、国家体改委等关于印发国家试点企业集团国有资产授权经营的实施办法(试行)的通知》(国资企发〔1992〕50 号)。
③ 《国家国有资产管理局关于授权东风汽车公司统一经营东风汽车集团国有资产的批复》(国资企函发〔1993〕25 号)。
④ 中国五金矿产进出口总公司. 积极探索,勇于实践,努力推进国有资产授权经营试点工作[J]. 国际贸易问题, 1995 (7).

制,在国有资产授权经营试点政策的指导和支持下,逐步建立起跨地区、跨部门、跨行业的新型产权管理和经营机制,提高国有外贸企业资产的运行效率和运营效益,加速发展具有贸易、金融、实业等多种综合功能的大型外贸企业集团,促进企业迅速形成生产、经营规模,提高"两个市场"的竞争能力。在授权经营方案中,中国五矿提出了组建集团母公司董事会,确定国有资产授权经营的载体,明确国家作为所有者与集团母公司作为企业、作为产权经营和商品经营之间的产权关系;提出了进行规范化的集团公司化改造,对存量资产和增量资产进行优化组合和重新配置的基本原则,以及建立以资本金利润率为中心的资产经营责任制和实施新的财务会计制度,建立集团合并财务报表等内容。

在国有资产授权经营政策的指导下,中国五矿先后兼并了大连第二轧钢厂、吉林四平钨钼材料厂、辽宁本溪北台钢铁总厂,3家具备相当规模的符合集团整体发展战略目标和基本条件的企业成为中国五矿的全资或控股子公司。这为外贸企业扩大出口、稳定货源节省了投资建设时间,也避免了重复建设和重复投资的弊病。这使我们认识到,西方发达的市场经济国家主要通过资本兼并、股票收购和联合结盟等方式形成企业集团,集团规模的形成需要经过自由竞争、"大鱼吃小鱼"的漫长道路和付出巨大社会代价来逐步实现。我们以公有制为主体的社会主义国家,完全有条件按照市场经济条件下的产权变动的一般规则并结合我国的基本国情主动进行结构调整和产权重组,绕过资本主义走过的道路,达到形成规模经营的目标。国有资产授权经营的核心,就是赋予企业集团进行产权经营的功能,按照国家的产业政策进行跨地区、跨行业、跨部门的产权重组,优化资源配置,创造出比计划经济体制下更高的经济效益和社会效益。

1994年7月,新修订的《公司法》颁布施行。此时的《公司法》第72条规定,经营管理制度健全、经营状况好的大型的国有独资公司,可以由国务院授权行使资产所有者的权利。这为国有资产授权经营提供了法律依据。

1995年8月,针对有些省份在开展地方国有资产授权经营工作中存在的问题,国务院有关部门指出[①],授权经营是涉及国有资产管理体制的重大改革,《国家试点企业集团国有资产授权经营的实施办法(试行)》中关于"企业集团中紧密层企业的国有资产统一授权给核心企业经营和管理"的实质是建立集团内的产权联结纽带,明确试点集团内部的母子公司关系,而一些

[①] 《国家经贸委关于当前国有资产授权经营有关问题的通知》(国经贸企〔1995〕375号)。

地方的国有资产授权经营是"由国有资产管理部门将一部分国有资产授权给从事国有资产产权运营的投资控股公司和有条件的企业集团的核心企业经营管理"。前者是建立集团内部关系，后者是要明确企业（集团）与政府的关系，两者存在原则区别。

1996年9月，国家国有资产管理局专门出台《关于企业集团国有资产授权经营的指导意见》进一步提出，"企业集团国有资产授权经营是指政府将企业集团中国家以各种形式直接投资设立的成员企业（指与集团公司为非产权关系的企业）的国有产权授权集团公司持股，其实质是通过政府授权持股方式对集团企业进行产权重组，确定集团公司与成员企业间的母子公司产权关系，即集团公司作为成员企业的出资者"。该意见清晰界定了授权经营的五条内容：一是授权集团公司持有成员企业的产（股）权；二是授权集团公司依照法定程序任免子公司的董事、董事长（经理）；三是授权集团公司收取子公司的资本收益并决定其用途；四是授权集团公司依照法定程序决定子公司的产权变动和重大资产处置；五是授权集团公司拥有一定的重大项目投资决策权。同时明确，企业集团国有资产授权经营是确立集团内企业间的产权关系（集团公司与子企业间的产权关系），并未明确集团公司与国家的关系，授权经营后，集团公司不等于成为国家授权投资的机构，但少数具备条件的集团公司经政府授权可以成为国家授权投资的机构，即同时理顺政府与集团公司的管理关系及集团公司与成员企业的产权关系。国务院进一步明确，试点集团母公司是国有独资公司的，其出资人应是国家授权投资的机构或国家授权的部门。少数具备条件的试点企业集团母公司，经国务院批准，可以作为国家授权投资的机构。

整体来看，早期的国有资本授权经营探索是针对企业集团的国有资产产权管理所采取的一种策略，其实质是通过行政划转或有偿划转的方式，使集团母公司拥有紧密层企业的股权，紧密层企业转变为集团母公司的子公司或参股公司。这也是国资重组无偿划转的初步探索。

二、授权经营体制确立与完善

经过认识上的不断深化和实践上的持续探索，国有资产授权经营的体制逐步在中央文件和法律法规中得到确立，为有效促进国有资产的所有权和经营权分离、进一步实现政企分开发挥了重要作用，加速推动了国有资产管理体制相关改革。

1999年，党的十五届四中全会通过的《中共中央关于国有企业改革和发展若干重大问题的决定》提出，按照国家所有、分级管理、授权经营、分工监督的原则，逐步建立国有资产管理、监督、营运体系和机制，建立与健全严格的责任制度。国务院代表国家统一行使国有资产所有权，中央和地方政府分级管理国有资产，授权大型企业、企业集团和控股公司经营国有资产。这是首次在中央文件中提出"授权经营"的概念，标志着国有资产授权经营管理体制的初步确立，对国有资产所有、管理、经营、监督的制度安排更加清晰，尤其是政府与国有企业的关系进一步清晰。同时提出，政府对国家出资兴办和拥有股份的企业，通过出资人代表行使所有者职能，按出资额享有资产收益、参与重大决策和选择经营管理者等权利，对企业的债务承担有限责任，不干预企业日常经营活动。从当时的情况来看，国有资产国家所有，毋庸置疑；授权经营，正逐步完善；但分级管理、分工监督无论是在中央层面还是在地方层面仍处于"九龙治水"的阶段，建立统一集中的国有资产监督管理体制势在必行。

2003年，党的十六届三中全会通过的《中共中央关于完善社会主义市场经济体制若干问题的决定》提出，坚持政府公共管理职能和国有资产出资人职能分开；国有资产管理机构对授权监管的国有资本依法履行出资人职责，维护所有者权益，维护企业作为市场主体依法享有的各项权利，督促企业实现国有资本保值增值，防止国有资产流失；积极探索国有资产监管和经营的有效形式，完善授权经营制度。

同年，《企业国有资产监督管理暂行条例》颁布实施。该暂行条例规定，国有资产监督管理机构根据授权，依法履行出资人职责，依法对企业国有资产进行监督管理。同时规定，国有资产监督管理机构可以对所出资企业中具备条件的国有独资企业、国有独资公司进行国有资产授权经营。被授权的国有独资企业、国有独资公司对其全资、控股、参股企业中国家投资形成的国有资产依法进行经营、管理和监督。

2008年，《企业国有资产法》进一步规定，国务院国有资产监督管理机构和地方人民政府按照国务院的规定设立的国有资产监督管理机构，根据本级人民政府的授权，代表本级人民政府对国家出资企业履行出资人职责。国务院和地方人民政府根据需要，可以授权其他部门、机构代表本级人民政府对国家出资企业履行出资人职责。履行出资人职责的机构代表本级人民政府对国家出资企业依法享有资产收益、参与重大决策和选择经营管理者等出资人权利。

三、国家授权投资的机构改革探索

在20世纪90年代中后期，建立现代企业制度已成为国有企业改革的明确方向。在建立现代企业制度的企业改革中，遇到了几个亟待解决的突出问题。第一，政府行政机构不能直接经营国有资产，企业国有资产的出资人代表缺位；第二，大企业大集团仍然缺乏充分的经营发展自主权，难以成为真正有竞争力的市场主体；第三，政府与企业之间的经营责任不清。这些问题相互交织，必须找到一个突破口。国企改革的开拓者提出"国家授权投资的机构"的概念并付诸实践。

（一）国家授权投资的机构的概念与设计

国家授权投资的机构，是指国家单独出资形成的，经国务院或国务院授权的省级人民政府批准新设或改建设立的，代表国家对授权范围内的国有资产行使出资者权利，对国有资产负保值增值责任，并经工商部门登记注册的特殊企业法人[①]。同一般国有企业相比，除追求经营效益和效率的共性特点外，国家授权投资的机构还具有三点特殊性。第一，它是经营国有资本的最高层级的经营实体，一般的国有全资及控股的股份公司和有限责任公司都在它的管理之下，在它之上的只有代表国有资产所有者的政府；第二，它是经国家批准设立的国有独资公司，不能进行多元化和混合所有制改革；第三，它拥有更大的权利，包括投资权、融资权、收益分配权、资产处置权、对外贸易权等。概括来说，国家授权投资的机构就是主要以价值形式经营国有资产的特殊企业法人，经国有资产管理部门的批准和授权，代表政府对授权范围内的国有资产行使出资者权利，依法享有授权资产的占有、使用、收益和处置的权利，并通过资产经营的方式取得经济效益，实现国有资产的保值增值。

国家授权投资的机构作为经营国有资产的企业，是政府与国有企业之间的一种中观组织。建立这样的中观组织，有利于建立新型国有资产管理体制，即三级管理架构（见图3-1）。在宏观层面，政府把社会经济管理职能和国有资产所有者职能分开，建立专司国有资产管理职能的机构；在中观层面，设立在授权范围内，对国有资产享有出资人权益并对授权资产保值增值负责的投资机构，由政府将国有产权以授权持股方式委托其进行产权经营和管理；

[①] 郑海航，邵宁. 国有资产出资人代表——大型企业集团成为国家授权投资的机构实施研究[M]. 北京：经济管理出版社，1999：3.

在微观层面，推动各类国有企业在公司制改造的基础上，成为独立经营、拥有法人财产权的商品生产者和经营者。

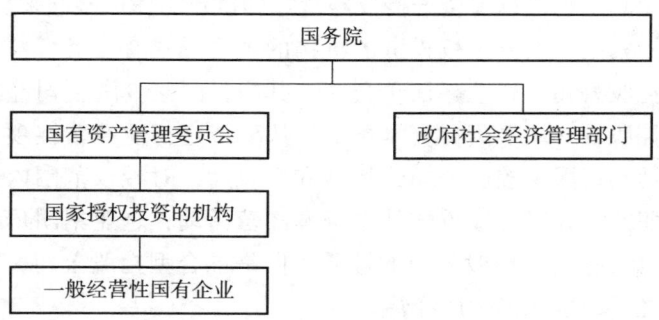

图 3-1　建立国家授权投资的机构后的国资监管体制三层架构

国家授权投资的机构与政府国有资产管理部门的关系，是资产受托与委托的关系，双方通过契约方式来规范各自的权利、责任和义务。国家授权投资的机构在政府国有资产管理、运营的政策框架和规定的权限内独立经营，对委托方承担国有资产保值增值的责任，并接受委托方的监督和考核。对经营效果不好的授权投资的机构，委托方有权更换经营者或将其资本转向效益较好的经营机构。国家授权投资的机构与授权范围内国有企业的关系，是出资与被出资的产权关系，由此构成以产权为纽带的母子公司体制。国家授权投资的机构作为出资者，依法享有资产收益、参与重大决策、选择经营者等所有者权益。对于公司制企业，出资者权益表现为股权，由控股公司派出产权代表行使股东权利，通过董事会的运作实现出资者意图。

建立三个层次的国有资产管理体系，需要着重解决三个问题。一是解决国有经济内部产权虚置以及由此引致的国有资产流失问题。原来经营者权力和责任之间缺乏有效的制衡机制造成企业行为不规范和国有资产流失，国家授权投资的机构是经授权的国有资产出资者代表，是国有资产所有者身份人格化的具体表现形式。二是解决政企分开的体制障碍问题。在政府和国有企业之间建立经营国有资产的中观组织，把政府对企业的行政干预转化为出资者的资产管理，"政企分开"才有体制上的保障。三是解决国有资产存量重组的抓手问题。国有资产经营主体的建立将开辟通过产权市场进行资产重组的规范化途径，从而为调整国有资产的分布结构、优化国有资产的配置、提高运营效益创造体制条件。

（二）国家授权投资的机构的实践与成效

当时工作的推进思路是，先行推出把大型企业集团公司改组为国家授权投资的机构的试点工作,选择条件好的大型企业集团,作为改组授权投资的机构试点;大型集团公司的改组试点,纳入当时企业集团试点工作中统一部署和安排,尤其要和"国有资产授权经营"的试点工作衔接起来。

在实践探索中,国家授权投资的机构的主要形式有三类,包括国家投资公司、国家控股公司、企业集团母公司。其中,国家投资公司经批准和授权后,主要以控股方式从事国有资本投资,从事特定行业经营性项目的国有固定资产投资活动;国家控股公司经批准和授权后,对授权范围内的国有资产行使出资人职能,并以控股方式从事资本经营活动;企业集团母公司经批准和授权后,也具有国家控股公司的性质,但是混合型控股公司,既以控股方式从事资本经营,也从事生产经营。

经国务院批准,中国航空工业总公司、中国石油化工总公司、中国有色金属工业总公司 3 家企业集团成为首批国家授权投资的机构试点。1998 年后,国务院在国有资产授权经营体制的改革试点中,又陆续批准了钢铁、石油、石化、电力、电信等 30 多家企业集团母公司作为"国家授权投资的机构"或国家控股公司试点。这些试点企业可以对其直属企业、控股企业、参股企业行使出资人权利,对其国有资产进行经营管理和监督并承担保值增值责任。

(三)国家授权投资的机构的法律基础演变

1993 年,我国首部《公司法》将国家授权投资的机构的概念正式纳入法律体系。其有关条款规定,国家授权投资的机构或者国家授权的部门可以单独投资设立国有独资的有限责任公司;国有独资公司不设股东会,由国家授权投资的机构或者国家授权的部门,授权公司董事会行使股东会的部分职权;国家授权投资的机构或者国家授权的部门依照法律、行政法规的规定,对国有独资公司的国有资产实施监督管理。

2003 年开始,各级国有资产监督管理机构逐步成立。2005 年《公司法》修订为,国有独资公司是指国家单独出资、由国务院或者地方人民政府委托本级人民政府国有资产监督管理机构履行出资人职责的有限责任公司;国有独资公司不设股东会,由国有资产监督管理机构行使股东会职权;国有资产监督管理机构可以授权公司董事会行使股东会的部分职权。从此,在我国的法律规定中,"国有资产监督管理机构"替代了"国家授权投资的机构或者国家授权的部门",国家授权投资的机构逐步淡出人们的视野。

第三节 国有资产管理体制是国有资本投资公司的宏观体系框架

国有资产管理体制是国有企业沿着正确方向改革发展的重要体制机制保障。我国国有资产管理体制始终与经济体制改革相适应,紧紧围绕政府、出资人、国有企业三者的关系,从改革开放到党的十八届三中全会的近40年间,持续开展政企分开、政资分开、资企分开的探索与实践,不断总结经验和教训,不断推动体制改革创新和优化完善。

一、政企、政资合一阶段

这个阶段国有资产处于"大一统"管理。从1949年新中国成立到1978年党的十一届三中全会,我国实行的是高度集中的计划经济体制,政府对国有资产的管理采取与计划经济体制相适应的方式,主要通过中央政府各部委的"条条"管理和各级地方政府的"块块"管理,政企不分、政资不分,所有权和经营权合一,各部门各负其责。在国有资产管理体制下,政府对企业直接管理、直接运营,企业是完成国家计划任务的生产单元。企业的生产和经营都是通过国家或上级主管部门下达的各项计划指令来实施。

二、政企分开阶段

这个阶段大致从1978年至1988年,以微观层面扩大企业经营自主权为重点,尚未涉及宏观层面的产权改革。这个阶段的改革主要体现在国有资产经营权和经营方式上,改革的重点是政府与企业之间的行政性分权。改革的主要手段是国家对企业放权让利,扩大企业经营自主权,提高企业经营效率,通过承包制、租赁制、股份制等方式探索国有资产的所有权和经营权适度分离。从探索的实践来看,仅从企业层面推进改革难以真正搞活企业,必须从宏观层面出发,从整体上建立适应市场经济的国有资产管理体系,进行产权改革。

三、政资分开探索阶段

这个阶段大致从1988年至2002年,从宏观层面探索国有资产所有者职能与政府社会管理职能分开。随着改革开放的不断深入,多种所有制形式和经营方式并存的格局逐渐形成，政府需要为不同所有制企业公平竞争制定统一规则，客观上要求政府部门不能既当"裁判员"又当"运动员"。

1988年，国家国有资产管理局成立，由财政部归口管理，这是首个专职从事国有资产管理的政府职能机构，其主要任务是对境内和境外全部国有资产行使管理职能，重点管理国家投入各类企业的国有资产，行使国家赋予的国有资产所有者的代表权、国有资产监督管理权、国家投资收益权、资产处置权（管资产，不管人、不管事）。但此时出资人权力仍分散在各部委和行业主管部局等部门，国家国有资产管理局在实际运作过程中困难重重，职能地位难以厘清。

1993年，党的十四届三中全会提出，对国有资产实行国家统一所有、政府分级监管、企业自主经营的体制。按照政府的社会经济管理职能和国有资产所有者职能分开的原则，积极探索国有资产管理和经营的合理形式与途径。1998年，国务院撤销了电力工业部、煤炭工业部、冶金工业部等10个工业专业经济部门，缩减为国家经贸委管理的9个国家局（两年后9个国家局被全部撤销），同时国家国有资产管理局归并到财政部。同年，中共中央大型企业工作委员会成立，作为党中央的派出机关，其主要职责是负责管理国务院监管的大型国有企业和国家控股企业中党的领导职务，以促进党的路线方针政策和党中央、国务院的有关精神在大型国有企业的贯彻落实；根据社会主义市场经济体制和建立现代企业制度的要求，研究探索改革和加强大型国有企业党的领导班子建设；完成中央交办的其他有关工作。

1999年，党的十五届四中全会提出，要按照国家所有、分级管理、授权经营、分工监督的原则，逐步建立国有资产管理、监督、营运体系和机制，建立与健全严格的责任制度。国务院代表国家统一行使国有资产所有权，中央和地方政府分级管理国有资产，授权大型企业、企业集团和控股公司经营国有资产，要确保出资人到位。同年，撤销中共中央大型企业工作委员会，成立中共中央企业工作委员会。这一阶段政府还实施了向部分大型企业派出监事会、进行现代企业制度试点等改革措施，为新的国有资产管理体制扫除了"部门所有"的障碍，但多头管理、出资人缺位、运营效率低下和国有资产流失等问题日益显现。

四、政资分开深化阶段和资企分开阶段

这个阶段大致从2002年至2013年，国有资产出资人代表到位，国有资产出资人权利与公司法人财产权分开。2002年，党的十六大决定启动国有资

产管理体制改革。"国家要制定法律法规，建立中央政府和地方政府分别代表国家履行出资人职责，享有所有者权益，权利、义务和责任相统一，管资产和管人、管事相结合的国有资产管理体制。实行所有权和经营权分离，使企业自主经营、自负盈亏，实现国有资产保值增值。"这一段经典论述，为在当时的历史条件下改革和完善国有资产管理体制指明了方向，"三统一、三结合"的国资管理体制基本确立。2003年，国务院国有资产监督管理委员会挂牌成立，首次在中央政府层面实现政府的公共管理职能与国有资产出资人职能的分离。国务院国资委由四个系统组建而成：中共中央企业工委全部、国家经贸委大部分业务局、财政部管理国有资产的两个司、中组部有关国有企业干部管理的半个局。党的十六届三中全会、党的十七大对建立国有资本经营预算制度，完善各类国有资产管理体制和制度，优化国有经济布局和结构等方面作出决策部署。2008年，《企业国有资产法》在法律层面确立了国有资产管理体制的框架，体现了国家所有、分级代表、政企分开、政资分开、授权履行出资人职责、企业依法自主经营等基本原则，并对履行出资人职责的机构的履职范围、权利义务、涉及重大事项以及国有资本经营预算、国有资产监督等形成全面的法律规范。这一阶段，国有资产管理体制建立了中央、省、地市三家出资人制度，形成了管资产和管人、管事相结合的监管模式，基本解决了"九龙治水"、出资人缺位、企业法人财产权不完整等问题。

第四章
国有资本投资公司改革的顶层设计

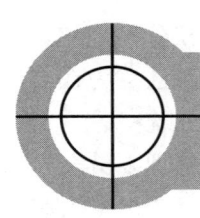

中国特色社会主义进入了新时代,国有企业改革也进入了新时代。以习近平同志为核心的党中央高瞻远瞩、统揽全局,为新时代的国有企业改革发展擘画新蓝图,作出新部署。从国有资产到国有资本,从管资产与管人、管事相结合到以管资本为主,从现代企业制度到中国特色现代企业制度,既一脉相承又创新发展的一系列新思路、新要求极大地丰富、完善了国企改革的理论体系,并已转化为改革的生动实践。更加注重顶层设计,是新时代国企改革的鲜明特点之一,国有资本投资公司改革也不例外。

2013年,党的十八届三中全会首次提出"国有资本投资公司"的概念,明确要求"以管资本为主加强国有资产监管,改革国有资本授权经营体制,组建若干国有资本运营公司,支持有条件的国有企业改组为国有资本投资公司"。2017年,党的十九大提出,要完善各类国有资产管理体制,改革国有资本授权经营体制,加快国有经济布局优化、结构调整、战略性重组,促进国有资产保值增值,推动国有资本做强做优做大,有效防止国有资产流失。2019年,党的十九届四中全会进一步要求,形成以管资本为主的国有资产监管体制,有效发挥国有资本投资、运营公司功能作用。按照党中央决策部署,国企改革"1+N"系列文件对新一轮国企改革完善了顶层设计,确定了六大领域的改革任务,以国有企业分类为逻辑起点,以制度机制、管理体制、产权结构三方面改革为着力点,以强化监督和加强党的领导为根本保障,全面推进深化国企改革。从以管企业为主到以管资本为主,是新时代国资国企改革的重大理论创新和实践创新。三个标志性成果,从宏观、中观到微观,分别对国有资产管理体制、国有资本授权经营体制、国有资本投资公司试点作出具体部署,层层递进、环环相扣,形成上下承接、逻辑严谨的政策体系,共同形成对国有资本投资公司改革的顶层设计,如图4-1所示。

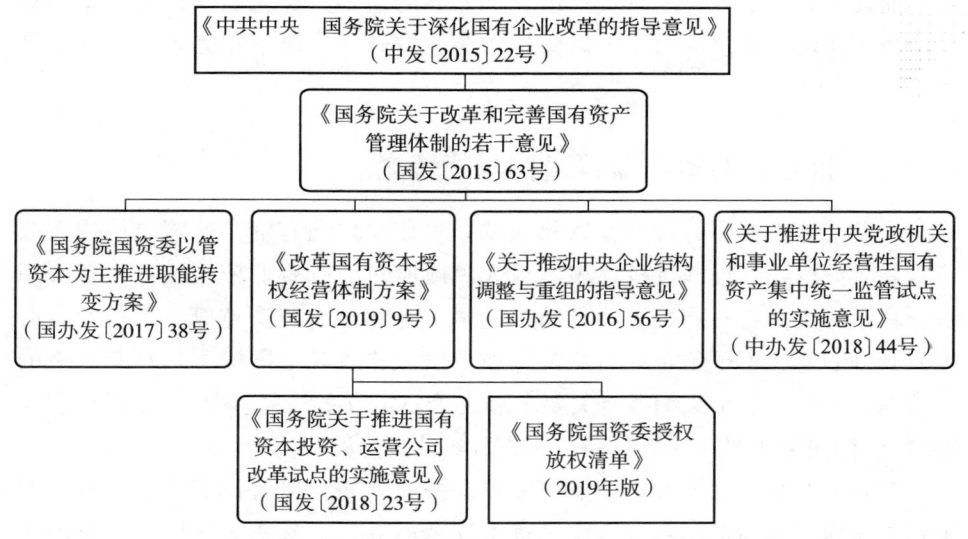

图 4-1 国有资本投资公司改革的政策体系框架

第一节 新时代改革和完善国有资产管理体制的总体部署

《国务院关于改革和完善国有资产管理体制的若干意见》（国发〔2015〕63号，以下简称国发63号文），将"以管资本为主"作为主线，对中发22号文确定的国有资产管理体制改革举措进行了承接分解细化，形成更有针对性的具体措施。国发63号文按照"奔着问题去"的思路，针对性地聚焦解决三个方面的问题。首先是体制问题，现行国有资产管理体制中政企不分、政资不分问题依然存在，国有资产监管还存在越位、缺位、错位现象；其次是监督问题，国有资产监督机制不健全，国有资产流失、违纪违法问题在一些领域和企业比较突出；最后是结构问题，国有经济布局结构有待进一步优化，国有资本配置效率不高等问题亟待解决。

改革和完善国有资产管理体制，紧紧围绕"以管资本为主"，既有改革的内容，也有完善的内容。改革的重点，是国有资本授权经营体制，进一步厘清国有资产所有权与企业自主经营权的职责边界，具体而言，就是在政府代表国家行使所有权和充分尊重企业法人财产权的基础上，国有资产监管机构的管理权和监督权与企业集团母公司被授予的经营权之间的合理边界，最终目的是依法确立国有企业的市场主体地位。完善的重点，是国有资产监管机构职能转变,科学界定国有资产出资人监管的边界,建立监管权力清单和责任清单,实现以管企业为主向以管资本为主的转变。改革和完善的重点举措如下。

一、推进国有资产监管机构职能转变

一是准确把握国有资产监管机构的职责定位。国有资产监管机构作为政府直属特设机构,根据授权代表本级人民政府对监管企业依法履行出资人职责,科学界定国有资产出资人监管的边界,专司国有资产监管,不行使政府公共管理职能,不干预企业自主经营权。这意味着各级国资委仍具有政府的行政属性,需按照中央编办有关要求形成"三定方案"(定职责、定机构、定编制),国资委不具有法人资格,不直接经营国有资产。

二是进一步明确国有资产监管重点。按照"重点管好国有资本布局、规范资本运作、提高资本回报、维护资本安全"要求,聚焦未来国资监管的重点环节。优化国有资产布局结构,以战略发展规划、增量投资并购、存量资产调整为重点;规范资本运作,主要体现在强化产权流转环节监管,国有产权交易进场应进必进;提高资本回报的重点是实行分类监管、改进考核体系、完善激励约束机制等;维护资本安全主要体现在建立健全国有企业违法违规经营和投资的责任追究制度,以及国有企业重大决策失误和失职渎职责任追究倒查机制上。

三是推进国有资产监管机构职能转变。重点是"一授权、三归位",即将国有资产监管机构行使的投资计划、部分产权管理和重大事项决策等出资人权利,授权国有资本投资公司、运营公司和其他直接监管的企业行使;将依法应由企业自主经营决策的事项归位于企业,将延伸到子企业的管理事项原则上归位于一级企业,将配合承担的公共管理职能归位于相关政府部门和单位。"一授权、三归位"体现了对国有资产监管机构责权的"瘦身"和聚焦,该管的科学管理、决不缺位,不该管的依法放权、决不越位,究竟哪些该管、哪些不该管,最终应体现在不断修正完善的权力清单和责任清单上。

四是改进国有资产监管方式和手段。依靠文件、会议、检查、指示等行政化手段,是国资监管机构的传统做法。未来将按照"事前规范制度、事中加强监控、事后强化问责"的思路,更多运用法治化、市场化的监管方式,切实减少出资人审批核准事项,改变行政化管理方式,尤其是突出两点。一点是通过董事会,将国有出资人意志有效体现在公司治理结构中。国资监管机构切实从"婆婆式"贴身看护向"教练式"一臂之距转变,通过委派董事特别是外部董事,体现出资人意图,减少穿透式管理。另一点是通过信息化,建立出资人监管信息化工作平台,实现信息共享和动态监管。利用"云计算""大数据"等现代信息手段,对国资监管的重要领域和环节进行实时监管,让被监管企业多以数据、信息说话,少以报告、文件反馈,减少企业的重复监管负担。

二、改革国有资本授权经营体制

一是确定国有资本投资、运营公司的设立方式,即新组建或企业集团改组两种方式。新建,主要通过划拨现有商业类国有企业的国有股权以及国有资本经营预算注资组建设立;改组,主要通过选择具备一定条件的国有独资企业集团改组设立。同时初步明确了国有资本投资公司的主要目标,即以服务国家战略、提升产业竞争力为主要目标,在关系国家安全、国民经济命脉的重要行业和关键领域,通过开展投资融资、产业培育和资本整合等,推动产业集聚和转型升级,优化国有资本布局结构。

二是明确国有资产监管机构与国有资本投资公司之间的关系(第一层关系)。国有资产监管机构对国有资本投资公司授权,国有资本投资公司对授权范围内的国有资本履行出资人职责。具体实现方式:国有资产监管机构按照"一企一策"原则,明确对国有资本投资公司授权的内容、范围和方式,依法落实国有资本投资公司董事会职权。

三是明确国有资本投资公司与所出资企业之间的关系(第二层关系)。国有资本投资公司依据《公司法》等相关法律法规,对所出资企业行使股东职责和股东权利,以出资额为限承担有限责任。同时,明确了集团内部的管控模式,即国有资本投资公司对战略性核心业务要以控股为主,建立以战略目标和财务效益为主的管控模式,重点关注所出资企业执行公司战略和资本回报的状况。

三、提高国有资本配置和运营效率

一是在宏观层面建立国有资本布局和结构调整机制。政府有关部门确定宏观政策和有关管理要求,如发展与改革部门制定经济社会发展规划,工业和商务部门制定有关产业政策,财政部门制定国有资本收益管理规则。国有资产监管机构以这些政策为基础,建立国有资本进退机制,制定国有资本投资负面清单。

二是推进国有资本布局优化、结构调整、战略性重组。按照"四个集中、三个一批"的原则，建立健全国有企业优胜劣汰的市场化退出机制，加快淘汰落后产能和化解过剩产能，加快处置低效无效资产，加快剥离企业办社会职能和解决历史遗留问题。"四个集中"包括推动国有资本向重要行业、关键领域、重点基础设施集中，向前瞻性战略性产业集中，向产业链关键环节和价值链高端领域集中，向具有核心竞争力的优势企业集中；"三个一批"包括清理退出一批、重组整合一批、创新发展一批。同时，在推进经营性国有资产集中统一监管过程中，将把具备条件的党政机关、事业单位所属企业的国有资本推动进入国有资本投资公司。

三是建立健全国有资本收益管理制度。收益权是所有者的基本权利之一。国有资本收益是国家以所有者身份依法取得的国有资本投资收益，包括应交利润、国有股股利及股息、国有产权转让收入、企业清算收入以及其他国有资本收益。财政部门会同国有资产监管机构等部门建立覆盖全部国有企业、分级管理的国有资本经营预算管理制度，从预算收入（收益收取）、预算支出两个方面进一步完善。在改组组建国有资本投资公司以及实施国有企业重组过程中，国家根据需要将部分国有股权划转社会保障基金管理机构持有，分红和转让收益用于弥补养老等社会保障资金缺口。国有资本投资公司应以更高的效率和效益，为全民创造更多财富，服务国家和人民。

第二节　新时代国有资本授权经营体制改革的推进策略

《国务院关于印发改革国有资本授权经营体制方案的通知》（国发〔2019〕9号，以下简称国发9号文）是对国发63号文的承接细化。针对出资人代表机构与国家出资企业之间权责不清，国有资产监管存在越位、缺位等问题，国发9号文对新时代国有资本授权经营体制的改革作了全面部署和具体安排。国有资本授权经营体制新的改革目标：对于出资人代表机构，加快转变职能和履职方式，切实减少对国有企业的行政干预；对于国有企业，依法建立规范的董事会，董事会职权得到有效落实；到2022年，基本建成与中国特色现代国有企业制度相适应的国有资本授权经营体制，出资人代表机构与国家出资企业的权责边界界定清晰，授权放权机制运行有效，国有资产监管实现制度完备、标准统一、管理规范、实时在线、精准有力，国有企业的活力、创造力、市场竞争力和风险防控能力明显增强。国发9号文提出，国有企业享有完整的法人财产权和充分的经营自主权，要科学界定出资人代表机构权责边界，一企一策地对国有企业分类授权。这是国务院文件中，对国有企业依法拥有法人财产权、经营自主权的明确肯定，这两项权利是国有企业承担国有资产保值增值责任的重要基础。出资人代表机构要通过授权放权，逐步落实国有企业董事会、经理层的法定权利。改革的具体举措如下。

一、优化出资人代表机构履职方式

界定权责边界，明确"谁来授、授给谁"。出资人代表机构（国务院国资委、财政部及其他部门、机构）是授权的主体，国家出资企业是授权的对象。在出资人代表机构层面改革：一是实行清单管理。按照"三个归位"原则，制定出台出资人代表机构监管权力责任清单，清单以外事项由企业依法自主决策，清单以内事项要大幅减少审批或事前备案。国务院国资委已形成《国务院国资委权力和责任清单》。二是强化章程约束。依法依规、一企一策地制定公司章程，规范出资人代表机构、股东会、党组织、董事会、经理层和职工代表大会的权责。在明确出资人代表机构作为股东的责权后，进一步明确党委（党组）、董事会、经理层等其他治理主体的权责。三是发挥董事作用。未来出资人代表机构主要通过董事体现出资人意志。这是出资人代表机构履职行权的重大变化，体现了国资委对国有企业管理尺度从"贴身看护"向"一臂之距"转变。四是创新监管方式。切实转变行政化的履职方式，减少审批事项，强化事中事后监管，充分运用信息化手段，减轻企业工作负担。

二、分类开展授权放权

分类开展授权放权，在国家出资企业层面落实，确保"授得准"。一是对国有资本投资、运营公司授权放权。主要包括战略规划和主业管理、选人用人和股权激励、工资总额和重大财务事项管理等，同时可根据企业实际情况增加其他方面授权放权内容。二是对其他商业类企业和公益类企业授权放权，充分落实企业的经营自主权。对其中已完成公司制改制、董事会建设较规范的企业，逐步落实董事会职权，维护董事会依法行使重大决策、选人用人、薪酬分配等权利，明确由董事会自主决定公司内部管理机构设置、基本管理制度制定、风险内控和法律合规管理体系建设以及履行对所出资企业的股东职责等事项。

三、加强企业行权能力建设

加强企业行权能力建设，确保"接得住"。一是完善公司治理。按照建设中国特色现代企业制度的要求，把加强党的领导和完善公司治理统一起来，加快形成有效制衡的公司法人治理结构、灵活高效的市场化经营机制。二是夯实管理基础。包括推进管理创新，优化总部职能和管理架构；深化企业内部三项制度改革，进一步实现"三能"；强化风险防控体系和内控机制建设，完善内部监督体系等。三是优化集团管控。要求国有资本投资公司对战略性核心业务以控股为主，建立以战略目标和财务效益为主的管控模式，重点关注所出资企业执行公司战略和资本回报状况。四是提升资本运作能力。国有资本投资、运营公司作为国有资本市场化运作的专业平台，以资本为纽带、以产权为基础开展国有资本运作。增强股权运作、价值管理等能力，通过"三个一批"实现国有资本形态转换。

四、完善监督监管体系

完善监督监管体系，切实维护国有资产安全，确保"管得好"。一是搭建实时在线的国资监管平台。搭建联通出资人代表机构与企业的网络平台，实现监管信息系统全覆盖和实时在线监管。二是统筹协同各类监督力量。加强国有企业内部监督、出资人监督和审计、纪检监察、巡视监督以及社会监督，增强监督工作合力，形成监督工作闭环，加快建立全面覆盖、分工明确、协同配合、制约有力的国有资产监督体系。三是健全国有企业违规经营投资责任追究制度。建立健全分级分层、有效衔接、上下贯通的责任追究工作体系，严格界定违规经营投资责任，严肃追究问责，实行重大决策终身责任追究制度。

五、坚持和加强党的全面领导

坚持和加强党的全面领导，确保"党建强"。一是加强对授权放权工作的领导，要求出资人代表机构（国务院国资委、财政部及其他部门、机构）的党委（党组）要加强对授权放权工作的领导。二是改进对企业党建工作的领导、指导和督导，特别强调在改组组建国有资本投资、运营公司过程中，按照"四同步""四对接"的要求调整和设置党的组织、开展党的工作，确保企业始终在党的领导下开展工作。三是充分发挥企业党组织的领导作用，企业党委（党组）要切实发挥领导作用，把方向、管大局、保落实。

第三节 新时代探索国有资本投资公司改革的总体要求

《国务院关于推进国有资本投资、运营公司改革试点的实施意见》（国发〔2018〕23号，以下简称国发23号文）既是国有资本投资公司的总体设计，也是国有资本投资公司改革的操作指南，有力推动国有资本投资公司从"自由试点阶段"进入"规范试点阶段"。从逻辑关系上讲，国发23号文是对国发9号文的进一步承接细化。国发23号文开宗明义，明确指出国有资本投资公司建设的初心使命。"改组组建国有资本投资、运营公司，是以管资本为主改革国有资本授权经营体制的重要举措。"这也明确了国有资本投资公司的基本定位，是以管资本为主改革国有资本授权经营体制的工具和抓手。

一、国有资本投资公司的改革目标

国有资本投资公司改革试点的主要目标有三个：第一，通过改组组建国有资本投资公司，构建国有资本投资运营主体。真正实现国有资本所有权与企业经营权分离，实行国有资本市场化运作。这是国有资本投资公司建设的出发点（首要目标），聚焦管理体制创新。第二，通过发挥国有资本投资公司平台作用，促进国有资本合理流动。优化国有资本投向，推动国有经济布局优化和结构调整，提高国有资本配置和运营效率，更好服务国家战略需要。这是国有资本投资公司建设的落脚点（最终目标），聚焦布局结构优化。第三，通过试点先行，大胆探索，及时研究解决改革中的重点难点问题，尽快形成可复制、可推广的经验和模式。这是国有资本投资公司建设的重要方法（过程目标），聚焦经验模式。

二、国有资本投资公司的功能定位

（一）国有资本投资公司的基本定位（身份属性）

国发23号文提出，国有资本投资、运营公司是在国家授权范围内履行国有资本出资人职责的国有独资公司，是国有资本市场化运作的专业平台。这明确了国有资本投资公司的身份属性，回答了"我是谁"的问题。

第一，国有资本投资公司是国有独资公司，是依据《公司法》注册的法人实体，是国家单独出资、由国务院或者地方人民政府授权本级人民政府国有资产监督管理机构履行出资人职责的有限责任公司。国有资产监督管理机构可以授权公司董事会行使股东会的部分职权，决定公司的重大事项。

第二，国有资本投资公司在授权范围内履行国有资本的出资人职责。目前履行国有资本出资人职责的是出资人代表机构（国资监管机构）和政府有关部门（财政部等部委）。国有资本投资公司将成为可以履行国有资本出资人职责的特殊国有企业，即在国有资产管理体制中处于最高层级的经营法人实体。同时，按照责权对等原则，国有资本投资公司将获得同出资人职责相匹配的权利和权力，从而获得更大的经营自主权。

第三，国有资本投资公司是国有资本市场化运作的专业平台。未来国有资产监管机构将聚焦以管资本为主的管理职能和全国一盘棋的国有资本监督职能，一般经营性国有企业将聚焦国有资产的日常运营，国有资本投资公司将聚焦国有资本的投资、融资、运营、退出、流转等资本价值形态转换的各环节。国有资本投资公司犹如一只看得见的手，将以更加市场化而非行政化的方式，开展资本运作，体现国家战略意图、推动国有资本流动、保证国有资本安全、促进资本价值增值。在国有资本投资公司这一平台上，将会上演各种国有资本运作的大戏。

（二）国有资本投资公司的基本功能

国发 23 号文提出，国有资本投资公司以资本为纽带、以产权为基础依法自主开展国有资本运作，不从事具体生产经营活动。这明确了国有资本投资、运营公司的基本功能，回答了"干什么、不干什么"的问题。国有资本投资公司要以资本运作为主要方式，不从事具体生产经营。即在一般产业集团"资本运作、生产经营"双轮驱动的模式下，未来的国有资本投资公司本身将专注于资本运作，具体的生产经营任务将更多交由所出资企业执行落实。

（三）国有资本投资公司的权利责任

国发 23 号文提出，国有资本投资、运营公司对所持股企业行使股东职责，维护股东合法权益，以出资额为限承担有限责任，按照责权对应原则切实承担优化国有资本布局、提升国有资本运营效率、实现国有资产保值增值等责任。这明确了国有资本投资、运营公司的基本权利和基本责任，回答了"基本权责"的问题。

（四）国有资本投资公司的目标任务

国有资本投资公司的主要目标是服务国家战略、优化国有资本布局、提升产业竞争力。服务国家战略，要求国有资本投资公司必须以国家战略为导向,将自身经营发展主动同国家发展要求紧密联系,积极投入落实国家重大战略中,如"一带一路"倡议、创新驱动发展战略等。优化国有资本布局,要求国有资本投资公司必须发挥国有资本布局优化、结构调整和战略性重组的功能,推动存量国有资本资产向"四个集中"的方向转移,推动增量国有资产向战略性前瞻性产业转移。提升产业竞争力,要求国有资本投资公司不但要提升自我企业集团内子企业的创新能力和竞争能力,而且更要带动核心主业所在产业的整体创新力和竞争力,积极参与国际竞争。

国有资本投资公司的主要任务:在关系国家安全、国民经济命脉的重要行业和关键领域,按照政府确定的国有资本布局和结构优化要求,通过开展投资融资、产业培育和资本运作等,推动产业集聚、化解过剩产能和转型升级,发挥投资引导和结构调整作用。国有资本投资公司肩负着重要的产业使命,这是其区别于国有资本运营公司、一般产业集团的显著特征。国有资本投资公司不与民争利、挤压民营企业市场空间,而是在关系国家安全、国民经济命脉的重要行业和关键领域发挥产业功能,有进有退、有所为有所不为,其作为国有资本在该产业领域结构调整的操盘手,促进了传统产业转型升级,提升了国有资本的控制力、影响力。

三、组建方式

国有资本投资公司有两种基本组建方式:一种是改组,即对具备条件的大型企业集团直接改组改革成为国有资本投资公司;另一种是新设,即注册设立新的国有独资公司,给予注册资本金。无论采取哪种方式,出资人代表机构都可根据国有资本投资公司的具体定位和发展需要,通过无偿划转或市场化的方式,以国有资本投资公司为平台重组整合相关国有资本。

四、授权经营

在间接授权模式下,授权链条为"政府—国有资产监管机构—国有资本投资公司—所出资企业"四层基本授权架构。政府授权国有资产监管机构依法对国有资本投资公司履行出资人职责,国有资产监管机构授权国有资本投资公司对授权范围内的国有资本履行出资人职责(包括对授权范围内的国有资本依法经营),国有资本投资公司授权所出资企业对国有资本投资公司出资的国有资本进行经营管理,承担国有资本保值增值责任。国有资产监管机构负责对国有资本投资公司进行考核和评价,定期向本级人民政府报告。

在直接授权模式下，授权链条为"政府—国有资本投资公司—所出资企业"三层基本授权架构。政府直接授权国有资本投资公司对授权范围内的国有资本履行出资人职责，国有资本投资公司向所出资企业进行授权经营。政府直接对国有资本投资公司进行考核和评价，国有资本投资公司定期向政府报告年度工作情况。直接授权模式下的国有资本投资公司在实践中尚未出现。

五、公司治理结构

（一）股东会

国有资本投资公司不设股东会，由政府或国有资产监管机构行使股东会职权，政府或国有资产监管机构可以授权国有资本投资公司董事会行使股东会部分职权。《公司法》第 66 条规定，国有资产监督管理机构可以授权公司董事会行使股东会的部分职权，决定公司的重大事项，但公司的合并、分立、解散、增加或者减少注册资本和发行公司债券，必须由国有资产监督管理机构决定。这为国有资本投资公司行使部分股东会职权提供了法律依据。被授权行使的股东会部分职权，将在政府或国有资产监管机构对国有资本投资公司的具体授权事项中体现。

（二）党委（党组）会

坚持党的领导、加强党的建设是国有企业的"根"和"魂"，是我国国有企业的光荣传统和独特优势。在组织设置上，国有资本投资公司内部一般设立党组或党委，国务院直接授权的国有资本投资公司应当设立党组，纪检监察机关向公司派驻纪检监察机构；在岗位任职上，按照"双向进入、交叉任职"的原则，符合条件的党组织领导班子成员可以通过法定程序进入董事会、经理层，董事会、经理层成员中符合条件的党员可以依照有关规定和程序进入党组织领导班子，党组织书记、董事长一般由同一人担任；在决策程序上，对于重大经营管理事项，党组织研究讨论是董事会、经理层决策的前置程序。

（三）董事会

1. 董事会职权

落实董事会法定职权，是加强董事会建设、发挥董事会决策作用的根本保证，也是促进国有企业真正成为自主经营、自负盈亏、自担风险、自我约束、自我发展的独立市场主体的基础条件。自我国第一部《公司法》颁布以来，国有企业一直对依法落实董事会职权抱有较高期望，而落实董事会职权须从国有资产管理体制上着手。国发23号文明确，国有资本投资公司设立董事会，根据授权，负责公司发展战略和对外投资、经理层选聘、业绩考核、薪酬管理，向所持股企业派出董事等事项。对落实董事会对经理层人员的选聘权、考核权和分配权，是国有资本投资公司改革中的重要突破，有效落实了党中央、国务院提出的"坚持党管干部原则与董事会依法产生、董事会依法选择经营管理者相结合"的原则。国发9号文中进一步明确，授权放权内容主要包括战略规划和主业管理、选人用人和股权激励、工资总额和重大财务事项管理等。这标志着我们在落实国有企业董事会职权的道路上又前进了一大步。

2. 董事会构成

在董事人数方面，国有资本投资公司的董事会成员原则上不少于9人；在董事类型方面，包括执行董事、外部董事、职工董事，其中外部董事应占多数；在专业委员会设置方面，董事会下设包括但不限于战略与投资委员会、提名委员会、薪酬与考核委员会、审计委员会、风险控制委员会五大专门委员会，专门委员会在董事会授权范围内开展相关工作，协助董事会履行职责。按照国企改革"1+N"文件的有关规定，要推进中央企业党组（党委）专职副书记进入董事会①。因此，在9人董事的构成中，执行董事应包括董事长（党组/党委书记）、总经理、专职副书记3人，外部董事5人，职工董事1人。外部董事对支持董事会科学决策、规范董事长和总经理行权行为具有重要作用，有利于切实解决一些企业董事会形同虚设、"一把手"说了算的问题。外部董事应选择专业人士担任，按照公司治理结构的议事规则对国有资本投资公司的重大事项发表相关领域专业意见。正是基于外部董事的重要作用，国发23号文进一步要求，政府或国有资产监管机构委派外部董事要注重拓宽外部董事来源，人员选择要符合国有资本投资公司定位和专业要求，建立外部董事评价机制，确保充分发挥外部董事作用。

（四）经理层

1. 经理层职责

国有资本投资公司的经理层，根据董事会授权，负责国有资本日常投资

---

① 《国务院办公厅关于进一步完善国有企业法人治理结构的指导意见》（国办发〔2017〕36号）。

运营，发挥经营管理作用。

2. 管理权限

由中管企业改组组建的国有资本投资公司，领导班子及其成员由中央管理；由非中管的中央企业改组组建或新设的国有资本投资公司，领导班子及其成员的管理按照干部管理权限确定。政府直接授权的国有资本投资公司党组织隶属中央或地方党委管理，领导班子及其成员由中央或地方党委管理。这是党管干部原则在国有资本投资公司经理层的具体落实。

3. 兼职禁止

国有资本投资公司董事长、董事（外部董事除外）、高级经理人员，原则上不得在其他有限责任公司、股份有限公司或者其他经济组织兼职。《公司法》第69条规定："国有独资公司的董事长、副董事长、董事、高级管理人员，未经国有资产监督管理机构同意，不得在其他有限责任公司、股份有限公司或者其他经济组织兼职。"国发23号文再次重申《公司法》对董事会成员和经理层成员的兼职禁止的要求，主要目的是防止利益输送，从而降低国有资产流失风险。但在国有资本投资公司的企业集团内部，按照干部管理权限经批准后，相关董事会成员和经理层成员一般可以兼职所出资企业的重要职务。

六、内部运行模式

（一）组织架构

战略决定组织，组织架构要同公司战略相适应。为克服传统国有大型企业集团机关化问题，国有资本投资公司的集团总部要力求去机关化、去行政化，向市场化、法治化方向深入转型，进一步实现职能定位清晰、机构职责合理分工、部门人员专业精简、流程运转顺畅高效。未来国有资本投资公司对子企业的管控内容突出七大重点，包括战略规划、制度建设、资源配置、资本运营、财务监管、风险管控、绩效评价，这也是主要的集团管控抓手。

（二）履职行权

国有资本投资公司要学会当股东，当市场化、法治化的股东，不当行政化、机关化的股东。积极推动所持股企业建立规范、完善的法人治理结构，并通过股东大会表决、委派董事和监事等方式行使股东权利，形成以资本为纽带的投资与被投资关系，协调和引导所持股企业发展，实现有关战略意图。通过子企业的法人治理体系实施管控，落实控股股东的意见，不通过行政化的红头文件下达指令和要求，这是国有资本投资公司实现以管资本为主的重要改革内容，也是区别于传统国有企业集团的主要标志之一。通过子企业的法人治理进行管控，主要依托于国有资本投资公司委派的董事、监事，这些董事、监事依法履职行权，对企业负有忠实义务和勤勉义务，切实维护股东权益，不干预所持股企业日常经营。当然，如果是作为执行董事的董事长、总经理、党组织专职副书记，那么他们就要扛起企业经营管理、改革发展、党建等日常工作的责任，努力减弱同国有资本投资公司控股股东的博弈动机，为实现股东利益最大化而不懈努力。

（三）选人用人机制

国有资本投资公司建设，要求建立派出董事、监事候选人员库，由董事会下设的提名委员会根据拟任职公司情况提出差额适任人选，报董事会审议、任命。这是对现有选人用人制度的重大改革。目前，很多国有资本投资公司试点企业的董事会及其下设的提名委员会，对派驻所出资企业的董事（包括执行董事、外部董事）和监事既没有实质性的决策权，也没有程序性的决策权。由于这些董事、监事一般是集团党组（党委）管理的干部，所以经集团党组（党委）决策后即可下达委派决定，推荐到子企业，按照法定程序任职。在坚持党管干部的原则下，如何发挥董事会及其下设提名委员会的作用，需要在试点中不断探索创新。同时，加强对派出董事、监事的业务培训、管理和考核评价。这也是组织人事部门在培训和考核工作中应注重加强的领域，有效做好对派出董事、监事的选、用、育、留将成为人力资源管理的重点和难点。

（四）财务监管

企业经营风险无处不在，国有资本投资公司也是一样。国有资本的安全性对国有资本投资公司至关重要。维护国有资本安全，严格日常风险管控，是国有资本投资公司以管资本为主的题中之义。国发23号文对国有资本投资公司本身和所出资企业都提出了"以财务管理为核心，加强风险管控"的要求。国有资本投资公司应当严格按照国家有关财务制度的规定，加强公司财务管理，防范财务风险；督促所持股企业加强财务管理，落实风险管控责任，提高运营效率。2006年国资委出台《中央企业全面风险管理指引》，2008年财政部、证监会、审计署等五部委发布了《企业内部控制基本规范》，2010

年财政部等五部委又出台了《企业内部控制配套指引》（包含18项指引）。这些文件对全面风险管理和企业内控工作提出了明确方向和操作规范，是国有资本投资公司防风险、抓内控、强化财务监管的重要遵循。

（五）收益管理

利润分红和股权转让是国有资本投资公司获得资本回报的主要方式，其中利润分红是经常性收益，股权转让是非经常性收益。对于利润分红的日常工作，无论是对全资、控股或是对参股公司，国有资本投资公司都应以出资人身份，按照有关法律法规和公司章程，对所持股企业的利润分配进行审议表决，及时收取分红。同时，国有资本投资公司应依照有关规定，上交国有资本收益和使用管理留存收益。

【加油站：国有资本收益的内涵】

国有资本收益[①]，是指国家以所有者身份依法取得的国有资本投资收益，具体包括：

1. 应交利润，即国有独资企业按规定应当上交国家的利润；

2. 国有股股利、股息，即国有控股、参股企业国有股权（股份）获得的股利、股息收入；

3. 国有产权转让收入，即转让国有产权、股权（股份）获得的收入；

4. 企业清算收入，即国有独资企业清算收入（扣除清算费用），国有控股、参股企业国有股权（股份）分享的公司清算收入（扣除清算费用）；

5. 其他国有资本收益。

（六）管控模式

国发23号文要求，国有资本投资公司建立以战略目标和财务效益为主的管控模式。管控模式是管理控制模式的简称，一般也称作管控方式。依据母公司对子公司管理集权和分权程度的不同，将管控模式划分为运营管控、战略管控、财务管控三种基本模式。运营管控模式最为集权，主要适应于子公司业务结构单一、市场环境稳定的企业条件，子公司是依附于母公司的一个经营单位，自主经营决策的权利比较有限。随着母公司业务不断向多元化发展，外部竞争环境日益复杂和不确定性加剧，子公司需要深刻融入细分行业和区域的竞争环境中，此时母公司偏重直接对子公司经营过程和活动进行管

---

① 《财政部关于印发中央企业国有资本收益收取管理办法的通知》（财资〔2016〕32号）。

控的模式面临越来越大的挑战,市场反应不及时、重大决策效率低等问题越发突出。这种环境的变化,将倒逼母公司对子公司原来强调基于权力或权威的直接控制,逐步转向更加注重制度和规则,采用战略管控或财务管控模式,推动子公司按照相关程序来行使自主决策的权利。国发23号文对国有资本投资公司管控模式的设计非常精准,体现了对国有资本投资公司多元化业务结构、复杂的市场环境等因素的充分考虑。

(七)考核机制

国发23号文要求,国有资本投资公司对所持股企业考核侧重于执行公司战略和资本回报状况。目前,一般集团母公司对子公司的考核内容主要源于两个考虑。一是源于国资监管等上级主管部门对集团母公司的考核指标和考核要求,主要包括重点财务指标(如"一利五率",即利润总额、资产负债率、净资产收益率、研发经费投入强度、全员劳动生产率、营业现金比率)和专项任务指标,集团母公司会将对自身的考核目标向下分解,以保证完成自身考核任务。二是源于集团母公司对子公司的个性化要求,如对不同业务类型、不同发展阶段的子公司设定引导其改革发展的定性和定量指标。国有资本投资公司对子公司考核资本回报,这是落实国有资本保值增值任务的基础要求;对子公司考核执行公司战略,则是服务国家战略、优化国有资本布局的战略要求,需要国有资本投资公司将国家战略适应性落实到自身发展战略,并引导带动子公司一起落实国家战略,发挥国有资本投资公司特定的功能作用。

七、外部监督和约束机制

(一)完善规范有效的监督体系

国发23号文对健全完善监督体系提出了三点具体要求:第一,要整合出资人监管和审计、纪检监察、巡视等监督力量,建立监督工作会商机制,按照事前规范制度、事中加强监控、事后强化问责的原则,加强对国有资本投资、运营公司的统筹监督,提高监督效能。这样要求的主要目的是建立高效顺畅的外部监督协同机制。要整合各类监督力量,建立监督工作会商机制,加强统筹,减少重复检查[①]。这既是对国有资本投资公司从严要求的现实表现,也是对国有资本投资公司及其所出资企业切实减轻负担的制度安排。股

---

① 《国务院办公厅关于加强和改进企业国有资产监督防止国有资产流失的意见》(国办发〔2015〕79号)。

东的文件多、会议多、检查多"三多"问题一直困扰着国有企业，特别是基层企业。相同或类似的情况、数据向不同职能条线重复上报，耗费了基层同志的宝贵时间和精力。未来有望国有资本投资公司在这方面率先突破，为基层企业解锁减负。第二，纪检监察机构加强对国有资本投资公司党组织、董事会、经理层的监督，强化对国有资本投资公司领导人员廉洁从业、行使权力等监督。这明确了纪检监察机构对国有资本投资公司有效发挥监督作用的重点，有利于督促国有资本投资公司落实"两个责任"，实行"一案双查"，强化责任追究。第三，要求国有资本投资公司建立内部常态化监督审计机制和信息公开制度，加强对权力集中、资金密集、资源富集、资产聚集等重点部门和岗位的监管，在不涉及国家秘密和企业商业秘密的前提下，依法依规、及时准确地披露公司治理以及管理架构、国有资本整体运营状况、关联交易、企业负责人薪酬等信息，建设阳光国企，主动接受社会监督。这是"强化企业内部监督"① 在国有资本投资公司的具体落实，目的是进一步促进企业内部分事行权、分岗设权、分级授权，定期轮岗，强化内部流程控制，防止权力滥用。

（二）建立个性化的绩效评价体系

国有资本投资公司要接受政府或国有资产监管机构的综合考核评价。考核评价内容主要包括以下五个方面。

一是贯彻落实国家战略。党的二十大提出了"九大战略"，扩大内需战略、区域协调发展战略、区域重大战略、主体功能区战略、新型城镇化战略、科教兴国战略、人才强国战略、创新驱动发展战略、国家文化数字化战略。上升到国家战略层面的事项，都是关系国家改革发展的重大任务，国有资本投资公司有义务、有责任结合自身实际推动好、落实好。

二是落实国有资本布局和结构优化目标。一方面，应包括国有资本投资公司推动体系内部的传统业务和资产调整、培育战略性新兴产业和剥离企业办社会职能，促进供给侧结构性改革；另一方面，应包括国有资本投资公司推动所在行业的产业集聚、化解过剩产能和转型升级，通过资产重组、股权合作、资产置换、无偿划转、战略联盟、联合开发等方式，将资源向优势企业和主业企业集中。

三是执行各项法律法规制度和公司章程。经营遵纪守法、管理依法合规，是国有资本投资公司必须坚守的法律底线。例如，《企业国有资产法》《公司法》《民法典》《会计法》等法律法规应是国有资本投资公司严格遵守的重

---

① 《中共中央 国务院关于深化国有企业改革的指导意见》（中发〔2015〕22号）。

点。公司章程是公司治理的基础性法律文件，是公司内部"宪法"。同时，国资监管部门对国有资本投资公司的放权授权，即出资人代表与公司董事会、经理层等治理主体之间的责权界面，也应在国有资本投资公司的公司章程中充分体现。这些需要国有资本投资公司按照依法治企的要求，对公司章程的认识更加充分、管理更加规范、执行更加到位。

四是重大问题决策和重要干部任免。对于这些重大问题决策和重要干部任免的考核评价，有利于全面评估国有资本投资公司党组（党委）、董事会、经理层的履职行权情况，是正向激励和问责追责的重要输入。

【加油站：国有企业党委（党组）讨论和决定的本单位重大事项】

《中国共产党党组工作条例》规定的党组讨论和决定的重大事项：
1. 贯彻落实党中央以及上级党组织决策部署的重大举措；
2. 制定拟订法律法规规章和重要规范性文件中的重大事项；
3. 业务工作发展战略、重大部署和重大事项；
4. 重大改革事项；
5. 重要人事任免等事项；
6. 重大项目安排；
7. 大额资金使用、大额资产处置、预算安排；
8. 职能配置、机构设置、人员编制事项；
9. 审计、巡视巡察、督查检查、考核奖惩等重大事项；
10. 重大思想动态的政治引导；
11. 党的建设方面的重大事项；
12. 其他应当由党组讨论和决定的重大问题。

《中国共产党国有企业基层组织工作条例（试行）》规定的党委前置研究讨论的重大事项：
1. 贯彻党中央决策部署和落实国家发展战略的重大举措；
2. 企业发展战略、中长期发展规划，重要改革方案；
3. 企业资产重组、产权转让、资本运作和大额投资中的原则性、方向性问题；
4. 企业组织架构设置和调整，重要规章制度的制定和修改；
5. 涉及企业安全生产、维护稳定、职工权益、社会责任等方面的重大事项；
6. 其他应当由党委（党组）研究讨论的重要事项。

五是国有资本运营效率、保值增值、财务效益等方面。国有资本投资公司的第一属性是公司，必须首先追求营利性，获得投资的资本回报，此外还要追求资本的流动性和安全性。一般反映运营效率的指标可包括总资产周转率、固定资产周转率、存货周转率、人事费用率、劳动生产率等，反映保值增值的指标可包括国有资本保值增值率、经济增加值（EVA）等，反映财务效益的指标可包括净利润、净资产回报率等。对于国有资本投资公司而言，对经营财务指标的考核应更具有针对性。比如，由于国有资本投资公司都是企业集团母公司，对其财务指标进行考核应更倾向于归属于母公司的口径，同时考虑非经常性损益等因素；由于国有资本投资公司肩负着特定的产业使命，因此，对其核心主业的资产、收入、利润等关键指标的总量占比，也应重点考虑。

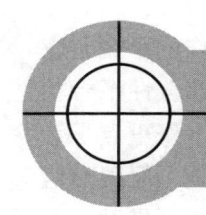

第五章 国有资本投资公司的实践模型

第一节 国有资本投资公司功能作用

2019 年党的十九届四中全会提出,形成以管资本为主的国有资产监管体制,有效发挥国有资本投资、运营公司功能作用。国有资本投资公司作为形成以管资本为主的国有资产监管体制的重要抓手,应有效发挥哪些功能作用?结合国发 23 号文的设计和要求,国有资本投资公司的核心功能作用可概括为以下三个方面。

一、授权经营的隔板功能

在管理体制方面,国有资本投资公司具有授权经营隔板功能,要发挥政府行政机构与国有企业之间权责分定、国有资本所有权与经营权有效分离的界面作用。界面之上是政府,是行政主体;界面之下是企业,是一般市场主体。国有资本投资公司作为国有资本投资运营主体,对上承接政府授权(直接授权或间接授权),在国家授权范围内履行国有资本出资人职责;对下履行股东职责,以出资额为限承担有限责任。在间接授权模式下,国资监管机构对国有资本投资公司授权,授予其对国有资本履行出资人职责的各项权利,有效实现国有资本所有权与企业经营权分离,同时国有资本投资公司对所出资企业授权,授予其对作为资本金的国有资本(也应包括以国有资本为信用基础获得的债权融资)的自主经营权。国资监管机构的管理权,原则上应止于国有资本投资公司,不再向下延伸和穿透行政管理。国有资本投资公司作为国有资本授权经营链条中政府和各级国有企业的法人界面,成为行政主体和一般市场主体之间的隔离带和防火墙。

二、资本运作的平台功能

在资本运营方面,国有资本投资公司是国有资本市场化运作的平台,应发挥国有资本合理流动、调整布局结构、提高资源配置效率的综合性平台功能。在以管资本为主的国有资产管理体制下,国资监管机构的工作重点是管好国有资本布局、规范资本运作、提高资本回报、维护资本安全,但国资监管机构不能直接实施国有资本布局优化和市场化运作等操作,需要借助一个法人平台具体实施。国有资本投资公司以资本为纽带、以产权为基础依法自主开展国有资本运作,正是理想的操作平台。在这个平台上,可以开展投资、融资、资本运作、资产重组等操作,优化国有资本投向,按照国有资本布局结构调整要求,推动国有资本向重要行业、关键领域、重点基础设施集中,向前瞻性战略性产业集中,向产业链关键环节和价值链高端领域集中,向具有核心竞争力的优势企业集中。

三、产业发展的投资功能

在产业发展方面,国有资本投资公司具有产业投资经营功能,应发挥投资引导作用和经营管控作用。国有资本投资公司以服务国家战略为出发点,以产业投资为手段,推动产业集聚、化解过剩产能和转型升级,培育战略性新兴产业,同步带动核心主业产业发展、提升产业链集群的国际竞争力,引导包括非公资本在内的各类资本,共同促进产业高质量发展。同时,国有资本投资公司要对授权范围内的国有资本承担经营责任,确保国有资产保值增值,防止国有资产流失。通过有效经营管控,获得国有资本投资收益,进而回报出资人和实现再投资。

第二节　国有资本投资公司基本画像

国有资本投资公司基本画像,就是国有资本投资公司应该长什么样、具有什么样的特征,这一直是国有资本投资公司理论者和实践者最关心的主题之一。基于上述功能作用,国有资本投资公司的基本画像可从制度建设、产业布局、管理体制、经营机制、资产运营五个视角勾勒描绘,国有资本投资公司应在这五个方面成为国企改革的表率。

一、中国特色现代企业制度建设的改革表率

国有资本投资公司要成为建立完善中国特色现代企业制度的改革表率，在制度更加成熟定型的基础上率先积累改革经验。以公司制改革为基础，在完善公司治理中加强党的领导，健全完善权责法定、权责透明、协调运转、有效制衡的公司治理机制，切实有效发挥党委（党组）领导作用、董事会决策作用、经理层经营管理作用。

（一）公司制的国有独资公司

国有资本投资公司必须是已完成公司制改革或依据《公司法》新设的有限公司，不能是全民所有制企业。在法律关系上，国有资本投资公司必须是公司法人实体，拥有独立的法人财产权和自主经营权，可独立承担经济法律责任。在股东责任上，国家对国有资本投资公司的责任是有限的，即以国家的出资额为限承担有限责任。同其他企业法人一样，依据法律法规，国有资本投资公司可以被重组、被拆分，甚至破产。

国有资本投资公司必须是有限公司中的国有独资公司，不能是股权多元化公司，也不能是混合所有制企业。国有资本投资公司法人自身不能单独上市。由于国有资本投资公司是国有资本市场化运作的专业平台，以国资重组的方式发生国有资产划入或划出将成为经常性运作，只有国有独资的股权结构能最大限度地保障国有资产不流失、资本运作高效率。

（二）中国特色现代企业制度的实践典范

国有资本投资公司法人自身应首先建立完善中国特色现代企业制度体系，率先垂范落实"两个一以贯之"，坚持党对国有企业的领导（政治原则）、坚持建立现代企业制度（改革方向）。国有资本投资公司是国之重器，必须坚持党的绝对领导，不可以也不能够将公司的领导权旁落他处。国有资本投资公司是现代化的企业，应不断完善健全完善中国特色现代企业制度，以上率下建立适应中国特色社会主义市场经济的体制机制。同时，推动所出资企业建立完善中国特色现代企业制度，实现制度建设上下贯通。

二、主业突出、多元适度产业布局的改革表率

国有资本投资公司要成为主责主业突出、多元业务适度的国企改革表率。做强核心主业，在全球资源配置中占据主导地位，形成话语权和影响力，构建产业生态圈、优化产业价值链，确保核心主业产业链供应链安全可靠。做

精多元化业务，依托核心主业优势，适度发展多元产业，突出特色化和参与性，获得投资回报反哺核心主业。积极培育战略性新兴产业，加强前瞻性产业布局，以直投或基金等方式参与风险投资，引领带动相关产业发展。

（一）1~2个具有全球竞争力的核心主业

国有资本投资公司服务国家战略应以特定产业为依托，承担产业报国、实业报国的重任，肩负起核心主业产业发展的使命。核心主业是国有资本投资公司必须坚守的主阵地和责任田，也是国有资本投资公司发挥产业功能的核心价值所在。核心主业的领域可以聚焦关系国家安全、关系国计民生和国民经济命脉的重要行业和关键领域，也可聚焦前瞻性战略性产业、生态环境保护、共用技术平台等重要行业和关键领域。

国有资本投资公司核心主业不宜过多，才能心无旁骛谋主业，坚持专业化发展导向，集中资源和精力把核心主业做强做优，达到世界一流水平，具有全球竞争力和话语权。行业机会不等于企业机会。要禁得起诱惑，不能哪个行业赚钱多、赚钱快就投资哪个行业。正如习近平总书记强调，做企业不是仅仅赚几个钱的问题，要实实在在、心无旁骛地做一个主业，这是本分。国有资本投资公司核心主业的资产和收入应在总体中占有较高的比重，核心主业资产占总资产的比重不应低于67%，核心主业收入占营业收入的比重不应低于50%。

（二）1~3个适度发展的多元化业务

多元化主业的功能定位是通过投资增值获取利润，平抑核心主业产业周期，反哺核心主业产业发展。多元化业务应以核心产业为基础，以相关多元化为主，以非相关多元化为辅，充分利用核心主业优势开拓相关行业和领域，绝对不能盲目投资非相关多元化业务，造成重大损失，拖累核心主业。

投资发展多元化业务应坚持适时适度、匹配互补，严格限定投资金额范围和比例。多元化业务的资产和收入在总体中所占的比重不应过高，多元化资产占总资产的比重不宜高于30%，多元化业务收入占营业收入的比重不宜高于40%。

（三）至少1个孵化培育的新兴产业

战略性新兴产业是引导未来经济社会发展的重要力量，孵化培育新兴产业是国有资本投资公司的重要功能之一。孵化培育的新兴产业应体现国家战略导向和产业政策，聚焦九大战略性新兴产业①，包括新一代信息技术产业、高端装备制造产业、新材料产业、生物产业、新能源汽车产业、新能源产业、节能环保产业、数字创意产业、相关服务业等。国有资本投资公司应依托核心主业和多元化业务积累形成的技术优势、资源优势、客户优势、数据优势等，孵化培育适合自身发展的战略性新兴产业，积极探索新产业、新业态、新模式，为培育经济发展新动能、布局优化新动力作出重要贡献。

三、决策高效、管控科学管理体制的改革表率

国有资本投资公司要成为内部决策高效、管理科学合理的国企改革表率。建立起定位清晰、精简高效的集团管理架构，打造专业化、精英化、年轻化的集团总部，构建权责合理的授权经营链条。按照以管资本为主的导向，因企施策依法落实所出资企业董事会职权，实现层层授权放权，层层解锁松绑，激发企业市场主体活力。让专业的人干专业的事，让听得见炮声的人指挥战斗。

（一）定位清晰的三层管控架构

国有资本投资公司的企业集团应在集团内部建立三级管控架构，包括集团总部（一级）、产业发展平台和职能功能平台（二级）、生产运营实体（三级）及其所属生产运营单元（如有）的整体管理架构，确保总体管理层级在四级以内。

集团总部定位于国有资本投资公司，组织形式是国有独资公司。根据授权，对优化国有资本布局结构、提升国有资本运营效率、实现国有资产保值增值负责。作为战略投资中心和资本运作中心，以资产监管和资本运作为主，重点关注宏观经济周期和景气指数、业务组合和产业布局、竞争格局和战略性并购机会，建立以战略管控和财务管控为主的管控模式，承担战略引领、资源配置、评价考核、风险合规、监督问责、党的建设等功能。

产业发展平台主要以产业控股公司为载体，组织形式主要为上市公司或未上市的股权多元化公司。根据授权和契约化管理约定，对其出资或委托经营的子公司统一运营和管控，承担经营目标任务，落实国有资本保值增值责任。作为运营指挥中心和独立核算中心，以资产经营为主，负责制定实施业务规划和竞争策略，重点关注产业趋势和新技术研发、资产组合和业务布局、

---

① 参考国家统计局《战略性新兴产业分类（2018）》和《新产业新业态新商业模式统计分类（2018）》。

股权投资机会，建立以战略管控和运营管控为主的管控模式，承担财务融资、运营统筹、资源调配、创新研发、品牌建设等功能。

职能功能平台以特定功能性公司为载体，组织形式主要为国有全资公司，作为职能法人化的职能运作中心，以执行集团特定职能职责为主，一般与产业发展平台为同一管理层级。承担资金融通、资产处置、创新投资、协同共享等特定职能功能，包括财务共享中心、资产处置中心、风险投资中心、人力资源共享中心、数字化共享中心等法人平台。

生产运营实体以生产运营公司为载体，组织形式主要为国有全资企业或混合所有制企业、产业发展平台内设事业部。根据授权和契约化管理约定，对其所属资产进行日常经营和管理，承担利润实现或成本节约任务。作为执行操作主体，负责业务的具体生产运营，重点关注商品和产品价格波动、质量管理、成本控制、安全环保、固定资产投资等，建立以运营管控为主的管控模式，承担生产作业、成本管理、授权采购和销售、业务操作等功能。当然，国有资本投资公司也可直接持股和管理生产运营公司。

生产运营实体所属生产运营单元主要指生产运营实体的投资企业，也是以执行运营为主。这一管理层级不是必须存在的，如图 5-1 所示。

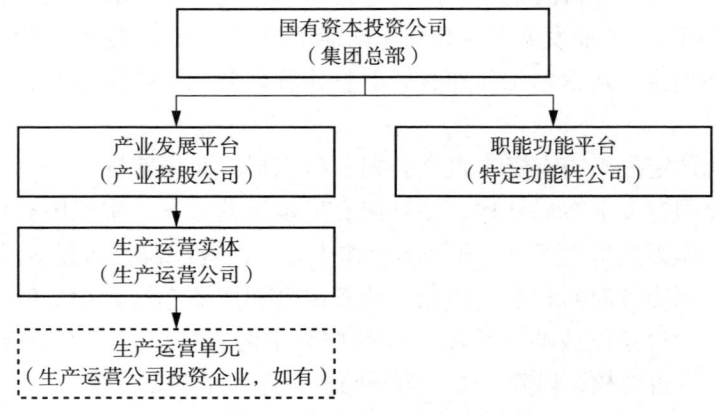

图 5-1　国有资本投资公司三层管控架构

（二）精简高效的小总部

企业集团母公司，应尽可能职责清晰、精简高效、运行专业，建成"小总部"。"小"主要体现在三个方面：一是部门机构精简，战略管控型总部的职能部门和机构设置不宜超过 10 个（不含党组织相关部门）；二是干部人员精简，总部人员总数应严格限制，防止过度膨胀，参考管理的资产规模，总部人员（不含集团领导班子）编制一般在 200 人左右，不宜超过 300 人；三是管控事项精简，总部制定对子企业的管控事项清单，并通过放权授权逐步整合、取消管控事项，其中审批和备案事项不宜超过 200 项。

（三）真正成为独立市场主体的子企业

国有资本投资公司各级子企业都应是依法自主经营、自负盈亏、自担风险、自我约束、自我发展的独立市场主体，真正使国有资本投资公司以出资额为限承担有限责任，真正做到企业"能生能死、能合能分、能进能出"，真正在市场竞争中实现优胜劣汰，成为中国特色社会主义市场经济中最富生命力的微观主体。

（四）以管资本为主的管控方式

国有资本投资公司应对二级子公司健全权责对等、运转协调、有效制衡的决策执行监督机制，建设规范有效的子企业董事会，委派专职董事，实现子公司外部董事占多数，促进董事会充分发挥功能作用，切实解决一些子企业董事会形同虚设、运作空转等问题。

国有资本投资公司应按照以管资本为主的管控要求，不断完善以战略管控和财务管控为主的管控模式，对二级子公司"一企一策"放权授权，不缺位、不越位，切实尊重和依法落实子公司的独立法人财产权和自主经营权。

国有资本投资公司应建立内部"大监督"机制，实现党内监督与经营监管深度融合，出资人监督、业务监督、专责监督有序衔接，事前防范、事中跟踪、事后问效形成闭环，打通横向和纵向监督通道，整合资源、协同联动。

四、出资企业股权多元、人员激励约束到位经营机制的改革表率

国有资本投资公司要成为所出资企业股权多元、干部职工激励约束到位的国企改革表率。要积极稳妥推动子企业混合所有制改革和股权多元化，逐步打破子企业单一封闭的股权结构，积极推动具备条件的企业资产上市，并注重加强上市公司市值管理。要率先建立完善企业经理层成员的新型经济责任制，在具备条件的子企业推行职业经理人制度，健全内部中长期激励机制，塑造激励干部职工担当作为的良好环境。要强化内部约束，加强违法违规和重大损失责任追究，建立健全合规容错免责机制。

（一）股权多元化或混合所有制的子公司股权结构

国有资本投资公司的直接管理子公司（职能功能性公司除外）原则上应

为股权多元化企业或混合所有制企业（含上市公司），最终目标是都成为上市公司。每个直接管理子公司作为某个战略业务单元的部分或全部，一般是产业发展平台，通过股权多元化或混改引入积极股东，优化董事会结构，对公司管理层和其他股东形成有效制衡。对于职能功能性公司（或职能法人化公司），为完成集团总部赋予的特定功能（如资金归集、共享服务、专业研究等），可保持国有资本投资公司全资，以保证发挥功能的执行效率。

（二）市场化的激励约束机制

国有资本投资公司的子公司应全面实行经理层成员任期制和契约化管理，明确经理层的责任、权利和义务，严格任期管理和目标考核，有效打破职务终身制。

具备条件的子公司全面推行职业经理人，建立现有经营管理者与职业经理人身份转换通道，实现市场化选聘、契约化管理、差异化薪酬、市场化退出。

国有资本投资公司的子公司应全面建立当期和中长期有机结合的激励约束机制，因企施策运用上市公司股权激励、科技型企业股权和分红激励、混合所有制企业员工持股、超额利润分享、虚拟股权、项目跟投等方式，实现企业与骨干员工的利益和风险绑定。

（三）"三个区分开来"的容错机制

国有资本投资公司应全面落实"三个区分开来"重要要求，在集团体系内部建立有效的容错机制，宽容干部在工作中特别是改革创新中的失误。坚持按商业化原则判断是非，以较长周期客观综合评价功过，真正实现"把干部在推进改革中因缺乏经验、先行先试出现的失误和错误，同明知故犯的违纪违法行为区分开来；把上级尚无明确限制的探索性试验中的失误和错误，同上级明令禁止后依然我行我素的违纪违法行为区分开来；把为推动发展的无意过失，同为谋取私利的违纪违法行为区分开来"。

五、财务稳健、业绩优秀资产运营的改革表率

国有资本投资公司要成为资产财务稳健、经营业绩优秀的国企改革表率，要将资产规模发展到一定合理范围，既有较大规模，又不无序扩张。要保持良好经营业绩，在经营效益、运行效率、产品服务品质等方面处于行业领先水平。保持合理的资产负债率，持续防范化解重大风险，牢牢守住不发生系统性、颠覆性风险的底线。

（一）超万亿的资产规模

国有资本投资公司应拥有较大的资产规模，这样才能在国有资本运作中有足够的空间和回旋的余地。作为国务院授权或国务院国资委授权的国有资本投资公司，资产总额应在 1 万亿元以上。

（二）超百亿的归母净利润

国有资本投资公司应创造较高水平的归属于母公司的净利润，以保障有足够的资金储备开展战略性投资并购。考虑到资产规模较大，即使按照较低的 1% 资产回报率计算，国有资本投资公司的每年归母净利润也应在 100 亿元人民币以上。同时，应具有较高的子企业现金分红能力。

（三）合理水平的资产负债率

国有资本投资公司应控制好总体负债水平，始终保持较高的对外投资能力，确保集团内部不发生系统性财务风险。尽管不同行业的企业资产负债率水平存在一定差异，但综合来看，国有资本投资公司的实际资产负债率不宜超过 70%，最高不宜超过 80%。

第三节　国有资本投资公司主要类型

国有企业功能界定与分类，是新时代国企改革的逻辑起点。国有资本投资公司也应适当分类，实施分类改革、分类发展，促进改革方向更精准、发展任务更聚焦。立足国有资本投资公司的功能定位和目标任务，结合不同国有资本投资公司在其核心主业领域中的不同作用，可将国有资本投资公司分为产业主导型和产业引导型两种细分类型。

一、产业主导型国有资本投资公司

产业主导型国有资本投资公司具有重大鲜明的产业使命，着力在核心主业所在领域的产业中发挥主导和控制作用，侧重追求产业影响力、控制力和全球竞争力，注重通过提高产业集中度、化解过剩产能、提升自主创新能力等方式实现产业目标，是国家在这些产业领域的捍卫者和主力军。产业主导型国有资本投资公司，侧重将核心主业布局在关系国家安全、国民经济命脉的第一产业和第二产业（以工业领域为主），经营领域覆盖的产业间相关性较强，不但要承担国有资本保值增值的基本责任，而且要发挥促进产业转型升级、创新发展的支撑作用。

二、产业引导型国有资本投资公司

产业引导型国有资本投资公司具有重要动态的产业使命，一般不追求产业控制力，着力在核心主业所在领域的产业中发挥引导带动作用，侧重追求产业创新能力、孵化能力和价值创造能力，注重通过科技成果转化、新兴产业培育、优化产业组合等方式实现产业目标，是国家在这些产业领域的开拓者和轻骑兵。产业引导型国有资本投资公司，侧重将核心主业布局在关系国家安全、国民经济命脉的第二产业和第三产业（以消费领域为主），经营领域覆盖的产业间相关性较弱，承担国有资本保值增值责任和推动产业发展责任并重。

总体来看，产业主导型国有资本投资公司和产业引导型国有资本投资公司都是法人独立、依法运作的市场主体，都具有产业使命，按照商业化原则从事国有资本运作、承担经营管理责任，以市场化机制服务和落实国家战略。

第四节 与国有资本运营公司、一般产业集团公司的区别

一、国有资本投资公司与国有资本运营公司的区别

（一）目标和作用不同

国有资本投资公司的主要目标是服务国家战略、优化国有资本布局、提升产业竞争力。国有资本投资公司一般都有明确具体的核心主业范围，须在核心主业所在产业中实现产业使命和价值，追求产业控制力和影响力。要推动产业集聚、化解过剩产能和转型升级，培育核心竞争力和创新能力，带动产业链积极参与国际竞争，提高国际话语权。

国有资本运营公司的主要目标是提升国有资本运营效率、提高国有资本回报。国有资本运营公司一般特定的核心主业范围，可根据国家产业政策导向和产业发展趋势，自主决定投资领域和环节，以期获得最大的投资回报，不追求对特定产业的控制力和影响力。要盘活国有资产存量，引导和带动社会资本共同发展，实现国有资本合理流动和保值增值。形象地比喻，国有资本投资公司好比在"养儿女"，培养未来的家庭栋梁；国有资本运营公司好比

在"养牛羊",出栏之后卖出获利。

(二)资本运作方式不同

国有资本投资公司的资本运作方式主要是股权债权融资、产业投资、产业培育、资产重组整合等,资本运作主要围绕资金和资产。而国有资本运营公司的资本运作方式主要是股权运作、基金投资、培育孵化、价值管理、有序进退等,资本运作主要围绕企业股权。

(三)集团管控模式不同

国有资本投资公司要建立以战略目标和财务效益为主的管控模式,对所持股企业的考核侧重执行公司战略和资本回报状况。战略管控和财务管控相结合的管控模式,使国有资本投资公司的所出资企业更加注重集团总部对其设定的战略方向,有利于服务国家战略的实施落地。

国有资本运营公司要建立财务管控模式,对所持股企业的考核侧重国有资本流动和保值增值状况。财务管控的管控模式使国有资本运营公司的所出资企业更注重自身的生产经营效率和效益,且具有更大的自主经营权,有利于股东获得更多的投资回报。

二、国有资本投资公司与一般产业集团公司的区别

(一)功能定位和属性不同

国有资本投资公司是国有资本投资运营主体,是在国家授权范围内履行国有资本出资人职责的国有独资公司,是政府和国有资产监管机构管理一般经营性国有企业的法人平台;而一般产业集团公司是国有资产经营主体,主要承担国有资产保值增值责任,不是国有资本投资运营主体,一般不履行国有资本出资人职责。国有资本投资公司须保持国有独资的股权结构,而一般产业集团可以根据实际需要开展股权多元化和混合所有制改革。

国有资本投资公司是国有资本市场化运作的专业平台,以资本为纽带、以产权为基础开展国有资本运作,不从事具体生产经营活动。而一般产业集团公司是国有资产经营的实体企业,本身直接从事生产经营活动(如集中采购、统一销售、科技研发等),同时对集团所属企业的生产经营活动实施直接管理。

(二)承接放权授权不同

通常情况下,国有资本投资公司较一般产业集团公司从国资监管机构获

得更多的授权放权。根据功能定位的需要，国有资本投资公司将承接国资监管机构更多的放权授权，获得更多的自主经营权。在《国务院国资委授权放权清单（2019年版）》中，相较于一般产业集团公司，国务院国资委给予国有资本投资公司的授权放权更多，涵盖主业管理、非主业投资、产权管理、项目跟投和工资总额管理等多方面，这是一般产业集团公司难以获得的。

（三）集团管控模式不同

国有资本投资公司要以资本为纽带，以产权为基础，建立以战略目标和财务效益为主的管控模式，主要通过子企业的公司法人治理结构依法行使国有股东权利。国有资本投资公司将有序落实子企业董事会法定职权，注重发挥外部董事和执行董事的作用，同子企业保持"一臂之距"，避免越权来代替子企业对其经营管理事项直接决策。一般产业集团公司对子企业管控的事项更多、集权更明显，多以战略管控和运营管控模式为主，对子企业实施直接行政化命令式管控的色彩更重。

（四）产业布局结构不同

国有资本投资公司一般在核心主业的基础上还拥有多元化业务，并肩负孵化培育前瞻性战略性新产业、新业务的使命。国有资本投资公司按照国家确定的目标任务和布局领域而设立，并按照政府确定的国有资本布局和结构优化要求，优化国有资本布局。可以培育若干新兴业务，经国资监管部门批准后视同主业管理，不受非主业投资比例限制。所持股企业既可以涉及一个集团的企业，也可以涉及多个集团的企业。而一般产业集团公司基本都是围绕国有资产监管机构确定的主业，在主业范围内从事生产经营和管理，并严格限制非主业投资比例。

（五）综合改革任务不同

国有资本投资公司是国企改革的"综合试验田"，国资监管机构等政府主管部门支持国有资本投资公司所持股的国有控股企业在符合条件的前提下，优先开展混合所有制改革、混合所有制企业员工持股、推行职业经理人制度、薪酬分配差异化改革等改革试点，充分发挥各项改革工作的综合效应[1]，推动国有资本投资公司成为国企改革的高地。而一般产业集团公司更聚焦于一项或有限的几项改革试点，在短期内可能难以获得全面综合改革的政策支持。

---

[1] 《国务院关于推进国有资本投资、运营公司改革试点的实施意见》（国发〔2018〕23号）。

【加油站：财政部介绍国有资本投资、运营公司与企业集团的区别】

2018年8月1日，时任财政部部长助理许宏才同志在国务院政策例行吹风会上介绍《国务院关于推进国有资本投资、运营公司改革试点的实施意见》（以下简称《意见》）有关情况，阐述了国有资本投资、运营公司与企业集团的主要区别。主要体现在：

一是公司属性不同。现有的企业集团主要是产业集团，本身从事生产经营活动，同时对集团所属企业的生产经营活动实施有效管理。国有资本投资、运营公司是国有资本市场化运作的专业平台，本身不从事具体的生产经营活动。按照《公司法》的相关规定，对所持股企业行使股东职责，维护股东合法权益，按照责权对应原则，切实承担优化国有资本布局、提升国有资本运营效率、实现国有资产保值增值等责任。

二是涉及领域不同。企业集团基本上都是围绕国有资产监管机构确定的主业，在主业范围内从事生产经营和管理。国有资本投资、运营公司是按照国家确定的目标任务和布局领域设立的，目的是优化国有资本布局，促进国有资本合理流动。国有资本投资、运营公司是管资本的，所持股企业既可以涉及一个集团的企业，也可以涉及多个集团的企业。

三是管理方式不同。现有的企业集团主要是以产业为纽带，对所属企业实施管理。国有资本投资、运营公司以资本为纽带，以产权为基础，开展国有资本的市场化运作，对所持股企业按照规范的法人治理结构管理。

四是治理结构不同。企业集团属于一般性国有企业，国有资本投资、运营公司与一般性国有企业有所不同，在治理结构上有一些新特点，在国务院这次发布的《意见》中已有体现。

03 | 第三部分
路径篇

第六章
步骤1 改组组建国有资本投资公司

国有企业如何申请成为国有资本投资公司改革试点？国资监管机构选择什么样的国企作为国有资本投资公司试点合适？企业成为改革试点后，如何制定改革试点实施方案？国资监管机构如何对改革试点实施方案进行审核和批复？这些都是在改组与新建国有资本投资公司过程中需要考虑的重要问题。国有资本投资公司是国有企业中最高层级的经营法人实体，涉及动辄数千亿元甚至上万亿元国有资产改革，数量不宜过多，需审慎研究。从实践操作来看，一般采取"两上两下"的操作程序，即先由企业向国资监管机构提出试点书面申请（报送试点申请方案），国资监管机构经筛选审核后印发将企业纳入试点的通知；再由试点企业研究制定详细的试点实施方案，国资监管机构经审定后对试点实施方案形成批复意见。

第一节　申请改革试点

一、申请试点的基本考虑

有意愿、有潜力、有机会，是成为国有资本投资公司改革试点的三个必要条件。有意愿，是指拟试点企业在明确试点目的和动机的基础上，积极主动地申请试点资格；有潜力，是指拟试点企业具有试点成功的较大潜力，通过试点既能将自身打造成为合格的国有资本投资公司，又能总结形成可复制、可推广的改革经验；有机会，是指国有资产监管机构根据拟试点企业的申请方案，经过审核后，给予企业开展国有资本投资公司改革试点的机会。由此可见，有潜力是申请试点的关键所在，拟试点企业自身的条件直接关系试点的成败，这既是有意愿试点的能力支撑，也是有机会试点的重要考量，需要一份高质量的试点申请方案具体体现。

二、如何制定试点申请方案

企业如何制定国有资本投资公司的试点申请方案，可从以下六个方面考虑。

1. 企业基本情况

可简述拟试点企业的历史沿革、资产规模、经营业绩、组织机构和人员概况，重点说明核心业务领域及业务结构、主要商业模式、行业地位等情况。考虑到除国资监管部门外，还可能有其他政府机构参与方案审核，建议全面、完整地介绍企业情况。

2. 试点的必要性和可行性

这部分是试点申请方案的重点，需详细分析论证。一是阐述试点的必要性，主要包括宏观层面的国家战略需要、中观层面的产业发展需要、微观层面的企业自身需要等，坚持问题导向的思路，重点说明目前在上述三个层面存在的突出问题，举例子、列数据。如有必要，还可适当突出试点的紧迫性，从宏观、中观、微观等角度结合问题综合分析。二是阐述试点的可行性，主要突出拟试点企业改组成为国有资本投资公司的自身条件，包括但不限于在产业竞争力、业务资产组合、资本运作能力、公司治理结构、集团管控模式、市场化经营机制、坚持党的领导加强党的建设等方面的特点和优势，结合国有资本投资公司的功能定位和作用，重点分析本企业已有的国有资本投资公司基本特征，可参考国有资本投资公司基本画像相关章节。

3. 试点企业的功能定位、试点目标和主要举措

这部分是试点申请方案的关键，要着力突出拟试点企业的改革亮点。一是依托主责主业，找准功能定位。紧紧围绕服务国家战略，确定拟试点企业作为国有资本投资公司，在核心主业领域将发挥的具体的产业功能和平台作用。要定位清晰、切中要害，最好能让人眼前一亮、印象深刻。如有明确的企业愿景、使命和战略定位，也可一并说明。二是基于企业现状和未来功能定位，初步提出具有挑战性的试点目标。具体可包括经营业绩目标（如资产总额、净利润、国有资本保值增值率等）、产业发展目标（如体现核心主业行业地位、影响力和控制力的指标等）、体制机制方面的改革目标等。努力做到既有定性目标，也有定量目标；既有近期目标，也有中长期目标；既有集团总部改革目标，也有子企业改革目标；既有布局结构调整优化目标，也有体

制机制改革创新目标。三是围绕试点目标，谋划试点举措。一方面，可根据国发23号文要求的"规定动作"；另一方面，可根据拟试点企业自身特点和行业需要确定"自选动作"。具体可包括中国特色现代企业制度、产权结构、管理体制、经营机制、业务和资产布局结构、加强党的建设等方面。

4. 试点的组织保障

主要说明在开展国有资本投资公司改革试点过程中相关的组织领导、过程管理和风险防控等机制安排。一是试点工作组织机制。一般应建立以公司一把手为组长，相关班子成员参加的试点领导小组；建立以分管领导为组长，相关职能部门参加的试点工作小组；确定试点工作的日常办事机构（试点办公室），可单独设立，也可同相关部门合署办公。二是试点工作运行机制。在推进试点过程中，建立起年初有计划、过程有跟踪、年末有评价的闭环工作机制，确保改革举措项项有落地、条条见成效。三是试点工作风险防控机制。改革涉及利益的重新分配，难免蕴藏未知风险。要做好事前风险评估，提前拟定应对风险的相关措施，重点做好涉及产权变动、授权放权、重组整合、机构和人员调整等相关风险防控。

5. 试点的预期成果

通过试点，拟试点企业将取得哪些成绩和效果，是否能形成可复制、可推广的经验，是国资监管部门十分关心的问题。在试点申请方案中，可从新体制、新机制、新模式三个方面提出设想。一是探索形成以管资本为主的管理体制，建立起以战略目标和财务效益为主的管控模式；二是探索形成更加市场化的经营机制，建立起股权结构多元、股东行为规范、内部约束有效、运行高效灵活的经营机制；三是探索形成国有资本投资公司的有效运行模式，建立起"投融管退"有机衔接、顺畅运转的成熟模式。在这些方面将形成哪些创新做法，进而总结形成可复制、可推广的经验，需要拟试点企业加以思考归纳。

6. 需要支持的事项

根据需要，具体事项可以在试点申请方案中提出，也可以在未来的试点实施方案中提出。一般包括两部分：一是向国资监管机构申请授权放权的事项，具体可参考国资监管机构出台的权力和责任清单、授权放权清单，提出试点企业实际需要的具体授权放权事项，并说明理由；二是需要国资监管机构支持或协调其他政府部门支持的事项，如资源支持、经营资质、资产重组等方面的内容。

第二节　遴选确定试点

一、遴选试点的主要考虑

自中粮集团、国投集团成为首批国有资本投资公司改革试点以来，很多中央企业和地方国企积极申请成为试点。国资监管机构遴选确定什么样的公司纳入改革试点呢？首先要建立国有资本投资公司试点企业的标准，作为纳入改革试点的门槛条件，然后依据标准遴选确定试点。建立试点企业标准，可从企业类型、功能定位、业务结构、资产状况、体制机制、团队配置等维度综合考虑。

二、如何确定试点遴选标准

1. 企业类型

一是从法人类型来看，备选企业应是国有全资的有限责任公司或国有独资公司，不宜选择股权多元化企业（含混合所有制企业）。如果是国有全资有限责任公司，则未来需调整为国有独资公司。主要考虑的是，在国有资本投资公司开展国有资本运作，特别是国资重组中，国有资产监管机构可能将部分国有股权或国资产权以无偿划转等方式转给国有资本投资公司，国有资本投资公司必须是国资监管机构作为单一出资人的法人实体，只有国有独资公司便于开展各种类型的国有资本运作。二是从国企分类来看，备选企业一般为商业类国有企业，其中优先选择商业一类国有企业及部分市场化体制机制较为完善的商业二类国有企业。由于这些国有企业市场化程度相对较高，更易于发挥国有资本市场化运作专业平台的功能作用。

2. 功能定位

备选企业作为国有资本投资公司的功能定位，是国有资本投资公司存在价值的集中体现，可考虑从三个方面审视备选企业的国有资本投资公司功能定位是否准确恰当。一是功能定位是否体现了国有资本投资公司的产业使命，通过其产业使命是否能够实现服务和落实国家战略，提升核心主业所在行业的国际竞争力、影响力和话语权；二是功能定位是否体现了国有资本市场化运作的专业平台作用，通过其平台作用是否能够更加有效地提升国有资本配置和运行效率,推动国有资本实现"四集中"①;三是功能定位是否体现了国有资本投资公司作为"综合改革试验区"的作用,通过其综合改革是否能够探索出在混合所有制改革、职业经理人制度、薪酬分配差异化等国企改革重点领域和关键环节的成熟经验,并可复制推广到其他国有企业。

3. 业务结构

备选企业应具有相对多元化的业务组合,其中包括明确的核心主业和若干多元化业务,每项业务拥有较为优质的资产组合,企业办社会职能等历史包袱不宜过重。主要考虑的是,核心主业确定了国有资本投资公司的主攻方向,国有资本投资公司应聚焦在核心主业领域服务和落实国家战略,心无旁骛谋主业;多元化的业务组合,有利于国有资本投资公司分散经营风险、平抑经济周期波动,使企业经营业绩不出现大起大落,同时多元化业务也将通过反哺、协同等方式支撑核心主业发展。

4. 资产状况

一是备选企业应具有较大的资产规模,备选企业的初始资产总额应尽可能达到5000亿元左右,并有潜力在试点3~5年内增加到1万亿元左右。二是备选企业的资产负债率不宜过高,尽量不超过65%②,最高不超过80%。主要考虑的是,资产负债率较高将削弱国有资本投资公司的投资能力,并在企业集团内部集聚较高的系统风险。

5. 体制机制

一是具有较为健全完善的公司法人治理机制,包括党委(党组)领导坚强有力,能切实发挥把方向、管大局、保落实的领导作用;董事会实现外部董事占多数,董事会下设专业委员会机构健全、制度完备、运行有效;经理层忠于职守、规范履职,能高效落实董事会决策,取得良好经营业绩。二是具有高效灵活的市场化经营机制,包括经理层任期制和契约化在集团内部广泛实行,市场化的劳动用工机制全面建立,与劳动力市场基本适应、与企业经济效益和劳动生产率挂钩的工资决定和正常增长机制基本建立。三是实行以战略管控为主的集团管控模式,集团总部不从事具体的采购、生产、销售

---

① 《国务院关于改革和完善国有资产管理体制的若干意见》(国发〔2015〕63号)提出,按照国有资本布局结构调整要求,加快推动国有资本向重要行业、关键领域、重点基础设施集中,向前瞻性战略性产业集中,向产业链关键环节和价值链高端领域集中,向具有核心竞争力的优势企业集中。

② 国务院国有资产监督管理委员会秘书长、新闻发言人彭华岗2021年10月21日在国新办新闻发布会上表示,2021年以来中央企业资产负债率始终稳定在65%以下,债务结构始终保持在合理水平。

等生产经营活动。集团总部对全资、控股等具有实际控制权的子企业实现人员、资产、财务"三分开",对公司治理规范运作的子企业给予合理的授权放权,保证子企业经理层有效履职行权。

6. 团队配置

一是备选企业的领导班子要政治素质强、改革能力强、改革意愿强。主要负责人具有改革创新精神、敢于担当作为,领导班子对党忠诚、勇于创新、治企有方、兴企有为、清正廉洁,并对国企改革"1+N"政策文件特别是国有资本投资公司试点相关文件学习得全面、理解得透彻、贯彻得坚决,对国企改革积极性高、主动性强、期望值高。二是备选企业的专业团队有经验、有能力、有实绩。拥有专业化投融资团队、经营管理团队、资产处置团队,在资本运作、并购重组、产业整合等方面具有丰富的经验和良好的历史表现。

除了上述维度,备选企业的试点动机也应纳入考虑范畴,需要重点关注备选企业开展国有资本投资公司试点的初衷和目的。如果是为了争取特殊改革政策、为了避免被重组整合、为了单纯获得资金支持等而试,那么这些企业不宜纳入试点。

经过以上标准衡量,国资监管机构能够筛选出比较合适的备选企业,经履行审批程序后,印发正式通知,明确备选企业纳入国有资本投资公司改革试点,要求其制定试点实施方案并上报。

第三节 制定试点实施方案

试点实施方案是试点企业推进改革的"设计图和施工图"。制定试点实施方案,可按学习调研、方案起草、论证完善、决策上报等步骤具体操作。

一、学习调研

一是学习重要论述和改革政策。学深悟透习近平总书记关于国资国企改革的重要论述,学习领会国企改革"1+N"政策文件(特别是国发63号文、国发9号文、国发23号文),梳理本企业在改革发展中存在的突出问题和挑战,深刻领会国有资本投资公司建设的重要意义、改革方向和基本要求。二是开展内外部调研。在集团内部,对公司领导、职能部门负责人、主要业务板块负责人开展调研访谈,全面了解集团内部各层面对国有资本投资公司试点的认识、设想和期望;在集团以外,对前期国有资本投资公司试点企业开展针对性的调研,梳理前期试点企业形成的经验,总结适合本企业学习借鉴的经验做法,避免走弯路。三是提炼形成整体思路。在充分学习调研的基础上,归纳形成本企业试点的初步思路,在领导层面形成共识,在工作层面凝聚力量,在业务层面塑造氛围。

二、方案起草

试点实施方案的起草过程也是将试点思路细化具体化的过程,形成明确的方向原则、目标任务、实施路径、时间节点等,体现可操作性、可获批性,可从六个部分二十二项要点综合考虑。

第一部分　企业基本情况

要点1. 企业概况。简要介绍企业的历史沿革、业务构成、行业地位、组织机构及人员情况等。

要点2. 前期改革进展。概括总结党的十八届三中全会以来,企业在推进全面深化改革中取得的主要进展和成果。可从建立中国特色现代企业制度、集团总部职能和机构改革、优化集团管控模式、推进混合所有制改革、开展市场化经营机制改革、深化供给侧结构性改革、坚持党的领导加强党的建设等方面加以总结,将制度性成果、机制性成果、经营性成果等梳理归纳。

要点3. 面临发展机遇。分析当前及未来一段时期内企业将面临的外部发展机遇,如供给侧结构性改革机遇、产业重组整合机遇、发展前瞻性战略性新兴产业机遇、国有资本投资公司试点机遇等。

要点4. 主要问题挑战。聚焦制约企业改革发展和行业发展的突出问题,如体制性问题、机制性问题、结构性问题等,明确自身的短板和弱项。同时,识别面临的外部重大风险挑战。

第二部分　总体要求

要点5. 指导思想。以习近平新时代中国特色社会主义思想为指导,贯彻落实党中央、国务院关于深化国有企业改革的战略部署,构建国有资本投资运营主体,激发微观市场主体活力,做强做优做大国有资本和国有企业,打造具有全球竞争力的世界一流企业。

要点6. 基本原则。国有资本投资公司试点的基本原则,既是开展改革试点要坚守的底线和红线,也是判断具体改革举措和工作方案是否可行的依据和准则。因此,基本原则绝不是花架子、摆样子,而是要实实在在遵守的原则。其中,坚持党的领导建设中国特色现代企业制度,是最根本的原则。

【微案例：中国五矿建设国有资本投资公司的 8 条基本原则[①]】

1. 坚持党的领导，建设中国特色现代企业制度。
2. 坚持服务国家战略，优化产业布局提升竞争力。
3. 坚持全面深化改革，所出资企业都成为真正独立市场主体。
4. 坚持分类改革，分层分级授权，激发微观市场主体活力。
5. 坚持发展与改革同步，新企业新项目实行新体制新机制。
6. 坚持深化改革与供给侧结构性改革相衔接，体制创新与结构调整相配套。
7. 坚持顶层设计与基层创新相结合，上下衔接、有序推进。
8. 坚持依法合规，稳中求进，推进落实各项改革举措。

要点 7. 公司战略。在改组或新建成为国有资本投资公司后，公司的愿景、使命和总体战略，公司的发展理念、核心价值观、企业精神，在产业发展中的战略定位等内容，都可在这一部分描述和体现。

要点 8. 功能定位。即试点企业作为国有资本投资公司将发挥的功能和作用，既包括一般性功能，也包括特定性功能。重点突出国有资本投资公司在授权范围内履行国有资本出资人职责的功能和国有资本市场化运作专业平台的功能，以及在国有企业改革创新中"领头羊"的功能。

【微案例：中粮集团作为国有资本投资公司的功能定位[②]】

中粮集团在国有资本投资公司改革中的定位为"一个主体、三个平台、四个作用"。

一个主体：发展成为国内独一无二的全球布局、全产业链、拥有最大市场和发展潜力的农业及粮油食品企业，成为国家粮食安全战略和食品安全战略的执行主体。

三个平台：聚焦粮、油、糖、棉核心主业，致力打造粮油行业投资平台、粮油行业资源整合平台和海外农粮行业投资平台。

四个作用：充分发挥在建设现代农业中的引领作用，充分发挥在维护粮油食品市场稳定中的支撑作用，充分发挥在保障食品安全中的示范作用，充分发挥在农业"走出去"中的领军作用。

---

① 根据公开信息整理。
② 国务院国资委改革办．国企改革探索与实践——中央企业集团 15 例［M］．北京：中国经济出版社，2018：152．

第三部分 试点目标

要点9. 总体目标。即通过国有资本投资公司改革试点,要达到的宏观性、框架性目标。具体可通过三个层次来概括:一是国有资本投资公司要如何发展,二是所出资企业特别是全资、控股等实际控制企业要如何发展,三是国有资本投资公司和所出资企业所组成的企业集团要如何发展。

要点10. 领域目标。即在不同改革领域的具体目标。一是产业发展目标,在核心主业以及多元化业务上要达到的行业地位、市场占有率、在公司财务效益指标中所占比重等。二是财务绩效目标,如资产总额、营业收入、归母净利润等效益类指标,净资产收益率、总资产周转率、营业利润率等效率类指标,资产负债率、关键人才流失率等约束类指标。三是体制机制改革目标,如企业制度、管理体制、经营机制、运行模式等领域的具体目标。

要点11. 阶段目标。国有资本投资公司建设不能一蹴而就,需要分阶段逐步推进,并设定不同阶段的标志性节点目标。如果以时间维度作为阶段划分标准,可分别设定未来3年的短期目标、未来5年的中长期目标等。

第四部分 改革任务举措

要点12. 坚持党的领导,建立中国特色现代企业制度。重点是"两个一以贯之"要求在国有资本投资公司层面(集团公司)和子企业层面如何具体落实落地,切实做到"两个维护"。在集团公司层面,重点是坚持和完善党的领导,按照国发23号文的要求完善治理结构,建立健全权责法定、权责透明、运转协调、有效制衡的公司治理机制,从党委(党组)、董事会、经理层三个方面提出具体的改革举措。在子企业层面,特别是二级子企业,重点是完善法人治理结构,把党的领导融入公司治理各环节,把企业党组织内嵌到公司治理结构之中,从领导体制、制度建设、前置程序等方面形成具体举措。对建立董事会的子企业、不建立董事会只设执行董事的子企业,分别设计具体的改革措施。

要点13. 推进集团总部改革,打造投资公司强总部。重点回答集团公司"怎么改"的问题。一是组织体系。以"小总部"为方向,改革集团总部的职能配置和机构设置。既包括部门设置、职责分工、岗位设置、人员编制等独立机构的改革,也包括经理层下设专业委员会、工作组、项目组等议事协调机构的改革,以及特设机构、共享中心等机构的设置。二是管理体系。以职责清晰、精简高效为原则,重新梳理确定集团总部管什么、怎么管,包括但不限于战略规划、资源配置、干部管理、资本运营、财务监管、风险管控、绩效评价等体系和流程。三是制度体系。建立集团总部权责事项清单,建立健全各项制度、政策和标准，压缩制度总量、优化制度结构，做好立改废释等工作。四是能力建设。根据国有资本投资运营需要，强化集团总部的战略研究、产业研判、投资决策、资本运作、风险管控等能力，按照以管资本为主的要求，推动投资运营职能上移、生产经营职能下沉。

要点14. 以深化供给侧结构性改革为主线，优化产业布局和资产结构。主要说明未来如何优化内外部国有资本布局，提升核心主业的产业链集群竞争力、影响力，这也是发挥国有资本运作平台作用的重点。从国有资本投资公司内部来看，一是卸下包袱，彻底分离企业办社会职能和解决历史遗留问题，包括"三供一业"分离移交，企业办医疗、教育、市政等社会职能机构，厂办大集体改革、退休人员社会化等；二是战略性退出，退出不符合战略方向、长期亏损和经营困难、低效无效的业务和资产，实现国有资本从方向偏、效率低、效益低的业务和资产中撤出；三是聚焦核心主业，将更多的资源投入核心主业，通过内部项目建设持续做强做优；四是培育新兴产业和未来产业，依托现有优势和资源，以国家战略为导向，积极培育孵化战略性前瞻性产业，布局未来产业。从国有资本投资公司外部来看，一是国资重组，将中央企业、地方国企中相关企业或资产并入国有资本投资公司，提高国有资本配置和运营效率；二是并购整合，按照国有资本投资公司的战略任务，寻找跟踪合适的投资标的，不失时机地发起投资并购，促进产业链供应链补链强链。

要点15. 以管资本为主改革国有资本授权经营体制。国有资本投资公司集团管控模式的改革方向是建立以战略目标和财务效益为主的管控模式。确定实现战略规划与财务管控模式的条件和步骤。一是完善子企业法人治理。优化董事会结构，由国有资本投资公司向二级子企业委派专职董事，实现子企业外部董事占多数。清晰权责界面，优化子企业党组织、董事会、经理层权责事项清单和决策流程。二是分类分级授权放权。结合企业实际，以集团管控清单为基础，对照《公司法》董事会、经理层法定职权，稳妥有序地对二级子企业分类分级授权放权，"一企一策"授权放权。三是建立授权动态调整机制。定期评估授权效果，根据评估结果及时采取扩大、调整、收回、问责等措施，实行动态管理、放收有度。

要点16. 建立高效灵活的市场化经营机制。展开说明深化市场化改革，发挥国有资本投资公司作为"综合改革试验区"先行先试的作用。一是在集团总部部门和子企业实行经理层任期制和契约化，根据发展需要和岗位特点，明确经理层管理岗位职责和任职条件、任职时间、连任期限、最高任职年限等内容，签订聘任协议。在任期内，严格实行契约化管理，年度考核与任期考核相结合。任期届满时,对任职者开展综合评估,评估不合格的,要退出原岗;评估合格的,可以连任。二是推行职业经理人制度。根据实际需要,在党管干部原则的基础上,按照"市场化选聘、契约化管理、差异化薪酬、市场化退出"的要求,实行内部培养和外部引进相结合,积极探索推行职业经理人制度。三是探索薪酬差异化。合理拉开工资分配差距,重点向关键岗位、生产一线岗位和紧缺的高层次、高技能人才倾斜,促进该高的高上去、该降的降下来。四是建立完善中长期激励机制。结合企业情况,综合运用上市公司股权激励、科技型企业股权和分红激励、混合所有制企业员工持股、超额利润分享、虚拟股权、项目跟投等方式,建立起企业与骨干员工更加紧密的风险利益共同体。五是积极稳妥推进混合所有制改革。明确不同业务类型的持股原则,子企业实施混合所有制改革的前提条件,选择战略投资者的基本标准,配套的体制机制改革,党组织同步建设安排等核心内容。

要点 17. 强化监督问责,防止国有资产流失。防止国有资产流失是国有资本投资公司改革的一条红线,要正确处理好授权经营和加强监督的关系。这部分要说明防止国有资产流失的主要举措。一是健全合规体系,推进国有资本投资公司法治化。二是健全全面风险管理体系和内控体系,提高防范化解重大风险的能力。三是提高审计工作独立性和权威性,建立审计部门向董事会负责的工作机制。四是加强信息标准化体系建设,全面推广实施 ERP 系统,确保及时全面掌握子企业的经营管理信息。五是建立健全大监督体系,构建党内监督与经营监督深入融合的全方位体系,形成出资人监督、业务监督、专责监督有序衔接的协同体系。六是建立容错纠错机制,贯彻习近平总书记关于"三个区分开来"重要思想,进一步激励广大干部在新时代的新担当、新作为。

要点 18. 加强党的建设。国有资本投资公司要成为加强党的建设的模范生。一是加强政治建设,把党的政治建设摆在首位。增强"四个意识",坚定"四个自信",做到"两个维护",对重大问题、重要事项、重要工作进展情况,及时请示报告。二是加强思想建设,用习近平新时代中国特色社会主义思想武装全体党员。推进"两学一做"学习教育常态化制度化,建立"不忘初心、牢记使命"制度。三是加强组织建设,建设高素质专业化干部队伍。积极培养对党忠诚、勇于创新、治企有方、兴企有为、清正廉洁的国企领导人员,大力发展储备年轻干部。四是加强基层组织建设,把骨干培养成党员、把党员培养成骨干、把党员骨干培养成专业化高素质人才。五是加强作风建设和纪律建设,坚持以上率下贯彻落实中央八项规定精神,加强纪律教育,强化纪律执行。六是加强反腐败工作,抓好巡视反馈问题整改工作,严肃查处侵吞国有资产、利益输送等问题。

第五部分　组织实施

要点19. 加强试点工作组织领导。一是成立国有资本投资公司试点领导小组，由公司党委（党组）书记、董事长任组长，总经理、专职副书记任副组长，党委（党组）成员或常委作为领导小组成员，主要负责试点工作顶层设计、整体推进、统筹协调、督促落实。二是成立国有资本投资公司试点工作小组，由集团分管改革的副总经理任组长，相关职能部门负责人作为工作小组成员，主要负责组织落实、过程监督、议事协调、支持决策。三是建立改革试点办公室，作为投资公司试点日常办事机构。

要点20. 加强试点任务落实和总结宣传。一是建立推进试点的计划、跟踪、评价的闭环体系，即在国有资本投资公司顶层设计的基础上，在推进落实过程中，对具体改革任务要年初有计划、过程有跟踪、年末有评价，并与组织绩效考核有机衔接。二是注重经验总结，在新体制、新机制、新模式等方面形成可复制、可推广的经验。三是加强改革宣传，营造理解改革、支持改革、参与改革的良好氛围。

第六部分　提请授权放权事项和恳请支持协调事项

要点21. 提请授权放权事项。为有效推进试点方案任务举措实施落地，需要国资监管机构给予试点企业哪些授权放权，可在这部分提出。依据国资监管机构权力和责任清单、授权放权清单等文件，一般可从主业范围、项目投资、财务资金、选人用人、工资总额、中长期激励等方面，结合企业实际需要研究提出。对所申请的授权放权事项，可从目前监管现状、授权放权诉求、授权放权理由等方面具体论述实施的必要性，这样可以提高国资监管机构对授权放权的认可度和针对性。对授权放权事项，可以一次性全部提出，也可以分批分阶段提出申请。

要点22. 恳请支持协调事项。为解决在试点推进中企业自身难以解决的个性化问题，需要国资监管机构会同相关政府部门协调解决，可在这部分提出。例如，在资质、土地等方面的请求。

三、论证完善

征求意见的过程也是统一思想的过程。在形成方案初稿后，应广泛征求集团公司领导、职能部门、业务单位的意见，进一步修改完善。同时，有必要聘请外部专业机构、国资监管机构归口管理部门等开展评审论证，根据各方专业意见，补充完善。

四、决策上报

国有资本投资公司试点实施方案是企业的重大改革方案，应按照"三重一大"要求履行内部决策程序。经公司党委（党组）会研究讨论、董事会决策后，正式上报国资监管机构审批。

第四节 批复试点实施方案

国资监管机构收到试点实施方案，经研究审核，并履行决策程序后，应向试点企业印发批复意见。

一、履行审批程序

国发23号文要求，中央层面的国有资本投资、运营公司试点方案，按程序报党中央、国务院批准后实施；各省级人民政府要将本地区改革试点实施方案报国务院国有企业改革领导小组备案。

二、形成批复要点

国有资本投资公司试点实施方案的批复意见，是企业开展改革试点的重要依据。为保证批复的合规性、针对性和有效性，批复可从以下十个方面对试点企业提出改革要求。

1. 明确国有资本投资主体的地位和履行国有资本出资人职责的身份

一是明确国有资本投资公司试点企业成为国有资本投资主体①，即代表国家在目标领域进行国有资本投资。二是明确国家授权试点企业履行出资人职责的范围②。事实上，国有资本投资公司难以履行全部出资人职责，更适宜履行部分出资人职责（如某些重大事项决策）。

2. 明确目标任务和布局领域

清晰界定试点企业的主责主业，根据试点企业的核心主业所在行业领域，

---

① 《国务院关于推进国有资本投资、运营公司改革试点的实施意见》（国发〔2018〕23号）提出，通过改组组建国有资本投资、运营公司，构建国有资本投资、运营主体。

② 《国务院关于推进国有资本投资、运营公司改革试点的实施意见》（国发〔2018〕23号）提出，国有资本投资、运营公司均为在国家授权范围内履行国有资本出资人职责的国有独资公司。

确定国有资本投资公司服务国家战略要聚焦的布局领域和要完成的目标任务。同时，明确试点企业在核心主业的战略定位和愿景目标。

3. 建立完善中国特色现代企业制度

要求试点企业将建立完善中国特色现代企业制度作为基本任务，在坚持党的领导加强党的建设、加强董事会建设、党的领导与公司治理有机结合等方面提出具体要求。

4. 改革授权经营体制，明确授权放权事项清单

根据试点企业所提授权诉求，综合考虑确定政府或国资监管机构对试点企业（董事会或经理层）授权放权的具体事项，明确监管内容和方式。在授权放权的同时，应明确由试点企业进一步对所出资企业授权放权的事项，以实现层层松绑，健全权责利相统一的授权链条。

5. 国有资本布局优化和结构调整

要求试点企业发挥投资引导和结构调整作用，推动产业集聚、化解过剩产能和转型升级，在深化供给侧结构性改革和推动经济高质量发展中发挥带动作用。

6. 开展综合改革完善市场化经营机制

要求试点企业在完善市场化经营机制中先行先试，发挥综合改革的聚合效应，在混合所有制改革、选人用人制度、薪酬分配制度、市场化用工制度等方面走在国企改革的前列。

7. 坚决防止国有资本流失

要求试点企业坚守防止国有资产流失的底线，加大对违规经营和投资的风险防控、过程监督和问责惩治。

8. 形成可复制、可推广的经验

要求试点企业坚持"法无禁止即可为"的精神，边试点、边总结、边完善，逐步形成可复制、可推广的经验，为后续国有资本投资公司改革提供指引。

9. 确定试点期限

确定试点自批复之日起，开展改革试点的期限（一般为3~5年）。试点结束后，如经评估通过，批准转为正式国有资本投资公司，授予国有资本投资公司证书或牌匾。

10. 定期报告改革试点进展和总结经验做法

要求试点企业每年或每半年报告改革进展，总结提炼可复制、可推广的经验做法。

第七章
步骤2 建设中国特色现代企业制度

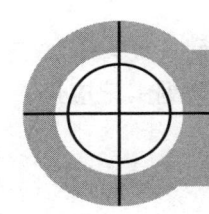

中国特色现代企业制度是国有资本投资公司的基石。国有资本投资公司是党在经济领域的"航空母舰",必须保证党对国有资本投资公司的绝对领导。坚持党的领导和完善公司治理有机统一,通过公司法人治理实现党对国有资本投资公司的领导,形成权责法定、权责透明、协调运转、有效制衡的公司治理机制,充分发挥党委(党组)的领导作用、董事会的决策作用、经理层的经营管理作用。在改革实践中,可重点从组织保障、制度保障、机制保障三个方面具体落实。

第一节 健全有效制衡的治理结构

国有企业的治理主体一般包括党委(党组)、董事会、经理层、职工代表大会等,派驻纪检监察机构与派驻审计机构人员也是公司治理的重要参与者。人员如何配置、机构如何设立等基本问题,需要在实践操作中合规合理地解决。

一、确定"三会"人员配置

国有资本投资公司按照"双向进入、交叉任职"的要求,使符合条件的党组织领导班子成员通过法定程序进入董事会、经理层,董事会、经理层成员中符合条件的党员依照有关规定和程序进入党组织领导班子。同时,还应遵循基本的治理原则。

1. 实行一把手"一肩挑"

国有资本投资公司的党委(党组)书记、董事长一般由同一人担任。这里没有兼职的性质,两个职务(一个是党内职务、一个是行政职务)由同一人担任。

2. 专职副书记进入董事会

国有资本投资公司应设党委（党组）副书记，专职负责党建工作，推动党的领导党的建设在国有资本投资公司集团内部落实到位。专职副书记应进入董事会，参与公司重大决策。

3. 董事会中外部董事占多数

为促进科学决策、避免内部人控制，国有资本投资公司的董事会应实现外部董事占多数。公司内部董事一般包括董事长、总经理、专职副书记、职工董事，外部董事至少配置5人；如设副董事长，也是内部董事，则外部董事人数需相应增加。

二、健全董事会专门委员会

董事会是议大事、定大事的平台，是国有资本投资公司内部最高决策机构。重大决策事项在提请董事会审议决策之前，应先进行充分论证，要发挥董事会专门委员会的辅助决策功能。国有资本投资公司董事会下设专门委员会，一般包括战略与投资委员会、提名委员会、薪酬与考核委员会、审计委员会、风险控制委员会五大专门委员会。专门委员会在董事会授权范围内开展相关工作，协助董事会履行职责。外部董事可兼任董事会专门委员会主席，按照相应议事规则对公司的重大事项发表相关领域的专业意见。集团总部要指定专门的职能部门支持配合董事会专门委员会工作。

【微案例：中国宝武部分董事会专门委员会职责[①]】

1. 提名委员会职责

（1）研究公司高级管理人员的选择标准、程序及方法，向董事会提出建议；

（2）对董事长提出的董事会秘书人选，总经理提出的副总经理、财务负责人等人选进行考察，向董事会提出考察意见；

（3）对试用期满的高级管理人员进行考察，并向董事会提出考察意见；

（4）对派出占公司资产总额50%以上的钢铁主业重要子公司的董事、监事人选进行考察，向董事会提出考察意见；

---

① 徐乐江. 宝钢董事会运作实践［M］. 上海：上海人民出版社，2013：177，181，185，190.

（5）在国内外人才市场以及公司内部搜寻待聘职务人选；

（6）董事会要求履行的其他职责。

2. 薪酬与考核委员会职责

（1）拟定公司高级管理人员绩效管理制度和薪酬管理制度；

（2）拟定公司总经理任期绩效目标和年度绩效目标；

（3）拟定公司总经理的薪酬方案、考核与奖惩建议；

（4）听取并评审总经理拟定的副总经理、财务负责人的薪酬方案、考核与奖惩建议；

（5）研究公司薪酬分配制度并提出建议；

（6）董事会要求履行的其他职责。

3. 审计委员会职责

（1）审议公司年度内部审计工作计划；

（2）监督公司内部审计质量与财务信息披露；

（3）审核公司的财务报告、审议公司的会计政策及其变动并向董事会提出意见；

（4）对公司内部审计机构负责人的任免提出有关意见；

（5）指导公司内部审计机构开展同级审计工作；

（6）监督公司社会审计等中介机构的聘用、更换和报酬支付；

（7）董事会要求履行的其他职责。

4. 风险控制委员会职责

（1）检查指导全面风险管理体系的有效运行；

（2）审议全面风险管理年度工作计划和年度报告；

（3）审议风险管理策略和重大风险管理解决方案；

（4）办理董事会授权的有关全面风险管理的其他事项。

三、对接上级派驻机构

上级纪检监察机关向国有资本投资公司派驻纪检监察机构、上级审计机关派驻企业审计机构，是政治监督、审计监督等监督力量参与公司治理的重要体现，也是公司治理机制的重要制衡力量。公司党组织、董事会、经理层要适应在常态化监督的环境中履职行权，并做好工作对接，保障监督机制有效发挥作用。

第二节　建立系统规范的治理制度体系

公司治理的规章制度体系是治理机制发挥作用的重要保障，也是党的领导融入公司治理制度化、具体化的重要体现。要建立健全公司治理的制度体系，依法保障各治理主体的法律地位和权利义务。一般而言，公司治理的制度体系包括公司章程、党委（党组）工作规则、董事会议事规则及专门委员会议事规则、总经理工作规则、"三会"权责事项清单及流程等。试点企业应重新梳理现有治理制度，并按照国有资本投资公司的要求及时制定（修订）。

一、公司章程

公司章程是公司治理的基础性法律文件，是公司内部的"宪法"。应结合党建工作要求、不同治理主体责权、国资监管机构等对公司授权放权等内容修订公司章程，将章程作为各治理主体履职行权的基本依据。在制定（修订）中，要考虑对授权放权的承接体现。国资监管机构等在履行股东会职权中对试点企业的授权放权，应在公司章程中适当体现。所谓授权，是原本属于出资人或股东会的职权授予国有资本投资公司行使，授权的对象是试点企业董事会，相关授权内容可写入董事会职权。所谓放权，是原本属于公司法人主体本身的职权，放回归位给国有资本投资公司行使，放权的对象是公司董事会或经理层，相关放权内容可写入董事会职权或总经理职权。对试点企业授权放权事项差异化安排，将保障"一企一策地制定公司章程"相关要求得以有效地落实①。

二、党委（党组）工作规则

党委是党的基层委员会，国有企业党员人数100人以上的（或党员人数不足100人但确因工作需要并经上级党组织批准的）应设立党委。党组是党在国有企业的领导机关中设立的领导机构，在本单位发挥领导作用，是党对非党组织实施领导的重要组织形式。党委（党组）工作规则是国有资本投资

---

① 《国务院关于印发改革国有资本授权经营体制方案的通知》（国发〔2019〕9号）提出，依法依规、一企一策地制定公司章程，规范出资人代表机构、股东会、党组织、董事会、经理层和职工代表大会的权责，推动各治理主体严格依照公司章程行使权利、履行义务，充分发挥公司章程在公司治理中的基础作用。

公司党委（党组）履职行权规范化、制度化的重要载体，重点是确定党委（党组）的责任、权利和责权事项的具体范围、内容及工作程序。在制定（修订）中应突出以下三点。

一是突出党委（党组）发挥领导作用，把方向、管大局、保落实。把方向，要求在思想上政治上行动上同以习近平同志为核心的党中央保持高度一致，坚决贯彻党的理论、路线、方针、政策，确保国有企业坚持改革发展的正确方向；管大局，要求心怀国之大者、站在企业改革发展全局高度，议大事、抓重点，加强集体领导、推进科学决策，推动企业全面履行经济责任、政治责任、社会责任；保落实，要求管干部聚人才、建班子带队伍、抓基层打基础，领导群众组织发挥其作用，凝心聚力完成企业中心工作，确保国有资本投资公司把党中央决策部署、上级组织工作要求不折不扣落实到位。

二是突出党委（党组）集体领导制度和决策机制。凡属党委（党组）职责范围内的事项，必须遵守少数服从多数的原则，由党委（党组）成员集体讨论和决定，任何个人或者少数人无权擅自决定。

三是突出党委（党组）前置研究讨论程序。国有资本投资公司重大经营管理事项必须经党委（党组）研究讨论后，再由董事会或者经理层作出决定。要制定完善"三重一大"决策事项清单，并动态调整优化，避免出现"党委会是个筐，什么都往里装"的情况。党委（党组）在"三重一大"决策事项集体研究讨论基础上，根据决策事项的不同类型，有的由党委（党组）作出决定，有的由党委（党组）把关和监督，再由董事会或经理层作出决定。

三、董事会议事规则

董事会在公司治理中发挥决策作用，履行制定战略、决策把关、防范风险、深化改革等职责[①]。董事会议事规则是董事会履职行权的工作依据和制度规范，重点确定董事会的职权和义务、议决程序、向董事长和经理层授权事项等内容。在制定（修订）董事会议事规则中，应注重以下四点。

一是注重发挥董事会的决策作用，定战略、作决策、防风险。定战略，要贯彻出资人意志，研究确定企业的中长期发展战略，确定战略方向、发展目标、实施路径、任务举措等重大内容；作决策，就是依据股东授权和法定职权，科学高效地研究决定企业重大事项，并督促经理层执行落地；防风险，

---

① 《国务院办公厅关于进一步完善国有企业法人治理结构的指导意见》（国办发〔2017〕36号）。

要及时有效识别、防控、化解企业的重大风险，通过全面风险管理、内部控制体系、合规管理、经营投资责任追究等方式，防止发生颠覆性重大风险。

二是注重建立董事会授权机制。建立董事会向经理层授权的管理制度，明确授权原则、管理机制、事项范围、权限条件等内容，既要避免经理层履职行权空间过小，也要防止授权后监督管理不到位。建立董事会向董事长授权的工作机制，加强董事长对日常经营管理工作的指导督促，在董事会休会期间，由董事长行使部分董事会职权，以提高决策效率。需要注意的是，授权不等于授责，如果在董事会授权后出现重大责任问题，那么董事会应承担相应责任。

三是注重履行好董事会职权和部分股东授权。国有资本投资公司试点企业作为国有资本投资运营主体，通过国资监管机构等授权放权获得了更多董事会职权和部分股东授权，具有了更大的自主经营权。为确保授权放权"接得住、用得好"，试点企业应在董事会议事规则中形成管用有效的制度安排，对每一项放权授权明确行权主体、审批流程、效果评估等关键要素。试点企业只有把第一次授权放权的职权用好，才会有第二次、第三次授权放权，直至获得完整的自主经营权和部分的出资人职权。

四是注重落实政策文件对董事会职权的新要求。国发23号文提出，国有资本投资公司要建立派出董事、监事候选人员库，由董事会下设的提名委员会根据拟任职公司情况提出差额适任人选，报董事会审议、任命。这意味着国有资本投资公司董事会要对集团委派到子企业的董事、监事进行审议和任命，并且由提名委员会提出差额推荐人选。在实际操作中落实该项要求时，要注意同干部管理体系做好衔接。

【加油站：公司董事会法定职权】

《公司法》第四十六条规定，董事会对股东会负责，行使下列职权：

（一）召集股东会会议，并向股东会报告工作；

（二）执行股东会的决议；

（三）决定公司的经营计划和投资方案；

（四）制订公司的年度财务预算方案、决算方案；

（五）制订公司的利润分配方案和弥补亏损方案；

（六）制订公司增加或者减少注册资本以及发行公司债券的方案；

（七）制订公司合并、分立、解散或者变更公司形式的方案；

（八）决定公司内部管理机构的设置；

（九）决定聘任或者解聘公司经理及其报酬事项，并根据经理的提名决定聘任或者解聘公司副经理、财务负责人及其报酬事项；

（十）制定公司的基本管理制度；

（十一）公司章程规定的其他职权。

四、总经理工作规则

经理层是公司的执行机构，经理层根据董事会授权负责国有资本日常投资运营，接受董事会管理和监督。总经理对董事会负责，向董事会报告工作，董事会闭会期间向董事长报告工作。总经理工作规则是总经理、副总经理等经理层成员履职行权的内容、方式等的重要制度依据。国有资本投资公司的总经理工作规则可从以下两个方面重点把握。

一是重点把握总经理职责定位。国有资本投资公司总经理一般同时担任党委（党组）副书记和董事，是在党委（党组）发挥领导作用、董事会发挥决策作用下负责执行的核心，集党委（党组）、董事会、经理层三大治理主体职责于一身。总经理的主要职责定位是谋经营、抓落实、强管理。谋经营，要根据董事会确定的公司战略，谋划制定国有资本日常投资运营的具体策略并组织实施，确保国有资本保值增值；抓落实，要狠抓董事会决策重大事项的执行落实、落地见效，对在落实过程中出现的问题和挑战，及时协调解决和有效应对；强管理，要建立健全现代化的管理体系和管理能力，健全完善市场化经营机制，持续改进适应国有资本投资公司功能定位的特色管理，积极推进从"管企业"向"以管资本为主"转型。

二是重点把握总经理职权的合理界定。国有资本投资公司总经理的职权来自两个方面，一方面是《公司法》和《公司章程》给予的法定职权和约定职权，另一方面是董事会授予的部分董事会职权。在《总经理工作规则》中应明确总经理职权的具体领域和环节，并以清单形式确定具体的决策事项和管理流程。在试点起步阶段，可突出经营投资、预算融资、内部管理、收入分配、资产处置等重点；在试点成熟阶段，可突出国有资本资产处置、资本运作、并购整合等重点。

【加油站：公司总经理法定职权】

《公司法》第四十九条第一款规定，有限责任公司可以设经理，由董事会决定聘任或者解聘。经理对董事会负责，行使下列职权：

（一）主持公司的生产经营管理工作，组织实施董事会决议；

（二）组织实施公司年度经营计划和投资方案；

（三）拟订公司内部管理机构设置方案；

（四）拟订公司的基本管理制度；

（五）制定公司的具体规章；

（六）提请聘任或者解聘公司副经理、财务负责人；

（七）决定聘任或者解聘除应由董事会决定聘任或者解聘以外的负责管理人员；

（八）董事会授予的其他职权。

五、党委（党组）会、董事会、总经理办公会决策事项管理制度

公司章程对上述"三会"职责权限作出框架性原则性的划分，党委（党组）工作规则、董事会议事规则、总经理工作规则分别对各自的决策事项和流程进一步细化。但"三会"权责分散在多个治理和管理制度文件中，在实际操作中可能会出现衔接不紧、运行不畅等问题，因此有必要将党委（党组）工作规则、董事会议事规则、总经理工作规则等作为上位制度，建立起一项制度、一套流程作为决策事项的集成性文件，实现于法周延、于事简便。在实践中，可从以下三个方面进行设计。

一是事项内容。即"三会"分别对哪些事项进行决策。从事项范围来看，既包括国有资本投资公司集团总部事项，也包括需要国有资本投资公司作为子企业股东要决策的事项和支持子企业董事会决策的部分事项。从事项类型来看，可分为"三重一大"决策事项、日常一般决策事项，从专业领域维度进一步细分为党的建设、战略规划、投资管理、计划预算、财务资金、融资担保、组织机构、经营管理、资本运作、资产管理、捐赠赞助、企业改革、人事任免等。从金额划分来看，既可以按照绝对值划分（如一定金额），也可以按照相对值划分（如一定净资产百分比）。

二是行权方式。即"三会"根据职责和权限采用哪种方式针对具体事项行使权力（如决策权、审核权、建议权、知情权等）。公司内部的主要行权方式可大致分为决定、审批、审核、备案、研究讨论、征求意见等。

决定：是指党委（党组）会、总经理办公会或董事会主动对某一事项作出决策或部署，一般是集体形成的意见。例如，党委（党组）对干部任免、人员表彰等作出决定。

审批：是指党委（党组）会/党委（党组）书记、总经理办公会/总经理、董事会/董事长对上报的决策事项进行审定，如果审定通过则作出批准予

以同意。审批既可以是通过会议形式形成的集体意见，也可以是根据授权权限形成的个人意见。例如，董事会审批某一金额以上的对外投资项目、总经理审批某一年度预算内的资金支付事项等决策。

审核：是指党委（党组）会/党委（党组）书记、总经理办公会/总经理对公司部门或所属企业等上报的决策事项进行审议，形成同意意见后继续上报有决策权限的决策主体进行决策。例如，一定金额以上的对外股权投资项目通过经理层审核、党委（党组）会研究讨论后，上报董事会决策。

备案：是指向决策主体报告，汇报情况以备查考。无须决策主体进行决策，即可实施。一般按事项执行的时间顺序，可分为事前备案和事后备案。例如，一定金额以下的维修检修对内投资项目向经理层备案等。

研究讨论：是指党委（党组）会对某一决策事项进行前置研究把关，研究通过后再提交具有决策权限的决策主体进行决策。例如，党委（党组）会研究讨论某一业务领域的专项发展规划，研究通过后进一步提交董事会或总经理办公会审批。

征求意见：特指对某一决策事项向职工代表大会征求意见，保障职工的知情权、建议权。

三是管理流程。即"三会"对各个事项在哪些环节用行权方式决策，这些环节贯穿起来就是决策事项的管理流程。在"三会"决策的各个环节既可以向上延伸至股东会（国资监管机构等出资人代表），也可以向下延伸至国有资本投资公司内部组织机构。

六、工会工作规则

职工代表大会是国有企业实行民主管理的基本形式，是职工行使民主管理权力的机构。国有资本投资公司应健全以职工代表大会为基本形式的企业民主管理制度，支持和保证职工代表大会依法行使职权，加强职工民主管理与监督，维护职工合法权益。公司研究决定改制以及经营方面的重大问题、制定重要的规章制度、制定涉及职工薪酬及福利政策时，应当听取公司工会的意见，并通过职工代表大会或者其他形式听取职工意见建议。国有资本投资公司制定工会工作有关规则，持续完善集团总部的职工代表大会制度和各级子企业的职工代表大会制度。职工董事是代表职工代表大会意见的董事会重要成员。

【微案例：航空工业集团全面建设中国特色现代企业制度①】

1. 系统开展顶层设计，治理体系架构搭建成形

一是完善治理制度。构建航空工业"1+N"公司治理制度体系，"1"为公司章程，"N"包括董事会议事规则、总经理办公会议事规则等规范集团公司治理运转的系列制度规范，以及指导子公司治理建设的"一个实施办法、三个方案、六个权责清单、五个规则、十二项基本制度"的制度框架体系。

二是规范工作流程。围绕党组会、董事会、总经理办公会等主体运转建立筹备保障机制，确保"三会"高效协调有序运行。建立督办机制，确保重大决策落实落地。将所有治理相关的工作机制纳入 AOS（运营管理系统），实现流程显性化、信息化。

三是建立动态管理机制。对整个公司治理体系中所涉及的制度、组织和流程进行动态管理。无论制度、组织还是人员构成、职责变化，均按照年度版本进行管理，并编制公司治理手册进行归档和知识积累。

2. 厘清治理权责边界，高效决策模式构建成形

一是按照权责法定、权责透明、协调运转、有效制衡原则编制形成航空工业《权责清单》和《党组权责清单暨研究讨论重大经营管理事项清单》《董事会权责清单》《总经理/总经理办公会权责清单》的"1+3"权责清单。将党组、董事会和经理层的职能定位，细化为公司治理、规划计划与运营管理等九类、183 项权责事项，其中"三重一大"事项 81 项，董事会授权事项 37 项，并纳入一张可视化清单。

二是构建"经理层或董事会专门委员会拟定建议方案、党组会前置审议、董事会决策事项"等五大类决策模式，避免多头重复研究决策，极大提高了决策效率。

3. 完善董事会运行机制，提升董事会规范有效性

一是建立董事会学习制度。第一时间传达学习中央精神，贯彻落实国资委重要工作部署，通报有关方面监督检查所指出的需要董事会推动落实的工作、督促整改的问题，并统筹作出工作部署。

二是建立董事会前议案有效酝酿沟通机制。在酝酿沟通中，凡外部董事达不成一致的，或者个别外部董事有重大意见的，经请示董事长后一般暂缓提交董事会审议。

---

① 资料来源：根据中国航空工业集团公众号相关信息整理（2022 年 8 月 12 日）。

三是建立重大问题董事会研究机制。规范董事调研，形成深度调研报告。组织开展董事会专项研究课题，就外部董事关注的发展战略、风险防控、深化改革等重点问题，依托航空工业各业务支撑部门和专门咨询机构开展专项研究。

四是建立外部董事企情问询机制。外部董事就战略、投资、财务、风险等方面的重大问题向航空工业相关业务部门或单位进行质询。

五是建立董事会各专门委员会与业务支撑部门的沟通机制。在信息报送、议案准备、董事会专门研究、重大事项反馈与落实等方面全面发挥各业务支撑部门的作用。

六是建立多层次外部董事信息报送机制。通过向外部董事提供航空投、手机报、董事会简报和信息专报、手机商网和办公室办公自动化（OA）文件传阅、特殊文件机要专送、编制航空工业董事参考等多种形式的信息报送渠道，确保外部董事能够掌握有关航空工业经营发展的重要信息。

第三节 健全协调运转的运行机制

机制保障是加强党的领导、完善公司治理的关键，体制和制度不会自己发挥作用，必须由协调运转的运行机制作保障。如何建立健全有效的内部运行机制，可从以下三个方面考虑。

一、决策流程信息化，确保制度流程刚性执行

制度的执行力就是制度的生命力，但制度在实际执行过程中容易受到人为因素的干扰，难以实现制度流程不打折扣地刚性执行。为有效解决这一问题，首先应从信息化做起，将文字化的制度要求嵌入信息化的管理系统。

一是对国有资本投资公司的信息化系统整体规划设计，确定好决策事项流程所在的公文管理系统与其他信息管理系统之间的衔接关系，避免出现信息孤岛。

二是建立决策事项流程管理系统（也可以对现有公文系统进行改造），将每个决策事项流程的每个把关环节设计成信息审批节点，做到让每个流程相关者对全部审批节点、当前审批节点以及审批要求一目了然。

三是将决策事项流程管理系统模块同其他公司管理系统建立关联，或以接口方式或以嵌入方式等形成公司整体信息管理系统，实现系统集成。

二、会议组织精细化，确保决策运行效率提升

"三会"决策并不意味着会议多、效率低。在实际操作中，有的党委（党组）会、总经理办公会、董事会人员高度重合，同一项决策事项需要多个会议讨论研究，容易导致审批周期长、决策效率低。为有效解决这些问题，需要对会议安排作出合理设计，实现少开会、开管用的会。

一是合理划分会议类型。除党委（党组）会、董事会、总经理办公会"三会"外，还可安排辅助支持决策的专题会。

党委（党组）专题会：可由党委（党组）书记或副书记主持召开，由相关党委（党组）成员参会，就提请党委（党组）会研究讨论或决策的某一项事项先行研究，完善该事项的解决思路和操作策略。

董事会专门委员会会议：可由董事会各专门委员会主任委员主持召开，专门委员会委员参会，就提请董事会决策的某一事项进行讨论把关，为董事会最终决策提出建议性意见。这类会议也是外部董事进一步了解决策事项有关背景、具体细节、潜在风险等因素的重要环节。

董事长专题会：由董事长主持召开，可由相关党委（党组）成员、相关经理层成员参会，就董事会授权董事长决策有关事项进行研究和决策。

总经理专题会：可由总经理或副总经理主持召开，作为经理层的议事平台，对拟提请总经理办公会审议决策事项进行研究完善，作为总经理办公会审议决策的重要支撑。

二是合理安排会议衔接。从会议的频次来看，一般党委（党组）会至少每周召开1次，总经理办公会每周召开1~2次，董事会每季度召开1次定期会议，可根据需要召开临时会议。尽量避免多个会议套开，或者一次会议形成多个纪要，否则难以真正发挥各治理主体的功能作用和专业价值。

三是合理确定会议方式。根据决策的需要，"三会"可以通过现场会议、电视电话等方式，灵活安排具体决策方式。关键在于针对不同的会议决策方式建立适用标准，在什么情况下对什么类型的事项采用什么决策方式、由谁来确定等要在事前定好标准，保证有制度和规则可依，避免人为的随意性。同时，要注重做好会前沟通，将工作做在会前，争取在"三会"之前做好充分沟通、形成基本共识，避免在会上出现分歧、难以形成一致意见。

【微案例：中国宝武重大事项决策机制①】

中国宝武结合企业实际，构建决策制度和运行机制体系，确保各治理主体履职行权有章可循、无缝衔接，议事决策规范高效、运行顺畅，重大经营管理事项科学民主、风险受控。

一是"事项范围+权责边界+事项清单"。中国宝武明确，企业重大事项包括应由党委决定的涉及落实党中央大政方针、企业重要人事任免等重大事项，以及依据法律法规、监管机构要求和企业管控模式应由董事会、经理层决定的重大经营管理事项，据此清晰界定重大事项的范围。中国宝武根据"职权与功能定位相匹配、权力与责任相对等、决策质量与效率相统一"的原则科学划分各治理主体的权责边界，把重大事项的决策程序确定为：涉及落实党和国家路线方针政策和重大专项任务、加强党的建设和重要人事任免方面的事项由党委直接决定；其他重大经营管理事项，经党委前置研究讨论后，由董事会决策或经理层按授权决策。在完善核心制度的基础上，中国宝武建立了决策事项清单，其中包括加强党的建设、重要人事任免、战略规划、体制机制建设、经营管理、资产管理、资本运营、重大投资、大额度资金运作等涉及方向全局、需要重点把控或有重大风险的81个重大决策事项。

二是"优化+细化"。会前，决策酝酿，重大决策事项、重要人事任免事项、重大项目安排事项、大额度资金运作事项"三重一大"事项提交会议集体决策前，广泛听取各方面意见，深入调查研究。会中，集体决策，会议须符合规定人数方可召开，与会人员要逐一充分讨论决策事项、分别发表意见并说明理由。因故未到会人员，书面委托表述意见。会后，执行决策，参与决策的个人对集体决策有不同意见，可以保留或者向上级反映；作出新的决策之前，不得擅自变更或者拒绝执行。为了既保证规范行权又保证决策效率，中国宝武细化了审议要点。在前置研究讨论中，重点审议决策事项是否符合中央大政方针和国家战略部署，是否有利于增强企业竞争力、实现国有资产保值增值，是否存在政治、法律、廉洁、环保、维稳等方面的风险，是否维护职工群众、社会公众的合法权益，是否符合"两规"（规范、规划），是否听取了专业管理意见。提交董事会、经理层审议决定时，重点从决策事项战略方向、行业责任担当、企业实力提升、产业资源配置、风险与收益的综合价值、内部决策权限安排等方面进行审议，并辅以合规性审查意见。

---

① 新华网．中国宝武：发挥党委领导作用 改革完善重大事项决策机制［EB/OL］．2019-12-08．

三是"三个坚持+四个把关+四不上会"。重大事项决策，既要防止前置走过场、摆样子，又要避免党委代替董事会、经理层直接决策指挥。"三个坚持"，是坚持党委集体研究讨论，避免以书记个人意见代替党委意见；坚持充分落实党委意图；坚持党委把关不决策，支持董事会、经理层有效发挥作用。"四个把关"，是把好政治关、方向关、纪律关和规则关。在此基础上，实施"四不上会"：决策条件出现重大变化的不上会；临时动议的不上会；论证不充分的不上会；意见分歧较大的不上会。

三、执行跟踪台账化，确保各项决策有效落地

一分部署，九分落实。高质量的决策需要高质量的执行落实来实现，否则只是空中楼阁、难以落地。按照"任务分工部署、过程跟踪督促、结果检查评价"的方法，形成工作闭环管理，实现目标达成。具体可从以下三个方面把握。

一是任务分工部署，明确目标责任。对每项公司决策事项进行任务分解，建立工作台账，落实"三个确定"。确定责任主体，责任分工到部门、单位，或者是团队、个人；确定完成时限，可具体到月、周或日；确定预期成果，既可以是定性的标志性成果，也可以是量化的完成指标。

二是过程跟踪督促，定期报告进展。对决策事项的执行落实情况全程跟踪，由责任主体定期报告工作进展、困难挑战和工作建议。决策主体要及时协调解决遇到的困难和问题，作出更加精准细化的部署要求。对于工作滞后的责任主体，可通过提示函、督办函等方式及时督促，也可通过督办、约谈等方式加强督导。

三是结果检查评价，加强评价应用。发挥考核的"指挥棒"作用，对决策事项的落实结果进行监督评价，可将部分重大事项纳入责任部门、单位或团队及个人的年度考核，与责任主体的年度绩效评价挂钩。坚持"相信但要确认"的原则，对事项任务完成的工作成果和证明材料，及时进行检查验收，确认目标任务实现。对确认完成的任务，应及时台账销号。可依托审计、巡视等专业监督力量，对重大事项的落实情况进行专项监督检查。如果目标任务未能有效落实，应对相关责任主体予以问责追责。

【微案例：国家电投积极推动中国特色现代企业制度构建①】

为保障集团党组"把方向、管大局、保落实"角色作用有效发挥，国家电投党组（党委）通过"沙龙、务虚会、决策会、专题会、扩大会"五种会议形式，实现对重大问题"前瞻预判、酝酿研究、决策部署、推动落实"的闭环管理。为实现党组（党委）、董事会等各治理主体同心发力、同频共振，国家电投建立党组会前的外部董事沟通机制，针对战略、投资等重要决策事项，在党组会前一周提交董事会专门委员会会议或外部董事沟通会研究讨论，集思广益完善议案，切实提高决策质量和效率。国家电投认为，法人治理体系高效运转的背后是机构、机制的保障和支撑。2019年11月，国家电投在限制总部部门数量的情况下，在央企率先成立法人治理部，统筹法人治理体系研究、国家电投董事会支持服务、所属企业董事会及专职董事队伍建设，将国家电投总部治理的良好实践贯穿子企业。

---

① 根据公开信息整理。

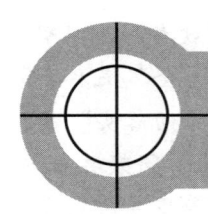

第八章
步骤3 塑造真正独立市场主体

一般经营性国有企业是中国特色社会主义市场经济的微观主体，也是国有资本投资公司的产权模块。国有资本投资公司要发挥国有资本布局优化和结构调整的功能，需要将所出资企业，特别是全资及控股的子企业塑造成真正的独立市场主体。子企业作为真正的独立市场主体，其产权处于可交易的状态，犹如一个个产权模块，可以根据需要任意组合配置。对于不同的产权模块，国有资本投资公司可以根据服务国家战略需要，同其他国有资本投资公司、国有资本运营公司或产业集团公司进行资产置换，从而强化专业化经营优势，发挥规模经济效应。那么如何塑造真正的独立市场主体？先要明确独立市场主体的标准，再以打造真正独立市场主体为目标建立股权多元、治理完善、机制灵活、环境支撑"四根支柱"，通过内外并举共同实现国有企业改革的目标。

第一节 建立独立市场主体的实践标准，让改革有的放矢

成为真正独立市场主体，一直是国有企业改革的重要目标。党的十二大提出，"切实保护企业的合法权益，使企业真正做到自主经营、自负盈亏"。党的十三大进一步提出，"落实企业自主权，使企业真正成为自主经营、自负盈亏、自我发展、自我约束的法人实体和市场竞争的主体"。2015年中发22号提出，"促使国有企业真正成为依法自主经营、自负盈亏、自担风险、自我约束、自我发展的独立市场主体"。真正成为"五自"独立市场主体，是新时代国有企业改革的重要目标之一。

自主经营、自负盈亏、自担风险、自我约束、自我发展不是五个阶段，而是五个方面的法律要求和能力要求，应一体推进、一体提升。判断一个国有企业是否是真正的独立市场主体，不能笼统地回答"是"或"不是"，问题的关

键在于"五自"独立市场主体的衡量标准。建立"五自"独立市场主体的实践标准,可从"五自"维度分别细化,通过具体的权利和能力作为支撑来表征。

一、自主经营

自主经营,要求企业拥有较为完整的自主经营权,企业可以在成为独立法人实体的基础上,由企业董事会或经理层自主地对企业内部财务融资、生产经营、内部管理等事项进行决策和实施。企业一般应具备以下基本条件和能力:

标准1. 按《公司法》注册或改制成为公司制企业,拥有独立法人财产权,可独立承担民事行为责任。

标准2. 具有独立融资能力,可自我筹集生产经营和投资所需资金,不依靠股东借款或担保负债经营。

标准3. 具有生产经营决策能力,可根据市场需求和竞争需要自主安排采购、生产、销售、研发等生产运营环节。

标准4. 具有内部管理决策能力,可根据经营管理需要自主决定机构设置、人员选聘、薪酬分配、绩效考核等管理安排。

二、自负盈亏

自负盈亏,要求企业独立地对自身的盈利或亏损负责,企业要以承担经济责任为重点,在产权清晰、权责明确的基础上,对自身的全部经营活动结果负责,实现国有资本保值增值。企业一般应具备以下基本条件和能力:

标准5. 具有独立财务核算能力,管理关系与法人关系一致,在人员、资产、财务、机构、业务方面同国有股东分开独立。

标准6. 具有持续盈利能力,可获得行业平均水平的资本回报。

标准7. 具有独立承担亏损能力,可依靠自身能力弥补历史亏损,无须股东买单。

标准8. 具有政企分开资产剥离能力,能够不承担企业办社会职能,不被动支付企业办社会职能成本费用。

三、自担风险

自担风险,要求企业独立承担来自外部环境与市场、内部经营与管理,甚至企业破产的风险,既包括系统性风险,也包括一般性风险。通常应具备以下基本条件和能力:

标准 9. 具有独立承担经济、政治、科技、竞争等外部环境风险能力，不因外部环境变化而导致自我生存空间丧失。

标准 10. 具有独立承担经营风险和财务风险能力，可承担因经营决策失误造成的重大损失，资产负债率、收入利息率等财务指标控制在合理范围内。

标准 11. 具有并购重组整合能力，可对并购重组企业或资产有效整合发挥协同价值，独立承担并购重组带来的整合风险。

标准 12. 具有独立承担破产风险能力，公司股东能真正以出资额为限承担有限责任。

四、自我约束

自我约束，要求企业作为企业公民必须遵守法律底线，在外部和内部常态化监督中开展生产经营活动，并持续保持自身对组织人员和投资扩张的约束。企业一般应具备以下基本条件和能力：

标准 13. 具有依法合规经营约束能力，可按照法律法规、外部监管等要求，开展日常经营、照章纳税、依法治企。

标准 14. 具有自我监督约束能力，内部财务、法律、审计、巡视、纪检等监督约束制度健全、机制运行有效，保障国有资产不流失。

标准 15. 具有组织膨胀约束能力，可有效控制组织机构不断增加、人员规模不断扩大，始终保持较高的劳动生产率，避免机构臃肿、人浮于事。

标准 16. 具有投资扩张约束能力，可有效控制盲目投资扩大生产经营规模、盲目扩大经营领域搞多元化、盲目对外并购重组，避免因对外扩张背上包袱，甚至影响企业生存。

五、自我发展

自我发展，要求企业具有保障企业永续经营、持续发展的条件和能力，包括灵活的体制机制、快速的决策反应、持续的创新能力和降本能力，并通过自我积累推动自身发展。企业一般应具备以下基本条件和能力：

标准 17. 具有高效灵活的市场化经营能力，建立起股权结构多元、股东行为规范、内部约束有效、运行高效灵活的经营机制，实现管理人员能上能下、员工能进能出、收入能增能减。

标准 18. 具有对内对外投资决策能力，可根据发展规划和经营计划需要，自主开展固定资产投资、股权投资等投资活动。

标准 19. 具有商业模式创新能力和降本增效能力，可根据不断变化的外部环境调整优化商业模式、降本增效，以保障企业生存、简单再生产、扩大再生产、发展转型升级。

标准20. 具有可持续发展的自我积累能力，持续盈利并可依靠利润积累和自我融资持续开展新的投资，并通过优秀的经营管理使新的投资持续盈利，形成投资发展良性循环。

以上20条标准对"五自"独立市场主体进行了细化描述，当然还可以进一步细分，"五自"独立市场主体自测如表8-1所示。尽管每个国有企业的历史沿革、所处行业、经营特点各不相同，对"五自"独立市场主体的标准界定也不尽相同，但各个企业追求成为真正独立市场主体的目标是相同的，都应制定细分的实践标准，才能有的放矢，持续提升。

表8-1 "五自"独立市场主体自测

序号	"五自"维度	组织形式与企业能力	得分区间	评估得分
1	自主经营	公司制企业	0~5	
2		独立融资能力	0~5	
3		生产经营决策能力	0~5	
4		内部管理决策能力	0~5	
5	自负盈亏	独立财务核算能力	0~5	
6		持续盈利能力	0~5	
7		独立承担亏损能力	0~5	
8		政企分开资产剥离能力	0~5	
9	自担风险	独立承担经济、政治、科技、竞争等外部环境风险能力	0~5	
10		独立承担经营风险和财务风险能力	0~5	
11		并购重组整合能力	0~5	
12		独立承担破产风险能力	0~5	
13	自我约束	依法合规经营约束能力	0~5	
14		自我监督约束能力	0~5	
15		组织膨胀约束能力	0~5	
16		投资扩张约束能力	0~5	
17	自我发展	高效灵活的市场化经营能力	0~5	
18		对内对外投资决策能力	0~5	
19		商业模式创新能力和降本增效能力	0~5	
20		可持续发展的自我积累能力	0~5	
		评估总分	0~100	

注：评估总分在80分以上，可初步视为真正独立市场主体。

第二节 优化子企业股权结构，引入积极股东

对于一般经营性国有企业来说，产权结构决定体制机制，体制机制决定活力动力。所有者缺位、内部人控制一直是困扰我国国有企业改革的难题①，其根本原因在于产权结构单一、股东有效监督不到位。混合所有制改革是新时代国企改革的突破口②，是从产权层面破解国企改革难题的一剂良方，也是对国有企业体制机制改革的一种外部倒逼。股权多元化是打破国有企业股权封闭性的一种有效方式，一家国有企业的股东从单一大股东转变为几个主要国有股东（不同的实际控制人）有利于股东和董事会对经理层的监督，有利于共同维护国有资本保值增值。无论混合所有制改革，抑或股权多元化，关键在于引入积极股东，使董事会、监事会中具有不同实际控制人的股东代表，通过完善公司治理更加有效地发挥董事会的决策作用、监事会的监督作用，为公司体制机制变革奠定治理基础。

国有资本投资公司要积极推进子企业开展混合所有制改革。国有资本投资公司以资本为纽带、以产权为基础，对所持股企业行使股东职责。如果有其他积极股东参与子企业法人治理，将为国有资本投资公司作为单一大股东减轻管控压力、降低监督成本，国有资本投资公司可以将主要精力转移到优化布局结构和对外投资上，更好服务国家战略。国有资本投资公司对子企业进行混合所有制改革的基本目标是直接管理的产业公司都是股权多元化企业或混合所有制企业，最终目标是全部成为公众公司（上市公司）。国有企业股权结构的主要模式如图8-1所示。

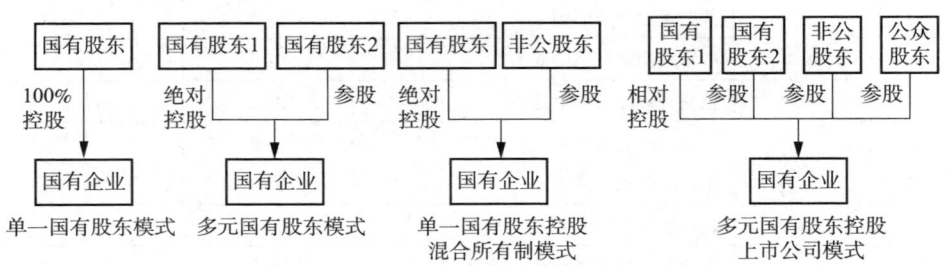

图8-1 国有企业股权结构的主要模式

---

① 《中共中央 国务院关于深化国有企业改革的指导意见》（中发〔2015〕22号）指出，一些企业管理混乱，内部人控制、利益输送、国有资产流失等问题突出。

② 2016年12月中央经济工作会议提出，混合所有制改革是国企改革的重要突破口，按照完善治理、强化激励、突出主业、提高效率的要求，在电力、石油、天然气、铁路、民航、电信、军工等领域迈出实质性步伐。

依据企业实际情况,可以先混后改,以"股权层面的混"倒逼"体制机制的改";也可以先改后混,先做"体制机制的改",为后面"股权层面的混"创造良好条件,提高混的质量和效率。

一、总体设计,制定子企业混改规划

国有资本投资公司推进子企业混合所有制改革,要坚持"三不"原则,即"不搞拉郎配,不搞全覆盖,不设时间表"①,成熟一个推进一个。但坚持"三不"原则不等于被动无为。国有资本投资公司,特别是主业处于充分竞争行业和领域的商业类国有资本投资公司,要先行先试,积极探索,对符合条件的子企业优先支持开展混合所有制改革、混合所有制企业员工持股等其他改革试点,充分发挥各项改革工作的综合效应,② 积累可复制、可推广的经验。

1. 全面梳理,摸清基本情况

一是对所出资企业(含全资、控股和参股)进行全面系统的梳理,掌握企业现实情况。例如,所出资企业总数,公司章程(或合资协议),功能定位(经营性企业、功能性企业、特殊目的公司等),股权结构(前五大股东持股比例),企业层级(法人层级、管理层级),治理结构(党组织、董事会、监事会、经理层构成等),经营机制(选人用人机制、薪酬分配机制、市场化用工机制、监督问责机制等),经营情况(近3年资产总额、营业收入、净利润等)等基本情况。二是摸清当前子企业混合所有制改革有关情况。例如,混合所有制企业总数③,混合所有制企业资产、收入、利润总额及占比,上市公司资产总额及占比。同时,还要摸清企业存在哪些制约改革发展的突出问题,以及推进混合所有制改革的主要困难。

2. 分类分层,确定持股原则

一是分类混改。从业务分类来看,对主业处于充分竞争行业和领域的商业类子企业(商业一类子企业)可不设持股限制,按照宜独则独、宜控则控、宜参则参的原则,灵活设置持股比例;对主业处于重要行业和关键领域的商业类子企业(商业二类子企业)应保持国有资本控股,根据需要绝对控股或作为第一大股东相对控股;对公益类子企业保持绝对控股,可推动具备条件

---

① 《国务院关于国有企业发展混合所有制经济的意见》(国发〔2015〕54号)。
② 《国务院关于推进国有资本投资、运营公司改革试点的实施意见》(国发〔2018〕23号)。
③ 在实践中,一般以国有企业的直接股东中是否有非公资本股东,作为混合所有制企业的主要标准。如果国有企业直接股东中没有非公资本股东,而间接股东中有非公资本股东,则该企业不宜纳入混合所有制企业统计范围,如国有控股上市公司的全资子公司。

的企业开展股权多元化。对国有资本投资公司核心主业领域的重要子公司，应保持集团绝对控股或多个国有股东出资的国有资本绝对控股。从企业功能来看，对经营性企业可按上述业务分类确定持股原则；对功能性企业可保持全资，以保证绝对控制和信息安全；对特殊目的公司，可根据需要灵活确定持股比例。二是分层混改。以国有资本投资公司的股权层级二级和三级子企业为重点，尽量在高层级子企业混改，涵盖更大资产规模、更多企业数量，不搞层层混、个个混。对平台型子企业（如产业发展平台、子集团等，多为二级企业），以上市为主要途径推进混改，在保持绝对控股或相对控股（第一大股东）的基础上，引入国有企业或民营企业作为积极股东；对实体型子企业（如生产制造、贸易物流等，多为三级企业），以增资引战和骨干员工持股为主要途径进行混改，可相对控股，最大限度放大国有资本功能。

【微案例：中国建材集团推动混合所有制改革的"三七模式"[①]】

在长期的混改实践中，中国建材探索出一种"三七模式"，分为"正三七"和"倒三七"两种股权结构。"正三七"指的是中国建材持有核心上市公司的股份不低于30%，其他投资机构及流通股不超过70%。比如在港上市公司中国建材股份，中国建材集团持有42%的股份，其余是社会资本。一方面把控制权拿在手里，确保大股东地位；另一方面可以募集更多资金。"倒三七"指的是在中国建材下属的混合所有制企业里，中国建材持股70%，留给机构投资人和原创业者30%的股份。这一结构确保上市公司有更多利润，有利润才有市值，股价才能升高，股价高了才能增发，从而实现良性循环。中国建材作为控股公司，不仅盯着上市公司的利润，还盯着股价，盯着市值，把市值看作衡量上市公司价值的第一指标。

3. 一企一策，规划大致时间安排

一是确定推进混合所有制改革总体目标，比如国有资本投资公司所属资产或企业混改比例达到多少、上市资产比例达到多少、二级企业实现混改比例达到多少等。二是确定拟混改子企业名单，一企一策确定最低持股比例和具体混改方式。名单实施动态调整，对于新并购重组的子企业，如具备混改条件，则可纳入名单；对于因情况变化不再具备混改条件的企业，可调出名单。三是为拟混改子企业确定大致时间安排，对于重要里程碑节点要确定时间区间，如研究混改思路、制定混改方案、初步确定投资者、开展资产评估、完成股权交割

---

① 根据公开信息整理。

等。在完成上述工作的基础上，形成推进子企业混改的总体规划。

【微案例：中国宝武大力推进混改，所有一级子公司都要混改上市①】

中国宝武钢铁集团有限公司党委书记、董事长陈德荣表示，"未来三年内，中国宝武旗下除经过评估有特殊目的的子公司之外，所有一级子公司都要混改上市，否则取消一级子公司资格，不上市你就做'孙子'，由上市的一级子公司来管理"。陈德荣用一个比喻来形容国企混改，"如果把一个国家的经济比作一个房子，国有经济就是房子的骨架，是钢结构。我们做钢铁的都知道，如果只是纯铁，强度是非常有限的，只有经过合金化才能大幅提高钢材强度，混改就是合金化"。陈德荣认为，如果以法人数计，当前中国宝武1/4 的企业已经初步形成混改，但仍存有不彻底的地方。"还要加快改机制，钢铁合金化后还要后加工、热处理，国企进行混改只是完成了第一步，改了体制不转机制同样满足不了功能需求，干部、分配、人事等制度中最核心的还是分配制度，要让资本、管理、技术等要素参与分配。"中国宝武相关负责人表示，2021 年以来，中国宝武再次组织开展对子公司混合所有制改革情况的全面梳理，在梳理出一批"宜混"企业的基础上，制订混合所有制改革计划，分期分批、"一企一策"推进混合所有制改革项目实施。同时，中国宝武搭建混合所有制改革推进体系，与相关金融机构、交易机构合作，为子公司推进混合所有制改革提供多方位、更具针对性的金融服务；与相关券商合作，对子公司混合所有制改革项目进行逐项梳理和诊断，进一步确定混合所有制改革的工作目标，并使子公司在制定混改方案初期就能获得更具专业性的指导；搭建混合所有制改革项目宣传平台，联合产权交易机构加大项目全周期宣传力度。

二、规范操作，严格把握混改关键环节

国有资本投资公司推进子企业混改的基本操作流程可按"可行性研究—制定混改方案—履行决策审批程序—开展审计评估—引进非公资本投资者—推进运营机制改革"六个步骤操作。② 在实际操作中还应注意把握以下重要环节。

---

① 王辉，李岚君. 中国宝武落实子公司混改"合金化"，21 个项目亮相，下一步将股改上市［N］. 中国证券报，2021-10-13.
② 《中央企业混合所有制改革操作指引》（国资产权〔2019〕653 号）.

1. 研究总体思路，厘清混改逻辑

混改是一项重要的改革工具，是手段而不是目的，最终目的是助推企业发展。不能"为混而混"，既不能"为搞员工持股而混"，也不能"为搞形象工程而混"，更不能"为搞利益输送而混"。首先，拟混改企业要有清晰的战略方向和发展目标，要有明确的商业模式和发展路径。其次，要坚持问题导向，明确在推进战略落地的过程中存在哪些"瓶颈"问题，聚焦亟待解决的重点难点问题。最后，要确定好通过混改解决哪些问题，论证好混改的必要性和可行性。

2. 研究"1+8"混改方案，分步有序落实落细

混合所有制改革是一项综合性改革，要打出混改"组合拳"，既有股权结构改革，也有管理体制改革，还有经营机制改革，更有加强党的建设。对于改制重组的混改，可能还会涉及职工安置、土地、税务等诸多问题。为依法合规、提高效率、控制风险，在实际操作中可通过"1个总体方案+8个专项方案"来设计和实施。

（1）子企业混合所有制改革总体方案：对子企业混改进行框架性设计，明确为什么混、如何混、如何改等。具体内容包括子企业基本情况、战略定位和发展目标（包括经营目标）、发展遇到的主要问题，混改的必要性和可行性、混改的主要思路和基本原则，引入非公资本的标准和方式（包括定价原则），在完善治理、强化激励、突出主业、提高效率、加强党建等方面提出改革举措，改革风险评估和应对措施，推进实施工作台账（包括改革事项、时间节点、责任人/责任单位等）。对于较为复杂的混改设计，可以分为三个阶段。第一阶段资产重组（如需），清晰界定拟混改的资产边界，比如，将拟混改的资产重组到一个法人企业，或者将上市公司资产转为非上市资产等。第二阶段引入外部投资者，同步实施骨干员工持股或上市公司股权激励。第三阶段资产上市，引入公众投资者。

（2）引入外部投资者专项方案：核心内容是引入什么样的外部投资者，以及引入哪些具体的潜在投资者。具体内容包括：一是选择外部投资者的标准，如战略契合性、业务协同性、理念包容性、企业实力等。二是确定混改方式，如股权转让、增资扩股或出资新设等。三是具体的定价办法，如先做资产评估，再进入产权市场挂牌交易，以摘牌价格确定最终交易价格。四是初步确定投资者，明确达成初步意向的投资者有哪些、投资者相关背景、预计出资金额及持股比例等。

（3）章程修订及董事会监事会建设专项方案：核心内容是通过修订公司

章程明确股东之间的权利义务，如何优化董事会、监事会结构，外部投资者有权推荐几位董事、监事，需 2/3 的股东或董事通过的公司重大事项有哪些等。

（4）加强党的建设专项方案：核心内容包括如何在新的混改企业切实发挥党委的领导作用或党支部对公司重大事项的前置研究把关作用，按照"四同步、四对接"原则同步加强党的建设的具体举措等。

（5）混合所有制企业差异化管控专项方案：核心内容是国有控股股东如何对新的混改企业实施有效管控，特别是探索建立有别于国有独资、全资公司的治理机制和监管制度。重点是如何做实董事会，依法落实董事会职权，实现国有资本投资公司企业集团内部层层松绑。

（6）公司职能与机构改革专项方案：核心内容是如何"瘦身健体"进一步优化新的混改企业职能配置和机构设置，重新定岗定编定员，精简机构和人员，提高企业运行效率。

（7）薪酬分配制度改革专项方案：核心内容是探索建立工资总额预算备案制和周期制机制，优化薪酬结构，建立健全以岗位价值和业绩贡献为基础的激励机制，合理拉开收入分配差距，打破平均主义"大锅饭"。

（8）骨干员工持股专项方案：核心内容是确定员工持股的激励对象、持股比例、持股价格、持股方式、流转规则等。对于非上市公司，可制定国有控股混合所有制企业员工持股专项方案；对于上市公司，可制定限制性股票专项方案等。主要目的是建立起骨干员工与企业风险共担、利益共享的机制，留住对企业最重要的干部和人才，让他们在企业工作有事业、有感情、有盼头。

（9）战略投资者业务协同专项方案：核心内容是混改企业同新进入的外部投资者在哪些领域和环节可开展业务协同，如技术协同、市场协同、财务协同、人员协同等，充分发挥投资者支持促进混改企业发展的协同价值。专项方案有效落地，可通过混改企业与外部投资者签署战略合作协议、业务合作协议等多种方式来体现。

当然，以上"1+8"混改总体方案和专项方案，是出于总体考虑，不必同步同时制定，在具体操作中，需总体谋划、分步实施。建议优先制定混改总体方案、加强党的建设专项方案，其他方案根据实际需要，成熟一项、制定一项。

3. 提高决策效率，明确责任分工

子企业开展混合所有制改革涉及内外部改革的方方面面，一般需要较长时间准备，耗时耗力，混改思路和方案需要反复论证。作为"三重一大"事项,混改的企业内部决策和国有股东决策一般程序较多、时间较长。国有资本投资公司内部既要提高审批决策效率,又要避免错失最佳改革时机,还要依法合规、控制风险。在实践操作中,可以按照"两上两下"的程序开展。

一上:研究拟混改企业的改革总体思路,进行必要性和可行性论证。如果拟开展员工持股,要按照有关政策要求①对照论证,初步了解员工意愿,形成混改可行性研究报告,上报国有控股股东批准。

一下:国有控股股东按照职责权限决策,或按内部流程继续上报至国有资本投资公司。国有资本投资公司根据政策文件要求和企业实际情况,对可行性研究报告进行审核。如果审核通过,下达意见同意子企业开展混合所有制改革和员工持股,要求子企业制定具体方案;如果审核不通过,要求子企业继续完善修改可行性研究报告,直至符合审核标准。

二上:子企业在可行性研究报告基础上,制定混合所有制改革总体方案和主要专项方案(需要国有资本投资公司批准的专项方案一并上报,不需要国有资本投资公司批准的专项方案后续备案),经子企业内部审议通过后上报。

二下:国有资本投资公司按照"三重一大"要求履行决策程序,对商业一类子企业混改方案予以批复,对商业二类子企业混改方案按有关政策要求上报国资监管机构审批。子企业依据股东批复意见履行法定程序,并组织实施。

这样安排的好处是,先研究后方案,研究的过程也是形成共识的过程,国有资本投资公司先同意子企业混改和员工持股,子企业后制定方案,避免制定方案后股东不批准;先总体后局部,首先形成总体方案描绘出整个混改的蓝图和路径,然后形成各个专项方案由粗到细逐步展开,这样有利于审批主体从整体上把握全貌,在局部把握细节。同时,这样安排也有利于对混改总体方案合理安排粗细度,避免总体方案过于细化,影响工作效率。

需要指出的是,子企业产权改革主要是股东的责任,国有控股股东应承担子企业混合所有制改革的主体责任,子企业经营层应承担直接责任,可以提出思路、建议方案并根据决策推进实施落地。国有控股股东应同子企业一起研究谋划,主导遴选外部投资者、进场挂牌交易、修订公司章程等关键环节,避免被动作为审批人,只审批不参与,不能放任子企业"为混而混、一混了之、混而不改"。

---

① 《关于国有控股混合所有制企业开展员工持股试点的意见》(国资发改革〔2016〕133号)等。

三、风险防控，提前采取应对措施

凡事预则立，不预则废。子企业实施混合所有制改革会面临许多不确定性和风险挑战，既有内部的也有外部的，既有企业自身能够控制的也有企业自身难以控制的。因此，要在推进混改中全面评估可能的风险，做好风险应对准备。

1. 引入外部投资者可能带来的风险

新进入的外部投资者，尤其是非公资本股东，可能在合作经营过程中，与国有股东存在价值导向不一致、管理风格难融合、决策意见有分歧等潜在风险，可能造成文化融合难、决策效率低、混改企业利益受损害等问题。同时，还可能存在外部投资者发生经营和债务等风险事件牵连混改企业的问题，以及战略与业务协同落实不到位、战略投资者支持业务发展效果不明显等问题。

应对以上潜在风险的举措包括：一是把好筛选引入关，审慎遴选战略投资者。组建专项小组负责引入战略投资者工作，按照价值观一致、管理风格相近、发挥协同价值、企业稳健发展等原则优中选优确定合作对象。二是把好法律规则关，以书面方式详细约定股东权利义务。按照依法治企原则，在新的《公司章程》中明确股东各项权利义务，确定行使权力、履行义务的规范程序和要求。三是把好跟踪落实关，紧抓战略合作落实。同战略投资者逐一签订战略合作协议或技术合作协议，充分发挥战略投资者在技术、渠道、人才、机制等方面的协同价值，确保资金到位、协同到位、落实到位。四是把好监控预警关，建立战略投资者预警机制。对战略投资者的经营状况、风险事件定期跟踪，一旦出现风险苗头，及时评估对混改企业可能造成的风险，并制定风险应对措施。

2. 体制机制变革可能带来的风险

混合所有制改革是一项综合性改革，涉及管控模式的管理体制调整，配套的组织结构优化、三项制度改革等一系列内部机制变革。管控模式调整可能对原有的管控方式带来挑战，混改企业将要求更多的自主经营权和决策自由度。对于员工来说，内部机制变革在一定程度上意味着利益调整和不确定性，对员工的心理预期和情绪会造成一定影响，可能带来员工对体制机制变革的不理解、不适应，对中长期激励的激励对象、投入金额、兑现条件不满意等，甚至可能导致部分骨干人员流失。

应对以上潜在风险的举措包括：一是优化国有股东对混改企业的管控模式。结合混改企业的历史沿革、业务特点和管理成熟度等因素，有针对性地调整国有股东对混改企业的监管方式，清晰界定国有股东与混改企业董事会、经理层的责权界面，形成授权放权清单。二是积极稳妥推进配套内部改革。审慎制定配套专项改革方案，广泛听取意见充分论证，并注重各项改革措施实施的时间性、协同性和系统性。涉及职工权益的事项，必须经过企业职工代表大会讨论通过。中长期激励方案要遵循自愿参与、风险自担的原则，适度激励，有效约束。三是主动正面宣传引导，塑造混改企业员工理解改革、支持改革、参与改革的良好氛围。充分利用报、刊、台、网等媒体的引导作用，精心策划对混改及其配套改革的宣传，对已出台的改革政策措施尽可能在第一时间进行报道和解读。注重舆情观测，对职工的疑问、咨询，及时答疑解惑并做好反馈。

第三节　健全子企业法人治理，夯实授权基础

健全完善子企业公司法人治理，是子企业建立中国特色现代企业制度的关键所在，是国有股东对企业授权放权的重要基础。国有资本投资公司应坚持"两个一以贯之"通盘考虑、有序实施、守正创新，落实改革要求与自身实际需要相结合、立足当下与布局长远相结合、依法合规与探索创新相结合，确保实现坚持和加强党的领导，董事会应建尽建、配齐建强、规范运行、发挥作用。

一、以建立专职董事制度为重点，加强子企业董事会建设

健全国有企业公司法人治理结构，重点在于推进董事会建设[①]。子企业董事会是国有资本投资公司实施集团管控的中枢，国有资本投资公司要在子企业建好董事会、用好董事会，为通过公司治理机制实施集团管控奠定良好基础。

1. 建立子企业董事会工作标准

《公司法》规定，有限责任公司设董事会；股东人数较少或者规模较小的有限责任公司，可以设一名执行董事，不设董事会；股份有限公司设董事会。

---

① 《中共中央　国务院关于深化国有企业改革的指导意见》（中发〔2015〕22号）。

按照分类管理的思路,国有资本投资公司对是否在一个子公司设立董事会,首先应明确设立标准。例如,一是子企业具有人财物等重大事项自主决策权的,应设立董事会;二是子企业以股份公司形式注册法人的,应设立董事会;三是子企业是股权多元化或混合所有制企业的,应设立董事会。除上述情形外,子企业可不设董事会,只设立执行董事,以提高执行效率,避免形成董事虚职。

2. 配齐建强子企业董事会

《公司法》第四十四条规定,有限责任公司设董事会的,董事会成员为3~13人;《公司法》第一百零八条规定,股份有限公司董事会成员为5~19人。国有资本投资公司可结合《公司法》有关规定和国务院国资委对建设规范董事会有关要求,把握要点,建立起符合子企业自身特点的董事会体系。

一是合理确定董事会构成和人数。子企业董事会一般由执行董事、外部董事、职工董事①组成,原则上外部董事占多数。董事长、总经理原则上应分设,应为内部执行董事。② 子公司董事会成员一般为7人以上,不超过法定人数,单数为宜。

二是拓宽董事会成员来源。党委书记、党员总经理、专职副书记应进入董事会,作为执行董事;外部董事包括上市公司独立董事、国有股东股权董事(可以内部选派,也可外部聘请),由股东推荐或委派;职工董事由职工代表大会选举产生。

三是同外部董事签订法律协议。国有股东代表应向子企业外部董事颁发聘书,子企业应与外部董事签订服务合约。

四是健全企业董事会支持机构。按照依法合规、精简高效的原则,建立健全董事会下属的支持机构。子企业是上市公司或拟上市的,子企业董事会应当设立战略与投资委员会、提名委员会、薪酬与考核委员会、审计委员会等专门委员会,为董事会决策提供支持,其中薪酬与考核委员会、审计委员会应由外部董事组成。一般应设董事会秘书,负责公司股东大会和董事会会议的筹备、文件保管以及公司股东资料的管理,办理信息披露事务等事宜。

---

① 两个以上的国有企业或者两个以上的其他国有投资主体投资设立的有限责任公司,其董事会成员中应当有公司职工代表;其他有限责任公司董事会成员中可以有公司职工代表。股份有限公司董事会成员中可以有公司职工代表。

② 《国务院办公厅关于进一步完善国有企业法人治理结构的指导意见》(国办发〔2017〕36号)。

【微案例：中国五矿充分发挥子企业董事会秘书作用[①]】

中国五矿积极通过发挥子企业董事会秘书职责作用，促进企业董事会规范运作，制定出台《子企业董事会规范运作管理办法（试行）》，明确子企业董事会秘书的能力要求和职责定位。

企业董事会秘书应当具备履行职责所需的公司治理、财务、管理、法律等专业知识和相关工作经验，具有足够的时间和精力履职。董事会秘书对董事会负责，一般履行下列职责：

1. 组织开展公司治理研究，协助董事长拟定有关重大方案、制定或者修订董事会运行的规章制度；

2. 组织落实公司治理有关制度；

3. 组织筹备董事会会议，准备议案和相关材料并对其完整性进行把关，据实制作会议记录，草拟会议决议，保管会议决议、会议记录和其他材料；

4. 组织准备和递交需由董事会出具的文件；

5. 负责与董事联络，组织向董事提供信息和材料；

6. 跟踪了解董事会决议执行情况，及时向董事长报告，重要进展情况还应当向董事会报告；

7. 负责董事会与股东的日常联络；

8. 法律法规、公司章程规定和董事会赋予的其他职责。

董事会秘书应列席本公司董事会会议、总经理办公会等重要决策会议以及董事会专门委员会会议。公司党委研究讨论拟提交董事会决定的重大事项时，董事会秘书应当列席。

3. 探索建立专职董事制度

国有资本投资公司要建立以战略目标和财务效益为主的管控模式，未来主要通过子企业公司治理行使股东职权。这需要国有资本投资公司更加注重如何向子企业委派董事。除执行董事外，传统的董事委派方式多为"兼职董事"模式，即由控股股东的公司领导或部门负责人等兼任子企业董事。采用这种模式容易出现董事的责任不清、专注不够、精力不足、独立性不强等问题。所谓"专职董事"模式，是指国有资本投资公司向子企业委派专职履行董事职权的非执行董事，专职董事的工作具有独立性、专业性和权威性，是

---

① 根据公开信息整理。

国有资本投资公司行使股东职权、参与子公司重大决策、监督经理层履职的一项重要制度安排。

（1）专职董事的主要职权。一是决策权，作为子企业董事会成员，对自身权限范围内的事项依据自身判断，发表意见。二是监督权，根据工作需要列席子企业内部各类会议，对经理层日常工作、子企业生产经营情况等进行监督。三是建议权，对子企业改革发展中遇到的重大风险挑战、子企业"三重一大"事项以及国有资本投资公司要求的重要事项，根据自身了解的情况和独立判断，提出有关意见和建议。

主要职责：一是履行出资人监督职能，监督评价任职企业董事会、经理层的运作情况和企业整体经营情况。对决策环节和执行情况实施有效监督，维护国有资本投资公司和任职企业的合法权益。二是依法参加任职企业董事会会议，就会议讨论决定的事项发表意见，并承担法律责任。三是对任职企业运营情况进行研究、分析和监督，并定期报告。四是对任职企业提出战略性、创新性、有价值的议案和建议，识别任职企业存在的重大问题、重大风险。

主要权利：一是有权提议召开临时董事会会议，但须经 1/3 以上董事同意；二是当 1/3 以上董事或者 2 名以上外部董事认为资料不充分或者论证不明确时，可以书面形式联名提出缓开董事会会议或者缓议董事会会议所议议题；三是根据履行职责需要，有权列席任职企业重要会议，了解和掌握任职企业的各项业务情况，要求任职企业提供生产经营情况等有关资料；四是发现任职企业经营行为有可能损害集团公司利益等情况，及时向集团总部报告；五是有权在董事会会议上发表意见，按照个人意见独立表决。

（2）专职董事的有效管理。坚持专业、专管、专职、专用原则，对专职董事进行有效管理。一是专职董事来源。可分为内部和外部两个渠道，内部渠道一般可从国有资本投资公司总部部门负责人、二级子公司负责人、其他重要子公司负责人等范围按照一定标准建立专职董事候选人员库；外部渠道一般可从科技、经济、法律、财务等领域具有专业背景的知名人士中择优选取。二是专职董事选聘。改革方向是，由国有资本投资公司董事会下设的提名委员会根据拟任职公司情况提出差额适任人选，报董事会审议、任命。[①] 过渡做法是，由国有资本投资公司的组织人事部门根据拟任职公司情况提出建议人选，报集团党组审议、任命，子企业履行法定程序。每位专职董事同时

[①] 《国务院关于推进国有资本投资、运营公司改革试点的实施意见》（国发〔2018〕23号）。

服务的子企业一般不超过3家。三是专职董事的考核评价。重点围绕行为操守、履职贡献、专项测评等内容。其中，行为操守主要对忠实履职、勤勉工作、廉洁从业等情况进行评价；履职贡献主要评价决策效果和价值贡献，包括敢于决策、建言献策，引领、支持经理层抓机遇、促改革、抓发展、增效益，以及在决策把关、风险防控等方面发挥作用的情况；专项测评包括专业素养、参会表现等方面的情况。四是专职董事的培训。要组织提升专职董事履职能力的内外部培训，重点提升履职的战略决策能力、资源整合能力、风险管理能力和沟通协调能力。

（3）专职董事的工作支撑。专职董事有效履职行权，需要国有资本投资公司在中后台给予有效支持和服务。一是决策支持。专职董事对职权范围内的子公司董事会议案进行决策前，可书面征求国有资本投资公司相关职能部门的意见，参考反馈的意见建议，对决策事项发表个人意见。二是协同支持。国有资本投资公司可搭建交流平台和沟通机制，为服务于不同子企业的专职董事相互交流沟通提供支持，相互学习、相互借鉴、提高效率。三是事务支持。国有资本投资公司应明确具体的职能部门或机构对专职董事的日常性事务给予支持服务，如会议、差旅、培训等。

（4）专职董事的从业规范。专职董事应遵守《公司法》和任职企业公司章程，做到知情必报，及时、如实、完整地向股东报告重大事项以及与企业存在利益冲突的情形。要敢于科学决策，在决策把关和风险防控等方面充分发挥作用、体现价值。要保持应有的职业审慎，个人表决意见体现股东意志，符合企业利益，有利于企业经营业绩持续改善。严格遵守国有企业领导人员廉洁从业有关规定，严禁利用职务之便谋取不正当利益的行为，不得在任职企业获取未经股东批准的报酬、津贴和福利。在职权范围内行使权力，不得超越职权范围干预或者指挥相关事务。

二、以落实前置研究讨论为重点，发挥党委领导核心作用

健全完善中国特色现代企业制度，不仅是国有资本投资公司的重要改革任务，也是国有资本投资公司各级子企业的重要改革内容。关键是加强党的领导，有效发挥党委（党组）的领导作用。子企业党组织对上级党组织负责，一级对一级负责，严格落实国有资本投资公司党委（党组）的决策部署，支持本公司董事会（或执行董事）、经理层依法履行职责。基于目前的改革实践，应注重加强以下两个方面。

1. 合理安排岗位配置

子企业党委书记、董事长一般由一人担任；党委班子在 7 人及以上且下属企业设有党委的，应配置专职副书记、专职纪委书记；其他一般应配备分管党建工作的副书记或领导班子成员，副书记可兼任纪委书记。确因工作需要由控股股东企业领导人员兼任董事长的，可由党员总经理任党委书记，也可单独配置党委书记，上级企业党组织必须指导下级企业党组织完善议事决策规则，发挥子企业党委在重大经营管理事项中的把关作用。不设董事会只设执行董事的有限责任公司，原则上党委书记和执行董事由一人担任；总经理单设且是党员的，应当任党委副书记。仅设党支部（党总支）的公司制独立法人企业，如具有人财物等重大事项决策权，可由本企业领导班子成员中的党员担任支部书记或支部委员，积极探索党支部（党总支）对重大经营管理事项进行集体研究把关。

2. 依规依纪规范履职

要按照国有控股股东与子企业的责权界面，清晰界定企业内部的党委会、董事会（或执行董事）、总经理办公会之间的责权事项，实现制度化、清单化、流程化、信息化。

具体落实举措，可参考本书第七章中相关做法。

第四节 深化干部人事制度改革，建设高素质干部人才队伍

企业改革的本质是人的改革。国有企业在全面深化改革中要破除一切不合时宜的思想观念和体制机制弊端，突破利益固化的藩篱，必然带来企业内部干部员工的思想进步、机制创新、利益调整，需要企业全体干部员工理解改革、支持改革、推动改革，通过改革使企业受益、使自身受益。国有资本投资公司要加快推动集团总部和各级子企业的干部人事制度改革，取得新突破、迈上新台阶。

一、全面推行任期制和契约化管理，建立新型经济责任制

经理层任期制和契约化管理，是指对企业经理层成员实行的，以固定任期和契约关系为基础，根据合同或协议约定开展年度和任期考核，并根据考

核结果兑现薪酬和实施聘任（或解聘）的管理方式。[①] 任期制是一项促进国有企业干部岗位能上能下、畅通退出通道的重要制度安排，有利于增强经理层成员的责任意识、创新意识和危机意识，有利于打破干部职务终身制、增强干事创业紧迫感。任期制的基本原则是岗位聘任、明确期限，任期届满、综合评价，如无连任、退出现岗。国有资本投资公司根据子企业的不同类别层级、干部职务类型，综合实行选任制、委任制、聘任制等不同选人用人方式。原则上，国有资本投资公司的各级子企业经理班子、中层干部都应实行聘任制，全面推行岗位任期制和契约化管理。根据岗位特点和发展需要，明确经理层管理岗位职责和任职条件、任职时间、连任期限、最高任职年限等内容，签订聘任协议，一届任期一般不超过3年。在任期内，严格实行契约化管理，年度考核与任期考核相结合，并根据考核结果兑现薪酬，对考核不合格者及时解聘。任期届满时，对任职者开展综合评估，评估不合格的，退出岗位；评估合格的，可以连任。任期制和契约化管理坚持业绩导向，在制度上打破了经理层任期"终身制"，使岗位聘任变"无期"为"有期"，使业绩考核变"压力"为"动力"。

【微案例：国家电投建立"1+N"任期制与契约化管理体系[②]】

国家电投将集团五年规划目标分解成各二级单位三年任期指标，并落实到年度经营计划中。制定8项制度，发布工作方案，制定了8个协议范本和责任书范本。全面审核所有二级单位及部分三级子企业的岗位聘任协议和任期综合业绩责任书，确保签订工作规范准确。建好用好"战略—规划—计划"（SPI）、"计划—预算—考核—激励"（JYKJ）和"双对标，双激励"（SDSJ）等战略落地体系和管理工具，将战略目标分解到五年规划目标，再落实到任期指标和年度经营计划，与预算、考核、激励等要素结合，形成完整闭环的SPI-JYKJ体系，使"2035一流战略"站得住、立得稳。考核实施"双对标双70"，基于企业经营历史和现实，以契约关系为基础，实现定量考核刚性约束。"双对标"是指在业绩考核中既对标历史，注重稳健持续发展力提升；又对标市场，注重行业一流竞争力提升。"双70"是指经理层成员年度业绩考核未达到70分（考核满分100分）或年度业绩考核主要指标（如利润总额）完成率低于70%，企业董事会应对该经理层成员及时解聘。

[①] 国务院国企改革领导小组办公室《"双百企业"推行经理层成员任期制和契约化管理操作指引》。

[②] 根据公开信息整理。

二、坚定完善市场化选人用人机制，推动能上能下常态化

习近平总书记指出，对干部最大的激励是正确的用人导向，用好一个人能激励一大片。[①] 人才是企业的第一资源，以更加市场化的方式配置人力资源是国企改革的一块"硬骨头"。国有资本投资公司要带头落实五湖四海选人才、优胜劣汰重实绩，率先实现能者上、优者奖、庸者下、劣者汰的良好局面。一是强化公开招聘、竞争上岗，健全公平公正用人环境。建立职位开放制度，集团内部空缺职位向全体员工公开，除个别不宜公开竞聘的岗位之外，原则上全面推行企业中层及以下岗位公开招聘、竞争上岗，大力促进人才在集团范围内跨业务、跨单位、跨职位序列有序流动，以竞争性选拔方式发现更多高素质、有能力的干部人才。同时，依据经理层成员任期制和契约化管理的考核结果，严格实行末等调整和不胜任退出等制度，破解"不能下"的难题。二是强化劳动合同管理，打破体系身份界限。建立健全以合同管理为核心的各类用工制度，强化劳动合同对员工能进能出的重要作用，细化劳动合同期限、工作内容、劳动纪律、绩效要求以及续签、解除合同条件等条款，明确双方权利义务。对违法违规、违反企业规章制度或不胜任岗位要求等符合解聘条件的员工，严格履行法律法规要求的相关程序，依法解除劳动合同。三是加强员工职业培训，支持提升专业技能。坚持以人为本，公司对员工负责，做好员工职业生涯规划。强化基础人才队伍建设，强化高层次领军人才培养，强化战略性人力资本储备。加强职称评审管理和专业资格认证，促进员工职称和岗位聘任相结合。四是加强用工总量控制，持续提高人事效率。统筹做好人才引进与富余人员安置工作，结合因产业结构调整而实施的企业关停并转，有感情地妥善处理富余员工分流安置问题。

【微案例：中国宝武深化干部人事制度改革[②]】

中国宝武推进子企业领导班子和领导人员"双优化"，逐步落实经理层法定职权。通过对专业、年龄、气质等进行分析，按照子公司领导班子年龄梯次合理、专业优势互补、班子整体功能提升的原则，把"智勇双全"和"充满激情"的干部选拔上来，并授予子公司一把手对其他班子成员的"组阁权"、考核权和分配权。同时，中国宝武创新"人力资源计划"管理机制，坚

[①] 习近平. 在全国组织工作会议上的讲话[J]. 党建研究, 2018 (9).
[②] 根据公开信息整理。

持人事效率提升底线目标，持续优化人力资源总量。全面对标找差，完善人事效率对标指标体系，牢固树立极限思维，追求极致人力资源效率。瞄准行业一流、世界一流，找准标杆，构建对标指标体系。采用整体对标与分业对标相结合的方式，在实物劳动生产率、人均价值创造、人事费用率等方面多维度找出差距、动态跟踪。以赶超行业一流、实现世界一流为目标，制定行动方案，明确责任、项目化运作，完善激励分享机制，激发自主推进效率提升的动力。聚焦人力资本经营，突破人才流动"瓶颈"，加速实现"人岗相适、人事相宜"。多渠道"靶向"引才，用好国家有关支持政策。强化"雇主品牌"建设，提升校园招聘、社会招聘质量。按照人才成长路径"靶向"交流培养，引导员工从传统制造板块"定向"战略新兴业务流动，从人力资本富余区域"出向"协力或外部业务，降低不在岗人数，切实强化人力资源流动，提高"全口径"人力资源配置效率。深化集团内部用工市场建设，人员需求优先内部挖潜，通用类人才优先内部统筹，非专业技术类紧缺人才原则上内部配置。更好发挥劳动合同契约功能，实现基于岗位聘用的劳动合同规范化、全覆盖。加大员工向社区工作者、工会工作者转型力度，融入城市，助推社会治理体系能力现代化。

三、探索建立推行职业经理人制度，促进身份管理市场化

职业经理人是按照"市场化选聘、契约化管理、差异化薪酬、市场化退出"原则选聘和管理的，在充分授权范围内依靠专业的管理知识、技能和经验，实现企业经营目标的高级管理人员。[①] 职业经理人制度是推进企业经营管理人才市场化、职业化、专业化的重要举措，也是国企经理人员从体制内的国企干部转变为体制外的职业经理人员的重要途径。当然，职业经理人制度可能不适合所有国有企业。在具备条件的子企业，国有资本投资公司应在坚持党管干部、党管人才原则的基础上，结合行业特点、企业需要、个人意愿等条件，积极探索适合本企业的职业经理人制度。

【微案例：中粮集团建立职业经理人"直通车"制度[②]】

中粮集团建立职业经理人"直通车"，鼓励符合条件的内部管理人员按市场规则与所在单位先解除劳动合同，再重新签订劳动合同和聘任协议，按职

[①] 国务院国企改革领导小组办公室《"双百企业"推行职业经理人制度操作指引》。
[②] 根据公开信息整理。

业经理人进行管理;实行契约化管理和差异化薪酬,职业经理人的基本薪酬水平可以达到同岗位组织任命经理人的3倍;到期完成双方约定业绩条件的,可以续聘,未完成业绩条件或期满不再续聘的,解除聘任关系,中粮集团不负责兜底安排其他岗位。中粮国际、蒙牛乳业、中国茶叶等中粮二级公司正逐步试行。

第五节 深化薪酬分配制度改革,优化薪酬结构强化正向激励

物质利益原则是马克思主义政治经济学中的一项基本原则,就是要通过物质激励的方式调动人的积极性和创造性。健全完善、科学合理的薪酬分配制度是建立中国特色现代企业制度的重要内容,事关国有企业健康发展,事关国有企业干部员工切身利益。国有资本投资公司应在推进子企业深化改革中突出正向激励的导向作用,鼓励企业和员工共同做大蛋糕、分好蛋糕。

一、完善工资总额管理机制,促进薪酬分配差异化

国有资本投资公司要指导子企业坚持按劳分配和"一适应两挂钩"原则(与劳动力市场基本适应、与国有企业经济效益和劳动生产率挂钩的工资决定和正常增长机制)①,持续完善工资总额决定和管理机制,优化内部薪酬分配结构。一是坚持效益决定工资总额、效率决定收入增长,健全工资与效益同向联动、能增能减的机制,在企业效益增长和劳动生产率提高的同时,实现劳动报酬同步提高。二是坚持薪酬对标,健全人工成本效能调节机制,按时间序列同自身纵向比较、按市场对标同行业横向比较,根据人事费用率、人工成本利润率对标评价,合理调整工资总额预算水平。对成本管控类企业引入"人工成本/总成本"指标,推动企业进一步提升竞争力。三是坚持合理拉开工资分配差距,重点向关键岗位、生产一线岗位和紧缺的高层次、高技能人才倾斜,使该高的高上去、该降的降下来。原则上增人不增工资总额、减人不减工资总额。四是坚持市场化薪酬对应市场化身份、挑战性任务,对市场化选聘的经营管理者和职业经理人,可以实行协议工资制、探索年薪制等政策。

---

① 《国务院关于改革国有企业工资决定机制的意见》(国发〔2018〕16号)。

二、健全中长期激励机制，促进风险利益一体化

中长期激励是薪酬激励的重要组成部分，对引导骨干员工关注企业长远利益、吸引和留住优秀人才、建立企业与员工的风险利益共同体等具有重要意义。国有资本投资公司应依据现有改革政策和国资监管机构的相关授权，综合运用上市公司股权激励、科技型企业股权和分红激励、混合所有制企业员工持股、超额利润分享、项目跟投等中长期激励方式，走在国企改革前列，发挥引领示范作用。特别是混改员工持股的审批权，国有资本投资公司可根据实际需要向国资监管机构申请授权。

【微案例：招商局集团深化薪酬分配制度改革[①]】

招商局集团坚持"跑赢大市，好于同行"原则，持续健全"与市场接轨、与行业相符、与地域相适、与业绩匹配"的市场化激励约束机制。明确二级公司工资总额增幅原则上不高于利润总额增幅，劳动生产率行业对标调节，工资总额资源重点解决不平衡、不合理问题，对二级公司工资总额实施分类管理，将工资总额划分为基础额度、效益额度和战略额度。坚持与业绩表现、价值贡献挂钩的薪酬分配机制，强化考核奖惩，破除平均主义，着重在控"高"提"低"方面采取措施。部分子企业采取零基核算原则，取消保底奖金，奖金通过关键业绩指标直接计提，并与人效挂钩，实现奖金总额基于业绩结果"能多能少能无"，对未完成考核目标的子企业，加大负向扣减力度，业绩贡献决定的薪酬分配机制进一步健全。结合实际制定出台"一个办法，七个工具"的中长期激励顶层政策体系，建立中长期激励实施"六步法"，统筹设计中长期激励工具包，实现10家上市公司股权激励全覆盖（不含金融机构）。

第六节 尊重竞争中性原则，共同塑造国企优胜劣汰外部环境

推动国有企业真正成为独立市场主体，不仅需要企业自身努力，还需要各利益相关方共同努力。需要各级政府、法院、金融机构等主体各司其职、各负其责、依法办事，公平公正对待国有企业、民营企业等各类市场主体，共同营造公平竞争、优胜劣汰的外部环境。在实践中尊重竞争中性

[①] 根据公开信息整理。

（Competitive Neutrality）原则，既打破民营企业市场准入的"天花板"，也打破国有企业市场退出的"玻璃门"。

一、理性看待竞争中性

2019年，国务院政府工作报告指出，按照竞争中性原则，在要素获取、准入许可、经营运行、政府采购和招投标等方面，对各类所有制企业平等对待。同年10月15日，国资委新闻发言人回应国企"竞争中性"原则时表示，中国提倡"所有制中立"，反对因企业所有制的不同而设置不同的规则，反对在国际规则制定中给予国有企业歧视性待遇。"竞争中性"概念逐渐被公众认识。

1. 如何认识理解竞争中性原则

所谓"竞争中性"就是政府的行为不能给国有企业、民营企业等任何市场参与者带来"不当的竞争优势"。竞争中性的概念最早由澳大利亚提出，其基本内涵是，在政府参与的商业活动中，政府不能凭借国有企业所有者的身份，利用立法或财政权力，使国有企业获得优于私营企业竞争者的竞争优势。经济合作与发展组织（OECD）对竞争中性的概念作了进一步界定，即竞争中性是一个保证国有企业与民营企业之间的竞争条件平等的制度，不能以公有为由，享受对民营企业的竞争优势。经济合作与发展组织在2012年发布的《竞争中性：保持公共部门和私人部门的公平竞争》中首次确认了竞争中性的八条标准：简化国有企业经营形式、成本确认、商业回报率、厘清公共服务义务、税收中性、监管中性、债务和补贴中性、政府采购中性。国际货币基金组织也曾提出，建议"让国有企业拥有更多自主权，包括产品独立定价权、雇用职业经理人进行独立决策等；国有企业应强化治理，严格区分商业性与非商业性活动，强化财务监督审计，披露财务信息"。

2. 如何看待竞争中性与国企改革的关系

竞争中性倡导让国有企业拥有更多自主权的方向，在一定程度上同我国国企改革的目标内涵具有相似性。中发22号文提出，要坚持政企分开、政资分开、所有权与经营权分离，促使国有企业真正成为依法自主经营、自负盈亏、自担风险、自我约束、自我发展的独立市场主体。竞争中性生成逻辑的关键在于政府与国有企业的关系，偏颇的联结关系与不当的制度安排容易导致政府对国有企业的"特别关照"，造成竞争非中性甚至竞争扭曲，竞争中性要求消除这种偏颇的联结关系与不当的制度安排，其本质也是要维护国有企业作为独立市场主体的微观市场主体地位。竞争中性倡导对国有企业应强化治理、区分商业性与非商业性活动，在一定程度上，同当前国企改革的要求具有一致性。2018年，全国国有企业改革座谈会提出，按照完善治理、强化激励、突出主业、提高效率的要求，以"伤其十指不如断其一指"的思路，扎实推进国有企业改革。完善和强化国企治理，是让国有企业拥有更多自主权的重要前提，是实现以管资本为主的重要基础，也是"断其一指"的重要内容。新时代的国企改革以国企分类作为逻辑起点，首次区分商业类（商业一类、商业二类）、公益类，体现了不同国企在功能定位、使命任务、商业性活动与非商业性活动中的区别。在新冠肺炎疫情防控中，商业类国企勇于担当社会责任，不计成本地支持服务国家"战疫"的大局，体现了国有企业商业性活动与非商业性活动的有机结合。

二、共同适应竞争中性

从竞争中性的国际化视角来看，虽然世界各国尤其是发达国家与新兴经济体之间对竞争中性尚未形成理解共识、内容共识和规则共识，也没有相关国际立法，但经过经济合作与发展组织及美国的大力推广，竞争中性已成为经贸领域的重要国际思潮。无论是竞争中性呈现向正式国际经贸规则演变的趋势，还是竞争中性国际争议带来的现实压力，都意味着竞争中性对深化国有企业改革的国际约束可能趋紧。我们应研判趋势、顺势而为，将竞争中性原则作为深化国企改革的适当考虑，采取积极措施作出回应。

从竞争中性的国内视角看，国有企业以市场化方式出清仍有障碍。有的国有企业计划破产清算或重整时，当地政府要求国有股东先解决企业的债务、人员安置问题，以此作为破产的前提条件。有的国有企业出现债务违约时，银行机构要求国有股东协调解决，否则影响企业集团体系内其他企业在该银行体系的融资安排。这些问题暴露了个别地方政府和金融机构在观念上仍"将子企业视同集团母公司的附属单位"，客观上对国有企业成为独立市场主体造成阻碍，导致国有资本投资公司对子企业不能真正实现以出资额为限承担有限责任，实际上仍要承担无限责任。为打破这些障碍，需要进一步统一思想和行动，多方共同促进对国有企业、民营企业市场主体一视同仁、依法办事。

有关地方政府应进一步支持国有企业成为真正独立市场主体。在政策制定上，全面实施市场准入负面清单制度，清理废除妨碍统一市场和公平竞争的各种规定和做法，支持民营企业发展，激发各类市场主体活力。营造各种所有制主体依法平等使用资源要素、公开公平公正参与竞争、同等受到法律保护的市场环境。在管理体制上，深化授权经营体制改革，扩大国有企业自主经营权。继续加大力度推进简政放权，以国有资本投资公司为重点，加大授权放权力度。按照"一企一策"原则，制定监管清单和责任清单，明确对国有资本投资公司的监管内容和方式。推动集团总部向具备条件的子企业授权放权，实现层层松绑。在经营机制上，着力加快深化市场化改革，激发企业内生活力和动力。着力增强国企经营透明化程度。认定是否存在额外的竞争优势或劣势，需要全面、准确、及时的相关信息进行识别和认定，避免由于信息不对称造成的偏差。在不违反保密原则的前提下，积极推动非上市国有企业参照上市公司信息披露标准和要求，进一步完善信息公开制度，按披露要求公开公司治理情况、企业年度经营成果、公共政策执行情况、国家政策支持情况等，主动接受社会监督。在市场出清上，坚持依法办事，支持符合《企业破产法》等法律法规要求的国有企业依法破产。地方政府不应设置对本辖区内国有企业破产的附加条件，不应要求国有股东因子企业破产而对当地额外作出补偿。

金融机构应进一步支持国有企业成为真正独立市场主体。在提供贷款时，金融机构应严格按照风险控制标准进行审核把关，公平公正向国有企业、民营企业提供非歧视性的金融服务，根据风险水平匹配企业融资成本。在收回贷款时，金融机构应允许国有企业依法破产，按照贷款协议约定承担相应的债权损失风险。探索建立金融机构总行与国有资本投资公司集团总部"总对总"沟通协调机制，双方可定期沟通相关子企业经营状况，提示经营风险，对子企业信用违约风险事件及时协调，友好协商解决有关问题。

第九章
步骤4 重塑集团组织体系和管理体系

功能定位决定组织体系和管理体系。国有资本投资公司的功能定位，即集团总部的功能定位，是国有资本投资公司实施组织变革和管理变革的主要输入。无论是一般产业集团公司改组而来的国有资本投资公司，还是出资新设的国有资本投资公司，都应科学合理地重新定义集团总部功能定位（包括战略定位和管控定位），在国资国企产业发展中、国资监管与集团管控中明确自身定位，推动集团组织体系和管理体系变革性重塑、动态性优化。

第一节 以"小总部"为方向调整功能定位

打造精简高效的"小总部"，是国有资本投资公司改革的方向和原则。集团总部要小而精，实现机构设置精简；小而活，实现运行高效灵活；小而强，实现管控坚强有力。

一、全面理解"小总部"内涵

中粮集团、国投集团作为第一批国有资本投资公司改革试点，提出了"小总部、大产业"的改革方向，并逐渐被其他试点企业学习借鉴。国有资本投资公司打造"小总部"，主要由三个方面因素决定。一是突出功能定位的需要。国有资本投资公司是在国家授权范围内履行国有资本出资人职责的国有独资公司，是国有资本市场化运作的专业平台，不从事具体生产经营活动。这决定了国有资本投资公司不需要支持日常生产经营决策的复杂职能体系。同时，反应必须灵活高效，善于捕捉转瞬即逝的投资机会，重点发挥投资功能。二是优化管控模式的需要。国有资本投资公司要建立以战略目标和财务效益为主的管控模式，突出"以管资本为主"。这决定了国有资本投资公司对子企业的管控不能以管人、管事、管资产为重心，事无巨细，事必躬亲。三是降低运行成本的需要。国有资本投资公司主要从事国有资本市场化运作、战略研究、投资融资、并购重组等人才密集型工作，人才专业化、精英化、年轻化特征显著，平均人工成本较高，这决定了国有资本投资公司总部人员必须精干，不养闲人。国有资本投资公司"小总部"特征集中体现为"三少一高"。

1. 管得少

一方面，对子企业管得少，国有资本投资公司对子企业主要实施战略管控和财务管控，相较于产业集团公司的子企业，国有资本投资公司子企业将拥有更多自主经营权；另一方面，被出资人管得少，国有资本投资公司被赋予行使部分出资人职权，相较于一般产业集团公司，国资监管机构对国有资本投资公司给予更大范围、更宽权限的授权放权，优先体现以管资本为主。

2. 机构少

国有资本投资公司紧密结合功能定位，合理配置职能，调整优化组织机构，一般不超过10个总部职能部门（不含党组织部门），在"总部去机关化"中走在前列、作出表率。

3. 人员少

国有资本投资公司集团总部人员必须极为精干，政治素质高、专业能力强，个个都是精兵强将，总部人员编制和在岗人数比较精简。

4. 效率高

一是决策效率高，对于需要集团总部决策的重大事项，在依法合规、规范程序的基础上，尽量提高决策效率，善于把握投资机会。二是办事效率高，集团总部职能部门横向纵向之间快速响应、快速流转、快速办结，遇事不推诿、不推脱。三是汇报效率高，总部部门内部尽量压缩汇报链条，不同岗位各负其责、有效协同，避免层层汇报、层层批转。

综合而言，"管得少"是前提和基础，"机构少""人员少""效率高"是结果和升华。只有先做到"管得少"，才无须过多的组织机构和人员，才能高效协调运行。在国有资本投资公司"对下"和"被上"授权放权不到位的情况下，毕其功于一役地精简机构和人员容易带来较大的风险，可能出现对下管控失控、对上效率降低。因此，总部改革需要循序渐进，不能一蹴而就。对于起点低、基础弱的试点企业，需要调整的时间相对较长，在推进中可以设置过渡期，先明确改革方向，再确定路线图和时间表，有序推进，逐步实现；对于起点高、基础好的试点企业，需要调整的时间相对较短，可以加大探索力度，提高改革效率。

【微案例：中粮集团、国投集团探索"小总部"①】

中粮集团在国有资本投资公司试点中，重点围绕国有企业功能定位问题，聚焦粮油糖棉四大核心主业，重新梳理资产，成立18个专业公司，走产业化经营、专业化发展的道路，重建集团管控模式，分离资本经营与资产经营，实现"小总部、大产业"，厘清了资本与资产的关系，解决了架构上的问题。按照投资公司职能设立"大部制"，精简优化总部管理职能，按专业化公司打造一批有核心竞争力和市场影响力、控制力的专业化企业，形成"集团总部资本层—专业化公司经营层—生产单位执行层"三级组织架构，做实专业化公司。中粮集团以"小总部、大产业"为原则，对现有存量资产，积极部署"瘦身健体"工作，压缩管理层级，实现三级管控，法人单位减少20%；对并购重组资产，通过专业化公司（平台）的运营，以核心产品为主线加快整合，在中纺集团、蒙牛乳业等的重组整合中有序实施。

国投集团在国有资本投资公司试点中，重塑总部职能，初步形成"小总部、大产业"格局。根据国有资本投资公司的功能和定位，国投集团提出"重心下沉、激发活力、重组整合、重塑职能"的改革思路，确立了"小总部、大产业"的改革目标，着力解决总部职能管理存在越位、缺位、不到位，决策审批过多集中在总部，职能存在交叉，关联职能衔接不紧密，管服并存等问题。按照下放部分职能、整合交叉职能，推动服务共享、加强核心职能的改革路径，国投集团重塑优化总部职能，理顺与子公司权责边界。将产业经营职能下沉，能放的、该放的权限都逐步下放子公司，推动股东权利和经营权利分离；该整合的职能有效整合，缩减管理岗位，推行管服分离、实现服务共享，压缩管理边界；该加强的职能切实加强，着重提升总部战略决策能力、资源配置能力、资本运作能力、监督评价能力和加强党的建设能力。

二、战略定位与管控定位

集团总部定位，即国有资本投资公司对自身法人平台的定位，是国有资本投资公司总部改革的逻辑起点。集团总部定位不清晰、改革不到位，将导致国有资本投资公司出现战略不清晰、功能不清晰、管控不清晰等一系列问

---

① 根据公开资料整理。

题，应该发挥的功能作用也将难以充分发挥。集团总部的功能定位可以细分为产业经营维度的战略定位和监督管理维度的管控定位两个方面，重点回答集团总部"干什么、怎么干和管什么、怎么管"的问题。

（一）战略定位

产业是立企之本。国有资本投资公司首先要考虑自身的产业使命和存在价值，通过明确战略定位，确定国有资本投资公司的产业使命和产业价值。在具体的产业赛道上特别是核心主业上，国有资本投资公司的产业使命和产业价值，都应该有精准合理的定位。国有资本投资公司的企业愿景也应将集团的战略定位作为重要基础。

（二）管控定位

管控是治企之道。国有资本投资公司应从国资国企整体系统的监管体制中、从企业集团内部系统的管理体制中，分别厘清自身的管控定位。一是国资系统的管控定位。在国有资产监管体系和国有资本授权经营体制中，国有资本投资公司基本定位是"授权的出资人"，是"国有资本市场化运作的专业平台"，是联结政府及出资人代表机构与一般经营性国有企业的"中观组织"。二是集团系统的管控定位。在企业集团体系，集团总部要以管资本为主，建立起以战略目标和财务效益为主的管控模式，突出集团管控持续优化的阶段性重点。从试点实践来看，当前国有资本投资公司集团总部的管控重点主要体现在管战略投资、管干部人才、管资本运营、管风险合规、管监督问责、管党的建设等方面。当然，每家试点企业可根据自身特点确定不同维度的管控重点，以及不同阶段的管控重点。

第二节 国有资本投资公司集团组织体系

"每一个时代都有一种合乎其节拍的组织形式。"[①] 组织体系犹如企业集团的排兵布阵。为适应国有资本投资公司的功能定位和战略发展需要，集团总部要结合实际，排布好竞争和管理的阵型。

一、集团总部组织设计的基本原则

从亨利·法约尔、林德尔·厄威克的传统组织理论，到系统管理学派、

---

① 阿尔文·托夫勒. 未来的冲击 [M]. 贵阳：贵州人民出版社，1985：149.

权变理论学派的现代组织理论，组织设计的一般原则与时俱进。国有资本投资公司以"小总部"为方向开展组织设计，既要考虑企业集团总部组织设计的一般原则，也要考虑满足国有资本投资功能定位组织设计的新要求新探索，概括来说，至少应考虑以下五项基本原则。

1. 权责明确原则

从集团总部最高层到最基层，每个机构、每个岗位都应有明确的职责分工、权责界定，尽量权责匹配。每个下级一般只能有一个上级领导，避免多头领导。在下属权责范围内的事项，下属自主履职；在权责范围外的事项，及时请示上级。

2. "大部制"原则

在一个组织机构所管理的业务范围内，尽可能把具有紧密联系的相关事项归集到一个部门进行管理，最大限度地避免职能交叉、多头管理，努力推倒"部门墙"，同时按照扁平化导向，优化岗位汇报关系，尽量缩短汇报链条，提高运行效率，降低运行成本。

3. 去行政化原则

以市场化为导向，将国有资本投资公司塑造为独立市场主体，不能作总部机关、不能作政府的行政化附属。在机构名称和职务序列上尽量去除行政色彩，在干部员工职级上不与政府公务员行政级别作直接对应。

4. 量化约束原则

为防止总部机构人员膨胀，需要对机构和管理人员设定量化约束线。一般情况下，集团总部一级职能部门不超过 10 个，一级部门下设二级部门（如有）不超过 5 个。二级部门的员工职数不少于 3 个，一个上级管理的下属员工不少于 2 个。对于上级组织要求设置的机构部门，从其规定要求。

5. 整体考虑原则

从广义上讲，国有资本投资公司的组织架构是指企业集团内部组织单元的布局结构，其中既包括管理单元，也包括经营单元，既包括法人组织，也包括非法人组织（见图9-1）。从狭义上讲，国有资本投资公司的组织架构特指管理单元的布局结构，主要包括集团总部职能部门、职能法人化公司，一般不直接从事生产经营、不直接创造利润。从整体上看，国有资本投资公司企业集团内部可设置三层组织架构，每一层都是具有经营管理决策权的一个管理层级，都具有不同的管控定位和特定功能。

管理单元	总部职责职能法人化公司	集团总部职能部门
经营单元	产业平台公司/经营性子公司	集团总部经营性事业部
	法人组织	非法人组织

图 9-1　企业集团内部组织架构的四种基本形式

二、集团总部组织设计的主要策略

（一）集团总部机构类型

基于功能差异，国有资本投资公司集团总部的组织机构可分为三大类，包括职能管理类、议事协调类、共享服务类。当然，如果集团总部不承担共享服务功能，也可不设共享服务类机构。

1. 职能管理类机构

这是按照专业化分工原则设置的具有特定职责和能效目标的机构，通常以部门的形式设立，机构内部有明确的专职的岗位设置和人员编制，一般包括行政职能机构和党组织机构等。

2. 议事协调类机构

这是为促进跨部门沟通协作而设置的专业化联合议事机构，通常由一位集团领导作为牵头人、相关部门负责人作为主要成员。这类机构一般不设专职岗位，不占用人员编制，一般包括专业委员会或工作组。

3. 共享服务类机构

这是将集团总部和各业务单元相同的、重复的、能够标准化的支持性工作和专业服务工作集中到一起，提供专业化、规模化和整合化的统一共享服务的机构，如行政共享中心、财务共享中心等。

【微案例：国机集团实施以价值创造为目标的总部机构改革[①]】

国机集团以突出"战略管控、价值创造、服务支撑"三大功能为目标，对总部组织机构和编制进行优化调整，整合交叉职能，下放部分职能，新增或扩大对下属企业授权放权13项。通过"大部制"改革，合并压减部门内设机构。改革后，总部部门由13个缩减至11个（含党组织工作机构3个），总部编制缩减到170个以内，总部部门数量和编制均低于央企平均水平。同时，秉承共同

[①] 根据公开信息整理。

事务共同办理、管办分离原则,剥离总部有关服务职能,组建共享服务中心。

(二)职能管理类机构的设置

1. 配置职能

国有资本投资公司可依据总部定位,将总部职能分解为若干"基本职能模块"(见表9-1)。所谓基本职能模块,是在公司的运行过程中,具有连续性、稳定性和相对独立性,不轻易随公司阶段性任务的变化而变化的基本职能。比如,税务管理是一个基本职能模块,而财务是更宽泛的职能,不是基本职能模块。基本职能模块必须满足以下条件:一是具备连续性、稳定性、相对独立性;二是承担职能管理职责;三是日常工作占80%以上;四是需要团队协作才能完成。对于不构成一个基本职能单元但根据工作需要具备独立重要性的职能,可设立专岗。

表9-1 集团总部标准化基本职能模块(60个)

党委(党组)工作支持	文秘管理	调研督办	信访与维稳	战略研究	投资并购
董事会工作支持	会务管理	保密工作	行政后勤	战略规划	资产脱售
战略合作	创新与科技管理	干部管理	薪酬管理	组织监督	资本管理
国资重组	组织建设	员工管理	培训管理	员工服务	预算管理
融资管理	会计与税务管理	财务监督	公司治理	运营监管	健康安全环保
资金管理	产权管理	付款报销	董事支持	风险管理	智能与数字化
业绩考核	股权与资产交易	证券监管	文化建设	统战工作	团委工作
深化改革	资产证券化	基金管理	宣传工作	工会工作	社会责任工作
直属党委工作	案件管理	审计监督	监事支持	纪律检查	效能监察
法治建设	合规管理	内控评价	日常监督	党内问责处理	巡视巡察

2. 设置部门和明确职责

首先,要明确部门设置的标准。日常工作联系紧密、具有较强协同性的一组基本职能模块可设置一个一级职能部门。部门的确定相对灵活,一般取决于高管层的任务分配、公司发展阶段和工作重心的变化。原则上,拥有两个及以上的基本职能模块,可设置一级职能管理部门。一级职能部门内部可以设立专岗。其次,设置具体部门并确定其职责。在理想模式下,国有资本投资公司总部部门可由标准化职能部门和个性化职能部门组成,原则上,集团总部不设置负责生产运营的一级部门。最后,设立相应内设机构(二级部门)。当然,也可根据需要不设二级部门,标准化一级职能部门可设置10个(见表9-2)。

表 9-2　国有资本投资公司部门设置与职责参考

一级部门名称	基本职能模块	部门职责
办公室（党组办公室、董事会办公室）	党委（党组）工作支持	负责党委（党组）会的会议管理，修订党委（党组）工作规则
	董事会工作支持	负责集团董事会及其下设专门委员会的会议管理、外部董事日常服务等相关工作，起草修订公司章程、董事会议事规则等公司治理基本制度
	文秘管理	负责集团公司管理内外部公文、公司印章，为集团领导提供秘书服务，日常值班
	会务管理	负责集团公司（含集团股份公司）股东大会、总经理办公会以及集团领导参加的各类重要会议的筹划、组织和记录纪要工作
	调研督办	负责按照集团领导指示开展内外部专题调研，起草领导讲话文稿，督办领导部署工作等相关工作
	保密工作	负责集团保密管理、档案管理相关工作
	信访与维稳	负责信访接待和回复、群体性应急事件处置、维稳等相关工作
	行政后勤	负责集团食堂、消防、安保、车辆、办公用品、机票酒店预订等相关后勤工作
战略发展部	战略研究	负责研究宏观经济、产业政策、行业发展趋势、竞争公司动态，扫描潜在投资领域，组织集团级战略研讨会/务虚会
	战略规划	负责研究企业发展方向，制定集团总体战略，确定产业规划、业务布局，推动战略实施并开展战略评价，为年度财务预算提供重点经营指标参考值，建立新业务孵化培育机制，指导子企业制定业务战略和规划等相关工作
	投资并购	负责研究潜在的战略性投资并购机会并制定方案，制订年度投资计划并组织实施，审核子企业重大固定资产类、股权类等投资方案
	资产脱售	负责研究制订业务和资产战略性退出和脱售计划，审核子企业重大资产处置及退出方案
	战略合作	负责研究同企业集团、科研单位、地方政府等潜在合作方签订战略合作协议，并跟踪推动落实
	国资重组	负责研究同中央企业、地方国企在公司股权和业务资产等方面的重组与合作机会，制定重组工作方案并组织实施
	创新与科技管理	负责研究产业的技术发展方向，建立集团科技研发管理体系，制订重大科技攻关计划并组织实施，审核子企业重大科研项目并指导验收，建立科技成果转化机制，开展科技知识产权管理，组织集团内部"双创"工作

续表

一级部门名称	基本职能模块	部门职责
人力资源部（组织部）	组织建设	负责研究和指导集团总部及子企业党组织特别是基层党组织建设工作，主管党员的管理和发展工作
	干部管理	负责提出关于集团党委（党组）管理的干部或职业经理人的调整、配备的意见和建议，及其考察、交流、任免手续办理、日常管理等相关工作
	员工管理	负责集团公司定岗定编、员工招聘、人才引进、岗位调配、员工绩效评价、员工关系管理等相关工作
	薪酬管理	负责集团薪酬体系设计与实施、工资总额与中长期激励管理等相关工作
	培训管理	负责集团培训体系建设与实施、人才培养、员工培训、职称评审等相关工作
	组织监督	负责集团选人用人监督管理、干部监督管理、干部人事档案管理等相关工作
	员工服务	负责员工入职离职办理、员工自助服务、薪酬发放、个税申报、社保及年金账户管理、员工信息管理等相关工作
财务部	资本管理	负责子企业资本金投资管理、资本结构管理、上市公司市值管理、分红收益管理等相关工作
	预算管理	负责国有资本经营预算管理、集团及子企业全面预算管理、成本管理等相关工作
	融资管理	负责根据集团资金需求，开展外部融资相关工作，对接银行等金融机构及资本市场债务融资
	资金管理	负责建立集团资金管理体系、现金及流动性管理，子企业融资担保、过桥资金安排等相关工作
	会计与税务管理	负责制定集团及子企业财务会计政策，进行会计核算并编制财务会计报告，组织开展税务筹划，负责会计师事务所选聘等相关工作
	产权管理	负责国有资产产权登记、变更、注销，资产评估、备案和监督管理等相关工作，负责资产评估机构选聘管理
	财务监督	负责强化财务纪律，财务制度执行、财务基础管理的监督检查，财务内控体系建设及指导和检查等相关工作
	付款报销	负责集团费用报销、付款、收款、单证扫描等相关工作
股东管理部	公司治理	负责指导子企业健全公司治理结构、加强董事会建设，提出公司组织职能和机构调整建议，子企业重组整合，建立集团内部管理体系，推动对子企业授权放权，健全制度管理体系，指导子企业加强参股企业管理等相关工作
	董事支持	负责对集团委派的子企业董事提供日常支持和服务，牵头组织子企业股东会和董事会议案审议并提出议案意见，组织开展专职董事培训和评价等工作

续表

一级部门名称	基本职能模块	部门职责
股东管理部	运营监管	负责对子企业经营情况过程监控、统计分析，提出经营改善意见和建议，指导子企业持续开展管理提升，协调子企业内部协同等相关工作
	风险管理	负责建立健全集团全面风险管理体系及内控体系，对信用风险、市场风险、金融衍生品风险等进行监管，对子企业经营风险提出意见和建议
	智能与数字化	负责集团系统内智能与数字化网络建设，集团企业资源计划（ERP）系统建设及推广应用，IT共享服务体系，网络信息安全管理等相关工作
	业绩考核	负责承接国资监管机构等出资人代表对集团公司的年度和任期考核任务，对集团总部直接管理企业实施契约化管理并对经营层进行年度和任期业绩考核评价，开展竞争力评价等相关工作
	深化改革	负责建立完善集团及子企业全面深化改革顶层设计，制定改革规划和行动计划，指导子企业推进内部改革并进行评价，向国资监管机构等上级主管部门争取改革政策，策划实施试点等集团重大专项改革
资本运营部	股权与资产交易	负责根据集团决策，组织实施战略性投资并购交易、业务和资产战略性退出和脱售交易、重要子企业引入战略投资者方案等相关工作
	资产证券化	负责研究资本市场趋势和规律，制定子企业资产上市、上市资产私有化、上市公司股权增减持等方案等并组织实施的相关工作
	证券监管	负责对参控股上市公司证券账户管理，指导子企业严格按照外部监管政策执行内幕信息管理
	基金管理	负责研究组建产业投资基金，并指导基金运作
企业文化部（宣传部、工会）	文化建设	负责建立完善全集团企业文化体系，建立企业形象视觉标识，开展品牌管理，指导子企业企业文化建设
	宣传工作	负责牵头组织集团系统政治建设、思想建设、精神文明建设，政治理论学习，党内主题教育，对内宣传、对外宣传，内部报纸杂志编辑发行，网上论坛、集团网站、微博、微信公众号运维，外部舆情监测与应对等相关工作
	统战工作	负责集团系统统战相关工作，指导子企业统战工作
	工会工作	负责集团工会委员会日常工作
	团委工作	负责集团系统团组织相关工作，指导子企业团组织工作
	社会责任工作	负责集团系统履行社会责任相关工作，定点扶贫和对口帮扶工作，对外捐赠工作等，制定发布可持续发展报告
	直属党委工作	负责集团总部机关党委党建及日常工作

续表

一级部门名称	基本职能模块	部门职责
法律合规部	法治建设	负责建立健全集团及子企业法治建设体系,提示子企业重大法律风险,开展普法宣传,组织法律专业培训
	案件管理	负责推动处理子企业重大法律案件,配合处理劳动纠纷、知识产权、刑事等案件,对接律师事务所
	合规管理	负责建立合同管理体系,审核重要合同,为集团重大决策提供法律意见和建议
审计部	审计监督	负责集团机构部门及子企业开展经济责任审计、管理审计、财务审计、项目审计、专项审计等相关工作,对违规投资经营追责问责,对接上级审计外派机构
	内控评价	负责集团及子企业内部控制评价相关工作
	监事支持	负责对集团委派的子企业监事提供日常支持和服务,组织开展专职监事培训和评价等工作
健康安全环保部	健康安全环保	负责建立健全集团安全生产管理体系,对子企业安全工作进行指导、监管、评价等相关工作;负责建立健全集团环境保护管理体系,对子企业环保工作进行指导、监管、评价等相关工作;负责建立健全集团职业健康管理体系,对子企业职业健康工作进行指导、监管、评价等相关工作
纪检监察组	日常监督	负责监督检查集团总部部门、子企业贯彻执行党的路线方针政策、国家法律法规、上级及公司党委(党组)、公司重大决策等情况,组织开展反腐倡廉和反腐败工作,承担总部机关纪委日常工作
	纪律检查	负责受理对党员和监察对象的检举、控告,受理党员和监察对象的申诉,保护其合法权益,调查集团党委(党组)管理的领导人员违反党纪政纪的案件,监督检查子企业案件查办工作
	党内问责处理	负责根据党内纪律和规定,对违纪党员干部进行问责处理
	效能监察	负责组织效能监察工作,指导子企业自立项目效能监察工作
	巡视巡察	负责巡视巡查相关工作

除上述职能部门之外,一般还应设立党委(党组)纪检监察组,作为上级纪检监察机构的派驻机构,履行纪律检查、监督问责等职责。

3. 设置岗位和职务序列

按照扁平化导向,尽量减少汇报层级,压缩汇报链条。一级职能管理部门设部门负责人(部门长),根据需要设部门副职;二级职能管理部门设职能负责人(职能长),根据需要设职能副职;每个二级部门内设经理、主管、专员岗位，根据需要设专家岗，一般不设三级部门。按照市场化导向，部门职务序列尽量体现公司化特点，不宜同政府行政职务序列对应（见表9-3）。

表9-3 国有资本投资公司总部部门职务序列名称参考

序号	一级部门名称	职务序列
1	办公室（党组办公室、董事会办公室）	主任（副主任）、总监（副总监、专家）、经理（高级经理、助理经理）、主管（高级主管）、专员
2	战略发展部	部长（副部长）、总监（副总监、专家）、经理（高级经理、助理经理）、主管（高级主管）、专员
3	人力资源部（组织部）	部长（副部长）、总监（副总监、专家）、经理（高级经理、助理经理）、主管（高级主管）、专员
4	财务部	部长（副部长）、总监（副总监、专家）、经理（高级经理、助理经理）、主管（高级主管）、专员
5	股东管理部	部长（副部长）、总监（副总监、专家）、经理（高级经理、助理经理）、主管（高级主管）、专员
6	资本运营部	部长（副部长）、总监（副总监、专家）、经理（高级经理、助理经理）、主管（高级主管）、专员
7	企业文化部（宣传部、工会）	部长（副部长、工会副主席、团委书记）、总监（副总监、专家）、经理（高级经理、助理经理）、主管（高级主管）、专员
8	法律合规部	部长（副部长）、总监（副总监、专家）、经理（高级经理、助理经理）、主管（高级主管）、专员
9	审计部	部长（副部长）、总监（副总监、专家）、经理（高级经理、助理经理）、主管（高级主管）、专员
10	健康安全环保部	部长（副部长）、总监（副总监、专家）、经理（高级经理、助理经理）、主管（高级主管）、专员

注：*纪检监察组组长一般为集团党委（党组）成员。

职能管理部门主要负责提交议案、请示和报告，为集团决策提供支持服务，实行一把手负责制，如图9-2所示。

（三）议事协调类机构设置

议事协调类机构是集团总部中发挥重大事项评议、执行层面沟通、解决方案动议等功能的非部门化组织，主要解决职能部门之间协调不充分、协作不规范等问题。议事协调机构一般由集团公司层面领导作为负责人，相关部门负责人或委派人员作为成员，比职能部门规格层次更高、权威性更强、协调力更大。议事协调机构一般分为专业委员会、工作小组、项目小组等。

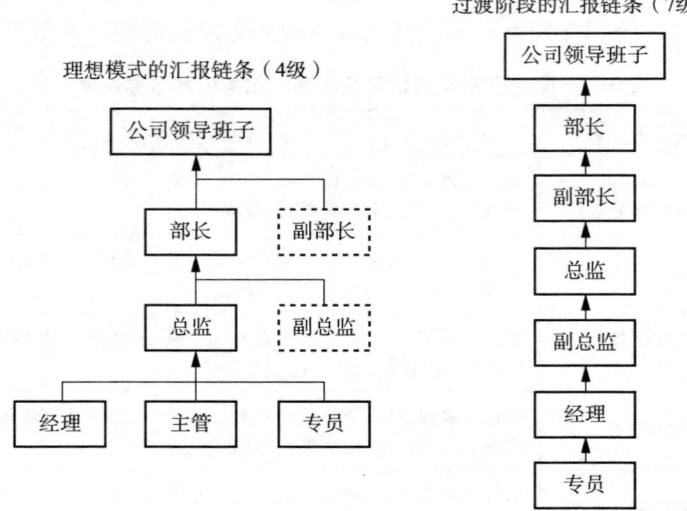

图 9-2 集团总部内部汇报链（理想模式与过渡阶段）

1. 专业委员会

专业委员会为统筹推动一些涉及全局性的工作而设立，由集团领导作为委员会主任或主席，相关部门负责人组成。经理层一般下设战略与投资委员会、预算委员会、考核与薪酬委员会、风险与审计委员会、全面深化改革委员会、数字化委员会等。

2. 工作小组

工作小组为加强部门之间协同合作与协调而设立，由相关职能部门人员组成，由牵头部门负责人任组长。比如，集团制度管理工作小组、保密工作小组等。

3. 项目小组

项目小组为开展临时性或专题性工作而设立，由牵头部门委派负责人，由相关部门或公司委派专职或兼职人员参加，依托各自单位的职能共同推进工作项目。比如，巡视整改项目小组、数字化系统建设专项小组等。项目小组一般为临时性组织，项目结束后，项目小组解散，项目人员回归原单位。

【微案例：中广核重塑组织与管控体系[①]】

中广核集团紧紧围绕以核能为特色的国有资本投资公司定位，在2019年和2021年先后推行两轮总部组织改革，着力打造"强总部"。

一是"千方百计确保核安全"。贯彻落实习近平总书记重要指示批示精神，推行集团公司与核电股份公司的总部统筹运作，在集团层面设立核能业务管理部门，夯实总部核安全责任。

二是突出核心管理职能。总部按照"出政策、定规矩、立标准"的定位，突出战略管理、资源配置、统筹协同、内控监督、核电安全、党的领导六大核心职能，将信息化服务等集约化共享服务调整至专业化公司，不干预子企业的具体经营管理事项。

三是明晰权责边界和管控模式。全面推行母子公司治理体制，总部严格行使《公司法》和公司章程赋予的股东权利。主要通过治理方式履职行权，原则上总部不直接向子企业职能部门下达指令，不通过前置审批、条线管理干涉子企业授权范围内决策事项。以干部选聘为例，改革前，子企业人资、党群、安全质量等多个部门的负责人由总部部门指定或前置把关；改革后，总部主要通过制定任职资格标准、差额推荐人选的方式落实管控意图，不再干预具体选聘工作。

四是落实子企业董事会各项职权。落实"总部机关化"专项整改要求，废除子企业董事会议题备案等制度，总部审批备案事项取消65项，下放35项，减少40%，本轮改革将进一步压减30%以上。建立授权动态调整机制，基于量化评估结果，动态调整对子企业授权力度，实现"干得越好授权越大"。率先开展落实子企业董事会职权试点工作，探索积累可复制、可推广经验。

（四）共享服务类机构设置

一般而言，集团总部具有增进价值创造、防止价值毁损两类核心功能。建立集团总部的共享服务功能，是增进集团总部价值创造的一种有效手段。对国有资本投资公司也是如此。"共享"是对业务单元的部分职能进行协调和整合，以实现跨业务单元的协同增效、规模效应和成本节约，如图9-3所示。"服务"是根据市场原则，按照服务水平协议（Service Level Agreement，SLA）为各业务单元提供支持服务，进行成本分摊或收取费用。共享服务中心通过专业化的服务流程与系统、规模化的共享运作和持续改进的内生动力，

---

① 根据公开信息整理。

显著提高服务质量和效率、降低成本。

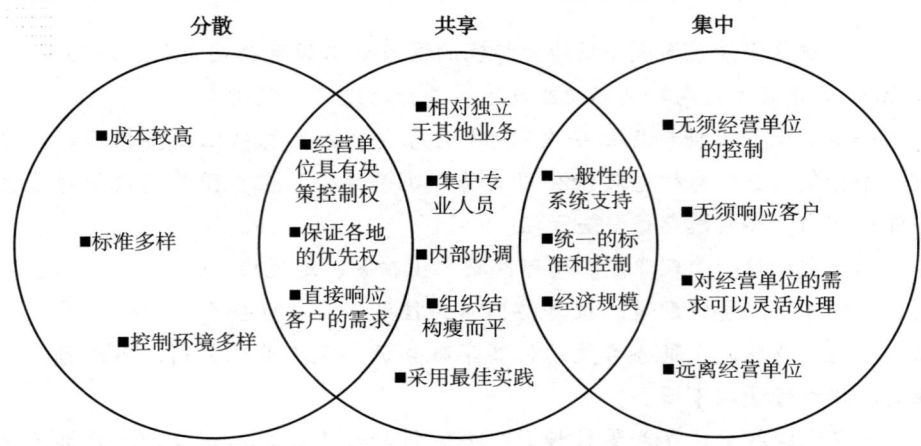

图 9-3 共享服务的职能定位

共享服务的模式有很多种，最常见的模式是在集团内部成立一个独立的中心，其他业务单元/部门与该中心是内部客户的关系，共享服务中心自成一个组织，通过一套明确的服务水平协议来提供服务，服务水平协议需要借助双方对服务水平标准的界定，实现对服务质量的衡量和监控。按照"谁受益，谁付费"原则，可建立费用支付机制。服务费用根据各企业共享服务中心的模式或发展阶段，可以是真实的收取、费用分摊或虚拟的核算。为了防止共享服务中心在集团内部形成垄断，从而彻底失去自我改进的压力，有的集团还引入了竞争机制，假如内部提供的服务水平无法与外部服务者的水平相媲美，那么内部客户将会优先购买外部供应商的服务。这种竞争压力，就迫使集团内部的共享服务中心必须致力于不断改进服务水平，力求为内部客户提供始终优于外部市场的高质量、及时的服务。

由于所处行业不同、企业特点不同、地域分布不同等，共享服务中心的业务范围存在一定差异。国有资本投资公司可结合自身实际，循序渐进，灵活确定共享服务中心的框架和业务内容，最初可以拓展如会计记账、订机票等非核心大批量的操作业务，以后可以拓展到人力资源、信息系统、财务分析等领域。可考虑逐步建立以下五个共享服务中心，为职能部门发挥支撑保障作用。

1. 经济与产业研究中心

负责对宏观经济趋势进行分析研判，对子企业所在产业发展趋势、价格趋势、竞争对手市场表现等进行跟踪分析，对具有投资潜力的行业进行综合分析并提出投资建议。

2. 行政后勤共享服务中心

统一负责提供集团内部或特定区域的办公用品采购、历史文件保存服务、食堂餐饮服务、票务及酒店预订服务、车辆服务和车位服务、安保服务等业务。可由办公室或综合管理部负责人兼任行政后勤共享服务中心负责人，也可设立行政后勤服务公司，以更加灵活的用工方式提供专业化服务。

3. 财务共享服务中心

负责提供费用报销、税务筹划、会计核算、资金管理、财务分析服务等业务。可由财务部副部长兼任财务共享服务中心负责人。

4. 信息共享服务中心

负责提供信息化设备硬件（电脑、打印机、复印机等）和软件（操作系统、应用程序等）服务、日常办公系统及网络咨询服务、系统应用开发等业务。可由股东管理部或智能与数字化部副部长兼任信息共享服务中心负责人。

5. 人力资源共享服务中心

负责提供员工入职与离职手续办理、普通护照保存等员工基础管理服务，工资计算与发放、开具在职及收入证明、社保及公积金账户管理等薪酬和福利基础服务，人力资源基础信息管理与维护、员工电话咨询与面对面服务等业务。可由人力资源部副部长兼任人力资源共享服务中心负责人。

【微案例：中国宝武建设财务共享服务中心[①]】

中国宝武建设财务共享服务中心可追溯到2009年成立宝钢集团共享服务中心，主要功能是为集团下属子公司提供会计核算等服务工作。共享中心设立主要是由于2009年外围经济环境逐步恶化，对企业管理提出了更高的要求，宝钢集团管理层明确了向管理要效率的需求，推动了一系列管理变革，财务共享服务中心项目是众多变革项目之一。

秉承贯彻效率管理的理念，宝钢集团在财务管理领域推进了专业化的分工：集团总部财务部负责策略的制定；业务财务人员则需要成为业务伙伴；而共享中心的定位是专业化、加强质量控制，成为效率提升的执行者。共享中心的主要管理目标十分明确，即提升集团整体管控力度与水平，快速复制标准化的财务管理模式，支撑公司快速增长扩张的需要，同时快速提升子公司管理水平。

---

① 根据公开信息整理。

共享服务中心约有230人,支持宝钢集团钢铁主业的会计核算业务,覆盖范围达到其收入的70%左右,基本覆盖了钢铁主业的所有成员企业,覆盖以上海本地企业为主的68家单位,也对外地企业提供服务,并为在中国香港和新加坡的公司提供服务。

作为集团财务部的一个重要组成部分,宝钢财务共享服务中心由若干小组构成,包括采购至付款室、销售至收款室费用室、税务单证室(含扫描中心)、专项服务室、总账与报表室、系统支持室、运营室等。共享中心涵盖了会计核算能够共享的主要流程,共享中心细化了242个子流程,对应242个岗位类型。

三、集团总部组织运行的工作机制

国有资本投资公司让总部机构切实履行职责、充分发挥作用,必须建立配套的运行保障机制。特别是通过改组而来的国有资本投资公司,面临从"机关型管理、行政化运作"向"股东型管理、市场化运作"转型的挑战,要持续整治总部机构形式主义和官僚主义,努力成为"总部去机关化"的表率。

1. 转变工作方式,从红头文件到建议函和提示函

从法律关系角度来看,国有资本投资公司与子企业是出资与被出资的关系,不是上级与下级的关系。在日常管理中,要逐步破除"官本位"思想,转变行政化"上下级隶属"观念,对上传下达的工作方式应更加市场化,体现国有资本投资公司作为积极股东的作用。例如,更多采用工作"建议函"和"提示函"的形式表达集团总部对子企业的意见建议,减少甚至不再使用集团"红头文件"对子企业下达命令指令;允许支持子企业更多采用董事会或股东会的议案、报告等形式,表达对集团的诉求及建议。

2. 转变工作作风,从重审核审批到重指导服务

国有资本投资公司总部部门要建立更强的服务意识,把业务部门和经营单位作为"内部客户",服务业务、支持一线。一是加强"首问负责制",让每一个事项都有主责的部门负责,主责部门能把工作一抓到底,主动牵头协调相关部门,为子企业提供"一站式"服务,不推诿扯皮、不拖延耽误。二是加强"限时办结制",要求一般公文事项3个工作日办结,急件1个工作日办结,特急事项及时办理,在规定时限内未办结或处理的视为同意;总部各部门要对本部门权责事项公开承诺办理时限,并将实际办理情况纳入对本部门的年度评价考核,由子公司监督。三是加强"闭环管理制",坚持"任务目

标化、目标项目化、项目责任化、责任实效化"的原则,将集团决策部署的每一项任务进行分解落实,明晰工作目标,建立项目台账,确定责任主体,强化监督考核,通过闭环管理,将每项任务落实落细,做到见行动出成效。

3. 精简会议优化调研,让企业有更多精力面向市场

一般来说,开会的目的是统一思想、推动工作。国有资本投资公司应注重会议分类管理,对集团总部全体领导班子成员参加的会议、集团总部部分领导班子成员参加的会议、集团总部部门领导参加的会议等进行分类,分别明确参会要求,不强制要求子企业参会人员职务对等。注重会议计划管理,年初制订会议计划,按季度进行细化和调整,每月初对上月会议计划执行情况进行通报。注重提高会议质量效率,会议材料提前发送参会人员,坚持开短会、讲短话、讲有用的话,汇报尽量不念稿、少用PPT。集团总部调查研究更加注重了解一手信息,解决实际问题。调研事前预设、事中验证、事后进一步深化完善对问题的理解和解决思路。建立调研信息共享机制,制订年度、季度调研计划,调研后形成针对性的调研报告,调研计划和调研报告各部门共享,加强工作协同,避免重复调研、扎堆调研,降低对企业正常经营管理的影响。建立总部部门与子企业工作联系点机制,鼓励总部部门与困难企业、先进企业"结对子",推动总部部门深入了解联系点企业困难问题,及时指导帮助解决。

4. 改进用人方式,让更多有子企业基层经历的干部人才到总部工作

"宰相必起于州部,猛将必发于卒伍。"集团总部指导服务子企业的重要途径,就是让懂企业、爱企业的人为企业办事。国有资本投资公司履行股东职责,合理授权放权,减少对子企业日常生产经营管得过多过细,需要持续提高支持服务企业的工作效率,要让更多熟悉企业情况、了解企业难处、怀有企业感情的干部人才交流到集团总部。要建立"引上来"和"走下去"有机结合的人员交流机制,注重从基层企业选拔优秀人才[①],注重对集团总部人员加强锻炼培训。在保持集团总部平稳运行的前提下,明确年度交流计划数量。比如,按照每年10%的总部人员编制比例,有计划、有组织地开展集团总部与子企业人才交流,通过岗位调整、挂职交流、职位轮换等多种方式,促进双向流动、双向提升。

---

① 国务院国资委《关于中央企业开展"总部机关化"问题专项整改工作的通知》(国资党委〔2019〕161号)。

【微案例：招商局集团"3S"总部管理模式[①]】

招商局集团总部定位于"权威总部、价值总部、创新总部",总部实施"3S"管理模式。第一个 S(Shaping)是战略引领,由集团总部制定整体战略,以此为基础指导和引领下属公司的发展目标、方向和路径;第二个 S(Safe-guarding)是风险管控,作为一家产融结合的大型企业集团,需要从集团整体层面自上而下地把控系统性风险和结构性风险,同时自下而上地层层汇总风险,实现层层、处处、人人控风险;第三个 S(Servicing)是综合服务,集团总部为下属企业提供综合服务,配置资源、人才和战略发展目标相适应的体制机制,确保战略落地和产业发展到位。

第三节 国有资本投资公司战略管理体系

科学有效的管理体系是国有资本投资公司对子企业治理管控的主要抓手,也是对存量国有资产监管的重要依托。国有资本投资公司主要通过构建战略目标、督促战略执行、有效监督评价等途径保证子企业落实功能定位、履行职责义务,同时通过制定政策、制度和标准,对子企业进行指导、规范和服务。国有资本投资公司要建立起兼具纪律性、灵活性和包容性的管理体系,确保实现管理目标。战略指引方向,构建管理体系应该从战略管理体系开始。

战略管理体系是以战略目标为核心的规划、实施、评价闭环管理体系,在不干涉子企业日常生产经营的前提下,国有资本投资公司对子企业经营管理活动进行有效监管,确保战略目标落地。

一、战略规划子体系

战略规划的目的是明确发展方向和大致路径,发挥前瞻性引领作用。一是确定国有资本投资公司的总体战略,包括公司的愿景使命和战略定位,公司的增长方式和发展模式。二是制定公司五年发展规划,包括未来五年的集团发展目标、业务组合、发展路径、重大改革举措等。根据需要,适时制定三年滚动规划,对规划目标和实施举措动态优化,对重大外部环境变化适应性调整。三是针对各项业务制定专项规划,包括业务发展目标、资产组合、

---

① 根据公开信息整理。

商业模式、发展路径等，分解到相关子企业。集团总体战略规划与各项业务发展规划要相互结合，紧密衔接，保持一致性和协调性。

二、计划预算子体系

计划预算的目的是化战略为行动，确定年度的具体经营发展目标和举措，促进战略规划执行落地。一是将五年发展规划和三年滚动规划的第一年目标细化分解为年度发展目标，并结合国资监管机构的业绩考核指标，制订年度经营计划和投资计划，确定年度经营任务和重点投资领域及潜在项目。二是以经营计划和投资计划为基础，制定年度经营预算和投资预算，一方面确定年度的费用性支出和资本性支出总额，另一方面确定资金需求缺口和融资计划。三是形成年度重点工作计划（包括经营计划、投资计划、重点战略任务计划等）和全面财务预算，确保计划做得精、预算做得准。四是在年度重点工作计划和财务预算确定关键绩效指标的基础上，确定子企业年度业绩考核指标及指标值，形成年度契约化管理的业绩任务。国有资本投资公司作为控股股东，要通过子企业董事会同企业经理层签订任期合同和业绩合同（任期和年度），层层压实经营管理责任。

【微案例：国家电投建立战略落地体系机制①】

国家电投将集团五年规划目标分解成各二级单位三年任期指标，并落实到年度经营计划中。制定8项规章制度，出台专项工作方案，同步设计了8个协议范本和责任书范本。全面审核所有二级单位及部分三级子企业的岗位聘任协议和任期综合业绩责任书，确保签订工作规范准确。建好用好"战略-规划-计划"（SPI）、"计划-预算-考核-激励"（JYKJ）和"双对标，双激励"（SDSJ）等战略落地体系和管理工具，将战略目标分解到五年规划目标，再落实到任期指标和年度经营计划，与预算、考核、激励等要素结合，形成完整闭环的SPI-JYKJ体系，使"2035一流战略"站得住、立得稳。

三、运营监控子体系

运营监控的目的是在执行过程中关注执行动态，及时纠正执行偏差，防控应对经营管理风险。一是建立起对子企业日常生产经营监控的指标体系，明确监控的内容与标准、完成计划预算的比率、报送信息的频率、数

---

① 根据公开信息整理。

据异常的标准等。二是建立起覆盖所有重要骨干子企业的运营监控信息系统或 ERP 系统，同时建立子企业经营管理定期报告体系，可按集团总部的监控需求设计报表和图表的自动生成系统，作为辅助决策的基础。三是对子企业反馈的异常数据或情况及时分析原因并判断合理性，可按照偏离正常指标值的程度进行分类，对偏离正常值较大的情况进行质询和风险提示。四是指导监督子企业对出现问题的异常情况进行整改，并根据情况采取相应处置措施。

四、考核评价子体系

考核评价的目的是对战略执行情况进行定期审视和总结，对战略性的重大偏差及时修正，充分发挥"指挥棒"的作用，激励各级经理人和员工向公司既定的目标奋斗。考核评价可分为对子企业的组织业绩评价和对经理人的个人绩效评价。一是要建立科学合理的考核评价体系，结合不同子企业的行业特点、功能定位、发展阶段、竞争能力等因素，确定对子公司的考核评价指标及指标值（任期和年度）和所占权重，通过子企业董事会确定对经理层的考核评价指标及指标值。要采用市场化对标的方法，让子企业同经营历史比、同行业企业比，尤其要把子企业放在行业竞争力分位中，以此衡量企业在行业中的竞争力指数。二是在考核评价期末（任期和年度）开展经营绩效审计和投资后评价，获得对子企业和经理人考核评价的指标值完成结果。三是结合考核加分项和减分项因素对业绩完成情况的调整，得到对子企业的考核结果，进而确定对其的综合评价。四是对经理人以领导力素质模型为基础标准进行 360°评价，综合业绩考核评价结果，形成对每位经理人的综合评价。

五、激励约束子体系

激励约束的目的是让经理人和员工的经营管理行为得到及时有效的反馈，对正向行为结果激励促进，对负向行为结果惩罚纠正。一是根据业绩考核评价结果兑现年度绩效奖金和中长期激励，对高级经营管理人员建立递延支付机制，防止经营行为短期化。二是根据经理人综合评价结果，对经理人进行辅导并制订个人发展与改进计划，促进经理人成长发展。三是以综合评价结果，作为经理人晋升、调岗或撤换的基础依据，根据干部管理权限上报决策主体进行决策。四是对出现重大经营和投资失误、造成重大经营和投资损失的经理人员及时追责问责。

六、收益管理子体系

收益分红是国有资本投资公司享有子企业经营成果,保证所投资国有资本实现保值增值的必然要求。一是国有资本投资公司以出资人身份,结合子企业实际经营情况,通过股东会对其确定具体的年度现金分红比例。二是按照有关法律法规和公司章程,对所持股企业的利润分配进行审议表决,确保各级次子企业严格落实集团总部的利润分配政策。三是监督子企业按时足额上缴分红收益,并按照国资监管机构、财政部门或社保基金的有关要求,上交国有资本收益和使用管理留存收益。

【微案例:华润集团"6S"战略管理体系[①]】

华润集团认为,构建战略管理体系是国有资本投资公司管理多元化业务的重要工作,需要在组织内部统一管理思想,综合运用符合现代企业管理科学发展趋势的方法论和工具,针对各级业务单元战略的制定、分解、实施、监控、评价、考核等形成一体化管理。华润集团根据国有资本投资公司改革要求,结合自身管理实践,创建了独具特色的"6S"战略管理体系,包括战略规划体系、商业计划体系、管理报告体系、战略评价体系、战略审计体系、经理人评价体系。

1. 战略规划体系

战略规划的内容主要包括集团和下属各级业务单元战略的制定与细化。集团战略侧重业务组合、行业进退、重点战略举措及业务单元之间的协同等;业务单元的业务战略侧重所在行业领域分析、商业模式阐述、具体战略举措的制定、分解、执行和落实等。战略规划的制定主要包括两个层面:集团层面的战略制定通常包括修订集团整体的使命、愿景、价值观和战略目标,研判集团业务组合及行业进退选择,形成集团总体战略举措及关键战略主题,以及业务单元之间的协同战略,还包括集团职能的发展规划及其他重要内容等。业务单元层面的战略制定包括各业务单元依照集团的整体战略规划,结合内外部因素,制定自身的使命、愿景、发展目标和战略举措。一是制定目标。业务单元特定时期的战略目标可以从经济规模、行业地位和核心竞争力等维度设定量化指标。二是明确在何处竞争。主要是基于对宏观环境、行业特征和竞争格局的分析,从产品(服务)和区域两个方面,确定业务发展规

[①] 根据公开信息整理。

划,包括价值链定位、商业模式、业务产品组合、目标区域与客户群等。三是明确如何竞争。业务单元要构建符合自身发展状况的核心竞争力,从资源、人才、机制、管理、创新等方面确定市场化竞争策略。四是明确何时竞争。根据业务单元的发展阶段、业务竞争需求和紧迫性对各项战略举措进行优先排序,制订出战略实施的时间安排和里程碑计划。五是测回报。将总体战略目标细化分解为阶段性的目标值和里程碑节点,按照年度和合理的战略执行周期进行评价考核。考核结果作为对整体组织绩效评价的重要依据,同时对战略的阶段性检讨起到修正作用,调整战略制定阶段对外部不确定因素的偏差和误判。

2. 商业计划体系

商业计划是战略落地的关键环节,其核心思路是将中长期战略举措分解为年度工作计划和行动方案,形成的各项工作任务由组织单元和个人承接,与管理层和员工个人业绩合同直接挂钩,为实现全员绩效的契约化管理提供基础。商业计划的主要工作包括:一是外部环境分析。战略制定过程中对中长期外部环境变化有一定的预判和边界条件的假设,在对战略举措进行年度分解时,首先要根据当年外部环境变化的实际情况,合理分析判断客观因素,提升预判的确定性,增强战略执行的可管理性。二是行业及竞争对手分析。在充分竞争领域,业务单元战略的分解不能脱离市场环境而孤立存在,需要尽可能地剖析行业整体的宏观趋势、产业政策、区域市场、竞争对手的动态变化,及时对年度工作任务的目标设定和考核机制进行调整,在不偏离战略导向的前提下,增强年度商业计划的可行性。三是行动方案制定。年度行动方案的制定是对战略举措的全方位分解,涉及业务单元的各个组织环节和岗位,需要采用"自上而下、自下而上"的方式组织全员参与制定。行动方案的每一项具体工作任务都需要明确与战略的衔接和相关性,具体可描述为"动宾结构"的行动式短语,明确考核的绩效考核(KPI)指标或关键成功要素,再匹配相应的组织单元或个人,做到可执行、可量化、可评价。个人所承担的年度行动工作,可采用平衡记分卡的方式,作为个人业绩合同的编制依据。四是全面预算编制。基于年度行动方案的动因而编制的预算为全面预算体系,其重点在于预算不是简单的目标分解,而是对年度行动方案中的各项工作任务进行投入/产出的计算,同时结合财务管理的要求统筹平衡,既保障了年度行动方案的能动性,又兼顾了财务约束的管理要求。对企业的投资行为,区分战略性和经常性支出,明确资源配置过程中对战略方向的把握和控制。五是商业计划的批复。商业计划体系是业务单元执行战略的重要组织保障，需要加强相应的流程管控。业务单元需要按照集团要求的时间节点，以商业计划书的方式向集团汇报其年度工作目标和工作安排，集团以批复的方式确认业务单元商业计划书并明确主要的考核指标和考核办法。

3. 管理报告体系

战略管控与财务管控的主要区别在于，在战略执行过程中，战略管控需要运用管理报告监测战略的执行和业务的运营情况，并为各级管理层及时提供决策信息，加强过程管控。建立管理报告体系的要点包括：一是业务单元划分。业务单元要具有独立的商业模式，不能杂糅并举、交叉重叠，要有独立、完整、唯一的业务属性，要尽量辨析其所处的市场环境和面对的竞争对手。对于存在多项相关性业务的单位，要加强相关业务的细分维度；对于处于初期发展阶段的业务，如战略意图不清晰，则要考虑为其建立管理报告体系的必要性。二是 KPI 指标体系设计。管理报告需要对业务进行量化分析，指标体系的设计需要兼顾财务和非财务、量化和非量化的特性，如财务指标主要包括产值、盈利、现金流、回报等方面的结果性指标，非财务指标主要包括市场份额、产能利用率等先导性指标；量化指标和非量化指标主要的区别在于数据的来源和集成，量化指标需要加强信息化建设，提高指标的一致性和集成效率，非量化指标需要提高描述的标准化。三是管理报告设计。由于管理报告是在年度战略执行过程中发挥作用，其设计基本可以遵循商业计划的框架，包含外部经营环境和竞争对手分析、期间运营情况分析、关键管理主题分析、问题和管理建议。管理报告的重要功能是为各级管理者提供及时有效的管理信息，提出有价值的问题判断和管理建议，有助于提升管理决策的效果。四是管理报告的频率。管理报告可根据各级管理者的实际需求，设定报告频率，可按月度、季度集中向相关管理层汇报，也可按照管理层的特定需求，调整汇报频率或专题汇报。

4. 战略评价体系

战略评价的目的是阶段性评价组织单元作为一个整体对其业务战略的执行效果，需要秉承"先整体后局部、先集体后个人"的评价原则，对于市场化程度较高的企业单元，宜采取市场化对标的评价方法，需注意以下要点：一是阶段性评价。战略评价的周期可以选择短期和中期相结合的方式，短期以年度为准设定，主要依照年度商业计划和业绩合同；中期以合理的战略执行周期为准设定（如 3 年），依照中期业绩合同，中期业绩可以在更长的时间维度上考量战略任务的执行结果，中期评价的结果可以纠正年度评价的偏差，弥补年度评价的短期风险。二是分类评价。战略评价是对承担战略任务的组织进行评价，不同的业务单元由于受到行业和自身发展状况的限制，战略成熟度存在一定差异，可以采用分类考核的方式：对于战略清晰、成熟领先型的业务，加强市场化对标考核的要求；对于战略不清晰、处于特定发展阶段的业务，可以采用设定关键指标考核与对标相结合的方式。三是对标系设计。市场化对标的基本要求是与具备先进性的竞争对手开展对标，建立标杆库并根据市场变化动态调整，标杆企业要有相对清晰、可持续的生意模式，业务单元与标杆企业要有可比性，差距过小或者过大，都会降低对标的效用。此外，对标数据要有准确且可持续获得的数据源。四是评分结果。战略评价为组织整体的打分结果，作为业务单元全员绩效评价的基准。

5. 战略审计体系

战略审计体系的目的是把握战略执行的方向（及时纠偏），并确保相关信息的真实性和可靠性，为业绩评价、经理人考核与任免提供保障。战略审计是企业内控审计的有机组成部分，主要是按照战略管理的要求进行的专项审计，重点审核战略制定、执行、监控、评价过程中数据的真实性和可靠性，并对战略执行主体的责任形成意见。

6. 经理人评价体系

经理人评价体系是依据战略评价的结果，依据商业计划和业绩合同的执行结果对经理人和员工进行考核，同时对关键经理人岗位薪酬采用"双对标"机制，为公司发展引入危机意识和进步的动力。"双对标"机制将经理人的薪酬与业绩对标结果紧密挂钩，落实职业经理人差异化薪酬。原则上，国有资本主体的薪酬定位比业绩对标定位低5~20个分位（国企折扣）。每年进行一次业绩与薪酬"双对标"检视，通过比较业绩和薪酬分位，调整薪酬，以实现薪酬水平与业绩水平及定位原则相匹配，内部薪酬水平与市场薪酬水平（调整国企折扣后）相匹配。

第四节　国有资本投资公司人力资源管理体系

国有资本投资公司的功能定位和战略方向确定之后，如何实现战略执行落地、有效发挥功能作用，关键少数干部人才将发挥至关重要的作用。专职董事监事队伍、经营管理干部人才队伍、党务干部人才队伍、科研干部人才队伍，"四支队伍"建设尤为重要。在坚持党管干部、党管人才的原则下，选好用好忠诚、干净、有担当的国有企业干部人才，构建符合国有资本投资公司功能特点的人力资源管理体系，是试点企业需要认真思考的问题。

一、打造勤勉尽责、专业担当的专职董事监事队伍

国有资本投资公司以资本为纽带，以产权为基础，对所持股企业行使股东职责，需要建立起专业化、专责化的董事监事队伍。这有利于解决集团总部部门负责人兼任子企业董事监事存在的投入精力不足、专业化程度不够等问题。集团专职董事不在任职企业担任除董事和专门委员会成员以外的其他职务，专职监事不在任职企业担任除监事和监事会主席以外的其他职务。专职董事监事是由集团党委（党组）管理的关键岗位干部，由集团总部选拔、任免、考核、培训等。具备条件的企业，可建立专职董事监事人才库，从集团总部部门负责人、重要子企业负责人、集团外部专业人士中遴选合适人选入库。专职董事监事在所任职企业实行任期制，一般任期3年，同一企业任职时间最长不超过6年。每位专职董监事同时任职企业，一般不超过3家。

二、打造专业化、高素质的经营管理干部人才队伍

经营管理好国有资产、实现国有资产保值增值，是国有企业领导人员的基本职责。坚持对党忠诚、勇于创新、治企有方、兴企有为、清正廉洁的根本标准，选拔任用国有资本投资公司子企业领导班子成员和集团总部机构负责人，培养行业领军人物。在具备条件的子企业，推行职业经理人制度，更好发挥企业家精神。要通过建立公开招聘、竞聘上岗等制度拓宽选人用人视野和渠道，更好选聘各类经营管理人员。按照"市场化选聘、契约化管理、差异化薪酬、市场化退出"要求，以内部培养与外部引进相结合，积极探索推行职业经理人制度。探索建立关键干部人才直聘制度，由集团总部同行业领军人才、关键重要岗位及继任后备人员直接签订聘任协议，加强集团对关键核心人才的管理和激励。全面实行经理层人员任期管理，破除职务终身制。根据发展需要和岗位特点，明确经理层管理岗位职责和任职条件、任职时间、连任期限、最高任职年限等内容，签订聘任协议。任期之内，年度考核，如不胜任，及时解聘；任期届满，综合评价，如无连任，退出现岗。一届任期一般不超过3年，同一经营管理岗位任职最长不超过9年，财务负责人在同一企业任职一般不超过6年。同时，国有资本投资公司还应建立起一套多职级、宽薪级的干部人才职务序列和薪酬体系，更好适应并购重组企业干部人才的职级和薪级的兼容。

三、打造职业型、专家型的党务干部人才队伍

配齐配强国有企业党务干部队伍，是破解国企党建"四个化"问题、做好国企党建工作的重要基础。① 党务干部人才队伍包括但不限于各级企业党组织书记、副书记、纪委书记及组织、宣传、党群、纪检、监察、巡视巡察等组织机构干部员工等。坚持党的建设和国有企业改革同步谋划、党的组织及工作机构同步设置、党组织负责人及党务工作人员同步配备、党的工作同步开展，确保党务部门编制达到同级部门平均编制水平，党务部门人员薪酬不低于同级部门平均薪酬水平。加强对党务干部人才的选拔任用，让不同岗位的干部人才加入党建工作，不断提升党务干部人才的政治素质和业务素质，建立健全党务干部人才有序晋升、合理流动的通道。加强党务干部人才和经营管理干部人才的双向交流、轮岗锻炼，不断促进各类干部人才相互理解、相互支持、相互融合。加强党务干部人才培训教育，建立各级党委、党支部书记及党务工作者常态化培训机制，每年定期培训和交流，保证一定时期内对党支部书记和专职党务干部轮训的全覆盖。

四、打造勇于创新、甘于寂寞的科研干部人才队伍

具有自主知识产权的核心技术，是企业的"命门"所在。② 国有资本投资公司要推动产业转型升级，培育前瞻性、战略性业务，必须掌握一批行业重要领域和关键环节的关键核心技术，以技术引领带动产业发展。通过集团体系内部培养、并购重组科研院所、引进外部科技人才等方式，培养一批具有世界前沿水平、掌握关键核心技术的科技领军人才和创新团队，培养一批青年科技人才和一线创新人才，培养一批具有工匠精神的高技能人才。以解决"卡脖子"技术为重点，赋予科研项目更大的自主权。科研项目主管单位应给予项目在团队组建、经费使用、项目研发、激励分配等环节更大的自主权，科研项目执行过程中，赋予科研人员技术路线决策权，在不改变研究方向和降低考核指标的前提下，允许项目负责人中途调整研究方案和技术路线。给予科技型企业内部初创科研项目孵化支持，允许核心团队以项目为载体，缴纳一定份额的资金作为"模拟股本金"，获得相应"模拟股份"，享受模拟股权"红利"。加强科技评价，加大奖励支持力度，对于在科技活动中作出突出贡献的先进集体、团队

---

① 吴储岐. 让党务干部有作为有奔头 [N]. 人民日报，2017-07-04（18）.
② 2018年4月26日习近平总书记在武汉考察有关报道。

和个人,发挥集团级科技奖项激励作用,明确集团各类科技奖项的奖励方式和标准,子企业在标准范围内支付的奖金,可实行单列管理。

第五节　国有资本投资公司全面风险管理体系

企业经营管理,风险无处不在。强化全面风险管理,提升抗风险能力,对国有资本投资公司尤其重要。从企业生产经营,到集团资本运营,无论哪一级企业出现一个"大窟窿"都可能让整个集团背上沉重负担,甚至带来生存危机。要坚持底线思维,着力防范化解重大风险,始终保持高度警惕,既要高度警惕"黑天鹅"事件,也要防范"灰犀牛"事件,坚决守住不发生重大风险的底线。[①] 国有资本投资公司必须不断健全完善全面风险管理三道防线(集团总部有关职能部门和业务单位为第一道防线;风险管理职能部门和董事会下设的风险管理委员会为第二道防线,内部审计部门和董事会下设的审计委员会为第三道防线),不断夯实优化风险管理体系,特别加强法律与合规管理、健康安全环保管理、审计管理、违规经营投资责任追究等重点工作,持续提高全面风险管理能力和水平。

一、构建全面风险管理体系

企业风险是未来的不确定性对企业实现其经营目标的影响。[②] 国有资本投资公司要以战略为引领,通过建立功能完备、运行顺畅、执行到位的全面风险管理体系,培育风险文化,有效管理风险。风险管理体系包括风险管理策略、风险管理措施、风险管理组织职能体系、风险管理控制系统和内部控制系统等。主要工作如下。

1. 确定全面风险管理体系建设规划

坚持"总体规划、分步实施"原则,一是构建框架,在集团总部层面建立健全风险管理职能并理顺同其他职能的关系,建立风险管理标准;二是强化管理,将风险管理同日常业务经营有机融合,完善风险管理报告体系;三是持续改善,在战略规划制定中广泛应用风险量化分析模型,利用风险管理数字化智能化系统提供实时的风险分析、风险预警,支持管理层决策。

---

① 2019年1月习近平总书记在省部级主要领导干部坚持底线思维、着力防范化解重大风险专题研讨班开班式有关报道。

② 摘自《中央企业全面风险管理指引》。

2. 健全完善全面风险管理基本流程

全面风险管理的基本工作流程包括收集风险管理初始信息、开展风险评估、制定风险管理策略、提出并实施风险管理解决方案、持续监督和改进。

3. 建立健全分层、分类、集中的风险管理模式

风险分层管理，要求国有资本投资公司集团总部及各级子企业根据风险管理活动内容的不同以及风险本身的性质和重要程度不同，在战略层面、执行层面、操作层面分别明确风险的管理分工和管理重点，层层落实管理责任。风险分类管理，要求各部门各企业根据风险种类不同，分别在其职责范围内，履行对各项具体风险的管理责任。风险集中管理，要求集团总部风险管理责任部门通过对各企业风险管理责任部门的关键岗位从业人员的集中化管理和对各类风险信息的集中化分析、监控，形成专业的风险管理意见，为集团总部提供风险决策建议和意见。

二、构建法律与合规管理体系

全面依法治企是贯彻落实全面依法治国战略的重要内容，是国有资本投资公司建设的必然要求，也是做强做优做大所出资企业的重要保障。依法合规是国有资本投资公司及其所出资企业必须坚守的红线。

1. 建立法律审核全面覆盖的工作体系

把依法治企要求全面融入企业决策运营各个环节，贯穿各业务领域、各管理层级、各工作岗位，努力实现法治工作全流程、全覆盖。[①] 公司及所出资企业重大经营、投资项目、并购重组等决策必须由法律人员审核，必要时出具书面的法律意见书。要制定集团体系内部统一规范的合同文件模板，指导各级子企业根据需要制定本企业合同规范文件，不断对重要子企业的合同管理进行监督检查。

2. 建立法律案件分级分类处理机制

集团总部对法律纠纷案件应实行统一的申报备案制度。对于金额大、影响大、难度大的重大法律案件，由集团总部法律部门牵头处理，相关部门及企业给予必要配合；对于一般法律案件，可由涉案企业自行处理，事前向集团总部报备处理方式，集团总部可依企业申请支持处理一般法律案件。

---

① 国务院国资委《关于全面推进法治央企建设的意见》（国资发法规〔2015〕166号）。

3. 加强法律管理组织领导

加强对依法治企的组织领导，明确企业主要负责人、总法律顾问、法律事务机构、其他部门在推进法治建设中的责任，有效整合资源，增强工作合力，形成上下联动、部门协同的法治建设大格局。建立健全总法律顾问制度，国有资本投资公司及子企业应设置总法律顾问，直接对所在公司法定代表人负责，向其报告工作。做强做精国有资本投资公司及子企业的法律管理职能，设置独立的法律部门，配备全职法律人员。

4. 强化合规管理，严控合规风险

合规管理要求企业及员工的经营管理行为符合法律法规、监管规定、行业准则和企业章程、规章制度以及国际条约、规则。国有资本投资公司要通过对市场交易、安全环保、知识产权和数据信息、社会责任与员工权益、税收和资产、商业伙伴等重点领域以及制度制定环节、经营决策环节、生产运营环节等重点环节的合规管理，成为合规管理的表率。

三、构建内部审计管理体系

审计是党和国家监督体系的重要组成部分，发挥着企业"免疫系统"功能和监督服务作用。国有资本投资公司应探索建立符合自身功能定位、具有自身管控特点的内部审计管理体系。

1. 探索建立审计专业线垂直管理模式

为进一步提高审计的独立性和权威性、加强授权放权后监督、解决同级审计监督偏软等问题，国有资本投资公司集团体系的审计职能应从水平分级管理模式向垂直集中管理模式转变。"垂直集中管理"主要包括：子企业一般应设立独立的审计部门，作为派驻机构，由集团总部审计部门领导；审计职能人员由集团总部集中管理、统一派出、轮换调剂，派驻审计人员的薪酬和考核由集团总部确定、子企业支付；实行"双报告"机制，子企业审计部门形成的审计报告报送所在企业领导的同时，直接报告给集团总部审计部门。

2. 建立健全审计问题整改工作长效机制

要对内部审计中发现的子企业的问题实施清单管理，不仅"当下改"，更要"长久立"。在子企业层面明确问题整改的目标、措施、时限、责任人和责任部门，在集团总部层面确定各个问题事项的牵头督导部门，上下配合、相互促进推动审计整改。以审计整改为契机，不断健全制度和机制，举一反三查找不足，不断提升企业管理水平。加强案例总结和警示教育，健全整改长效机制。

3. 加强内部审计结果应用，加大违规经营投资责任追究力度

以内部审计结果为依据，坚持客观公正、违规必究，在充分调查核实和责任认定的基础上，恰当公正地处理相关责任人，严格界定违规经营投资责任，切实实行重大决策终身责任追究制度。对购销管理中交易行为虚假或违规开展"空转"贸易，对转让产权、上市公司股权和资产中违反相关规定和公开公平交易原则，对低价转让企业产权、上市公司股权和资产，对固定资产投资中项目概算未经严格审查严重偏离实际，对改组改制中推进混合所有制改革、实施员工持股试点过程中变相套取、私分国有股权，对资金管理中违规超发、滥发职工薪酬福利，对风险管理中瞒报、漏报重大风险及风险损失事件，对指使编制虚假财务报告，对企业账实严重不符等行为，进一步加大问责追究力度，一经发现从重处理。

四、构建健康安全环保管理体系

国有资本投资公司尽管不从事具体生产经营活动，但要对全资控股各级子企业的健康安全环保事故负总责。从集团总部到各级子企业，要建立起一套以人为本、安全第一、环保优先、监督有力的健康安全环保管理体系。

1. 健全完善健康安全环保责任制

按照"谁投资、谁主管、谁负责"原则，明确国有资本投资公司集团总部及各级子企业主要负责人为本单位健康安全环保第一责任人，对本单位的健康安全环保工作全面负责。层层夯实责任，逐级明确每个企业、每个岗位的健康安全环保责任。集团总部应在经理层下设健康安全环保委员会，统筹集团体系内的相关工作；按照企业分类，单独设立健康安全环保部门或明确承担健康安全环保职能的部门，作为健康安全环保委员会的日常办事机构，负责具体制定健康安全环保政策并组织实施。

2. 强化安全生产综合治理

坚持预防为主，无安全不生产。建设项目安全设施必须与主体工程同时设计、同时施工、同时投入生产和使用。加强重大危险源管理，定期对重大危险源进行普查并登记建档，及时进行安全评估并落实安全防护措施。加强安全生产培训，确保持证上岗、专业专职。建立完善安全生产事故报告体系，明确各类等级的安全生产事故的报告时限要求、报告主体和报告对象、报告内容及形式，确保及时、准确、完整地报告事故情况。制定完善事故应急预案，明确一旦发生事故的应急措施、工作组织和岗位分工。

3. 落实生态环保责任

国有资本投资公司要在践行"绿水青山就是金山银山"理念中争作表率，监督指导各级子企业严格遵守各项环保法律法规，抓好产业污染治理，为建设美丽中国发挥引领带动作用。集团总部要组织贯彻落实国家有关生态环保的政策、方针和决定，制定出台生态环保工作总体方案，研究决定生态环保重大事项，定期听取子企业关于生态环保工作进展汇报。指导督促子企业及时淘汰落后生产工艺、技术和设备，推进环保和能源管理体系建设。对重大建设项目、并购重组项目的节能环保情况进行审核把关，组建节能环保专家库，提出专业评审意见。制定突发环保事件综合应急预案，有效应对突发环保事件，不断增强预防和处置突发环保事件的能力，迅速有效控制事态，最大限度减少环境破坏和污染损失，保障企业员工和周边居民生命健康。

第六节　国有资本投资公司党建工作体系

坚持党的领导、加强党的建设，是我国国有企业的光荣传统，是国有企业的"根"和"魂"，是我国国有企业的独特优势。国有资本投资公司是大国重器，其控制权必须牢牢掌握在党和人民手里。国有资本投资公司对所出资企业逐步向"以管资本为主"转型，绝不能削弱党的领导、党的建设，而是要加强、体现出党的领导、党的建设对国有资本投资公司发挥功能作用的独特优势。国有资本投资公司要坚持党对国有企业的领导不动摇，坚持服务生产经营不偏离，坚持党组织对国有企业选人用人的领导和把关作用不能变，坚持建强国有企业基层党组织不放松，全面推进党的政治建设、思想建设、组织建设、作风建设、纪律建设，把制度建设贯穿其中，深入推进反腐败斗争，不断提高党的建设质量，以高质量党建引领高质量发展。

一、加强政治建设

党的政治建设是党的根本性建设，是统领、是核心，必须把党的政治建设摆在首位。国有资本投资公司要旗帜鲜明讲政治，把贯彻落实党中央决策部署作为重大政治任务，坚决执行落地。国有资本投资公司各级党组织要深刻领会"两个确立"的决定性意义，树牢"四个意识"，坚定"四个自信"，做到"两个维护"。坚持党的组织下级服从上级，国有资本投资公司在向"以管资本为主"转型过程中，集团总部党委（党组）要加强对各级子企业党委、党总支、党支部的领导和管理，各级子企业党组织必须坚决服从和执行国有资本投资公司党委（党组）的决定与要求。

二、加强思想建设

党的思想建设是党的基础性建设，是融入党的建设各个环节的先导性要素。国有资本投资公司要探索出一条改革完善国资监管体制的新道路，将面临许多新的风险挑战，必须强化马克思主义理论武装头脑，对在不同层级、不同岗位的党员持续加强党的基本理论、基本路线、基本方略教育，保持集团内部各级组织的党员同党中央在思想上、政治上、行动上的高度一致。国有资本投资公司要把坚定理想信念作为党的思想建设的首要任务，引导激励党员将对理想信念的坚定有机融入国有资本投资公司建设事业中来，不断积聚勇气和力量完成党交给的事业和任务。

三、加强组织建设

党的干部是党和国家事业的中坚力量，人才是改革发展的第一资源，也是国有资本投资公司建设事业的"关键少数"和中流砥柱。国有资本投资公司要坚持党管干部、党管人才原则，以所投资的各项业务和资产经营管理需求为基础，坚持德才兼备、以德为先，坚持五湖四海、任人唯贤，坚持事业为上、公道正派，树立正确选人用人导向，匡正选人用人风气，建设高素质专业化干部人才队伍。下大力气培养造就一支具有铁一般信仰、铁一般信念、铁一般纪律、铁一般担当的干部队伍，聚天下英才而用之，加快实施人才强企战略，把相关产业领域、专业领域、技术领域的人才引领到国有资本投资公司建设事业中来，引导激励他们为不断做强做优做大"国资航母"贡献力量。党的基层组织是确保党的路线方针政策和决策部署贯彻落实的基础。国有资本投资公司要努力把基层党组织建设成为宣传党的主张、贯彻党的决定、领导基层治理、团结动员群众、推动改革发展的坚强战斗堡垒。坚持业务发展到哪里，党的组织就建设到哪里，把党的组织建到车间班组、工程项目、服务窗口等，消除党的组织和工作覆盖的盲区和空白点。把建立党的组织、开展党的工作，作为所出资企业推进混合所有制改革的必要前提，根据不同类型混合所有制企业特点，科学确定党组织的设置方式、职责定位、管理模式。抓好境外机构党建工作，在成立海外企业或工程项目部时，因地制宜灵活设置境外机构党的组织。

四、加强作风建设

党的作风是党的形象，是观察党群干群关系、人心向背的"晴雨表"。国有资本投资公司管理的国有资本规模大、分布广，企业法人数量多、链条长，更需从严加强作风建设。国有资本投资公司要进一步坚决落实中央八项规定精神，进一步解决形式主义、官僚主义、享乐主义和奢靡之风的"四风"问题，着力对集团总部和子企业本部去机关化、去行政化，转作风、树新风。国有资本投资公司加强作风建设，必须增强工作定力，对"四风"问题常抓不懈、严防反弹；必须持续改进方式方法，尤其对改革发展难点重点问题要深入基层、问计于民，吸收基层一线的智慧，持之以恒正风肃纪。

五、加强纪律建设

加强纪律建设是全面从严治党的治本之策。国有资本投资公司各级党组织要全面强化政治纪律、组织纪律、廉洁纪律、群众纪律、工作纪律、生活纪律，坚持党的纪律的自觉性、严肃性、统一性，以严明的纪律加强管党治党。以"六大纪律"为基础，进一步强化国有资本投资公司集团内部的经营纪律、财经纪律，督促各级领导干部既守党纪又守"家规"，不折不扣地把严明党的纪律落到实处。强化执纪监督问责，坚持惩前毖后、治病救人，运用监督执纪"四种形态"，抓早抓小、防微杜渐，真正实现让纪律"带电"，坚决纠正执纪失之于宽、失之于松、失之于软的问题。要将国有资本投资公司内部的业务监督、职能监督、纪检监督有机结合起来，相互促进、相互协同。

六、加强制度建设

制度建设是全面从严治党的重要保障。制度治党的本质就是用法治思维和法治方式管党治党。国有资本投资公司及各级子企业要以党章和党内法规制度为遵循，把权力关进制度的笼子。公开是最好的监视器。国有资本投资公司及各级子企业党委要引领带动各治理主体和职能部门主动界定责权清单，让权力显性化、清单化、流程化，让权力运行公开透明，主动接受干部职工监督。国有资本投资公司要对党的制度狠抓落实，通过制度执行落实服务中心工作，通过加强自身的平台建设为党的制度建设作出贡献。

七、加强反腐倡廉建设

腐败是我们党面临的最大威胁，反腐倡廉建设是党的建设的重要任务。大型国有企业集团是腐败案件的高风险区之一，党的十八大以来，中央纪委国家监委先后查处了 17 名中管企业正职领导。① 国有资本投资公司要按照中央对反腐败工作的最新决策部署，坚持无禁区、全覆盖、零容忍，坚持重遏制、强高压、长震慑，在集团总部及各级子企业深入推进反腐败斗争，构建完善一体推进不敢腐、不能腐、不想腐体制机制。综合运用财务监督、风险监督、审计监督、巡视巡察等方式，持续对腐败分子施压问责，坚决查处、绝不姑息。紧盯重点领域和关键环节，重点解决选人用人、审批监管、资源开发等方面的腐败问题，以"惩"的威慑促进"治"见实效。重点防控和惩治靠企吃企，研究制定禁止与领导人员亲属所办企业发生业务往来的相关制度，建立"禁止交易企业名单"并实施动态管理。

---

① 原晓红. 推动国资委和中央企业全面从严治党向纵深发展——2019 年国资委机关暨中央企业党风廉政建设和反腐败工作会议侧记 [J]. 中国纪检监察，2021（3）.

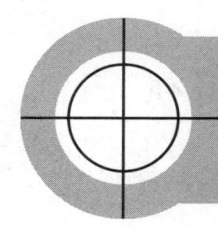

第十章
步骤5 建立适应以管资本为主的集团管控模式

第一节 优化集团管控模式是解决两层关系问题的关键环节

国有资本授权经营体制改革的关键是解决"两层关系"问题。"第一层关系"是出资人代表机构与国有资本投资公司的关系,"第二层关系"是国有资本投资公司与所出资企业的关系。只有"两层关系"问题都解决了,才能真正实现政企分开、权责明确,才能真正科学合理地处理好政府与国企的关系。

出资人代表机构(国资监管机构)向国有资本投资公司合理授权放权,通过"授权"授予国有资本投资公司对国有资本的自主经营权和部分出资人职权,通过"放权"将公司董事会、经理层的法定职权放还给国有资本投资公司。这是解决"第一层关系"问题的核心,也是解决"第二层关系"问题的前提条件,是"上半篇文章"。

解决"第二层关系"问题的核心是,国有资本投资公司如何建立起适应以管资本为主的集团管控模式,对所出资企业授权放权,授予所出资企业对国有资本的经营权,并将出资企业董事会、经理层的法定职权放还给企业,实现所出资企业层层松绑,这是"下半篇文章"。做好"下半篇文章"关键在于国有资本投资公司集团总部如何落实。在明确集团内部改革国有资本授权经营体制的目标、原则与路径的基础上,一方面建立战略管控与财务管控相结合的集团管控模式,积极稳妥对子企业授权放权;另一方面放管结合、加强监督,坚决防止国有资产流失,防止行权不当、权力滥用,是国有资本投资公司的实践经验。

需要指出的是,"管人管事管资产"或"以管资本为主"的管控模式聚焦的是管控对象,运营管控、战略管控或财务管控的管控模式聚焦的是管控内容，二者在实践中并不矛盾，只是看问题的视角不同，最终都以集团总部对子企业的授权放权清单具体体现为准。

第二节　国有资本投资公司集团管控的目标、原则与路径

一、集团管控的总体目标

国有资本投资公司要优化管控对象、调整管控内容、改进管控路径，促进国有资本所有权与经营权进一步有效分离，努力实现集团管控的"三个转变"，即管控对象"从管人管事管资产向以管资本为主转变"，管控内容"从战略管控和运营管控相结合向战略管控和财务管控相结合转变"，管控方式"从机关化的行政指令向法治化的公司治理转变"。

二、集团管控的基本原则

1. 坚持党的领导，完善治理

完善中国特色现代企业制度，把党的领导融入子企业公司治理各个环节，把企业党组织内嵌到公司治理结构之中，确保党和国家方针政策、重大决策部署在各级子企业有效贯彻执行。下级党组织是上级党组织的下一级组织，必须服从上级党组织的领导。

2. 坚持体制创新，分类施策

依法合理界定国有资本投资公司与所出资企业权责边界，健全权责利相统一的授权链条，保障所出资企业享有完整的法人财产权和充分的经营自主权，承担国有资产保值增值责任。针对不同类型出资企业的实际特点和需要，一企一策放权授权，应放尽放、可授尽授，权责匹配、动态调整。

3. 坚持分步实施，有序推进

深化国有资本授权经营体制改革是一个系统工程，既不能一蹴而就，也不能裹足不前，需要有计划、有步骤地设计和实施。国有资本投资公司对子企业放权授权，要先创造好条件，在具备条件的子企业优先试行，成熟一家、授权一家，放权授权由少到多、由窄到宽，最终实现全面落实子企业董事会职权。

4. 坚持管理分级，监督穿透

国有资本投资公司在对子企业放权授权的同时，也要对子企业强化监督，经营权力下移、监督权力上移。放权授权到哪里，强化监督就要同步到哪里，确保监督穿透到基层、一竿子插到底。对于放权授权事项，更加注重事前制度规范、事中过程监控、事后执纪问责，防止乱用权、滥用权造成国有资产损失。

三、集团管控的主要阶段

按照瞄准方向、积极稳妥的推进思路，优化集团管控可具体分为三个阶段有序推进。

1. 夯实基础，做好准备

注重统一思想达成上下共识，确定集团总部与子企业责权界面，建立对子企业放权授权评估模型，培育提高子企业行权能力等基础工作。

2. 试点先行，建章立制

注重对条件成熟的二级企业（优先选择上市公司）开展放权授权试点，结合企业实际逐步扩大放权授权的广度和深度，并推动二级企业对三级企业放权授权，同步完善监督机制；根据试点探索，研究制定对子企业放权授权管理办法、监督工作机制实施方案等配套制度及方案，通过试行逐步完善。

3. 总结经验，全面推广

注重在总结放权授权试点经验基础上，对更多具备条件的子企业放权授权，逐步实现对全部二级企业应放尽放、可授尽授。同时，进一步完善授权管理和强化监督的相关制度，促进改革后的集团管控模式更加成熟定型。

通过以上阶段，基础条件较好的国有资本投资公司用 3 年左右时间，基础条件较差的国有资本投资公司用 5 年左右时间，都可基本实现总体目标。

第三节　积极稳妥对子企业授权放权

"一管就死、一放就乱"是传统国企集团公司的两难困境。在国有资本投资公司改革试点中，按照"确权、授权、行权、动态优化"的总体思路，集团总部对所出资企业逐步授权放权，是一种可行性强和稳妥性高的策略。

一、梳理确立集团责任权力清单

建立国有资本投资公司的权责事项清单，主要目的是清晰界定集团总部与二级子企业的权责界面，这是企业层面深化国有资本授权经营体制改革的重要任务，也是国有资本投资公司对子企业放权授权的基础工作。一般而言，集团总部的责权具体体现在各项集团规章制度中，每一项规章制度都体现了一项集团总部的管理权力。梳理建立明确的集团总部责权事项清单，可以让总部权力显性化地集中展示。每一个总部责权事项就像一个"阀门"，打开或关闭、开大或关小都可根据放权授权来灵活调节。建立总部责权事项清单，可通过三步完成。

（一）确定工作牵头部门，明确工作原则

组织保障是工作落实的基础，定好做什么之后，首先要确定负责落实的部门和人员。按照部门功能和职责划分，一般可安排公司治理部门牵头组织推动。其次要确定工作原则，充分考虑集团实际开展工作。一是宜全不宜偏。全面梳理集团公司对子企业的责任权力事项，要涵盖全部集团公司对子企业的管控事项，包括决定事项、审批事项、备案事项等，确保全覆盖、无遗漏。二是宜细不宜粗。开展集团公司管控事项梳理，特别是首次开展时，要把每条事项尽可能细化，不宜过于笼统宽泛。比如，投资事项可分为固定资产投资、股权投资，其中固定资产投资可细化为日常维修技术改造类、扩大再生产新项目类等；股权投资可细化为新设控股子企业、对控股子企业增资、控制性股权并购重组、参股性股权投资等。后续在动态修订清单中，可将事项进行整合，通过合并相似相近事项，使集团管控事项数量逐步精简。

（二）开展工作动员部署，明确方法要求

建立集团公司责任权力清单可作为一项专项工作，由牵头部门发起，集团总部各部门、各二级企业广泛参与，进行统一动员部署，确定工作方法和时间节点。按照统一的格式模板，由各部门对集团各项规章制度、政策、文件（包括决定、通知、纪要、领导批示等）进行全面梳理，将其中涉及集团公司对子企业的管控事项、管控方式（决定、审批、备案等）、主责部门/机构等逐项整理，由专项工作牵头部门汇总，整理成一张事项清单（首次梳理一般有200项左右）。

（三）履行内部决策程序，对内印发试行

对集团公司责任权力清单征求二级企业意见建议，重点确认集团总部与

每个二级企业的责权边界是否准确,牵头部门综合考虑集团总部部门与二级企业的意见,对清单进一步完善。按照集团内部决策流程,对集团责任权力清单提请集团总经理办公会审核、党委(党组)会研究讨论、董事会决策。经决策批准后,对内印发试行。每年对责权清单定期修订,将集团总部对各二级企业的授权放权、集团制度和政策调整等一并体现在清单中。

二、分类分级精准有序授权放权

一般而言,从产业集团公司转型而来的国有资本投资公司,全资、控股和实际控制的所出资企业数量较多,少则几百家,多则上千家,子企业的情况千差万别。因此,国有资本投资公司对子企业授权放权应先确定授权原则,分类分级开展,体现差异化。

(一)确定授权放权工作原则

1. 坚持权责法定

按照依法治企要求和关于改革国有资本授权经营体制的部署,国有资本投资公司将明确一定金额的国有资本的经营权,授予二级子企业行使,并将《公司法》等法律法规明确规定的公司董事会职权,放权归位于子企业。

2. 坚持权责匹配

国有资本投资公司在对子企业授权放权的同时,要明确子企业承担的责任,包括实现国有资本保值增值、完成股东确定经营任务和战略目标、防范控制风险等,确保子企业获得的经营管理权限与承担的责任相匹配。

3. 坚持分类分级

对放权的对象分类,考虑子企业的不同类型;对放权的内容分类,考虑事项权限范围的不同类型;对放权的权属层级分类,考虑股东(会)职权事项、董事会职权事项、经理层职权事项等不同类型。对授权对象主体分级,国有资本投资公司对二级企业授权放权,二级企业对三级企业授权放权,逐级放权实现逐级松绑、压实责任。集团公司将延伸到二级企业以下管理层级控制企业的管理权,原则上交由二级企业行使。

4. 坚持"一企一策"

根据集团战略中对不同业务类别的划分,综合考虑外部监管、业务类型及规模、企业管理成熟等因素,对不同子企业授予不同权责,"一企一策"制定授权放权清单。

【微案例：华润集团开展授权放权的组织管控原则①】

华润集团以"分类管控、分级管控、动态调整、放管结合"为原则，建立《差异化管控方案》（含关键管控事项清单），综合5大维度14项指标，建立起成熟的评价体系，并据此将全资管控的子企业分为A、B、C三类，成熟度越高的企业，授权放权力度越大。在国有资本投资公司改革试点中，华润集团认为有些权限肯定要放，但关键要看子企业能不能"接得住"，只有在"战略引领、客户导向、权责对等、协同高效、风险可控、动态优化"的组织管控原则下，授权放权体系才能"行得稳"。

1. 战略引领。各级组织要遵循集团确定的整体战略，任何经营管理行为都要以华润集团的整体利益最大化为基本原则。

2. 客户导向。各级组织要不断强化面向市场、服务客户的意识和能力，把握客户需求，关注客户利益，为客户持续创造价值。

3. 权责对等。各级组织和个人拥有的权力要与其承担的责任相匹配，建立科学的授权机制，避免出现有权无责和有责无权的情况。

4. 协同高效。树立"一个华润"意识，打通横向、纵向组织边界，建立有机协同、运作高效的组织体系。

5. 风险可控。建立科学有效的制衡、监督机制，确保风险在可承受范围内。

6. 动态优化。及时调整不适应企业发展需求的组织结构和权责体系，保持组织的动态更新。

（二）明确授权放权事项内容

一是明确授权。国有资本投资公司要明确对拟授权子企业授予国有资本的经营权，国有资本的金额是国有资本投资公司对该子企业的实际出资金额（股权）和借款金额（负债）的总和，明确该子企业对这些国有资本承担经营责任，履行保值增值职责。国有资本投资公司也将以该总金额为基础，计算国有资本投资收益率。

二是给予放权。重点在于落实子企业董事会法定职权，特别是企业自主经营管理权。按照《公司法》有关规定，结合企业实际需要，国有资本投资公司作为所出资企业的直接股东和实际控制人，可将重要放权事项分为八个方面的有关权力，即投资决策权、资产转让权、财务事项权、选人用人权、薪酬分配权、业绩考核权、机构设置权、制度管理权。

---

① 根据公开信息整理。

1. 投资决策权

投资决策权是关系企业中长期发展的重要职权，本质上是一项发展权，是国有企业作为独立市场主体自我发展的重要基础。今天的投资是为了明天的经营。根据《公司法》有关规定，在股东（会）决定公司的年度投资计划后，企业董事会有权决定具体的投资方案。[1] 一般而言，投资决策权可分为固定资产投资类、股权投资类、金融衍生品投资类等。其中，固定资产投资类可细分为新增产能类、非新增产能类（包括技术改造和维简等）；股权投资类可细分为新设企业类、企业增资类、并购控制类、参股投资类等，并购控制类还可进一步细分为集团体系内部重组、对外并购重组两类。对于投资决策权的放权有两种具体方式：一种方式是投资金额绝对值划线，即以一定投资金额为基础划分（如5亿元人民币或等值外币），低于该金额的投资由子企业自主决策，超过该金额的投资由国有资本投资公司集团总部实质决策［集团总部委派的子企业董事依据集团（股东）决策表达意见］。这种方式的优点是简单明了，缺点是金额划线后容易固化。另一种方式是投资金额相对值划线，一般以投资金额占子企业净资产的比重为基础划分（如占子企业净资产10%的投资金额），其划线金额将随企业财务报表而逐年调整。低于该金额的投资项目由子企业自主决策。这种方式的优点是便于动态调整，投资金额与子企业投资能力较为匹配，缺点是每次决策时需要测算权限金额，相对烦琐且不够直观。对于投资放权，还应考虑资金来源、管理层级、是否为主业等因素。如果子企业投资不是使用自有资金，如需要国有资本投资公司股东出资或需要增加负债（股东贷款或银行贷款等），那么对投资放权的企业自主决策金额线就应考虑适当降低。如果子企业管理层级处于四级及以下，中央企业国有资本投资公司原则上考虑不予授权放权。[2] 如果子企业的投资不属于集团确定的主业投资范围，那么应考虑对投资放权的企业事先确定年度非主业投资比例限额，再在比例限额内给予一定投资放权。

2. 资产转让权

资产转让权也可称为资产脱售权，主要包括子企业对所持投资企业股权、生产设备、房产、在建工程以及土地使用权、知识产权等资产的对外转让。

---

[1] 从广义上讲，投资是涉及产权变动的一种经济行为，既包括支付资金获得产权，也包括转让产权收回资金。从狭义上讲，投资仅包括支付资金获得产权的行为。本书所指的投资是狭义的概念。

[2] 《中央企业投资监督管理办法》（国务院国有资产监督管理委员会第34号令）第16条规定，中央企业应当明确投资决策机制，对投资决策实行统一管理，向下授权投资决策的企业管理层级原则上不超过两级。

对子企业处置其所属资产给予一定程度的放权，是子企业拥有完整法人财产权的重要表现，有利于提高资产处置效率，减少资产损失，防止出现国有资产"冰棍"现象。资产转让权可分为重大资产转让和非重大资产转让两类。可以考虑以子企业资产总额的 30% 作为重大资产与非重大资产的划分线，重大资产转让由子企业自主决策，非重大资产转让由集团总部实质决策。①

3. 财务事项权

财务事项权是关于企业的财务管理、资金管理等相关事项的权力，是企业经营发展的基本职权之一，也是国有企业作为独立市场主体自担风险、自我约束的重要内容。财务事项权可分为一般财务事项权和重大财务事项权。一般财务事项权包括开立银行账户、日常经营资金收支、申请银行授信、短期投资等。重大财务事项权包括重大财务政策、债权性融资、对外担保、大额对外捐赠等。国有资本投资公司可以考虑将一般财务事项权放权给子企业，子企业经理层行使，以便开展日常经营。同时，对具备条件的子企业授予一定范围内的重大财务事项权，如一定限额下的债权性融资、一定条件下或一定金额内的对外担保、一定金额内的对外捐赠等。但对于资产负债率较高的子企业应特别对待②，原则上以子企业所在行业上年度规模以上全部企业平均资产负债率为基准线，基准线加 5 个百分点为本年度资产负债率预警线，基准线加 10 个百分点为本年度资产负债率重点监管线。如果子企业财务风险较大，应稳慎对财务事项放权授权。

4. 选人用人权

选人用人权是企业董事会、经理层的基本职权之一，是经理层落实董事会决策的重要基础。选人用人权一般体现在岗位聘任解聘、员工招聘辞退两个方面，具体包括经理层成员的聘任或者解聘（公司高级管理者的聘任解聘）、除应由董事会决定聘任或者解聘以外的承担重要管理职责的人员聘任或者解聘（如公司中层管理者的聘任解聘）、其他岗位员工的聘任或者解聘（如公司初级管理者和一般岗位的聘任解聘）、公司员工招聘或者辞退。岗位聘任对应的法律载体是聘任协议（或聘书、任期协议），主要体现能上能下；员工招聘对应的法律载体是劳动合同，主要体现能进能出。国有资本投资公司对子企业董事会、经理层的选人用人权进行放权，在改革方向上同坚持党管干

---

① 《公司法》第 121 条规定，上市公司在一年内购买、出售重大资产或者担保金额超过公司资产总额 30% 的，应当由股东大会作出决议，并经出席会议的股东所持表决权的 2/3 以上通过。

② 《中共中央办公厅 国务院办公厅关于加强国有企业资产负债约束的指导意见》。

部、党管人才原则并不矛盾，但实现形式仍需探索创新，总结形成一套更加适合自身的模式和程序。始终坚持党管干部原则与董事会依法产生、董事会依法选择经营管理者、经营管理者依法行使用人权相结合，不断创新有效实现形式。① 国有资本投资公司在选人用人方面放权时，可结合实际，逐步推进。例如，放开企业员工招聘权，集团总部可以控制企业人员编制总数，确定员工招聘总体标准、程序和平台等，把对员工的最终选择权留给企业。逐步放开子企业经理层选聘权，由上级党组织和子企业组织人事部门确定标准、规范程序、参与考察、推荐人选（可差额推荐），由子企业董事会确定具体经理层岗位的最终人选。

5. 薪酬分配权

薪酬分配权也是企业董事会的基本职权之一，薪酬激励是企业内部对各级干部员工实施激励的主要手段。从对象角度看，薪酬分配权包括对企业经理层及管理人员的薪酬管理权、对企业员工的工资总额管理权；从结构上看，薪酬分配权包括基本薪酬、绩效薪酬、中长期激励等管理权。依据现有的国企改革政策，中长期激励又可细分为上市公司股权激励、科技型企业股权和分红权激励、混合所有制企业骨干员工持股、项目跟投、超额利润分享等。国有资本投资公司对子企业薪酬分配权给予放权，并不代表对子企业薪酬分配完全不管、任由子企业自定薪酬，依然可以通过企业年度薪酬预算、企业薪酬管理制度、市场对标、企业董事会下设专门委员会等管控子企业薪酬分配。国有资本投资公司对子企业薪酬分配权给予放权，可通过三个方面具体落实：一是子企业经理层薪酬管理权，允许企业董事会自主决策其经理层的基本薪酬和绩效薪酬；二是子企业员工工资总额管理权，允许企业董事会自主决策企业年度工资总额预算，实行工资总额预算备案制和周期制；三是子企业高管和骨干员工的中长期激励，允许企业董事会自主决策内部中长期激励方案。除此之外，对于引进领军人才、技术专家等核心人才的薪酬管理，也可放权给企业董事会，允许董事会决定相关人员的薪酬安排。

6. 业绩考核权

业绩考核权同选人用人权、薪酬分配权既高度相关，又性质相近。业绩考核结果直接影响薪酬分配、干部晋升、人员去留，业绩考核也是企业董事会的基本职权之一，是检验经理层经营成果的主要手段。从考核对象的角度看，业绩考核权可分为对企业董事监事的业绩考核、对经理层成员等企业经

---

① 《中共中央 国务院关于深化国有企业改革的指导意见》（中发〔2015〕22号）。

营高管的业绩考核、对员工（非董事监事、经理层成员）的业绩考核。从考核流程的角度看，业绩考核权可分为业绩任务的确定、经营过程的监控、经营成果的评价（主要是结果认定）。国有资本投资公司可对子企业经理层成员及员工的业绩考核权逐步下放，保留对企业董事、监事的考核权。同时，允许子企业董事会决定其年度经营计划，由股东会以年度财务预算为基础确定年度经营任务和工资总额预算。企业董事会负责对经理层进行年度和任期业绩考核，并对各项中长期激励方案的行权指标是否实现进行考核评定。

7. 机构设置权

机构设置权是指企业对其内部组织机构的决定权，这是董事会的一项基本职权，通俗地讲就是企业在内部的"排兵布阵"。机构设置权一般包括对企业内部组织机构的设立、调整和撤销等，主要内容包括确定公司内部组织机构的工作职责、内设机构和人员编制等。企业内部机构包括职能部门、委员会、工作组等各种类型。国有资本投资公司可对子企业授予机构设置权，允许其董事会决定企业内部组织机构的设置。同时也要防止子企业内部机构膨胀、人员冗余，集团总部可从子企业一级部门总数量、职能管理人员总编制等方面加以控制。

8. 制度管理权

制度管理权是指企业对其内部管理制度的决定权，这也是董事会的一项基本职权，通俗地讲就是企业在内部制定"家法家规"。企业的规章制度一般可分为公司章程、基本管理制度、具体规章制度等。按照《公司法》的规定，修改公司章程属于股东会职权，制定基本管理制度是董事会职权，制定具体规章制度是经理层职权。国有资本投资公司可将基本管理制度、具体规章制度的管理权放权给子企业，允许董事会、经理层依法行权。为确保国资监管机构、集团总部的政策制度在子企业贯彻落实，国有资本投资公司可对子企业基本管理制度的有关原则和细节进行把关，加强指导和服务，实现上下一贯。

（三）建立授权放权事项清单

国有资本投资公司对子企业实施授权放权可具体分三步开展，一是子企业申请，二是行权能力评估，三是授权放权决策并印发清单。

1. 子企业提出授权放权需求

子企业可根据《集团总部责任权力清单》和总部放权事项内容，结合自身实际，提出对集团总部授权放权的申请。申请一般包括四部分内容：一是授权放权的必要性和可行性；二是授权放权后努力实现的改革目标（定性、定量）；三是提出具体的授权放权事项及其理由；四是获得授权放权后采取哪些措施保障有效行权。

2. 对企业行权能力进行评估

对于不同子企业提出的授权放权申请，集团总部可从两个方面综合考虑：一是是否授权放权；二是如果授权放权，需要考虑哪些因素。

对于是否授权放权，要确定对子企业授权放权的前提条件，主要包括：一是要求子企业治理结构规范有效。建立了基层党委，且党委能有效发挥把方向、管大局、保落实的作用（建立了具有人财物决策权的党支部的子企业，不宜作为优先放权授权企业）；建立了董事会，其中外部董事占多数，董事会能规范运作。二是要求子企业内部组织机构、人员岗位职责明确，具有承接授权放权的基本能力。三是要求子企业内部管理体系较为健全，具有与授权放权事项相应的核心管控流程和管理制度，管理手段能够有效发挥作用。

对于考虑哪些因素，要建立子企业履职行权能力框架，主要包括：一是业务战略定位。一般可划分为集团的"战略核心业务、战略培育业务、战略多元业务、财务投资业务、存量优化业务"等不同的业务类型，合理确定对不同战略定位业务差异化授权标准。例如，对市场化程度较高的财务投资型业务可充分授权，对集团整体影响程度较大的战略性业务可适度授权。二是外部监管程度。主要考虑涉及上市公司的规范要求以及相关法律法规要求。对于作为外部监管程度较高的上市公司，可以适当授权放权多一些。三是业务类型及规模。主要考虑子企业的商业模式、业务范围、资产范围、经营规模、经营业绩、风险敞口等。对于商业模式不成熟、经营业绩较差、风险敞口较大的子企业，不宜优先放权、过多放权。四是其他因素。主要考虑历史沿革、改革意愿、试点经验，以及集团总部认为其他需要考虑的重要因素，如领导班子配置等。

3. 印发授权放权清单

经过集团总部各相关部门的综合评估，可对每家子企业的授权放权安排形成具体的放权实施授权方案，经集团内部决策后印发通知。

【微案例：招商局集团促进从"管企业"向"管资本"转变[1]】

招商局集团一手抓优化管控模式，一手抓加大授权放权。一方面，不断

---

[1] 根据公开信息整理。

完善与国有资本投资运营相适应的管控模式,根据分类分级管控的原则,充分考虑实业、金融、资本运营等业务的不同特点,根据集团控股比例、在业务组合中的地位、所处行业特征、企业发展阶段以及管理能力等标准,对所持股企业实施专业化和差异化管理,聚焦解决实际问题,切实提高决策的科学性和效率,在用人制度、业绩考核、激励机制等方面采取不同的方法和手段,不强求上下一边齐,不搞"一刀切"。另一方面,按照"管资本"的要求,集团总部结合各二级公司的特点,授予其一定程度的管控自主权,通过发布年度管控优化清单等方式,不断加大放权和授权力度,逐步提升二级公司的专业化投资和经营管理能力。自 2015 年以来,招商局集团累计向二级公司优化管控事项 138 项,包括战略与投资管理、财务与产权管理、风险与法律管理、人力资源管理、行政管理、二级公司董事会管理等内容。

三、做实做细健全配套机制流程

(一)对子企业管控事项合理分类

以《公司法》为基础,从决策事项权限角度,国有资本投资公司可将对子企业的决策事项分为子企业股东(股东会)职权事项、子企业董事会职权事项、子企业经理层职权事项(专业管理事项)。

1. 子企业股东(股东会)职权事项

子企业股东(股东会)职权事项即集团总部(国有资本投资公司)作为出资人或实际控制人的法定股东(股东会)职权。

2. 子企业董事会职权事项

子企业董事会职权事项即应由子企业董事会依法决策的董事会职权事项,包括受限事项和非受限事项。其中,受限事项由集团总部实施决策,集团派出董事按集团决策表达意见;非受限事项由集团派出董事自主决策,集团派出董事按自身职业判断表达意见。

3. 子企业经理层职权事项

子企业经理层职权事项也可理解为专业管理事项。对于不属于股东(股东会)、董事会职权范围,但需要集团总部进行协调、指导和管理的重要事项,子企业可按照集团总部相关制度规定执行。

(二)对不同管控事项设计对应管理流程

在集团总部对子企业管控事项分类管理的基础上,应确定不同的管理流程作为落地支撑，逐步实现流程管理程序化、表单化、数字化。

1. 子企业股东（股东会）职权事项管理流程

（1）议案报送。子企业将股东（股东会）议案报集团总部，根据议案内容报送集团总部对口职能部门，同时抄送负责子企业议案的集团总部归口管理部门。

（2）反馈决策。集团总部按规定程序和权限进行决策后，以集团公司文件形式（意见、批复、通知、函等）反馈给子企业（对于全资子企业），或由集团总部委派的股东代表在股东会上按集团总部决策表达意见（对于非全资企业）。子企业根据集团总部决策意见，按有关法律规定和程序落实执行。

2. 受限的子企业董事会职权事项管理流程

对受限的子企业董事会职权事项，实行事前申报制度。受限事项决策管理流程分为议案申报、预处理、集团总部决策、表决意见反馈、决策落实五个阶段。

（1）议案申报。子企业在董事会召开前20个工作日，将相关议案报集团总部对口职能部门，同时抄送子企业议案的集团总部归口管理部门。集团派出董事可将相关事项的拟阐述表决意见一并送达对口职能部门。子企业应指定董事会秘书或其他专责人员负责具体申报及沟通工作。

（2）预处理。按照条线负责、归口统筹的原则，集团总部对口职能部门组织相关组织机构（专业委员会或工作组）或相关部门对子企业议案提出预处理意见（对口职能部门在3个工作日内提出处理意见），同时确认议案是否具备上会决策条件。对于不具备上会条件的议案，提出不上会的理由并建议子企业和派出董事延期审议；对于具备上会条件的议案，对口职能部门结合提出的预处理意见，提出拟表决建议报集团公司决策。

（3）集团总部决策。集团总部按相关决策程序和权限对子企业重大事项进行决策，包括经集团党委（党组）前置研究讨论、总经理办公会审议、董事会审议决策或国资监管机构批准等程序。

（4）表决意见反馈。集团对口职能部门在集团决策3个工作日内将决策意见反馈给派出董事，同时抄送子企业议案的集团总部归口管理部门。由子企业议案的归口管理部门统筹反馈给子企业。

（5）决策落实。集团派出董事根据集团总部决策意见在董事会上表决，子企业董事会履行相应程序并落实执行集团决策意见。子企业协助派出董事在会后5个工作日内将决议情况（包括相关决议及纪要）报集团总部议案的归口管理部门备案。

3. 非受限的子企业董事会职权事项管理流程

对于非受限事项，集团总部授权派出董事按个人职业判断进行表决，并按照"权责对等"的原则承担相应责任。子企业协助派出董事在会后5个工作日内将决议情况（包括相关决议及纪要）报集团总部议案的归口管理部门备案。为加强集团总部职能部门对派出董事的服务支撑作用，防范决策风险，对于非受限事项的"固定资产类项目、股权类投资项目、股权和非股权性资产转让、以资产抵押或质押方式进行的融资、基本管理制度、社会捐赠"等事项（授权放权额度以下）实行"程序性审查"，即子企业董事会审议前，子企业相关部门协助集团派出董事将该类议案提前10个工作日交送集团总部对口职能部门，对口职能部门在3个工作日内完成程序性审查并将"程序性审查意见书"反馈至集团派出董事。"程序性审查"包括合规审核和专业审核两部分内容。

（1）合规审核。主要确认项目是否符合战略规划、是否列入预算计划、是否在授权额度内、是否符合集团总部相关管理制度规定。

对于未列入战略规划和年度预算计划且集团总部职能部门认为其不符合战略规划发展方向的项目，派出董事应否决该议案或将其转为"受限事项"提交集团总部决策。

对于超出授权放权额度，虽未列入战略规划和年度预算计划但符合战略规划发展方向的项目，直接转为"受限事项"，按照"受限事项"流程执行。

对于已列入战略规划和年度预算计划且在授权放权额度内，但议案具体内容与集团总部相关管理制度相抵触的项目，集团总部职能部门应说明问题所在并给出解决建议。对于此类议案，子企业应按照集团职能部门意见对方案进行完善后再提交本企业董事会审议，集团派出董事在确认集团职能部门提出的问题已解决后，按个人职业判断表决。

（2）专业审核。主要从专业职能管理的角度出发，确认议案在财务、法律、安全、环保以及内容的完整性、逻辑性等方面是否存在专业瑕疵。对于符合"合规审核"的规定，但在专业管理方面存在瑕疵的议案，集团职能部门可以提出完善建议。对于此类议案，集团派出董事可按个人职业判断表决，集团职能部门出具的建议供派出董事决策时作为参考（议案中的工艺、技术、产品、市场等领域内容可不纳入专业审核范围）。

（三）对子企业管控事项动态调整

要建立健全授权放权后的定期评估和动态调整机制，确保"授权有评估，行权有监督,越权有问责"。集团总部对子企业授权放权后,需要定期对被授权的子企业行权情况和实际效果进行评估。根据评估情况,及时采取扩大、调整、收回等措施。对未成立董事会只设执行董事的子企业,暂缓授权放权。

第四节　建立健全集团"大监督"体系

国有资本投资公司必须坚持放管结合、加强监督,绝不能一放了之,重点解决子企业层面可能存在的"上级监督偏远、同级监督偏软、下级监督偏散"等问题,坚决防止子企业对授权放权滥用或行权不当而导致国有资产流失。为此,国有资本投资公司应在集团体系内部建立"大监督"体系。

一、明确"大监督"体系工作目标

在国有资本投资公司党委(党组)的统一领导下,通过"大监督"体系构建党内监督与经营监督深入融合的机制,形成出资人监督、业务监督、专责监督有序衔接的协同机制,形成事前防范、事中跟踪、事后问责的"全流程"闭环机制,形成业务监督、审计监督、巡视监督、纪检监察监督四道防线,依托资金、风控、审计、法律、采购、投资六大平台,形成横向连接、纵向贯通、运行有序的监督格局,通过这一开放监督平台实现集团总部各部门信息共享、管控共治。

二、落实"大监督"体系组织保障

国有资本投资公司可设立监督委员会,统筹负责"大监督"工作。监督委员会设主任1名,可由集团纪检监察组组长或纪委书记兼任,监督委员会成员应包括集团总部相关部门主要负责人。监督委员会主要职责是:对通过"大监督"体系发现的重大问题进行分析研究,提出下一步处置意见;听取相关问题的整改情况汇报,及时向集团党委(党组)汇报有关情况;对因整改不力等需要问责的,启动问责程序;定期听取相关职能部门开展监督工作情况。监督委员会下设办公室(以下简称监督办),作为监督委员会的日常办事机构。监督办的主要职责是:对各职能部门的监督工作进行统筹,加强日常沟通协调;对各职能部门移交的问题及时进行汇总统计分析,提出下一步处置建议;对相关职能部门牵头抓整改情况进行督促;完成党委(党组)和监督委员会交办的其他事项。

三、规范"大监督"体系运行流程

"大监督"体系运行可分为发现问题、处置问题、倒查责任三个环节。

(一) 发现问题

由集团总部各职能部门结合自身职能定位和核心业务,制定本部门监督责任清单,明确监督内容和标准,开展日常监督工作。对监督发现的问题,各部门经由规定渠道及时报送至监督办,完成问题提出工作。

(二) 处置问题

由监督办对各部门提交的问题进行汇总分类、识别分析,按照确定的标准划分为一般性问题和重要问题,经研究并报集团分管领导批准后,对一般性问题交由相关职能部门牵头业务单位党委开展整改,切实夯实业务单位党委主体责任;对重要问题提交监督委员会审议,并决定通过六类方式进行处置,包括移交党委(党组)会审议、移交总经理办公会审议、移交纪检监察组、移交相关职能部门处理,组织开展专项审计、组织专项巡视。各子企业党委接到整改通知后,要认真履行主体责任,限期开展整改工作,整改情况报牵头的集团总部相关职能部门审定后,由职能部门汇总至监督办,监督办向监督委和党委(党组)汇报有关情况,形成监督闭环。

(三) 倒查责任

出现以下四类情形的,要倒查职能部门责任。一是对履行监督职责认识不到位、消极应付、不担当不作为、不按时报送监督信息的;二是在监督工作中无法发现问题、不如实上报问题或应当发现重要问题没有发现的;三是审计、巡视、纪检监察揭露的重大问题以及企业发生的重大案件反映有关职能部门日常监督不到位、未及时发现苗头性问题的;四是相关职能部门对有关问题牵头整改不力的。对于以上四种情形,都要严肃问责追责。

【微案例:中粮集团构建"大监督"体系[①]】

中粮集团坚持权责统一、放管配套,通过创新监督体系,推动实现"由人监督"转变为"制度监督",从行政监督转变为资本监督。一是整合构建四个链条的大风控体系,确保放权搞活规范有序。整合形成"审计直管、纪检

---

① 国务院国资委改革办. 国企改革探索与实践——中央企业集团15例 [M]. 北京: 中国经济出版社, 2018: 163.

专设、财务统一、董事专职"四大支柱,通过ERP系统的支撑,实现风险监督管理的系统化、智能化、可视化。二是下沉职能机构到专业化公司,对经营风险实施伴随式监管。坚持上综合下分设、上精简下充实、上调度下执行,科学设计机构职能。集团总部层面,设立审计与风险管理部,由集团董事长直接领导,统筹实施综合监督职能。在专业化公司层面,区分大中小三类,做实监管部门和人员。三是强化监督力量的垂直化任用考评,确保监管的独立性和权威性。在审计队伍上,审计特派员由集团党组决策委派;在纪检队伍上,集团党组纪检组提名、考察、考核下级纪委书记;在财务队伍上,各专业化公司财务负责人在提名时必须征求集团财务部的意见,实行双线考核。同时,严格执行干部交流和轮换制度,按照任职回避原则,审计和纪检干部都不能在专业化公司内部产生;财务、纪检、审计部门负责人在同一专业化公司连续任职不得超过两个任期,到期必须交流调整。目前,中粮集团已向16家专业化公司(产业平台)委派了审计特派员,向17家专业化公司(产业平台)委派了纪委书记。

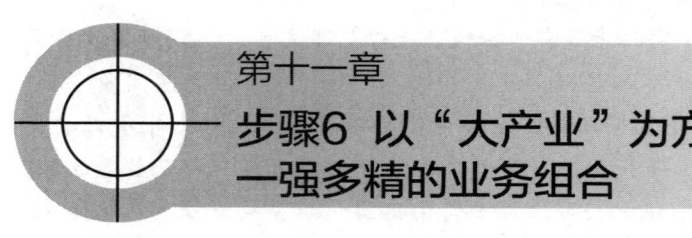

第十一章
步骤6 以"大产业"为方向建立一强多精的业务组合

习近平总书记指出,做企业、做事业,不是仅仅赚几个钱的问题;做实体经济,要实实在在、心无旁骛地做一个主业,这是本分。[①] 服务国家战略、优化国有资本布局、提升产业竞争力是国有资本投资公司的根本目标,国有资本投资公司要以"发展大产业"服务"国家大战略"。"大产业"体现为核心主业规模大、产业影响力大、竞争能力强、创新能力强、盈利能力强。一般而言,国有资本投资公司的营收规模、盈利水平、资产规模、投融资能力等已经具有较为强大和稳定的基础。国有资本投资公司的中心任务不是紧抓日常生产经营管理,而是着力优化内部结构、推动行业重组整合,以国家战略为指引,主要通过市场化资本运作提升国有资本的配置和运营效率,带动产业链转型升级、提升竞争力。国有资本投资公司要在把握新发展阶段、贯彻新发展理念、构建新发展格局中主动作为、作出表率,在稳定提升产业链、供应链现代化水平上发挥基础作用。

国有资本投资公司以企业高质量发展带动产业高质量发展。在改组组建的初始阶段,一方面要梳理确定企业资源配置的"基本盘",调整集团内部的业务组合、企业布局、资产结构,推动企业高质量发展;另一方面要逐步引领带动产业链、供应链上的关联企业共同发展,以并购重组、合资合作等方式,共建战略产业集群、打造产业链生态圈,努力成为业内公认的"群主"和"链长",通过推动行业转型升级、创新发展,持续提升产业的全球竞争力、影响力和控制力。

[①] 习近平参加2019年全国两会福建代表团审议有关报道。

第一节 突出集团主责主业，构建核心产业基本业务体系

主责主业决定产业组合，战略目标决定布局结构。国有资本投资公司要以实体产业为依托，服务国家战略，履行经济职责。产业组合、企业布局、资产结构，是国有资本投资公司履行经济职责的主要载体。国有资本投资公司覆盖哪些产业领域，每个产业设定哪些专业化子公司作为发展平台，每个专业化子公司配置哪些核心资产，这些都需要在试点初期全面梳理、通盘考虑，并根据主责主业和战略目标持续调整、动态优化。

一、合理设计国有资本投资公司的业务组合

国有资本投资公司，特别是实施战略重组而改组的国有资本投资公司，业务体系和资产结构比较复杂，需要根据国资监管机构等主管部门确定的主责任务和主业领域，全面梳理优化自身的产业布局，设计建立主业突出、多元互补、协同运行的业务体系。

（一）总体考虑业务组合的设计因素

1. 核心主业与多元化主业的关系

习近平总书记指出，凡是成功的企业，要攀登到事业顶峰，都要靠心无旁骛攻主业；交叉混业也是为了相得益彰发展主业，而不能投机趋利。[1] 国有资本投资公司必须清晰界定自身的核心主业，作为经济领域的"主赛道"和"主阵地"，聚焦核心主业发挥"国家队"和"顶梁柱"的作用，坚定不移、长期发展，在核心主业领域中独当一面、为国担当，不断提升产业影响力和控制力。核心主业应鲜明而聚焦，一般有一个，不宜超过两个，否则容易造成资源分散，难以集中力量办大事。多元化主业定位于以利润反哺核心主业，以协同支持核心主业，为核心主业平抑周期波动并带来发展资源。国有资本投资公司的核心主业不能转业退出，只能转型升级，多元化主业可进可退，关键时刻甚至可以"丢车保帅"。

2. 强周期业务与弱周期业务的关系

一般而言，不同产业有各自的产业周期。国有资本投资公司的核心主

---

[1] 习近平参加2018年全国两会山东代表团审议有关报道。

业与多元化主业通常会表现出不同的周期性，核心主业产业链内的不同业态也会表现出不同的周期性。产业周期性波动可能导致国有资本投资公司整体经营业绩剧烈波动，甚至给公司带来债务危机，对公司的融资成本、人工成本、企业形象等造成不利影响。国有资本投资公司要在强周期业务和弱周期业务上做好业务组合配置，使业务之间能有效平抑周期，保持总体经营稳健。

3. 重资产业务与轻资产业务的关系

一般而言，重资产的流动性和可变现能力较弱，轻资产的流动性和可变现能力较强。国有资本投资公司在产业链的资源、材料、装备、生产、制造、贸易、研发、设计、服务等各环节可能都有投资布局，重资产业务一般集中在资源开发、生产制造等固定资产投资比重高的环节，轻资产业务一般集中在研发设计、贸易流通、金融服务等固定资产投资比重低的环节。国有资本投资公司要结合产业特点和价值链分布，合理规划重资产业务与轻资产业务的比例，以重资产业务为主，适当配置轻资产业务，突出发展实体产业，着力提升科技含量，推动业务布局向中高端转型。

（二）业务梳理夯实基本业务体系和行动举措

开展业务梳理的主要目的是，以国有资本投资公司目标任务为出发点，重新审视分析当前业务布局、出资企业、资产结构的现状，同国有资本投资公司的功能定位和改革要求对标找差，提出具体行动举措。可采用以下方法：

（1）业务现状梳理。参考国家统计局《国民经济行业分类》和证监会《上市公司行业分类指引》，对现有业务进行分类，明确主业领域、支柱产业、子产业，明确核心业务、多元化业务、新兴培育业务、调整优化业务等。

（2）业务现状评价。从产业经营的角度出发，对资产总额、营业收入、净利润、净资产收益率等主要财务指标进行综合分析（如集团内部比重、行业分位对标等），确定各项业务在集团内部的实力地位和总体评价。

（3）对标找差分析。同支柱产业及子产业的业内世界一流企业相比，同国有资本投资公司在主业领域的功能和任务相比，分析当前集团各业务存在的差距和不足，明确差距焦点、相差距离。

（4）确定行动举措。对当前的业务组合（重点是子产业）进行再评估，确定评估的维度和关键要素指标，通过维度打分得出每个子产业在产业发展潜力、自我竞争能力两个方面的综合得分，然后确定支柱产业的产业定位和发展战略、子业务的业务定位和发展目标，以及下一步的行动举措和责任分工，如图11-1所示。

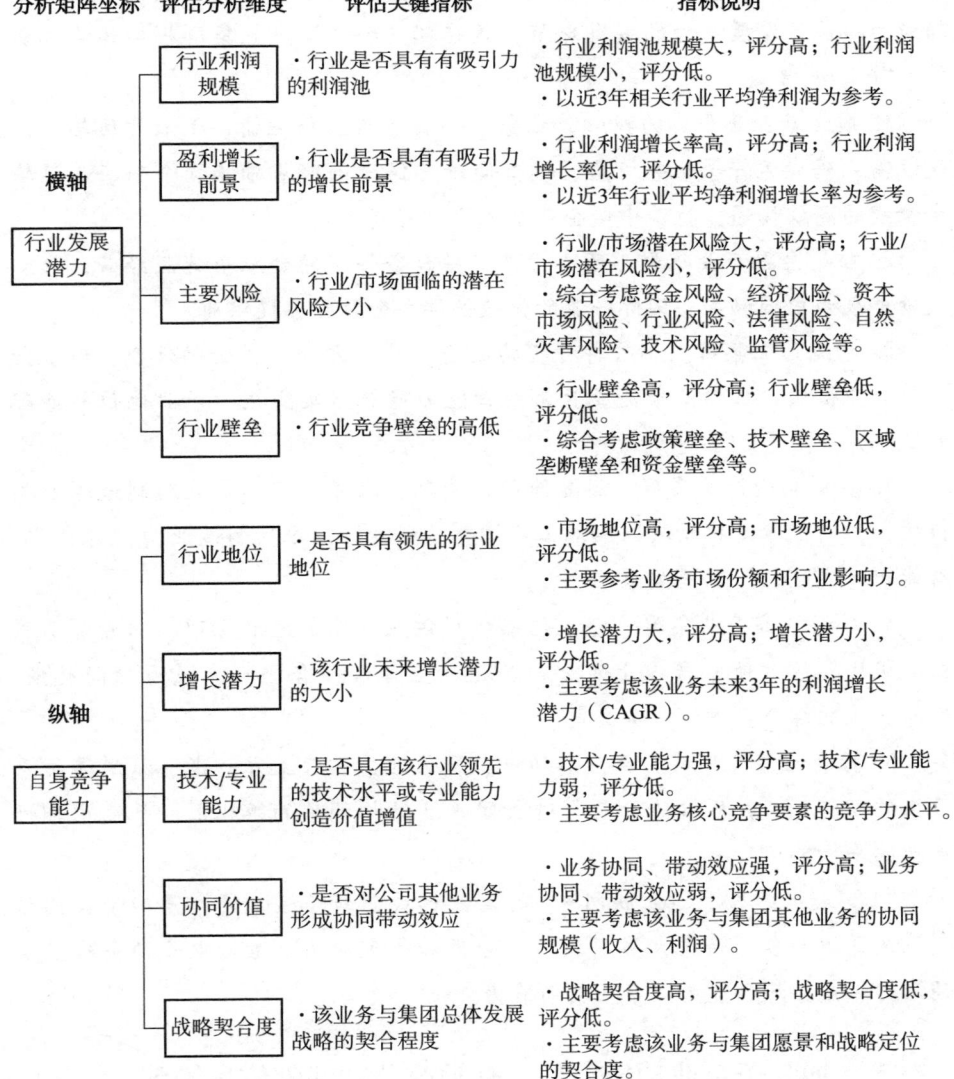

图11-1　业务评估考虑的关键因素

【微案例：中国远洋海运通过构建产业集群优化业务组合[①]】

中国远洋海运集团坚持国家政策、市场需求两个基本逻辑，围绕构建世界一流供应链综合服务能力，选取航运物流产业链中最具创效实力、最具带动能力、最具发展潜力的关键环节，构建起"6+1"产业集群框架体系。其中，"6"是指：

1. 航运产业集群作为核心产业集群。涵盖集装箱运输、干散货运输、油气运输、码头运营等业务板块，核心使命是保障国家基础物资全球海上运输生命线的高效畅通，打造中国企业全球化经营新名片。

2. 航运金融产业集群。致力于产融结合条件下的金融全牌照经营，核心使命是成为中国领先、国际一流的供应链综合金融服务提供商。

3. 物流产业集群。涵盖特种货物运输、第三方物流、船舶代理、理货检验等业务板块，核心使命是成长为经营能力能够与集团核心产业地位相匹配的支柱产业。

4. 装备制造产业集群。涵盖修船、造船、海洋工程、集装箱制造等业务板块，核心使命是推动我国船舶工业调整转型升级，推动制造业向"绿色化、智能化、高端化"转型发展。

5. 航运服务产业集群。涵盖船舶燃料供应、船员船舶管理、一般贸易等业务板块，核心使命是以上市公司为运营主体和整合平台，成为中国最强、世界一流的综合型航运服务公司。

6. 社会化产业集群。涵盖不动产投资管理、医疗康复养老、旅游等关系民生的朝阳产业，核心使命是打造集团产业结构调整的孵化器、平衡周期性产业的平衡器。

"1"是指：基于"互联网+"的商业模式创新，核心使命是推动集团信息系统资源整合，强化大数据获取、分离和处理能力，激发电子商务线上营销活力、业务撮合能力、产业创新能力。

二、加强子企业功能定位、分类改革和基础信息管理

子企业是国有资本投资公司落实功能定位和目标任务的主要载体。国有

[①] 国务院国资委改革办. 国企改革探索与实践——中央企业集团15例［M］. 北京：中国经济出版社，2018：104.

资本投资公司通过投资出资，同子企业建立起以资本为纽带、以产权为基础的母子公司关系，进而通过子企业的正常生产经营活动，分解实现目标任务和投资收益。

（一）产业发展平台与功能性平台分类定责

按照分类定责、分类考核的思路，首先要对国有资本投资公司直接管理的子企业分类确定功能定位和主要职责。

对于直接管理的产业发展平台公司，要明确其具体的战略定位，即是什么样的产业发展平台或专业领域公司；明确其具体的产业功能，即在子企业所在细分产业发挥什么样的功能作用；明确其具体的主业范围，即清晰界定可以经营和不能经营的业务领域。直接管理的商业一类子企业，原则上应为上市公司或混合所有制企业。重点考核子企业的经营业绩指标、国有资产保值增值和市场竞争能力，兼顾考核落实国有资本投资公司战略意图、发挥产业使命功能的情况。

【微案例：中交集团"一台六柱"产业平台定位①】

"一台"是指以管资本为主，将中交集团打造成为中国基础设施投资控股集团。"六柱"是指根据产业基础和优势，服务国家重大战略需要，通过多种资本运作方式，进行六大支柱产业方向布局。

1. 以"中国交建"上市公司为核心平台，打造世界领先的交通基础设施投资建设运营产业集团；

2. 以"中国城乡建设发展有限公司"为平台，发挥城市综合建设、房地产业务平台和建筑全产业链优势，重组打造世界领先的城市综合开发投资建设和运营服务产业集团；

3. 以"振华重工"为平台，发挥品牌优势和创新优势，重组打造世界领先的装备制造及海洋重工投资制造服务产业集团；

4. 以"中交疏浚"为平台，重组打造世界领先的疏浚、环保及海洋产业集团；

5. 以"中交产投"为平台，发挥全球资源配置和产能嫁接优势，打造世界领先的国际产能合作平台及园区投资建设运营产业集团；

---

① 根据公开信息整理。

6. 以金融板块为平台，发挥产融一体化优势，培育打造具有鲜明特色的产业金融服务集团。

对于直接管理的功能性平台公司，要明确其具体的功能定位、发挥作用、主要职责，要限定其发挥作用的业务领域和主要方式。直接管理的功能性平台公司，原则上应为国有资本投资公司的全资公司或股权多元化企业。在考核时，合理确定子企业经营业绩和国有资产保值增值指标的考核权重，加强对有效发挥功能作用、完成特定任务情况的考核评价。

【微案例：招商局集团组建投资发展有限公司作为专业资本运作平台[①]】

2021年1月25日，招商局投资发展有限公司（以下简称招商局投资发展）揭牌。招商局投资发展承担招商局集团重大资本运营及对外投资重要使命，致力于挖掘和培育战略性新业务和现有业务生态圈机会，推动集团内生增长和跨越发展，同时持续关注在港投资机会，助力集团深耕香港、服务香港。招商局投资发展为招商局集团全资子企业，与集团资本运营部"一套人马、两块牌子"运营，兼具总部管理与投资发展的双重功能。招商局集团总会计师兼任招商局投资发展董事长，招商局集团资本运营部部长兼任招商局投资发展总经理。

（二）依据职责和定位确定子企业机构设置和岗位编制

在国有资本投资公司试点建设的初始阶段，集团总部要对直接管理子公司从严加强机构和编制管理，防止在以管资本为主的体制下子企业机构膨胀、人员冗余。在确定子企业主要职责和功能定位的基础上，"一企一策"制定子企业组织机构设置及人员编制方案。在机构设置方面，要明确子企业设置一级部门及其内设机构（如有）的数量、名称及主要职责；在人员编制方面，要明确子企业董事会职数（含外部董事职数）、领导班子职数、经理层职数、一级部门正副职的职数和员工编制总数。

（三）建立健全出资企业信息数据库系统

国有资本投资公司的子企业法人数量较多，少则数百户，多则上千户；法人层级较多，少则五级以内，多则十级以上。加强子企业的基础信息管理，

---

① 根据公开信息整理。

建立一个完整、统一、权威的出资企业信息管理平台，实现子企业的全生命周期（设立、变更、注销）动态管理，对国有资本投资公司尤为重要。这个数据库系统的作用在于，一是发挥子企业"户口本"功能，可以及时了解所出资企业的基本信息，快速识别一家企业是否属于本集团公司所出资企业；二是发挥子企业"数据源"功能，由企业信息数据库系统为人力资源管理系统、产权管理系统、财务管理系统等提供企业信息的基础输入；三是发挥子企业"驾驶舱"功能，通过企业信息数据库及时了解子企业的运行状况，为集团决策提供支持，见图11-2。

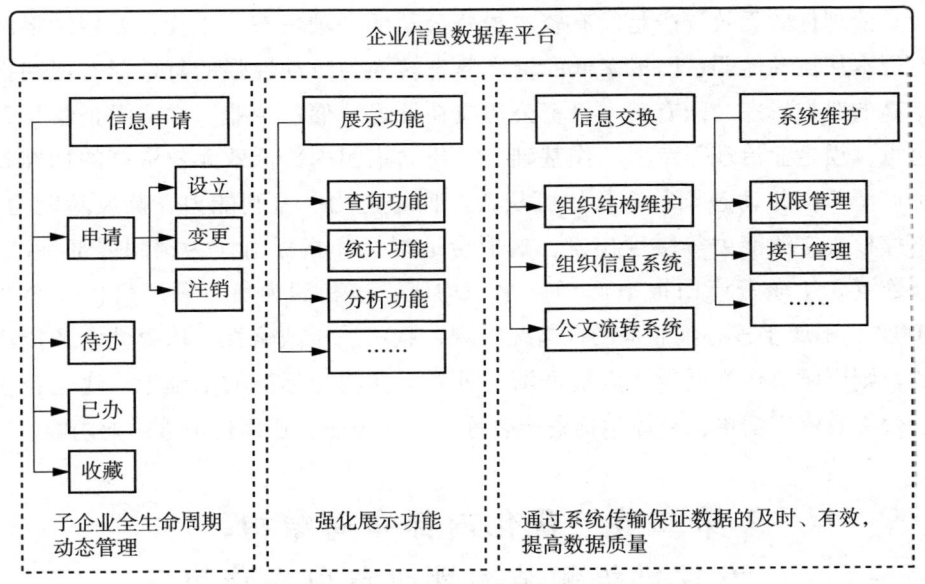

图 11-2　企业信息数据库平台示意图

三、分析界定子企业的资产结构

企业资产是企业创造价值的重要物质基础。试点企业按照分类管理的思路，可进一步梳理分析企业资产，清晰界定核心资产、低效无效资产，建立核心资产、低效无效资产两张清单，抓两头、带中间，为调整优化资产配置夯实基础。

（一）界定梳理核心资产

广义的企业核心资产，是指能够给企业创造持续性的竞争优势，形成稳定的市场开拓、产品开发和盈利能力以及先进有效的运行机制，构成企业独有的特征和外来企业进入壁垒的一切物质、精神资产的总称。① 本书所指的核心资产，特指能为企业带来关键竞争优势的重要资产和重要技术。例如，能源资源企业的重要矿山、生产企业的重要产线、科研企业的重要专利技术等。这些是企业的"非卖品"，有的甚至是"传家宝"。梳理子企业核心资产，有助于国有资本投资公司全面了解履行经济职责、发挥功能作用的基础，把握重要资产的"基本盘"。企业核心资产清单具体可包括资产名称、所属子企业、账面价值、战略价值等。

（二）界定梳理低效无效资产

清理低效无效资产是国有资本投资公司的一项常态化工作，要持续将国有资本从流动性弱、回报率低的资产形态转换为流动性强的货币形态或回报率高的股权形态。国有资本投资公司应在处置"僵尸企业""特困企业"和重点亏损企业治理等专项工作基础上，建立集团内部低效无效资产的标准和资产清单，并动态调整。具体可从资产回报能力、盈利能力、抗风险能力、支撑核心主业能力等维度出发，选取合适指标和指标值作为集团内部标准。如连续3年净资产回报率低于行业平均值、净利润为负、资产负债率超过100%、不属于核心主业范围等情况出现，且不属于战略性、培育性业务资产的，则应坚决作为低效无效资产清理处置。在明确标准的基础上，建立企业低效无效资产清单，具体包括资产名称、所属企业、账面价值等主要内容。

第二节　优化内部布局结构，
发挥供给侧结构性改革引领作用

对内实施资源整合、持续优化布局结构，是国有资本投资公司的常态化工作。国有资本投资公司要以国家战略为引领，把握国家产业政策，立足公司愿景使命和功能定位，动态优化调整自身产业布局和资产结构。坚定不移贯彻"创新、协调、绿色、开放、共享"的新发展理念，以高质量发展为主题，在构建以国内大循环为主体、国内国际双循环相互促进的新发展格局中发挥重要战略支撑作用。国有资本投资公司必须聚焦实体经济、聚焦先进制造业、聚焦科技创新，积极推动国有资本聚聚集中。具体而言，在全面梳理布局结构的基础上，国有资本投资公司要大力推进内部结构调整，重点解决

---

① 程杞国. 论企业的核心资产 [J]. 发展论坛，2000（5）：23-24.

产业分布过广、企业层级过多、资产质量不高等结构性问题,通过"四个一批"提高资源配置效率,推动产业转型升级,坚定不移走高质量发展之路,如图11-3所示。

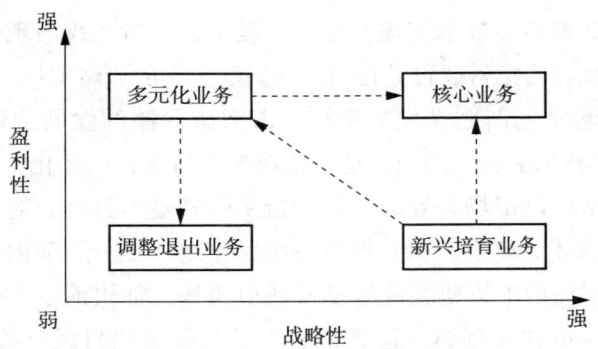

图 11-3　国有资本投资公司业务组合类型及转化关系

一、在核心业务上创新发展一批

(一)大力推动存量业务转型升级

国有资本投资公司要指导二级企业作为产业发展平台更多注重把握产业发展趋势,推动三级企业作为专业化公司做精做专,打造专精特新"小巨人"企业和单项冠军企业。引导推动专业化公司以提升净资产回报率为核心,持续加强基础管理,推动降低生产成本、提高产品质量、提高资金周转率、提高人均效能。紧紧围绕供给侧结构性改革主线,立足集团传统产业优势,主动研判所出资企业在扩大有效供给、中高端供给方面的潜在提升空间,组织开展竞争力提升专项行动。改造传统产业,以安全环保、低碳高效为导向,推动传统产业高端化、智能化、绿色化发展。同时,主动对接地方区域发展战略,抓住转移搬迁、退城入园等改革机遇,实现产品升级、产业升级。

(二)大力推动增量业务布局产业链、供应链关键环节

在方向上,国有资本投资公司要以国家战略为引领,聚焦先进制造业,在材料、装备、核心部件、核心软件等方面积极布局拓展产业链、供应链关键环节,坚定落实制造强国、质量强国战略。在计划上,要严格控制新增投资的投向,将不低于70%的年度新增投资投向核心主业,力争核心主业资产总额不低于70%。在行动上,努力打造一批标志性的投资项目,特别是在国

有资本投资公司建设的初始阶段，可以列出投资项目清单，通过项目工作专班方式研究和落实，以行动彰显理念，以成果兑现承诺。

（三）大力推进科技创新解决"卡脖子"技术问题

核心业务必有核心技术支撑。党中央提出，创新在我国现代化建设全局中处于核心地位，要把科技自立自强作为国家发展的战略支撑。[①] 国有资本投资公司要坚定落实创新驱动发展战略，着力破除制约发展的体制机制"瓶颈"。突出核心技术引领，加快推动科技成果产品化、产业化，切实提高科技成果转化率。坚持以市场为导向，以创造实际效益为目标，对关键技术特别是"卡脖子"技术，研发一批、储备一批、应用一批。加强内部研发力量整合，组建集团层面的中央研究院等基础科研机构，加快前沿共性技术研发突破。支持科研人员创业创新，建立科研人员与科研项目风险收益绑定机制，支持科研人员以现金出资参与项目研发，同项目单位签订书面协议，约定各方出资比例、资金使用、项目核算、成果收益分配以及项目清算等事项，条件成熟并完成项目清算，可注册成立公司，支持优质科技创新企业上市；如无法实现后续成果转化，项目结题封存。改革优化科研管理机制，赋予科研人员技术路线决策权，在不改变研究方向和降低考核指标的前提下，允许研究人员中途调整研究方案和技术路线。改革完善创新考核激励制度，在经营业绩考核中，将科技投入视同净利润，支持鼓励符合条件的企业灵活应用科技型企业股权和分红激励政策、"科改示范行动"改革政策。设立内部科创基金，加大资金支持和引导。建立成果转化产业投资协同机制，由二级企业产业发展平台、创投基金等作为主要出资方，集团内部科研院所以技术入股和辅助出资为主，通过科研成果产业创效反哺科学研究，不鼓励科研院所使用自有资金大规模开展产业投资。

【微案例：国家能源集团优化产业布局结构[②]】

试点以来，国家能源集团平稳完成常规能源整合平台重组、23家省公司电力改革、18家同质化企业重组，整合融合全面完成，产业链协同优势充分发挥。着力加强煤炭清洁高效开发利用，有序推进煤电机组"三改联动"，充分挖掘"火电+"潜能，提升兜底支撑保障能力，推进煤化工高端化、多元

[①] 中国共产党第十九届五中全会《中共中央关于制定国民经济和社会发展第十四个五年规划和二〇三五年远景目标的建议》。

[②] 根据公开信息整理。

化、低碳化发展，不断扩大在煤炭加工转化领域的技术和产业优势，打造煤油化、新能源、新材料创新示范基地，建设高效协同的路港航一体化运输体系，全力推动清洁能源规模化发展，新能源开工投产规模均创历史新高，风电装机保持世界第一，水电"两年开工500万"目标全面完成，牵头成立中国氢能联盟，带头建设氢能"生态圈"。长源电力吸收合并国电湖北电力有限公司，实现在鄂发电资产整体上市的同时减少1家二级单位；龙源电力换股吸收合并A股上市公司平庄能源，成为千亿级新能源板块A+H股上市平台，重组红利充分释放。

二、在多元化业务上巩固加强一批

多元化业务是国有资本投资公司的"现金牛"，主要功能是通过利润反哺支撑核心主业发展，平抑核心主业产业周期。多元化业务的子企业要逐步降低国有资本投资公司的资本投入依赖，更多依靠自我融资、自我发展，与核心主业相得益彰。国有资本投资公司要根据已投资多元化业务特点，一业多策、一企一策巩固加强相关子企业发展，不能"一刀切"剥离退出，也不能盲目退出完全竞争领域。多元化业务要顺应经济发展趋势、落实国家产业政策，审时度势、相机决策，以不发生重大投资风险为经营底线。在关键时刻，国有资本投资公司可根据需要对多元化业务企业和资产剥离处置，坚守主业、留住青山。

三、在新兴业务上孵化培育一批

国有资本投资公司要以国家战略性新兴产业发展规划为指引，以满足国家重大需求为方向，积极布局战略性新兴产业，加快培育新动能。按照"不盲目多元、不一哄而上、不超出能力"的原则，在原有优势产业基础上，研究新兴产业培育的重点方向，提出若干具有良好发展前景、具备较好工作基础、具有较强协同效应的战略性、前瞻性新兴产业。制定集团战略性新兴产业发展规划，集中资源在新技术、新业态、新模式等方面提前布局，明确发展方向、目标、路径及实施计划。在国资监管机构已核准的主业范围基础上，筛选1~3个新兴领域进行产业布局，经向国资监管机构备案后在投资管理方面视同主业管理。加强与高等院校、科研院所等外部机构主动对接合作，积极构建以本企业为主体、产学研深度融合的技术创新体系，加大资本、人才等要素投入，促进科技成果转化。对新企业新项目实行新体制新机制，努力做到事项改革一步到位，不"拉抽屉"，不"穿新鞋走老路"。适时引入战略投资者，建立健全骨干员工持股等中长期激励机制，激发企业的活力和动力。在具备条件的基础上，积极推动资产上市，发挥国有资本的放大功能和引领作用。

四、在调整业务上清理退出一批

（一）大力清理处置拟退出企业和资产

以战略为引领，对通过业务梳理确定的不符合集团战略方向、不具备竞争优势的子业务及相关子企业和资产，要坚决清理退出。按照"谁投资、谁负责"的原则，以产业发展平台公司作为责任主体处置为主，以集团总部牵头支持处置为辅。按照"总分结合、分步实施"的策略，集团总部研究制定清理退出业务总体方案，明确拟清理的企业和资产清单、处置方式、责任主体和时间安排。产业平台公司对拟清理的退出企业和资产，一企一策制定清理处置专项工作方案，并组织具体实施。组建专项团队设定专班，专项推进、专项管理、专项考核。对同一区域的亏损企业和低效无效资产，可统筹谋划和集中开展与当地政府政策协调工作。在清理退出企业和资产过程中，要注重保障职工合法权益。对内部退养、有期限放假、转岗培训等人力资源优化措施，分类制定生活费标准和支付办法，以满足职工维持最低生活水平的基本保障；对协商解除劳动合同、经济性裁员的，应制定经济补偿标准并及时支付，特殊情况特殊处理。

（二）彻底剥离企业办社会职能和解决历史遗留问题

按照国家出台的相关配套改革文件，抓住政策窗口期，力争彻底剥离企业办社会职能和解决历史遗留问题，做到"政策有依据、企业能承受、职工能接受"。多渠道筹措资金，采取分离移交、重组改制、关闭撤销等方式，剥离企业职工家属区"三供一业"和所办医院、学校、社区等公共服务机构。认真细致推进厂办大集体改革，妥善分流安置职工。加快推进国有企业退休人员社会化管理工作，按照中央统一要求全面收官。

【微案例：中国通用技术集团优化布局结构[①]】

中国通用技术集团聚焦服务国家战略，调整优化产业布局，主责主业更加突出，已成为机床装备、医疗健康两个领域的领军企业。在机床装备领域，

---

① 根据公开信息整理。

认真学习贯彻习近平总书记关于发展先进制造业、装备制造业特别是机床产业的重要指示批示精神,把发展高端数控机床产业作为集团的第一核心主业,加快推进战略布局,牵头组建产学研用创新联合体。当年机床行业的"十八罗汉"已有7家纳入集团旗下,中国通用技术集团已经发展成为国内机床行业中产品种类最多、服务领域最广、综合技术能力最强,为重点行业和关键领域提供高端核心装备最多的龙头企业。在医疗健康领域,把握国企医疗机构改革的政策机遇,在国务院国资委的大力支持下,主动承接国企医疗机构剥离。目前,中国通用集团拥有医疗机构170余家,辐射全国21个省(区市),开放床位数3.2万多张,年门(急)诊量超过1600万人次,成为床位数量领先、网络覆盖全面、全产业链特征明显的央企医疗集团。

第三节 推动行业并购整合,提升产业全球竞争力和影响力

企业并购是在企业控制权运动过程中,各权利主体依据企业产权规定的制度安排而进行的一种权利让渡行为。① 对外并购整合,是国内外优秀企业做大做强的重要途径,也是国有资本投资公司优化产业布局结构、提高资本配置效率的重要方式。一次完整的对外并购整合包括并购重组、重组整合两个重要阶段。前一阶段的重点是完成投资交易,后一阶段的重点是实现协同价值。二者缺一不可,特别是如果整合不到位、不成功,整个并购重组项目就不能成功。同时,国有资本投资公司在自身做强、做优、做大核心主业的基础上,也要引领带动核心主业所在产业做强、做优、做大,形成"一马当先、万马奔腾"的产业竞争格局,不断提升产业的全球竞争力和影响力。

一、以战略使命为引领,开展并购重组

(一)并购重组的方向和原则

国有资本投资公司开展并购重组的主要方向是,为服务国家战略、落实产业政策,针对产业发展的难点痛点、产业链优化的堵点断点,有效解决产业发展和国际竞争的现实问题,建立起更加适应全球化竞争的产业链、供应链、价值链,不断提升产业的竞争能力、运行效率、发展水平,推动产业实

---

① 周春生. 融资、并购与公司控制 [M]. 北京:北京大学出版社,2007:91.

现高质量发展。根据改革实践，建议在具体工作中坚持"重组三原则"：

1. 坚持专注性原则

国有资本投资公司要不断聚焦核心主业和战略目标领域的并购重组对象，以同集团公司的战略契合度作为首要考虑，"战略契合度高，咬定青山不放松；战略契合度低，顶住诱惑不动摇"，必须保持战略定力，像激光一样聚焦，绝不分散资源盲目投资非主业企业资产。

2. 坚持长期性原则

国有资本投资公司按照战略方向全面扫描和跟踪潜在的并购重组对象，要有像猎人一样的睿智和耐性，长期锁定跟踪猎物，时机不到，绝不贸然出手，不动如山；时机到时，果断出手一击中的，动如雷霆。长期跟踪，长期保持业务和管理接触，调动一切积极因素为并购重组做好准备。

3. 坚持适配性原则

根据集团自身的资金能力、整合能力、管控能力等条件，判断是否能够支撑拟实施的并购重组项目。坚决不开展超越自身能力和资源上限的并购重组，不能因投资并购而背上沉重包袱，造成损失甚至威胁生存。

（二）并购重组的主要方式

从并购的对象上看，国有资本投资公司开展并购重组的方式主要有国资重组、市场化并购、海外并购三大类，在具体实践中要因企施策、综合应用。

1. 国资重组

国资重组是国有资本投资公司对中央企业、地方国有企业或其所属企业实施的国有资本重组，是对国有资本在企业层面的再组合、再配置。一般的操作方法多为无偿划转股权、增资扩股、股权置换等，使国有资本投资公司获得控制权，对被重组企业履行出资人职责的主体由国资监管机构变更为国有资本投资公司。在国有经济布局优化、结构调整、战略性重组中，要将中央企业中的低效无效资产以及户数较多、规模较小、产业集中度低、产能严重过剩行业的中央企业，适度集中至国有资本投资公司。[①] 国资重组要坚持政府引导和市场调节相结合，发挥市场在资源配置中的决定性作用，更好地发挥政府作用，坚决防止"拉郎配"。

2. 市场化并购

市场化并购是国有资本投资公司推动行业重组整合的主要方式之一，并

---

① 《国务院办公厅关于推动中央企业结构调整与重组的指导意见》（国办发〔2016〕56号）。

购的主要对象是民营企业、外资企业或地方国有企业。交易方式灵活多样，主要包括协议收购、要约收购、合资合作、参股投资等。通过市场化并购，国有资本投资公司可以按照目标产业发展逻辑快速扩大产业规模、提高市场占有率，提升国有资本在这一产业的影响力、控制力和带动力。按照"以管资本为主"的改革方向，可根据并购项目的性质大致划分投资主体，战略性并购（包括核心主业及新培育业务等）由集团总部作为投资主体，常规性并购由二级企业作为投资主体，统一按照"三重一大"有关程序决策。

3. 海外并购

海外并购的主要对象是境外企业或资产，本质上是市场化并购的一种特殊类型，但是相对于国内并购，海外并购影响因素复杂、并购风险更大，因此需要给予特别关注和对待。部分国有资本投资公司在跨国经营经验、国际化人才相对不足的情况下，面对海外复杂的政治、法律、文化环境，需要更加稳慎地开展，绝不搞机会主义和冒险主义。一要搭建平台，做好准备。国有资本投资公司可搭建一个或若干个海外投资平台，作为海外并购的直接投资主体，提高投资操作的便利性和时效性。二要长期跟踪，有备而来。在符合战略方向的基本前提下，对潜在投资并购项目长期持续跟踪，全面了解并及时更新项目信息，同并购对象的董事会、经营层保持良好关系，开展经常性沟通交流，加深相互认识理解。三要注重公共关系，履行社会责任。海外并购要充分发挥并购对象当地公关团队的作用，在交易交割前尽量降低当地普通民众和媒体的关注度，以免引起不必要的政治风险和社会风险；同时要积极主动履行当地社会责任，更多地从人文、社会方面提升投资方的正面形象和影响力，促进投资交易顺利达成和可持续经营。

二、以协同融合为导向，实施重组整合

（一）业务整合

业务整合是并购交易的重中之重，是能否发挥并购协同效应的关键环节。国有资本投资公司要将重组交易后的业务整合作为一项基本能力，做到能重组、会整合，创造重组增量价值。业务整合的模式大致有以下三种：

1. 同质化业务整合

同质性整合即国有资本投资公司对并购重组企业的同类型业务进行横向整合，促进专业化经营，降低生产运营成本、提高业务运作效率。要将并购重组企业的采购、销售、物流、技术、财务等管理体系尽快融入国有资本投

资公司的集团内部体系，实现有机融合、统一对外。中粮集团将原中粮与中谷、华粮、华孚、中纺的同质化业务进行整合，实现"四粮合一""四油合一""四料合一"，打造粮油贸易、油脂业务、饲料业务等各类专业化公司。

2. 互补性业务整合

互补性整合即国有资本投资公司对产业链进行纵向整合，利用并购重组企业的产业优势，补齐和拓展产业链，发挥同集团现有业务及企业的协同效应，创造并购重组增量价值。互补性整合注重将国有资本投资公司的原有资产与并购重组资产进行更合理的配置，打通原有产业链的断点堵点，增强核心主业产业链整体竞争力和协同性。国家电投将中电投集团的核电资产注入国家核电，打造集技术开发、工程建设和投资运营于一体的核电专业公司，系统集成、综合服务能力显著增强。

3. 区域化业务整合

区域化整合即国有资本投资公司对业务资产的区域布局进行再优化，增强各区域内（如各国外大洲、各国内地区）的业务凝聚力和竞争力，降低运行成本，提高经营效率。国家电投对常规发电业务以"省为实体"实施整合，推动常规电力资产统一由省公司管理，有效解决了同一省区市场多头经营、内部竞争等问题，经营成本显著下降。

（二）管理整合

管理对接与有效整合是重组整合的基础性工作。企业管理包括方方面面，国有资本投资公司应重点聚焦于战略规划、组织人员、规章制度、信息化系统等关键领域优先对接和整合，使并购重组企业尽快融入国有资本投资公司的管理体系，实现战略统一、组织统一、制度统一、系统统一。

1. 发展战略整合

国有资本投资公司要推动被并购重组企业依据集团总体战略及专项业务规划制定新的发展战略，围绕企业新的战略定位和发展目标，确定未来发展路径和资源保障需求。一般由集团总部、产业发展平台公司和被并购企业组成战略规划小组，共同制定并达成共识，经企业董事会批准后实施。

2. 组织人员整合

组织人员整合是重组整合过程中最敏感、最具挑战的整合领域之一，需要结合实际、分类处理、区别对待。例如，对于强强联合型的合并重组（如新设合并、吸收合并等），由于两个企业集团总部部门职能重叠，需要对总部职能和部门设置进行重新规划和整合。在合理确定集团总部各部门职责定位、机构设置和人员编制基础上，按照"人员跟着业务走"的原则，重新配置人力资源；适时开展人员优化，通过充实业务一线、集团内部调配等方式分流安置，给予干部员工更多职业发展选择，有温度、有感情地体现人文关怀。例如，对于优势互补型的并入式重组，可根据对被并购重组企业的功能定位，按照精简高效的基本原则，科学合理地调整组织机构和人员。重组后，合理确定被并购重组企业的干部人才管理权限，按照"老人老办法、新人新办法"的原则，对相关人员的原有岗位职级和履职待遇予以保留；建立干部人才动态交流机制，加强岗位调配双向流动，以人的交流为基础，强化企业的交流与融合。

3. 制度流程整合

制度流程是国有资本投资公司的内部"规矩"，是对各级子企业实施管理控制的显性工具。国有资本投资公司要通过制度流程对接，使被并购重组企业融入集团管理体系。从公司治理机制到授权经营体制，从选聘用人机制到薪酬激励体系，从财务管理到资本运营，从风险内控到审计监察，从党建工作到群团工作等，国有资本投资公司的各个职能模块都要通过一系列的制度、流程、模板、指标等与新进入的企业尽快对接，制定责权清单，明晰责权边界。

4. 信息化数字化系统整合

信息化数字化系统是国有资本投资公司对各级子企业进行日常监控的重要手段。国有资本投资公司要利用信息化数字化系统及时准确地了解被并购重组企业的基本信息、经营信息和决策信息等情况，可以不管，但不可不知。组建专业技术团队，按照国有资本投资公司管理要求和技术标准，对被并购重组的原有信息化数字化系统进行改造或关联，确保两套系统之间顺畅衔接；或者为被并购重组系统新建系统或客户端口，进行历史数据导入和同步更新。

（三）文化融合

彼得·德鲁克曾指出，与所有成功的多元化经营一样，要想通过并购来成功地开展多元化经营，需要有一个共同的团结核心，必须具有"共同的文化"或至少有"文化上的姻缘"。国有资本投资公司要注重文化的导入，通过先进文化、向上文化感染被并购重组企业干部员工，使他们坚定认同、主动融入集团公司的企业文化，增强自豪感和归属感。

1. 注重核心价值观，突出目标理念的文化引领

中国远洋和中国海运重组后，新集团提出企业文化建设"一个团队、一

个文化、一个目标、一个梦想"的"四个一"目标，正向引导全集团干部员工坚持"客户为上、人才为本、安全为基、创新为魂"的企业价值观，培育"同舟共济"的企业精神，共同绘制新蓝图，一道成就新梦想，为两家企业的文化融合指明了方向。

2. 注重兼收并蓄，培养共生共荣的文化认同

宝钢和武钢集团整合之初，在相互尊重、求同存异的基础上，同步策划、同步推动宝钢和武钢的文化融合。在充分吸纳两家企业原有优秀文化基因的基础上，提出了中国宝武"成为全球钢铁业引领者"的企业愿景和"诚信、创新、协同、共享"的核心价值观，广受员工的认同。

3. 注重以点带面，发挥典型团队的文化示范作用

中国远洋海运将打造"钻石团队"作为文化融合的重要抓手，为集团文化融合树立标杆，组织发起寻找"钻石团队"活动，在集团内掀起争当"钻石团队"的高潮。

4. 注重宣传推广，持续整合融合的文化推广

中国建材重新设计制作了视觉识别系统（Ⅵ）手册，并在全集团宣传推广，使各级企业全体员工迅速认同新集团文化，为企业融合奠定坚实的基础。

（四）有效的整合策略

在试点实践中，要注重实施有效的整合策略。一是抓好顶层设计。企业在整合初期就应明确未来的发展战略，制定总体整合方案，提升工作的系统性和协同性。二是抓好组织实施。重组企业要注重加强组织实施，保证各项举措能够落地见效。专门设立整合管理办公室，通过抓简报促落实、抓风险促整合、抓评价促提升、抓会议促解决，确保工作有效推进。三是抓好时机把握。要对被并购重组企业及时进行整合融合，有计划有步骤地稳步推进，要以重组交割为契机，趁热打铁，不宜拖延放凉。四是抓好协同推进。借助重组契机，积极推进内部体制机制改革，形成改革联动，放大重组乘数效应。五是抓好方法创新。结合重组企业实际，积极探索个性化的重组策略。例如，中国宝武通过"首日计划"实现上市公司顺利复牌、业务平稳交接，通过"百日计划"实现管理对接，完成原武钢股份组织机构变革，通过"年度计划"实现主要产品统一销售、大部分经营管理信息系统的全覆盖。"三个计划"梯次推进、分段实施，有效保证了重组整合的各阶段目标任务如期完成。

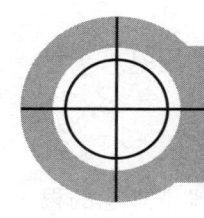

第十二章
步骤7 建立市场化的投资运营模式

投资是国有资本投资公司的核心功能,运营是投后管理的核心能力。国有资本投资运营的目的是服务于国家战略目标,促进国有资本合理流动,提高国有资本配置效率和运营效率,推动国有经济布局优化和结构调整。对国有资本开展市场化的投资运营,是国家赋予国有资本投资公司的重要使命。为落实使命目标、发挥功能作用,国有资本投资公司须探索出一套成熟的投资运营模式,使市场在资源配置中起决定性作用和更好地发挥政府作用,以多元化的投融资模式、体系化的产业培育模式、常态化的流转退出模式、商业化的科技创新模式、协同化的产融结合模式,五位一体共同构建有效的国有资本投资公司投资运营模式。

第一节 多元化的投资融资模式

投资是国有资本投资公司发挥功能作用的关键抓手,也是国有资本投资公司与子企业建立产权纽带、行使股东职责的基础。根据投资标的的不同特点,国有资本投资公司可通过集团总部、产业平台、基金平台等不同投资主体具体实施,也可由不同投资主体联合投资实施。国有资本投资公司要从投资审批主体向投资策划与实施主体转变。集团总部投资侧重于重大战略性股权投资项目(并购项目)、新业务领域投资项目、国资重组项目,产业平台投资侧重于固定资产投资项目、一般股权投资项目,基金平台侧重于风险投资项目、孵化培育投资项目。基于不同的投资主体,国有资本投资公司要形成与之相匹配的投融资模式,支持投资主体实现投资目标。

一、多层次主导投资

投资决策的本质是资源分配,核心是选择正确的项目,优化资源配置。

投资权是一种资源配置权，是企业中长期发展权的重要内容。

（一）建立鲜明的投资理念

投资理念是投资行动的先导，投资行动是投资理念的映射。国有资本投资公司要建立鲜明的投资理念，作为投资行动实践的基石。

1. 贯彻新发展理念

以"创新、协调、绿色、开放、共享"的新发展理念作为投资理念的根本遵循，贯穿投资管理全过程。以创新的投资方式投资于创新领域，不断为公司发展注入新动力；协调投资的重点，要实现对核心主业与其他主业的投资相得益彰；通过国有资本投资引领各类资本更多投向低碳化、智能化领域，促进节能环保和绿色发展；坚持开放性投资，发挥国有资本投资公司在构建新发展格局中的重要作用，坚定实施"一带一路"倡议和"走出去"战略，实现对内投资与对外投资有机联动；坚持共享投资发展成果，以国有资本投资收益回报全体人民。

2. 服务国家战略

坚持获取投资收益与服务国家战略有机结合，以投资运营服务国家战略，在通过落实国家战略中获得市场化的投资收益。作为国有企业，首先要发挥经济功能，更好地服务国家和人民利益；作为国有资本投资公司，要以国家战略为导向，更加注重长期投资回报和综合社会效益。

3. 卓越投资人理念

国有资本投资公司要超越优秀，成为卓越的投资人。立足于识别出本领域内最适合投资的好公司、好资产，与被投资企业共同成长、相互支撑，坚持价值投资、有耐心有恒心；不能只注重眼前利益、当期经营回报，不能只投不管、只进不出，不能追求百战百胜。

（二）确定重点投资方向和领域

国有资本投资运营要服务于国家战略目标，更多投向关系国家安全、国民经济命脉的重要行业和关键领域，重点提供公共服务、发展重要前瞻性战略性产业、保护生态环境、支持科技进步、保障国家安全。现阶段，国有资本投资公司要以核心产业为基础，发挥现有资源优势、技术优势和人才优势，重点投资关系国家战略安全、产业引领、国计民生、公共服务等领域，关系国民经济命脉的产业链、供应链等关键环节，关系培育新技术、新产品、新业态、新模式的战略性新兴产业，关系关键"卡脖子"技术研发的领域。在落实"走出去"战略中,对外投资深耕"一带一路"沿线国家和地区,坚持共商共建共享原则,以资源能源、钢铁化工、基础设施、产业园区、热点消费、民生项目为重点,带动中国装备、技术、标准和服务"走出去"。

(三)确定投资基本原则

国有资本投资公司要根据功能定位确定投资的基本原则,指导具体投资行为。

1. 市场化原则

开展国有资本投资运营要坚持市场化原则运作,按照商业规则办事,发挥市场在资源配置中的决定性作用,更好发挥政府作用。

2. 收益性原则

国有资本要注重追求投资收益、合理回报。要通过高质量的投资,持续提高国有资本配置效率和运行效率,实现更高的投入产出关系。

3. 战略性原则

始终坚持服务国家战略的投资导向,把握国家产业发展政策,推动国有资本布局优化和结构调整,在供给侧结构性改革、实现高质量发展中发挥引领带动作用。

4. 安全性原则

合理构建投资组合,优化资产配置,分散投资风险,确保国有资本保值增值,坚决防止国有资本流失,做强、做优、做大国有资本和国有企业,避免盲目"追高"和"抄底"。

5. 流动性原则

保持国有资本投资的合理流动性,在固定资产、流动资金、权益资本等价值形态转换运动中,促进国有资本有进有退、能进能退。

(四)建设专业稳定的投资组织与团队

投资管理组织体系与投资团队,是国有资本投资公司发挥投资功能的重要组织保障。国有资本投资公司需要依靠成熟稳定的组织体系、专业敬业的投资团队落实投资理念原则。从整体组织架构看,要建立起国有资本投资公司集团总部(总部级)、产业发展平台公司(二级公司)、专业化子公司(三级公司)的三级投资管理组织体系。四级及以下公司原则上不宜配置投资决策权,避免出现投资项目竞争力不强、投资分散、控制力弱、内部人控制等问题。

在集团总部层面，国有资本投资公司董事会是最高投资决策机构，董事会战略与投资委员会协助支持董事会科学决策。按照"三重一大"决策权限，集团党委（党组）对一定金额以上的重大投资项目进行前置研究讨论，按照把关标准形成意见决议后，由党委（党组）成员在董事会上根据党委（党组）意见发表意见。根据董事会对经理层的授权，经理层在授权范围内对一定金额或条件下的投资项目进行决策，公司投资与脱售委员会协助支持经理层科学决策。投资与脱售委员会一般由集团分管投资或财务工作的副总经理担任主席，总经济师（如有）担任副主席，由战略投资部门、股东管理部门、财务管理部门、人力资源管理部门、法律合规部门等负责人作为常设委员，聘请集团内外部相关领域专家作为专业委员（视具体投资项目内容参与投资评审）。投资与脱售委员会在作出投资评审决议过程中，按照每人一票、少数服从多数原则，对投资项目提出意见建议，形成投资评审意见书。持不同意见的委员可保留个人意见，以会议纪要等形式记录在案备查。战略投资部门作为投资与脱售委员会的日常办事机构，负责投资管理日常工作。集团总部形成对投资项目的意见后，根据权责界面，对由集团决策的项目，向集团派出董事反馈决策意见，由派出董事在子企业董事会上发表意见；对由子企业决策的项目，向集团派出董事提出决策参考意见，由派出董事结合个人判断在子企业董事会上发表意见。

在二级公司层面，二级公司应结合实际建立公司董事会和总经理办公会按权限决策，党委会按标准前置研究讨论的内部决策体系。上市公司设置董事会下属战略与投资专门委员会，根据需要，设置经理层下属投资与脱售委员会。投资部门是公司投资管理工作的日常办事机构。依据国有资本投资公司集团总部授权放权，二级公司对一定金额或条件下的投资项目进行自主决策；对需要集团总部实质决策的投资项目，提出项目投资建议方案，经集团总部决策后，在本层级按程序决策。在三级公司层面，可参照二级公司建立类似的投资管理组织，根据管理权限进行自主决策或向上报批。

从投资团队建设看，国有资本投资公司必须建立起一支具有强大专业性、凝聚力和敬业精神的投资团队。这支团队要具备完备的投资专业知识体系、丰富的投资项目运作经验、高度的投资合规意识和保密意识、良好的沟通协同组织能力。逐步形成"集团高层领导—总部职能部门—产业发展平台"三个层次的投资人才团队，为集团内部投资决策和项目实施提供强大的智力支持。

根据投资主体不同，国有资本投资公司的投资项目可大致分为两类。一类是企业主导类（产业平台投资），即实际投资主体为子企业，在子企业的投资管理权限之外的投资项目，由子企业先报集团总部审批，经批准后，子企业按程序落实集团审批意见。另一类是集团主导类（集团总部投资），即实际投资主体为国有资本投资公司自身，一般与子企业没有直接关系。特殊情况下，集团总部可指定某一子公司作为投资实施主体，落实集团总部的投资决策。随着子企业独立自主决策能力越来越强，国有资本投资公司对子企业授权放权逐步到位，企业主导类由集团审批的项目数量将日益减少，国有资本投资公司将把投资决策重心转到集团主导类项目上，集团总部的投资团队将承担更大的自主投资责任。

（五）健全投资管理的制度体系

为适应国有资本投资公司功能定位需要，保障投资管理规范运作、高效运行，需要有一套成熟完备的制度体系作为依托。国有资本投资公司的投资管理制度，应涵盖投资评审责任和标准、投资决策程序、项目实施监管、违规责任追究等各个主要环节。投资管理制度体系可包括投资基本制度、议事规则、专业办法、实施细则、操作指引五个类型，粗细有度、相互衔接。

（六）建立投资项目全生命周期闭环管理

标准的一般投资管理流程应包括五个基本环节，即投资研究与立项、项目可行性研究、投资决策、项目实施、投资后评价的投资项目全生命周期。尽管投资分为固定资产投资（工程建设类）、股权投资（权益类）等不同类型，但还是要始终兼顾标准化与个性化有机结合、一般流程与简化程序有机结合，实现严格制度化和适当灵活性的有机统一。

1. 投资研究与立项

研究是投资的基础之基础。无论是对企业主导类的项目还是对集团主导类的项目，集团总部都要加强投资的前瞻性基础性研究，但集团总部和子企业研究重点不尽相同。国有资本投资公司集团总部要加强产业研究，包括产业竞争格局、产业周期波动、产业链、供应链环节定位等关键问题，对固定资产投资侧重项目竞争力、成本概算等研究，对股权投资类项目侧重投资项目标的的历史沿革、问题挑战等研究。二级公司、三级公司要加强产品研究，包括产品工艺分析、产品价格波动、产品技术迭代等问题，对固定资产投资侧重产品竞争力、工程技术等研究，对股权类投资项目侧重项目标的的当前状况、投资并购时机等研究。在充分研究的基础上，项目投资主体制定《投资项目立项报告》，其主要内容包括但不限于：投资项目的必要性和紧迫性，项目概况及市场需求预测，项目盈利水平及投资回收期，项目潜在风险及应对策略，项目投资总金额、资金到位计划及资金来源，投资合作伙伴情况（如企业实力、信誉、协同潜力）等。《投资项目立项报告》经批准后，可纳入当年或下一年的国有资本投资公司年度投资计划，并准备相应投资预算。

2. 项目可行性研究

没有调查就没有发言权。在《投资项目立项报告》批准通过之后，项目投资主体要进一步细化形成《投资项目可行性研究报告》，包括项目投资方案、重组整合方案（如需要）、深化改革方案等具体方案，对前期投资、后期管理和改革进行"一揽子"设计谋划。项目投资方案应在立项报告基础上细化完善的内容包括：产业分析和竞争对手分析，经济效益量化分析（如盈利测算、投资回收期、内部收益率、敏感性分析等），技术分析（如工艺技术路线论证、主要设备及产线配置、产品生命周期、产品研发能力等），安全环保分析论证（如环境影响、安全防护、相关资质获取等），重大项目风险预测及应对，相关法律及合规性，未来3～5年发展规划概要等。深化改革方案内容包括但不限于：公司治理机制设计（如党组织建立、董事会构成、监事会构成等），经营管理团队配置（如经理层领导班子、主要财务负责人等），内部组织机构设置及人员编制，选人用人机制，薪酬管理机制，激励约束机制，股东管控模式，党建工作安排等。在项目可行性研究的过程中，要发挥尽职调查、现场调研的作用，尤其在并购重组的项目中，应将其作为制定具体交易方案、确定交易价格、拟定相关法律文件的重要依据。在投资主体发挥自身能力之外，还可根据需要适时聘请外部投行、会计师事务所、律师事务所等专业中介服务机构参与支持尽职调查，参考其专业性意见建议，但不能简单盲从。

3. 投资决策

进入投资决策程序后，无论是企业主导项目还是集团主导项目，都可按照"战略投资部门初审—投资与脱售委员会评审—集团总经理办公会审议/审批—集团党委（党组）会前置研究讨论—集团董事会审批（按照投资审批权限）"的规范程序操作。为提高决策效率，要把功夫用在会前。在初审中，集团总部要在收到子企业《投资项目可行性研究报告》后的限定工作日内（如2个工作日）提出项目问题清单，在限定工作日内（如4个工作日）完成项目信息收集；对初审意见涉及的共性问题、难点问题做好事前沟通。在评审中，投资与脱售委员会一般以会议形式进行现场评议。委员会将按照投资评审标准，从必要性、经济性、可控性、流动性、合规性等方面综合考虑，对不符合战略发展方向、不符合安全环保要求、不具备融资能力的项目坚决实行

"一票否决"。坚持投资金额与财务实力相匹配,在财务资源受到约束的条件下,对投资项目优中选优,优先选择那些战略契合度高、财务效益好或现金流回收快的项目。在党委(党组)会前置研究讨论中,重点关注投资项目是否符合中央方针政策、是否符合集团发展战略、是否符合合法合规等关键内容。在董事会或总经理办公会审批中,由各位董事或经理层按职业判断发表意见,形成集体决策意见。对于时间较紧需要快速决策的项目,国有资本投资公司必须建立"快速简化程序",即以会签或电话形式进行决策,事后及时补走决策程序。

【微案例:中国五矿建立投资决策"三原则"①】

中国五矿集团以建设具有全球竞争力的世界一流金属矿产企业集团为目标,在国有资本投资公司改革试点中,逐步确立了投资项目决策的三条基本原则。

一是高标准原则。核心是"一流"。投资项目严把遴选关,必须选择能够生产或提供一流产品或服务的项目,选择能够形成或拥有一流质量资产的项目,选择具有一流竞争力并有助于集团在某一特定领域具备国际一流竞争力的项目,杜绝低标准盲目投资。

二是一贯制原则。核心是投资团队的稳定和投资责任的一贯。投资项目必须保持核心团队稳定,项目负责人在项目实施期及评价期内原则上不得更换。如确需变动的,必须提前做好接续安排,确保投资实施与管理责任有序衔接。

三是契约化原则。以获得批准的投资可行性研究报告为主要依据,制定《投资项目契约化管理实施方案》(以下简称《实施方案》);项目核心团队依据《实施方案》签署责任状,并汇集一定的投资绩效金;在评价期末,通过对照《实施方案》确定的关键指标集进行综合评价,并按投资绩效金相应比例,以浮动薪酬形式对项目团队核心成员给予额外奖惩。

4. 项目实施

对于固定资产投资项目,在实施过程中重在加强工程建设管理,健全建设项目实施全过程监管机制。具体包括建设事前审核(基础设计与概算审核、管理技术书审核、开工备案审核等)、建设事中监督(工程稽查、工程月报与异常管理等)、建设事后验收与考核等。对于股权投资项目,在实施过程中重在交易交割和重组整合。要做好应急预案,对投资并购中的突发事件做好应对处置准备,如临时提价、应急公关等。应聘请专业律师团队起草相关协议

---

① 根据公开信息整理。

文本，特别是在海外并购中，更加注重发挥当地律师团队的作用。在交割过程中，要组建接收团队，履行资产、人员、档案等的冻结和交割手续，确保项目成果完整到位。在交割后即刻进入重组整合阶段，开展重组整合方案落地实施，积极推进管理对接、业务对接、人员交流、文化融合。

5. 投资后评价

投资后评价是项目投资完成之后所进行的事后评价，是国有资本投资公司对投资活动监管的重要手段之一。通过对项目实施过程、结果及其影响进行调查研究和全面系统回顾，与项目决策时确定的目标等进行前后对比、有无对比，找出差异、分析原因，总结经验、吸取教训，提出对策建议，并通过信息反馈改善投资决策和管理水平，达到提高投资效益的目的。投资后评价也是对违规投资进行追责问责的重要依据。在投资后评价中，需突出重要性原则，集团总部要对各级企业金额较大、代表性强的投资项目开展后评价；同时也要按照随机性原则，对其他投资项目适当开展随机筛选的后评价检查，以点带面、以评促改。在评价时点上，一般选取固定资产类投资项目完工投产后 12~18 个月以内，股权投资类项目资金到位或交割完成后 12~18 个月以内。在工作方式上，一般由集团总部相关部门和外部专家组成投资后评价组（参与过项目前期尽职调查、项目过程监理等工作的中介机构除外），制定专项后评价方案并组织实施，可由投资主体自评价与集团总部后评价相结合。在评价内容上，应对项目全过程进行回顾，对项目实施、投资管控、财务绩效、投资目标实现程度、法规执行情况等进行评价，总结经验教训，提出整改或改进建议。包括对项目前期研究、项目决策过程、项目实施过程、项目运行效果等进行全方位评价。投资后评价报告由集团投资与脱售委员会进行审核与质询，对提出重大事项或问题的报告，应提请集团内部决策，并采取相应奖惩措施。

【加油站：《并购类投资项目后评价工作大纲》参考】

××项目后评价工作大纲

一、评价目的

本项目后评价的目的是……

二、项目概述

从项目背景、项目目标、项目组成与活动、实施情况及效果等方面简述。

三、评价范围

描述本次评价的范围，即被评价项目的边界。

四、涉及利益相关者

描述项目涉及的利益相关者，以及他们将在后评价工作中发挥的作用和提供的协助。

五、关键评价问题

根据评价目的和评价准则，列出主要的关键评价问题。

六、评价方法

说明主要的评价框架、方法和工具以及主要的证据收集与分析方法。

七、预期成果

说明预期的成果形式，如评价报告、汇报材料以及使用语言及提交方式。

八、组织方式

说明评价任务所需的知识、经验和技能；后评价工作的组织方式，如果采用"独立第三方评价方式"，应按照企业服务采购的相关规定执行，提出其服务供应商选取方式或推荐的合格供应商；如果采用"上级管理单位评价方式"，则应说明建议的后评价专家组构成。

九、实施计划

序号	活动描述	时间安排	负责人
1	确定后评价组织形式	××××年××月××日	后评价职责部门
2	确定评价方式	××××年××月××日	后评价职责部门
3.1	签订咨询合同或任务书	××××年××月××日—……	所属企业
3.2	制定后评价实施方案	××××年××月××日—……	专家组
3.3	编制自评价报告	××××年××月××日—……	项目公司
3.4	评价实施	××××年××月××日—……	专家组
3.5	提交报告送审稿	××××年××月××日	专家组
3.6	利益相关者反馈意见	××××年××月××日—……	利益相关者
3.7	审议后评价报告	××××年××月××日	所属企业
3.8	提交后评价终稿	××××年××月××日	专家组

注：上述实施计划可进行适应性调整，亦可进一步细化纳入后评价工作实施方案。

十、费用与支付

说明后评价的组织形式，明确后评价工作的主导方和组织方（咨询费用支付方），以及后评价工作的费用预算和支付方式。

十一、管理部门的责任

描述后评价职责部门在后评价工作中的责任。

十二、其他未尽事项

（七）建立投资风险共担机制

1. 风险抵押金机制

投资项目往往具有不确定性，很多投资项目实际效果不及预期，甚至同可行性研究报告的经济技术指标设定值相去甚远。对于企业主导类投资项目，为激励投资项目团队更加关注项目可行性和经济性，国有资本投资公司可建立风险抵押金机制。具体做法是，在《投资项目可行性研究报告》审批通过后、项目开始实施前，由投资项目团队成员（包括发起者、论证者和实施者等）按照自愿原则缴纳一定金额的风险抵押金（如总投资额的1%）到公司专用账户，并事前约定奖惩措施。在项目实施一定时间后（如固定资产投资项目建设完工6个月后、并购重组项目交易完成3个月后），由集团总部对项目效果进行评估，根据评估结果兑现奖惩。如固定资产投资项目的建设工期、成本等或并购重组项目的经济效益等未能达到预期指标值，则对投资风险抵押金按一定比例扣减作为惩罚，剩余部分返还项目团队（如风险抵押金全部扣减，则无须返还）；如达到或超过预期指标值，则给予一定比例的奖励，奖励金额以最多不超过风险抵押金的3倍为宜。

2. 投资策划者转为经营管理者机制

在集团总部层面，投资策划团队（不是投资项目审核团队）承担着项目研究与跟踪、项目可行性方案、实施或交易等策划职责，但不参与项目投资后的运营工作，往往造成项目成败（通过实际运营后才能作出判断）与项目策划者没有直接的激励约束关系。对集团主导类投资项目，为更好地调动策划者的积极性，国有资本投资公司可建立"投资策划者转为经营管理者机制"。即如果投资策划团队认为一个项目有投资价值、有发展潜力，那么在投资项目建设或交易完成后投资策划团队人员可进入项目运营团队，参与投资项目的实际经营管理。例如，委派项目策划团队骨干成员到项目经营管理团队中担任高级或中级管理者，如果项目运营得好，就给予激励；如果项目运营得不好，就给予一定程度的惩罚。

【微案例：保利集团打造"融投管收"四个节点投资闭环[①]】

为适应国有资本投资公司试点要求，保利集团以"服务战略、控制总量、有序调整"为原则，进一步优化总部机构、职责、编制。改革后，总部机构

---

① 根据公开信息整理。

职能进一步优化、定位更加清晰，更加突出总部引领作用、管控能力和管理水平，形成"融投管收"投资闭环，确保"融得到，投得出，管得住，收得回"，进而实现总部运行的高效率、高质量。融得到：加强资本运作，创新融资方式，运用基金、发债、新型金融产品等多种方式，安排好资金使用计划，培养以融促产能力，增强金融服务主业发展的能力。投得出：建立高效科学的投资决策机制，完善规范投审制度，加大统筹力度，进一步调动各子公司资源，协同推进大型项目。管得住：用好审计、检查监督机制，实施节点管控，防控风险。收得回：建立规范的项目投资考核体系，确保项目投资的收益稳定。

二、多渠道配置融资

企业资金通常包括现金、现金等价物和应收票据等。从投资能力角度看，充沛的资金是国有资本投资公司开展对外投资的最大底气，也是保证所出资企业正常生产经营的坚强后盾。国有资本投资公司可利用的资金首先是依靠内生资金积累（主要是所出资企业利润分红），在内生资金不能满足资金需求时，就需要寻求外部资金作为补充。如何获取充足的低成本资金，并将财务风险控制在合理范围内，是国有资本投资公司在资金筹集时要关注的核心问题。[①] 要在坚持不发生系统性风险的前提下，发挥好核心资本放大功能，动态优化自身资本结构，保障资本性支出和经营性支出的现金流稳定可持续。产业发展平台要以自身融资为主，以集团总部的阶段性资金支持为辅，不断增加现金利润积累，持续获得社会性多渠道融资，主动加强资本负债约束。

（一）拓宽融资渠道

国有资本投资公司及产业发展平台要在综合考虑规模、成本、期限、便利等因素基础上，根据实际需求特点，采取不同的资金筹集方式。

1. 利润分红

依靠所出资企业利润分红获得投资收益，是国有资本投资公司筹集资金的首选渠道。集团公司要加强所出资企业的收益管理，及时收取分红，依规上交国有资本收益和使用管理留存收益。按照集团内部统一要求和企业实际，对所属出资企业确定年度现金分红比例，强化股东回报意识，督促建立覆盖各层级子公司的现金分红决策程序、审批权限、管理流程以及约束惩罚机制，

---

① 魏斌. 价值之道：公司价值管理的最佳实践 [M]. 北京：中信出版社，2020：199.

确保各级次子企业严格执行利润分配政策。注重加强参股公司的利润分配管理，积极行使股东权利，及时获取投资回报。

2. 银行贷款

从银行获得贷款资金支持，是国有企业最常用的融资方式，具有成本低、速度快等优点，一般包括信用贷款、担保贷款等。国有资本投资公司要从"集团统贷、统借、统担保"的传统融资模式向"集团统筹、企业主贷、集团不担保"的新型融资模式转型，由集团确定授信额度、子企业直接向银行融资并承担融资成本。集团公司利用自身规模实力强、经营效益好、商业信誉佳等优势，从商业银行总行获得规模大、成本低的信用贷款额度，用于增量对外投资、经营性流动资金、对子企业阶段性资金支持等。对于新设立或处于培养期的子企业，集团公司阶段性提供融资或担保，待子企业发展壮大后逐步取消。

3. 发行债券

发行公司债券是国有资本投资公司利用自身信用优势获得社会性融资的一种重要方式，具有资金期限长、使用限制少等优点，一般包括公开发行公司债券（公募债券）和非公开发行公司债券（私募债券）。国有资本投资公司可以公开发行公司债券注册制改革为契机，依法合规按照债券的注册条件、注册程序及监管要求，合理加大公募债券发行规模。无论是以集团公司作为发行人还是以子公司作为发行人，都要审慎确定发行金额、发行方式、债券期限、募集资金用途等关键事项，合理控制负债规模和现金流动。要充分发挥资信评级机构的作用，适时从信用评级角度改进内部经营管理，力争保持较高的信用评级，降低融资成本。审慎使用可转换债券，充分利用债权特性、股权特性和期权特性，合理设计转股权、回收权及赎回权等交易条件，控制好融资风险和股权稀释风险。

4. 资产上市及上市公司再融资

借助公开发行股票以及上市公司股票再融资发行，是国有资本投资公司借助资本市场融资的主要途径，也是发挥国有资本放大功能、打造真正独立市场主体的重要抓手。在理想模式下，国有资本投资公司的二级产业发展平台都应是上市公司，集团公司直接持股上市公司股份并依法履行股东职权。要有计划、有步骤地把二级子企业打造成上市公司，或将具备条件的资产注入上市公司，获得股权增值投资回报，提高国有资本的流动性。注重发挥上市公司平台的再融资功能，把上市作为通过资本市场融资的起点，根据需要创造条件开展增发和配股,建立完善资本市场融资与产业市场发展的良性循环。

5. 资产脱售

对非战略性、非亏损状态的资产或业务出售部分或全部股权而获得现金,是国有资本投资公司融资的重要方式。通过卖出非核心资产、买入战略性资产,实现资产配置置换,是国有资本投资公司融通资金、优化布局结构的主动选择,关键在于决心和时机。首先,要有决心,舍得退出一些仍处于盈利状态的资产,为实现更高的战略意图而暂时忍痛割爱。其次,要把握好时机,先以较高的市场价值卖出资产获得现金收益,再以合理价格购入新的资产,如果暂时没有合适的投资机会,也可先考虑偿还负债,降低利息成本。

(二)强化资金管理

为提高资金使用效率、及时调配资金余缺、节约财务成本、保障资金安全,国有资本投资公司应持续强化对集团体系资金的集中管理,在实现资金可视、可监控的基础上实现资金的统一安排调度,降低资金成本,确保资金链安全,为经营投资活动提供有力资金支持。

1. 资金分类管理

从资金的性质、用途、管理要求等角度出发,各级子企业的在手资金可划分为受限资金、日常备用金、融资回存资金、可归集资金四类,前三类资金构成各产业发展平台的资金池,各产业发展平台可归集资金构成集团资金池的主体部分。其中,受限资金包括因受到相关法律和法规以及各类监管政策或融资协议的规定,必须存放于指定的银行或账户内,无法自由调动的资金;日常备用金包括各级子企业日常保留用于零星开支的资金;融资回存资金特指开展独立融资业务的子企业,根据融资银行的要求,必须在特定时点向其提供一定规模的存款所需使用的资金;可归集资金包括各产业发展平台日常备付资金中扣除经集团公司备案的受限资金、日常备用金和特定时点融资回存资金后的剩余资金。

2. 资金集中管理

为有效管理集团整体资金,探索建立两级"1+N"资金池管理体系,集团总部作为资金调度中心枢纽,可以财务公司为平台建立集团总部资金池,集中管理各产业发展平台可归集资金、财务公司自有资金以及集团总部资金,加强资金统一计划、统一备付和统一调度。集团总部资金池动态调整在手头寸,预留合理备付规模,保证存款企业账户余额范围内的资金可实时支取,同时进一步发挥资金池集聚能力、同业拆借能力和集团短期筹融资能力，向各子企业提供应急流动性支持，降低各级企业备付压力和备付成本。在集团层面建立专门的资金集中管理工作议事机构，负责研究资金集中管理的政策和策略，评价资金使用效率和资金集中效果，调整各资金池的运行规则，讨论资金集中管理收益分配方案等。各产业发展平台作为资金收支计划的制订主体，是资金日常运营的责任主体，建立若干直管企业资金池，集中管理本单位受限资金、日常备用金和融资回存资金。各产业发展平台定期清理银行账户，将存量银行账户纳入资金管理与结算系统；滚动报送资金收支计划并据此执行，提高资金计划的精准度；将日常货币资金存入财务公司账户，在战略合作银行建立统一的二级资金池，并制定受限资金管理方案；监控所属子企业的账户日常使用情况和各类货币资金存放情况。

3. 发挥财务公司功能作用

财务公司是指以加强企业集团资金集中管理和提高企业集团资金使用效率为目的，依托企业集团、服务企业集团，为企业集团成员单位提供金融服务的非银行金融机构。[①] 国有资本投资公司作为企业集团母公司（在法律法规要求具备条件的前提下）可申请设立财务公司。根据规定，一家企业集团只能设立一家财务公司。财务公司立足集团主业发展，服务集团成员企业，充分发挥"资金归集平台、资金结算平台、资金监控平台、金融服务平台"的功能，具体承担本外币现金池和票据池的搭建与运营工作，以及集团指定完成的资金业务。[②] 财务公司是国有资本投资公司直接管理的职能功能性平台，是集团的"内部银行"，必须准确把握作为金融机构对集团成员企业提供金融服务的"服务属性"和作为集团总部管理职能重要组成部分的"辅助管理属性"。财务公司持有的现金规模、头寸分布、存贷款定价政策、结算服务质量、投融资运营情况、因资金集中产生的收益及其分配情况等与资金集中管理相关的一系列问题，要通过集团总部资金集中管理工作议事机构公开讨论、合理决策。尤为重要的是，财务公司作为资金归集载体，要合理设计资金归集路径，加强账户审批备案和监控授权，强化对成员企业资金集中度、账户归集比例和资金集中效果的考核评价，推动集团资金的跨账户、跨主体、跨地域集中，提高资金集中利用效率。考虑到国际化经营程度较高、境外投融资需求较大，国有资本投资公司有必要及时搭建境外投融资平台。境外投融

---

① 《企业集团财务公司管理办法》（中国银行保险监督管理委员会令 2022 年第 6 号）。
② 《关于中央企业进一步促进财务公司健康发展的指导意见》（国资发评价〔2014〕165 号）。

资平台可作为国有资本投资公司的境外资金归集平台,建立集团境外资金池,按照市场化原则归集集团总部境外资金、各产业发展平台境外资金池的富余资金以及各级子企业设立的特殊目的实体(SPV)在手资金。在注册地上,可优先选择中国香港等世界主要离岸金融中心。

三、产业基金投融资

产业基金是国有资本投资公司的一种重要投资工具。产业基金通常以公司股权为主要投资标的,具有社会化融资、市场化运作、专业化管理、周期化退出等特点,在拓宽融资渠道、优化产业布局、分散投资风险、发挥国有资本放大功能、激发被投资企业活力等方面对国有资本投资公司具有重要意义,有利于充分运用国有资本投资公司,吸收社会资金转化为资本。[①]

(一)产业基金的类型与投资范围

国有资本投资公司主导的产业基金可分为两大类,包括创业投资基金和并购投资基金。创业投资基金一般投资于处于早期或中期的成长性企业(未上市企业或上市企业子企业),以参股为主,重点发挥孵化培育新业务、科技创新成果转化等功能。并购投资基金一般投资于陷入困境而价值被低估的成熟企业,以最终获得公司控制权为主要目的,重点发挥支持国有资本投资公司补齐和筑牢供应链、产业链,优化业务布局结构等功能。

(二)产业基金的组织模式

通常情况下,国有资本投资公司设立一个国有全资的产业创新投资法人平台,作为从事创业投资或并购投资的功能性平台,主要业务是产业基金管理和部分直接投资。由该产业创新投资法人平台牵头,发起设立各类基金,并作为基金的普通合伙人。同时选择合适地点注册基金管理公司,作为各类产业基金的基金管理人。这种组织模式有利于打造出一个专业化从事投资业务的法人平台和经营团队,也有利于实际控制基金投向,并建立风险防火墙。

(三)产业基金的运作模式

产业基金的运作过程也是实现资本增值的过程。与资本流动相对应的产业基金生命周期包括募集资金、基金投资、投后管理、基金退出四个主要阶段。

[①] 《中共中央办公厅 国务院办公厅关于加强国有企业资产负债约束的指导意见》。

1. 募集资金

在募集资金阶段，国有资本投资公司的产业创新投资平台公司牵头发起设立基金，并向投资者募集资金。在坚持合格投资者制度的前提下，投资者一般包括国有资本投资公司集团公司、其他大型国有企业、地方政府引导基金、央企母基金（如国有企业结构调整基金、国有企业风险投资基金等）、金融机构（如保险机构、社保基金等）、外资机构以及个人投资者等。在基金的组织形式上，可根据业务匹配度、监管要求、资金税负、投资者税负等因素综合考虑，选择设立公司型基金、合伙型基金、信托（契约）型基金等组织形式。从实践来看，目前国有资本投资公司普遍采用合伙型基金的形式，成立有限合伙企业，由产业创新投资平台公司作为普通合伙人（General Partner, GP），其他投资者作为有限合伙人（Limited Partner, LP）。

2. 基金投资

在投资阶段，基金管理公司根据专业判断投资合适标的。较为成熟的流程包括项目研究与开发、项目立项、签订投资备忘录、实施尽职调查、内部投资决策、签订投资协议、投资交割等，其中投资决策是最为核心的关键环节。从投资项目与国有资本投资公司的关系来看，基金投资项目可分为两大类，一类是国有资本投资公司集团体系的内部项目，另一类是外部项目。无论哪种项目类型，基金管理公司都将按市场化原则独立判断和决策，不受外界干扰。一般而言，基金管理公司的投资决策委员会是投资决策的主体，行使投资决策权。投资决策委员会一般由具备丰富投资经验的投资管理专业人士、基金管理公司高管人员以及外部专家组成，以投票方式集体决策。按照分级管理原则和重要性原则，国有资本投资公司可根据基金管理公司的发展阶段、能力水平等因素，将一定金额以下的投资项目交由基金管理公司的投资委员会自主决策，一定金额以上的投资项目由基金管理公司、产业创新投资法人平台的董事会自主决策。

3. 投后管理

在投资后管理阶段，基金管理人将积极参与被投资企业经营管理的跟踪和监督，同时利用自身资源为被投资企业赋能，助力其快速发展。投后管理是基金管理公司耗时最长、耗力最多的阶段，一些基金管理公司组建专业的投后管理团队，人员规模与投资团队相当。在跟踪监督方面，基金管理公司一般通过股东会、董事会、监事会等公司治理机制影响被投资企业内部决策，通过被投资企业的月度、季度、半年度、年度经营报告等了解其日常经营情况，并通过电话、实地调研等其他方式了解详细情况，降低投后风险。在企业赋能方面，对于创业类项目，基金管理公司积极参与制定被投资企业发展规划，调动集团内部产业资源，推动开展内部业务协同，借力集团内部市场支持被投资企业快速培养业务开拓能力、技术研发能力，培育核心竞争力、提高市场占有率；对于并购类项目，基金公司可依托国有资本投资公司的资源优势、技术优势等，对被投资企业进行改革重组，注入新的管理资源，嫁接协同业务资源，支持企业降本增效和拓展业务，提升企业价值。

4. 基金退出

在退出阶段，基金将其持有的被投资企业股权转让给其他投资者，获得投资收益或及时降低投资损失，同时根据事前约定将退出所得进行分配。股权转让是基金将被投资企业的股权变现、完成资本形态转化为现金形态，进而实现资本增值的关键环节。股权转让一般可通过资产上市、协议转让、挂牌转让、清算退出等具体方式操作。尤其是对于集团体系内部项目，资产上市（独立上市或注入上市公司）是业务培育成熟的标志，通过产业化运营获得资本市场认可从而引入公众投资者，被投资企业作为独立市场主体将进一步发展壮大。协议转让给国有资本投资公司，也是产业基金完成使命的主要标志，通过阶段性孵化培育或改革发展，被投资企业的商业模式和技术创新得到了市场验证，作为优质资产全部进入国有资本投资公司集团体系。国有资本投资公司向产业基金支付股权转让现金，在一定程度上也是付出风险分散的对价。产业基金的收入扣除各项费用及税收（或有）后，先按照门槛收益率（Hurdle Rate）向投资者分配基金利润，再向基金管理公司团队支付业绩报酬（Carry）。[①]

（四）建立基金风险共担机制

产业基金投资周期长、透明度低、风险高，必须建立基金与项目投资团队"风险共担、利益共享"的激励约束机制。国有资本投资公司对产业创新投资平台、产业基金管理公司的核心骨干可通过"项目跟投"制度，降低投资风险，激发骨干人员积极性。项目跟投的类型包括强制跟投和自愿跟投，其中强制跟投人员应涵盖投资决策主要参与者（如基金管理公司总经理等基金投资决策委员会的公司高级管理人员）、该项目团队负责人等；自愿跟投人员应涵盖该项目团队骨干、投后管理骨干等。跟投人员的投资标的是所投资

[①] 基金业绩报酬（Carry）是对基金管理人进行激励的一种常用做法，即基金利润超过门槛收益率后提取一定比例奖励给基金管理人。

企业的股权，参考所投资企业规模及经营特点、跟投人员出资能力等因素，跟投人员合计持股一般在30%以内，单个人员跟投持股一般不超过3%。跟投方式一般以现金出资，通过设立跟投平台（公司制企业、合伙制企业或资管计划等）参与持股。跟投平台与基金管理公司签署一致行动人协议，委托基金管理公司统一行使表决权。跟投人员可通过股权分红和股权增值方式获得收益，其中股权增值收益只能通过基金退出后一次性支付兑现。跟投过程中一般不得申请主动退出，只有达到约定的投资周期（一般不低于5年）或业绩条件后，才能转让退出。跟投方案一般要经过产业创新投资平台审核、向国有资本投资公司备案后，方可组织实施。产业创新投资平台要对跟投可能涉及的关联交易严格规范管理，建立台账、定期审计、及时披露有关信息，确保关联交易不损害基金利益。

第二节 体系化的产业培育模式

孵化培育新产业新业务是国有资本投资公司塑造未来竞争优势的战略性投资，也是调整优化国有资本布局结构的重要举措。对国有资本投资公司而言，新产业新业务一般包括符合国家战略导向、具有较大发展潜力、具有业务协同价值的产业和业务。很多情况下，国有资本投资公司对这类产业和业务缺少投资经验、管理经验和核心技术。使命指引行动。国有资本投资公司要在不利的条件下，勇于探索、开拓创新，以科学的方法策略指导推动、达成目标。

一、扫描确定投资方向、领域和项目

（一）审慎选择新产业投资方向

市场机会不等于企业机会。国有资本投资公司孵化培育新产业新业务要首先确定大致的投资方向，不盲目跟风、不好大喜功。应当围绕产业链、供应链，从两个方面科学设计。一方面是"补链"，对集团现有产业链补充完善，实施纵向一体化，比如从资源端向材料端进军，从设计端向制造端延伸等。另一方面是"拓链"，对集团现有产业链拓展延伸，实施相关多元化或非相关多元化，比如进入康养产业、节能环保产业等。这些新产业新业务可能同集团现有产业部分关联，也可能毫无关联。

（二）全景扫描新业务投资领域

以国家"十四五"规划和2035年远景目标纲要为引领，以国家前瞻性战略性新兴产业发展规划为重点，通过内外部全景业务扫描，挖掘集团现有产业优势、技术优势、人才优势等同国家战略的最佳结合点，作为新业务投资的潜在重点领域。对内扫描，重点关注现有产业链补充完善，如促进新技术产业化而进入新的制造领域，促进新材料应用而进入新的细分生产领域；对外扫描，重点关注产业链拓展新增，如进入一个全新的业务领域，进入跨界产业领域等。在全景业务扫描的基础上，制定若干潜在投资领域的产业分析报告，形成新产业新业务发展规划或战略性新兴产业发展规划。为避免受到非主业投资比例限制，国有资本投资公司可向国资监管机构申请1~3个新业务作为孵化培育业务，在投资上视同主业管理。

（三）遴选实施新业务投资项目

对新业务孵化培育要坚持两个基本原则，一是可持续发展原则，即新业务具有较大市场空间和较好市场前景，拟投资企业有机会发展成为行业领先企业；二是资源能力约束原则，即集团现有能力及未来嫁接能力可以支撑该业务的孵化培育，可拥有合适的领军人才和领先技术。创建新业务项目的备选库，优中选优配置资源。对选中的项目编制商业计划书和投资可行性研究报告，除了通常的经济和技术内容论证外，要初步确定孵化培育期的时间安排以及止损安排（如果培育不成功，项目如何处理）。新业务投资的主体一般是国有资本投资公司集团总部或产业创新投资平台公司，按照项目特点和实际需要通过直投、领投、跟投等方式具体开展。

二、新业务新企业实行新体制新机制

对新业务新企业管理，要考虑孵化培育不同阶段的特点，给予差别化安排。在项目化运作、公司化运作、板块化运作等不同阶段，通过"股权多元化、治理规范化、管控差异化、考核个性化、薪酬市场化"等有效措施，对新企业新项目实行新体制新机制，激发企业活力动力，调动经营团队的积极性，力争改革一步到位。

（一）股权多元化

对于集团内部项目，一般以项目化方式启动运作，待发展到产品可商业化推广时，即可注册为公司进行独立运作。对于并购投资项目，一般新业务已具备独立发展的条件，实行公司化运作。根据孵化培育的业务特点，对开展新产业新业务的新公司宜独则独、宜控则控、宜参则参。在国有全资条件下，可安排国有资本投资公司集团内部不同的法人主体，包括集团公司、产业创新平台或产业发展平台，进行多元持股，避免单一股东；在国有控股条件下，可安排国有资本绝对控股，同时引入非公资本作为积极股东（包括民营资本、外资、非公资本占多数资金来源的基金等）。积极股东的持股比例一般在5%以上，具有推荐董事的资格。

（二）治理规范化

新业务新企业从创建之初就要积极建立中国特色现代企业制度，完善权责法定、权责透明、协调运转、有效制衡的公司治理机制。同步建立党组织，在具备条件的基础上建立党委；将党建要求写入公司章程，按照"双向进入、交叉任职"原则，推荐具备条件的党员进入董事会、监事会和经理层。建立公司董事会、监事会，原则上外部董事占多数，实现董事会规范运作。对其他股东委派的董事，充分尊重，在科学决策、信息共享、时间安排等方面给予公平对待。赋予公司总经理"组阁权"，总经理可以向董事会推荐副总经理等高管人选，由上级党组织和本级党组织发挥把关作用，确定标准、规范程序、参与考察、差额推荐人选。

（三）管控差异化

新业务新企业的第一要务是发展，国有资本投资公司要围绕如何培育发展好新业务而设计管控模式，形成不同于成熟业务的差异化管控。在项目化运作阶段，项目团队的工作重心是项目开发和商业拓展，集团管控模式采用运营管控为宜，将行政、财务等非直接生产经营职能集中于母公司。在公司化运作阶段，经营团队的工作重心是推动快速增长、提高市场份额，集团管控模式一般采用战略管控和关键运营管控，集团引导新业务发展战略方向，重点支持生产及研发环节，在公司董事会规范运作的基础上，逐步落实投资权、经理层考核权和薪酬权等重要职权。在板块化运作阶段，经营团队的工作重点是进一步拓展市场、维护业务持续稳定健康发展，集团管控模式采用战略管控为宜，集团重点把握新业务发展方向和节奏，全面落实公司董事会法定职权。

（四）考核个性化

对于新业务新企业不宜采用对成熟业务企业的一般考核方式，通过个性化设计考核指标和指标值，对处于孵化期、成长期、成熟期不同发展阶段的新产业新业务进行正向引导。孵化期原则上设置为 3 年，最长一般不超过 5 年（特殊重大战略性培育业务除外）。孵化期内可不作盈利要求，重点考核成长性指标（如营业收入增长率、经济增加值改善率、技术研发迭代率等）。孵化期结束后开展业务评估，如各项评价指标（包括但不限于考核指标）均通过评估，可判定进入成长期。成长期一般为 2~3 年，可要求盈利，但不宜要求过高，考核指标主要侧重成长性指标和收益质量指标（如营业利润率、总资产周转率、经济增加值等）。经过成长期后，新业务已发展进入成熟期，这时可参照集团对成熟业务的考核方式对新业务进行考核评价，考核指标更加注重盈利性指标（如净利润、净资产收益率、经济增加值回报率等）。

（五）薪酬市场化

孵化培育新业务新企业归根到底要依靠经营团队和技术团队，要加强对核心团队成员的有效激励，特别是建立中长期激励机制。加强薪酬与业绩的市场化对标，突出市场化业绩对应市场化薪酬，使薪酬激励具有较强的市场竞争力。新产业新业务团队人员薪酬可由基本薪酬、浮动薪酬、中长期激励、特别奖励等构成。基本薪酬注重基础保障性，一般不宜过高。浮动薪酬注重年度阶段性任务目标激励，在较好完成年度目标的前提下，应给予更高比例浮动薪酬。中长期激励侧重建立团队骨干与企业风险利益共同体，共担风险、共享收益，既可充分利用已出台改革政策的激励工具（如科技型企业股权和分红权激励、混合所有制企业员工持股、超额利润分享、项目跟投等），也可尝试更具探索性的激励模式（如虚拟股权、科技成果转化激励等）。特别奖励侧重激励超预期贡献，对于大幅超越既定目标的孵化培育成果，给予相关团队人员特别奖励（如董事长奖励基金、总经理奖励基金），包括物质奖励（如奖金、福利）和精神嘉奖（如奖状、奖牌）。

三、适时推动新业务新企业资产上市

新业务新企业发展到成熟阶段时，要积极推动实现资产上市，成为公众公司。资产上市有利于国有资本投资公司实现较高投资收益，有利于引进非公资本促进不同所有制资本取长补短、相互促进、共同发展，有利于引入战略投资者促进相关业务协同发展，有利于打造上市公司品牌、扩大企业知名度和美誉度，有利于创业经营团队实现价值回报、进一步激发骨干员工活力动力。

（一）做好上市准备

新业务新企业资产上市之前，通常要做好资产整合、股份制改革、引入战投、员工激励等准备工作。资产整合要把条件成熟的相关新业务整合到一个法人平台下，以该法人平台作为上市的主要资本运作对象，最大限度体现价值。股份制改革要把开展新产业新业务的法人平台改造为一个股份有限公司，并取得国有资产产权登记证。引入战投是把包括非公资本在内的战略性投资者成功转化为公司的积极股东，根据需要引入财务投资者。在此环节中，应当注意资产合理估值定价，注重通过产权市场公开竞价，坚决防止国有资产流失。员工激励要在上市前锁定骨干员工利益，为价值创造者和奋斗者预留增值空间，实现激励到位。

（二）优选上市路径

新业务新企业选择独立上市或者借壳上市，是国有资本投资公司需要权衡考虑的问题。独立上市具有融资规模大、融资成本低、有利于塑造独立品牌等优点，但存在上市周期长、环节多、不确定性大等风险；借壳上市，尤其是借助集团已有的控股上市公司，具有资本运作环节少、效率高等优点，但可能存在融资规模较小、新业务本身不能直接获得大量资金等不足。当前，我国资本市场改革持续深化，股票注册制发行、上市公司分拆子公司境内上市等重大改革举措不断落地。国有资本投资公司要因企施策、因时施策，最大限度把握改革红利，促进国有资本保值增值。一般而言，对于同核心主业相关性不大、不构成同业竞争的高估值新业务，独立上市可作为优先选择。

（三）把握上市时机

在新业务新企业的孵化期、成长期、成熟期都具有上市的可能性，上市时机的确定需要考虑内外部条件。从内部看，在产品方面，要形成比较定型的产品，市场空间广阔；在战略方面，要形成较为清晰的战略发展方向，发展路径和发展潜力可期；在技术方面，要建立起支撑技术研发迭代的技术团队，领军人才和技术骨干比较稳定。从外部看，尽量处于行业发展的上升周期或景气周期，发展趋势看好；资本市场处于繁荣周期，市场资金充沛；竞争对手未上市或虽已上市但处于较高市盈率水平。国有资本投资公司可根据新业务新企业的资金需求、估值水平等状况，合理确定最佳时机，推动相关资产实现上市。

四、集团公司提供支持服务

新业务新企业犹如一个新生儿，开始时稚嫩弱小，随后逐渐成长壮大，未来发展拥有无限可能。集团公司要像母亲一样悉心呵护，给予新业务新企业全方位的支持。

（一）资金辅助支持

集团公司应给予新产业新业务初始资金支持和必要的阶段性资金支持。除成立新公司的注册资本金之外，集团公司还可通过委托贷款、基金投资、科研项目经费等途径为新业务新企业提供低成本、便利化的资金安排。

（二）业务协同支持

集团公司可利用广阔的内部市场支持新业务新企业初始发展，鼓励其他成员企业购买新公司的产品和服务，培养发展新公司的业务拓展能力。集团内部业务重在作为基础支撑，为防止产生依赖性，可在一定时期内设定新公司开展集团体系内业务的比例，并要求该比例逐步降低，直到降低至10%以下。

（三）改革政策支持

在引进人才方面，集团公司可适当放宽条件，大力支持新业务新企业引进骨干人才，特别是技术领军人才，给予具有市场竞争力的薪酬待遇、福利待遇、户籍待遇等。在薪酬管理方面，集团公司可支持新企业优先实行工资总额预算备案制，对符合条件的项目人员实行工资总额单列。在中长期激励方面，可优先支持新企业建立健全科技型企业股权和分红权激励、骨干员工持股、项目跟投等激励机制，绑定骨干员工与企业的共同利益。

第三节　常态化的流转退出模式

优胜劣汰是市场经济的基本准则，国有企业作为独立市场主体也必须遵循。国有资本投资公司集团体系内，在长期生产经营过程中，会不断涌现出经营成功的企业，也会出现经营不善的企业；在对外并购重组过程中，会带来符合主业发展方向的资产，也会带来一些不符合主业发展方向的资产。这些经营不善的企业和非主业方向的资产，长期占用国有资本，但不能产生合理的投资回报甚至需要输血，也难以支持集团主业做强、做优、做大，长此以往，必然会拖累主业、降低效率、浪费资源。国有资本投资公司须建立起一套常态化的股权及资产流转退出模式，不断出清相关股权及资产，推动从资本到资产、再到资本的形态转换循环，确保"投得进、退得出"。国有资本投资公司要以高度负责的态度，认真审慎对待每一项国有资产。对应当流转退出的股权及资产,及时清理处置,也是对国有资本的负责与担当。

一、明确流转退出对象的范围和标准

国有资本投资公司对特定业务和资产进行流转退出,首先要明确对象范围及其标准。所谓业务,可以理解为企业从事生产经营活动的行业领域及细分环节,在国民经济行业分类中可以找到具体界定,业务是方向是赛道,决定了企业做什么;所谓资产,可以理解为企业通过生产经营活动创造价值增值的载体,包括实物资产、无形资产等,资产是载体是媒介,决定了企业用什么做、怎么做。在国有资本投资公司集团体系内部,业务是资产的集合,同一项业务领域内可能有若干家出资企业,每家企业拥有若干项具体资产。

(一)非主业非战略性业务

在国有资本投资公司层面,凡是国资监管机构对集团公司批复确定的主业范围之外的业务都属于非主业业务,凡是不符合集团公司战略发展方向、不具有战略性培育价值的业务都属于非战略性业务。在子企业层面,凡是股东(会)确定的主业范围之外的业务都属于企业的非主业业务,凡是不符合该企业战略发展方向、不具有战略性培育价值的业务都属于非战略性业务。清理处置的标准是,同时符合以上两条描述的业务原则上都应被纳入清理处置范围,相关业务涉及的企业股权及资产都应纳入清理处置清单(集团公司和子企业两个层面可分别确定,子企业的非主业非战略性业务可在集团体系内重组)。非主业非战略性业务,主要来源于集团内部的非主业投资、对外并购重组带来的部分业务。对具有良好财务绩效表现的非主业非战略性业务,也应酌情纳入清理处置范围。

(二)低效无效资产

低效无效资产犹如企业的垃圾,必须定期清理、合理利用、回收价值。低效无效资产一般是集团主业范围内经营效益较差、运营效率较低的资产,包括具体的所出资企业、所出资企业的具体资产(包括应收款项、存货、固定资产、股权投资等)。界定低效无效资产,可以用一系列关键业绩指标作为主要标准,如净利润、净资产回报率、资产负债率等。对于某项具体资产,清理处置标准可界定为:连续3年净利润为负、连续3年净资产回报率低于集团设定的净资产回报率预期值(或同行业净资产回报率平均值)20%以下、连续3年资产负债率超过100%,符合上述一条即纳入处置范围。低效无效资产,主要来源于集团内部长期经营累积的较差资产、对外并购重组带来的部分资产。处于孵化培育阶段、具有较大发展潜力的资产，不应纳入清理处置范围。

二、建立流转退出工作体系

从集团管控的角度看，企业全生命周期管理是一种从企业设立、变更到退出的管理方式，对企业从生到死的全过程进行管控。企业设立（包括出资新设、并购重组等）严格按照国有资本投资公司内部审批决策程序和外部工商、税务等法律法规程序规范实施。企业变更注重公司章程修订及时履行股东决策程序和工商变更登记程序。企业退出（包括股权流转、破产清算等）依托集团内部的业务和资产流转退出工作体系，从经营预警到清理处置，最终实现产权分离。

（一）建立企业经营常态化预警机制

冰冻三尺非一日之寒，管理的关键在于控制过程。国有资本投资公司要在全级次企业中，对非主业非战略性业务和低效无效资产定期梳理，有效识别并及时采取措施。对非主业非战略性业务，可以按照前述标准建立业务清单，每年定期监控其经营状况和发展潜力，并进行保留评估。对低效无效资产，可以根据关键业绩指标表现设置不同颜色，从而标识其资产状态作为预警。例如，净利润为负或净资产回报率（ROE）低于集团设定的净资产回报率预期值（或同行业净资产回报率平均值）20%以下，设为黄色预警；连续2年净利润为负或净资产回报率（ROE）低于集团设定的净资产回报率预期值（或同行业净资产回报率平均值）20%以下，设为橙色预警；连续3年净利润为负、净资产回报率（ROE）低于集团设定的净资产回报率预期值（或同行业净资产回报率平均值）20%以下或资产负债率超过100%，设为红色预警。列为红色预警的资产，即为低效无效资产，原则上该类企业将不能开展内外部投资、不能增加职工总数、不能增加年度工资总额。

（二）建立健全常态化清理处置机制

一般企业集团在处置非主业非战略性业务和低效无效资产时，往往存在"不愿退""不会退"等问题，国有资本投资公司要开拓出一条新路，予以有效解决。"不愿退"属于主观态度问题，或舍不得或怕担责等，企业不愿主动退出相关业务或资产。"不会退"属于能力水平问题，或难以抓到最佳处置时机，或难以找到合适的买家或担心处置潜在风险等，企业的业务资产处置的资本运作能力不足。在确保业务和资产处置合规合法、确保处置收益最大化的基础上，国有资本投资公司要勇于担当作为，建立健全常态化的"两非""两资"清理处置机制。

1. 确定清理处置清单

在经营预警机制基础上，每年梳理动态确定非主业非战略性业务和低效无效资产清单，符合标准，刚性退出。由各级子企业对照统一标准梳理，汇总至二级子企业并报送集团总部，由集团审定确认。

2. 确定工作计划和处置方案

在清理处置清单基础上，形成年度清理处置工作计划，并一企一策制定处置工作方案。非主业非战略性业务，应由集团总部制订工作计划和处置方案、子企业具体实施，重点发挥集团总部统筹业务发展进退的功能；低效无效资产，应由各相关二级子企业制订工作计划和处置方案、子企业具体实施，重点发挥产业发展平台统筹经营各项资产、履行资产保值增值职责的功能。每项资产处置需设置明确的工作期限，一般为1~2年，如在规定期限内没有实质性进展，则要转换处置责任主体，重新设计处置方案。

3. 确定工作权责和决策程序

根据处置资产的金额，国有资本投资公司可建立分级负责、分级授权机制，明确一定金额以下（如5000万元人民币）的资产处置由产业发展平台自主决策、事前备案；一定金额以上的资产处置由集团公司审批决策、按集团决策意见落实。按照"谁管理、谁负责"的原则，由拟处置业务或资产的管理责任主体确定具体处置方式，形成资产脱售或清算方案，按照集团内部决策程序形成决策意见后，由管理责任主体负责实施。对于境外资产处置，应建立适应当地法律环境和行业惯例的集团内部决策程序，给予相关产业发展平台更多自主空间。

（三）灵活应用多种清理处置方式

清理处置方式的选择要因业施策、因地施策、因企施策，确保清理处置的及时性、有效性和收益性。

1. 内部重组

这是处置低效无效资产成本最低的方式之一。通过内部协议转让，相关资产在国有资本投资公司集团系统内部流转，从原有管理责任主体流转到新的管理责任主体，实现优化重组。应用这种方式的前提是，新的管理责任主体具有更高效的经营方式和管理模式，可以有效支持资产盘活、创造价值。具体操作可先调整资产的管理关系，再调整产权关系，或一步到位、同时调整。

2. 对外转让

对外转让的本质是以一种合理对价，使业务或资产的产权从国有资本投资公司集团内部分离，实现所有权变更。应用对外转让的关键在于，以合理方式对相关资产进行估值，不能简单以净资产账面价值作为底价，应充分发挥产权交易市场的价格发现作用，以当期时点的最优市场价格实现资产脱售。

3. 资产置换

资产置换是一种优化资源配置、实现互利互惠的方式。对于非主业非战略性业务，国有资本投资公司可首选同其他中央企业或地方国企进行资产置换，以双方接受的对价，剥离非主业非战略性业务，获得主业资产或战略性培育资产，双方各取所需。对于低效无效资产，国有资本投资公司也可积极探索同国有资本运营公司开展协同，将自身难以清理处置的资产划转给中国诚通、中国国新等国有资本运营公司，同时适当置换获得部分主业相关的公司股权作为参股投资。这类资产处置可获得国资监管机构的审批授权。[①]

4. 企业破产

企业破产是流转退出方式的最后选项。法院受理企业破产申请的结果有三种：破产重整、破产和解、破产清算。破产重整可使企业获得一次重生机会，在法院裁定重整的 6 个月之内，企业形成重整计划（包括债务减免）并经债权人会议表决通过后即可终结破产程序。和解为企业在破产清算前保留了最后的希望。在债权人会议通过和解协议的决议后，企业同债权人达成一致，按照和解协议规定的条件清偿债务。在重整无效、和解无果的情况下，破产清算是实现企业市场出清的最终途径。破产清算意味着企业死亡。妥善分流安置职工、公允处置企业资产、制定债务偿还方案，是企业在破产清算中必须跨越的三大关口。国有资本投资公司及子企业要依法保障企业职工合法权益，最大限度减少国有资产损失，最大限度保持同债权人的合作关系，有效处理好同当地政府的关系。破产清算的最终结果是注销工商登记，企业法人资格灭失。长痛不如短痛，不能让低效无效资产再消耗更多的企业资源。在常态化的资产流转退出中，对应破产企业实施规范有效破产，是国有资本投资公司的必备技能之一。

---

① 《国务院国资委授权放权清单（2019 年版）》授权国有资本投资、运营公司按照国有产权管理规定审批国有资本投资、运营公司之间的非上市企业产权无偿划转、非公开协议转让、非公开协议增资、产权置换事项。

三、发挥资产管理公司功能作用

低效无效资产清理处置一般具有专业性强、政策性强、时间跨度长等特点,加之有时待处置的资产项数多、规模大,国有资本投资公司有必要打造专业化的资产管理公司,专门从事资产经营和清理处置工作。不同于金融资产管理公司(AMC),国有资本投资公司所属资产管理公司(非金融资产管理公司)专注于集团内部的低效无效等不良资产处置,以专业化服务发掘存量价值。

(一)资产管理公司功能定位

资产管理公司是国有资本投资公司设立的职能功能性平台,一般为集团公司直接出资设立的全资子公司,主要发挥"资产回收站"功能,专门负责不良资产清理处置。集团公司将待处置的低效无效资产、上市剥离的资产交由资产管理公司处置,流转退出;对有价值挖掘潜力的资产,授权资产管理公司经营盘活,恢复正常经营后适时注入产业发展平台。资产管理公司是集团内部的一个类职能部门,根据集团决策对特定资产进行接收、管理和处置。资产管理公司同产业发展平台有两种关系,一种是受托与委托关系,资产管理公司接受产业发展平台的委托,对符合退出标准的资产(移交管理权、不移交产权)进行打理处置,收取专业服务费;另一种是交易协作关系,资产管理公司以零对价从产业发展平台接收符合退出标准的资产(同时移交管理权和产权),经打理处置,获取增值收益或处置收益。

(二)资产管理公司责权边界

资产管理公司要根据自身功能定位,厘清同集团公司、产业发展平台的责权边界。集团公司负责低效无效资产工作总体谋划、统筹协调,制定集团内部低效无效资产处置的政策、制度、总体方案等,确定移交资产管理公司的资产清单,督促指导产业发展平台与资产管理公司理顺产权关系、签订合作协议、开展清理处置等工作。产业发展平台负责按照集团内部判定标准,提出清理退出的资产清单,经集团公司审定通过后,及时划转给资产管理公司,做好相关配合工作。资产管理公司负责按照集团决策接收相关资产,遵循规范的清理处置程序,依法合规开展资产处置,确保集团利益最大化,最大限度防止国有资产流失。在决策权限范围内,资产管理公司自主决策处置有关资产。

（三）资产管理公司运作模式

资产管理公司要建立专业化、规范化、流程化的运作模式，对基础资产保值增值，对低效无效资产清理处置，不断探索完善适合本行业特点的有效运作模式。

1. 接收资产

资产管理公司一般要在集团公司确定移交资产清单后的 1 个月内，有序完成资产接收。一是同产业发展平台等原出资主体签订股权划转或托管协议，明确责权关系；二是召开交接大会，现场接收被移交企业的实物资产、人员、债务，进行盘点、核查确认；三是向被移交企业派驻管理者代表，明确管理关系，维护企业正常生产经营和人员稳定，确保平稳交接。

2. 制定方案

对待清理处置的资产，资产管理公司要因业施策、因地施策、因企施策制定处置工作方案，并履行决策程序。同产业发展平台制定的处置工作方案相比，资产管理公司制定的资产处置工作方案更侧重于以清理退出为主，以资产盘活为辅。一是拟订方案，开展调查评估，在明确是否具有资产盘活可能的基础上，研究拟订处置工作方案，确定处理方向及措施、明确相关方权利义务、制订工作推进计划。对于不具有资产盘活可能的，以破产重组、清算注销等措施为主；对于仍具有资产盘活可能的，以经营改善、管理提升等措施为主，如在 1 年内仍无实质性改善，则转为按照不可盘活的资产进行清理退出。二是审批方案，按照决策权限，资产管理公司在集团公司授权范围内，实施自主决策，事后备案；对于未授权事项，按集团公司制度流程履行决策程序。三是明确分工，以项目管理方式建立配套工作机制，对待处置资产分别建立人员安置组、债权清理组、资产清理组、综合宣传组等行动组织，委派专业人员进入项目组。对于需要原出资主体有关人员支持的，以咨询顾问方式，聘请熟悉情况人员参与项目组。

3. 实施处置

对于具有资产盘活可能的，资产管理公司根据工作方案，聘请新的管理团队改善经营，同时支持协调解决相关债务问题。如在计划时间内，资产成功实现扭亏为盈，可以择机注入上市公司平台。对于不具有资产盘活可能的，通过国资重组、挂牌交易、长期歇业、破产重整、清算注销等措施逐次尝试，最终以资产交割或工商登记注销，完成彻底清理处置。

4. 获取收益

资产管理公司通过清理处置资产而获取收益的方式主要有三种。一是盘活收益，即资产管理公司经过努力将低效无效资产盘活，转化为正常运营资产，可以净资产增值额的一定比例作为收益，与原资产出资主体按比例分成。二是处置收益，即如果对特定资产处置后仍有残值价值收入，资产管理公司可以此作为处置收益留存。三是佣金收益，即资产管理公司受原资产出资主体委托而应得的报酬，可以按待处置资产的净资产价值的一定比例确定或清理处置复杂程度确定，由资产管理主体分期支付给资产管理公司。

四、集团公司提供支持服务

资产流转退出是国有资本投资公司对国有资本开展市场化资本运作的重要内容，也是国有资本投资公司履行国有资产保值增值职责的重要支撑。集团公司对这项工作应高度重视，并给予全方位支持。

（一）对资产管理公司注入优质的基础资产

资产管理公司履行清理处置集团内部低效无效资产的职责，需要承担一定处置成本和期间费用，集团公司应当给予资金支持。集团公司可将一部分优质资产（如物业、酒店等）股权划转或托管给资产管理公司，以这些资产的经营贡献作为其基本资金来源。当然，集团公司和产业发展平台也可预支一定资金，作为资产管理公司日常运行的基础支持。

（二）打造专业化的资产管理团队

资产清理处置需要专业化的团队操作实施。集团公司必须打造专业、敬业、职业的资产管理团队，支撑资产管理和资本运作。通过市场化引进专长于资产管理处置的人力资源、财务管理、法律合规、风险管理等专业人才，组建专业项目团队；建立轮岗流动机制，加强集团内部人员交流，对资产管理公司人员定期轮岗；注重借助专业中介机构力量，如会计师事务所、律师事务所等，作为资产管理工作的重要支撑。

（三）建立资产清理退出的配套激励机制

资产清理处置是一项比较艰苦的工作，是撤退收缩，而不是进攻冲锋。因此，更需要给予项目团队成员具有竞争力的市场化激励，特别是在绩效薪酬部分，应设计同资产处置收益相匹配的奖励。一是收益提成激励，对于清理难度较大的资产清理处置后，在残值收益中提取一定比例，作为该资产项目团队的奖励；二是阶段性激励，对于处置周期较长的资产设定里程碑节点，在完成每一个节点任务后，给予该资产项目团队一定奖励；三是超额收益分享激励，对于一般难度的资产清理处置后，对超过预期残值收益的部分提取一定比例，奖励给该资产项目团队。

（四）给予个性化业绩考核

对资产管理公司进行考核，集团公司要合理确定经营业绩和国有资产保值增值相关指标的考核权重，加强对不良资产处置、退出非主业领域、完成特殊任务情况的考核，不宜简单以收入、利润等效益类指标进行通常考核。

（五）建立资产清理处置典型案例库

集团公司要指导资产管理公司对资产清理处置的案例进行总结，建立形成典型案例库，一方面为未来的资产清理工作提供指导，另一方面也为同类资产经营管理总结教训，避免被同一块石头绊倒两次。

第四节　商业化的科技创新模式

创新是引领发展的第一动力，是建设现代化经济体系的战略支撑。党的十九大提出，我国经济已由高速增长阶段转向高质量发展阶段，要加快建设创新型国家，推动经济发展质量变革、效率变革、动力变革。党的二十大强调，必须坚持科技是第一生产力、人才是第一资源、创新是第一动力。科技创新成为国际战略博弈的主要战场，围绕科技制高点的竞争空前激烈[1]。综观全球，那些占据全球产业链、价值链高端的领军企业，无一不是依靠强大的科技研发实力在行业中建立了稳固的核心竞争优势，并通过科技创新催生新产业、培育新业态、迭代新产品，促进行业变革，推动社会进步。国有资本投资公司要心怀国之大者，贯彻新发展理念，落实创新驱动发展战略，打通从科技强到企业强、产业强、经济强的发展通道，在实现高水平科技自立自强中发挥中流砥柱作用，在推动产业转型升级中发挥引领带动作用，依靠创新力量成为具有独特核心竞争力的世界一流企业。

一、确定前瞻性科技创新战略

核心主业必有核心技术支撑。国有资本投资公司要具有全球视野，对所

---

[1] 习近平总书记在两院院士大会中国科协第十次全国代表大会有关报道。

在产业领域国内外技术发展趋势洞若观火，主动冲向产业技术制高点，持续建立起核心技术优势，不断通过技术优势提升强化竞争力、影响力和控制力。结合当前世界科技发展和全球产业变迁最新趋势，全面评估公司核心主业科技创新能力现状、优势领域和存在短板，准确描绘出未来科技创新的战略全景图。

（一）确定科技创新战略方向

党中央提出，要面向世界科技前沿、面向经济主战场、面向国家重大需求、面向人民生命健康，加快建设科技强国。国有资本投资公司要以核心主业为主赛道，针对产业技术发展中面临的突出问题和挑战，在核心主业领域的基础研究、应用基础研究、应用研究中，瞄准未来科技和产业发展的制高点，遴选出科技创新的主攻方向。优先选择"人有我无"研发领域，着力解决"卡脖子"技术问题；重点选择"人优我有"研发领域，加快技术升级赶超世界先进；积极选择"人无我无"研发领域，努力实现新技术率先突破。制定集团科技研发十年发展规划，确定中长期科技创新的重点攻关领域和研发方向；制定产业发展平台科技创新五年中期规划、三年行动计划、年度重点任务，逐层细化科技创新的攻关项目、里程碑节点、时间进度安排。

（二）坚守科技创新基本原则

一要坚持问题导向。优先选择攻关核心主业领域中最紧急、最紧迫的技术问题，从实际出发，找准创新点，着力解决"卡脖子"技术问题。二要坚持遵循科研规律。在科技创新中，将遵循科研规律融入科研管理的各个环节，既不操之过急，也不停滞不前，把按科研规律办事放到比按行政规矩办事更重要的位置。三要坚持创新体制机制。改革科技创新体制机制，尊重科研事业和科技人才，在全面深化改革中助科技企业松绑、保科研项目进度、促科技人员激励。

【微案例：中广核集团改革完善科研体制机制[①]】

中广核集团深入实施创新驱动发展战略，不断完善科技创新体系、优化体制机制、强化资源保障，提升科技创新效能。一是把握科研的正确方向。坚持"四个面向"，即面向世界科技前沿、面向经济主战场、面向国家重大需求、面向人民生命健康，同时紧密围绕国家战略、集团"十四五"中长期发展需要，培育集团可持续发展的先进生产力。聚焦"卡脖子"问题，部署64项自主化专项，其中19项具备应用条件，14项已经落地应用，稳步推进核电

---

① 根据公开信息整理。

领域关键核心设备全面自主可控。二是打造"一心两圆"科技创新体系。"一心"是指通过调整集团下属研究院、设计院、苏州院定位和分工，优化资源配置，加快培育集团科研核心能力。"两圆"是指积极融入国家整体创新战略，立足区位优势，重点打造两大区域创新中心，深化与高校、科研单位和产业链伙伴合作，构建紧密型、松散型"两个朋友圈"，打造原创技术策源地。三是实行战略科研项目"项目制、团队式"运作。对战略科研项目，由集团公司与科研单位、项目负责人共同签署项目任务书，明确各方职责和激励考核方案。项目负责人通过公开竞聘产生，对项目研发质量、进度和最终成果负责。充分授予项目负责人组建团队、调配资源、考核激励等各项权力。四是加大科研投入力度。优化科研经费出资方式，针对战略科研项目，由集团总部一次性配足项目经费。建立科研投入考核机制，引导各子企业加大科研经费投入。"十三五"期间，集团累计科研投入约170亿元，占营业收入约3.4%，足额保障科研经费。

二、搭建多层次科技创新体系

（一）搭建立体化科技创新平台

国有资本投资公司要建立起集团总部、产业发展平台、科技型企业、生产经营单位等多层级立体化的科技创新平台体系。

集团总部设立科技管理委员会和专家委员会，作为议事和决策支持平台，负责拟定集团体系内部的科技创新政策，制定科技创新规划，对集团重大和重点科技项目管理和监督，统筹集团内外部科研经费管理，保障科研条件等。

集团总部中央研究院（虚拟组织形式或法人实体形式），作为重大科技创新项目的攻关平台，负责组织集团内外部专业科研力量，瞄准关键核心技术，对重大科研项目集中攻关，充分调动集团可以调动的一切力量。

产业发展平台，作为产业科技创新的组织平台，负责对本产业领域内的科技工作组织、推动和统筹，着力促进技术升级。

科技型企业，特别是转制科研院所，作为技术创新的孵化平台，负责研究集团所在产业的共性技术，研发新技术并推动技术产业化，以技术支撑培育孵化新产品、新业务、新业态。

生产经营单位，作为科技创新的基层平台，负责生产一线应用技术革新，重点改进操作方法和模式，促进产品质量提升、降本增效。

（二）完善科研项目分类管理方式

国家级项目，由集团公司协调配置内外资源，组织企业申报。企业自行申报和承担的国家级项目向集团公司报备，重大事项及时报告。

集团级项目，集团公司对项目进行全流程管理，坚持目标和成果导向，建立项目后评估制度，对项目绩效进行评价。

企业自主立项项目，鼓励企业积极推行项目合同制，实施契约化管理，由项目执行机构与项目主管单位签订项目合同，明确相关要求和标准，作为后续项目实施执行依据。

企业应加快推进内部市场化运作，实行项目全成本独立核算，项目执行机构通过合同明确任务目标、取得科研经费、验收成果、获取收益，体现科技工作的价值创造。

（三）打造多领域科技创新人才队伍

科技创新，人才是关键。国有资本投资公司要基于高水平科技自立自强，大力实施科技人才强企战略，坚持培养和引进并举，建设高觉悟、高素质、高技能科研人才团队，着力打造三支科研人才队伍。

1. 打造一支具有世界前沿水平的科研领军人才队伍

根据集团科研战略规划需要，有计划有梯次地将集团系统内有潜力的专家人才培养成为具有行业影响力的拔尖人才和领军人物，加大院士人才后备培养力度。同时，积极开展外部高层次人才引进，建立特聘专家制度和海外科技人才库。

2. 打造一支能打硬仗的科研骨干专业人才队伍

制订中青年科技人才培养工作计划，重点通过技术攻关，培养一批创新能力突出、具有一流水平、注重市场意识的内部科技骨干。推进本土人才国际化、国际人才本土化，一方面立足自我培养，与国外科研机构建立日常联系，加大人才国际化培养力度；另一方面坚持为我所用，引进海外专业化人才，不断加宽加厚人才梯队板凳。

3. 打造一支复合型技能人才队伍

积极培养大国工匠，注重对车间班（组）长和工矿一线科技人才的培养使用，不唯学历、只重实绩，培养一线高技能技师人才。以首席技师工作室、一流工匠工作室等组织方式，鼓励杰出高技能人才发挥引领作用，为企业培养出更多一线优秀技能人才。

三、完善产业化科技创新流程

科技创新的根本目的是产业应用、创造价值。世界银行估算，中国的科技成果转化率平均只有15%，专利转化率只有25%。美国学者弗农·艾勒曾提出，基础研究与产业推进的产品开发之间存在一条沟壑，被称为"死亡之谷"。国有资本投资公司要通过科技创新引领产业转型升级、培育前瞻性战略性新兴业务，必须跨越"死亡之谷"，走出一条科技创新成果转化应用、产业化实业化的新路。

（一）科研立项，创新机制风险共担

坚持效果导向、成果导向，推动科研课题立项从"申报制"向"揭榜制"转变。集团公司、产业发展平台根据项目类型，把要攻关的科研项目公开公布，鼓励谁有本事谁上，努力实现课题申报和科研奖励这两个独立评审的问题合二为一。由揭榜的项目团队，提出项目科研方向路径和商业技术书，经项目管理主体评审和决策，决定是否批准该科研立项。支持科研项目团队以该项目为载体，缴纳一定份额的现金作为"模拟股本金"，获得相应"模拟股份"。一般团队个人出资不超过30%，公司出资不低于70%。双方签订《科技创新项目共担共享协议书》，约定各方出资比例、资金使用计划、项目核算方式、成果收益分配、项目清算等关键事项的具体安排。从项目一开始，就建立起风险共担、利益共享的共同体机制。

（二）过程监督，依据结果实施激励

在科技创新项目推进过程中，以团队自主推进为主，公司重点监督并提供必要支撑和服务。在项目结题时，如未形成有效科研成果，则进行项目清算，对项目资产按协议约定比例返还残值价值，项目团队与公司共同承担项目成本；如形成了有效的科研成果，进行成果评估，寻求技术应用场景和吸引内外部投资人探索成果产业化。对于暂时没有投资人的科技成果，可暂时结题封存，作为技术储备；对于获得投资人投资的科技成果，支持将科技成果作价入股，设立公司实施股权激励或项目收益分红激励。如果科研项目周期较长，则应在一定条件下对项目团队实施岗位分红激励，不受国有企业职工工资总额约束。

【加油站：《促进科技成果转化法》有关规定】

➢将该项职务科技成果转让、许可给他人实施的，从该项科技成果转让净收入或者许可净收入中提取不低于50%的比例；

➢利用该项职务科技成果作价投资的，从该项科技成果形成的股份或者出资比例中提取不低于50%的比例；

➤将该项职务科技成果自行实施或者与他人合作实施的，应当在实施转化成功投产后连续3~5年，每年从实施该项科技成果的营业利润中提取不低于5%的比例。

（三）转化应用，科技创新支持创业

积极开展科技成果产业化，同步建立事业合伙人机制，增强团队创新创业意识，绑定骨干员工与公司利益。对于技术基本成熟、市场需求强劲、具有投资潜力的科研成果，应支持创建合资公司，促进孵化培育新业务。依法依规开展科技成果定价，以技术交易市场挂牌交易或协议定价后公示确认。允许科研项目团队成员以"现金出资+科技成果作价入股"方式参与设立创业公司，其中科技成果作价不宜超过公司注册资本的50%，可提取科技成果作价的一定比例（如不超过50%）奖励给科研项目团队，并由科研项目团队以一定比例现金出资（如不超过20%），其余注册资本由公司出资，要确保公司在新注册公司中处于绝对控股。原则上，创业科研团队员工应解除与原公司的劳动合同关系，并与新注册公司签订劳动合同。

（四）独立发展，积极推进资产上市

随着新的创业公司业务的快速发展，要及时配套完善治理、规范管理，努力实现资产上市。创新创业公司要在具备条件的情况下及时建立党组织，以党委或党支部带动公司员工贯彻中央决策部署、落实上级党组织工作要求，确保"四同步四对接"，在公司章程中明确党建工作要求。要规范建设公司董事会，实现外部董事占多数，国有股东要根据条件全面依法落实公司董事会各项职权，有效发挥董事会定战略、作决策、防风险的功能作用。建立董事会向经理层授权的管理制度，支持经理层发挥好谋经营、抓落实、强管理的作用。适时引入战略投资者，实施股权多元化或混合所有制改革，一方面优化董事会结构，引入新的股权董事或非公资本董事；另一方面强化股东业务协同，加快自身业务发展。积极研究资产上市，在具备条件的情况下，实施IPO或注入上市公司，实现国有资本增值和员工股权投资收益。

四、健全个性化科技创新机制

（一）完善放权授权机制

坚持压实责任、权责匹配，对科技创新团队全面给予科研自主权。一是项目团队组阁权。支持项目领军人才自主组建项目团队，真正拥有选择项目

组成员的权力,上级管理主体可以建议,但不能干预。二是技术路线决定权。赋予科研团队技术路线决策权,在不改变研究方向和降低考核指标的前提下,允许研究团队中途调整研究方案和技术路线。三是项目资金使用权。在明确项目预算、个人与公司资金到位的基础上,由项目团队自主决定资金安排和项目经费。

(二)建立资金支持机制

国有资本投资公司在科研团队项目的不同阶段,可给予各类基金或直接投资的配套支持。在立项实施阶段,通过集团内部科创基金重点支持实验室和中试研究;在设立公司阶段,由产业发展平台、双创基金等作为主要出资方,科研院所以技术入股和辅助出资为主,不鼓励科研院所使用自有资金大规模开展产业投资;在上市阶段,由国有资本投资公司或其投资功能平台直接投资 Pre-IPO,借助资产上市,使科技型企业通过科研成果产业创效反哺科学研究。集团总部应协调相关资源支持科技型企业积极争取国家及地方科技项目资金,作为科研经费的重要来源和补充。

(三)建立另类考核机制

改革创新考核激励政策,大力探索建立具有针对性的另类考核机制。针对科技型企业,重点关注自主创新能力的提升,加强研发投入、科技成果产出和转化等指标的考核,在计算经济效益指标时,将研发费用视同利润加回,对重大科技创新成果进行考核加分奖励。针对科研项目,重点关注项目阶段性进展、里程碑节点成果等内容,更多考虑项目周期考核、项目团队人员梯次考核,在项目清算或以市场交易确定成果价值中,注重项目全成本核算与考核,适当考虑公司提供孵化支持和无形资产等因素。

第五节 协同化的产融结合模式

产融结合是国有资本投资公司促进实体经济发展的重要途径,也是调整优化国有资本布局结构的重要抓手。关于产融结合的概念内涵有多种理解,国内学者的代表性观点包括:产融结合是指产业部门与金融部门之间资本相互结合的关系,是资本加剧集中的方式[①];产融结合是通过信贷联系和资产证

---

① 谢杭生. 产融结合研究 [M]. 北京:中国金融出版社,2000:6.

券化，以及与此相联系的信息共享、人力资本结合等[①]；产业投入产出过程与金融业融通资金过程的结合就是产融结合[②]。综合来看，从广义上讲，产融结合是产业资本和金融资本的结合，是储蓄向投资转化的过程。从狭义上讲，产融结合是产业资本出于经营发展目的，以资本结合为纽带，实现产业公司与金融机构之间的合作与融合。本书对产融结合的界定是，产业资本主动投资金融机构，以产权为基础，以资本为纽带，通过产业资本与金融资本融合发展，实现以融促产，发挥协同效应。

当前，许多国有资本投资公司已在产融结合方面开展了积极探索，积累了不少成功经验。从是否需要经营许可来看，金融企业可分为持牌企业、非持牌企业和类金融机构。持牌金融企业包括银行、证券公司、保险公司、财务公司、信托公司、期货公司、公募基金管理公司等；非持牌从事金融业务的企业（含类金融机构）包括私募基金管理公司、小额贷款公司、融资担保公司、融资租赁公司、商业保理公司、典当行、地方资产管理公司、区域性股权市场、区域内投资公司、农民专业合作社、社会众筹机构、地方各类交易所等。国有资本投资公司要在清晰认识的基础上，结合企业实际，合理利用好产融结合工具。

一、产融结合对国有资本投资公司具有重要意义

国有资本投资公司适度发展金融业务，有利于更好地提高资源配置效率，有利于更好地优化业务资产组合，有利于更好地发挥投资运作功能。

（一）金融业务是提高资源配置效率的重要抓手

资金是国有资本投资公司的核心资源之一，是企业开展生产经营活动的血液。国有资本投资公司通过发展金融业务，建立内部资金"蓄水池"，可以大幅提高集团内部的资金集中度和配置运行效率，使最需要资金的子企业及时获得较低成本的资金支持，扩宽企业融资渠道，降低资金使用成本，有效缓解集团成员企业的融资约束。

（二）金融业务是优化业务资产组合的重要途径

科学合理的业务组合是国有资本投资公司高质量、可持续发展的基础。金融业务如果经营得好，将成为一项盈利性高、稳定性强的优质业务。国有

---

① 郑文平，苟文均. 中国产融结合机制研究［J］. 经济研究，2000（3）：35-38.
② 万亿，甘维，古晓慧. 国有大型企业产融结合发展道路的选择［J］. 中国市场，2008（9）：66-67.

资本投资公司适度发展金融业务，可以优化自身投资业务组合，平抑产业周期波动，增强抗风险能力。一些国有资本投资公司将金融业务作为对抗产业周期波动的"减震器"，当核心主业处于产业周期波谷时，金融业务盈利可以反哺主业亏损。

（三）金融业务是发挥产业投资运作功能的重要支撑

产业布局投资和产业孵化培育是国有资本投资公司的核心功能。国有资本投资公司通过金融业务，可以充分发挥金融企业对潜在标的产业研究能力强、客户信息丰富、支持工具多样等优势，大幅提高投资并购的成功率，建立起优于竞争对手的产业投资能力。产业基金、证券投资等可以作为投资并购的"探路者"，在一级市场、二级市场实施多样化并购策略，使国有资本市场化运作更为灵活有效。

二、国有资本投资公司开展产融结合的主要模式

不同的产融结合模式具有不同的特点和作用，也具有不同的实施难易程度。从改革试点探索实践看，国有资本投资公司开展产融结合可分为五种基本模式。

（一）财务公司模式（产业链金融模式）

财务公司是以加强企业集团资金集中管理和提高企业集团资金使用效率为目的，依托企业集团、服务企业集团，为企业集团成员单位提供金融服务的非银行金融机构。经中国银保监会批准，国有资本投资公司可设立一家财务公司。财务公司发挥集团内部资金池的功能，通过集中授信、资金归集、资金结算、委托贷款、对内担保等方式，提高集团体系内的资金集中度和使用效率，降低国有资本投资公司所出资企业的融资成本和资金风险。同时，财务公司在一定条件下还可为集团所出资企业的上下游企业提供资金融通，开展产业链金融服务，服务实体经济。这种模式对国有资本投资公司的金融风险防控要求相对适中，大部分国有资本投资公司均可采用。

【微案例：中铝集团发挥财务公司作用[①]】

中铝财务有限责任公司为中国银保监会批准设立的非银行金融机构，由中国铝业集团有限公司控股，中铝资产经营管理有限公司、中铝资本控股有

---

① 根据公开信息整理。

限公司参股，注册资本40亿元人民币。中铝财务有限责任公司以加强中铝集团资金集中管理和提高资金使用效率为目的，服务中铝的供应链、资金链、产业链，为成员企业提供本外币存款、结算、贷款、跨境业务、担保、票据承兑及贴现、委托贷款、结售汇、同业拆借、有价证券投资、委托投资、承销成员单位的企业债券、财务顾问、资信证明等金融服务。

（二）产业基金模式

产业基金是聚焦国有资本投资公司主业产业链或战略性新兴产业，主要投资于"私人股权"的投资基金，包括非上市公司股权和上市公司非公开发行的普通股，也可投资于上市公司股权开展投资并购。一般成立私募基金管理公司对产业基金进行日常管理。经基金业协会核准通过，私募基金可以备案方式、私募投资基金管理人可以登记方式，由国有资本投资公司发起设立。产业基金包括并购投资基金、创业投资基金等多种类型，可广泛用于投资新业务新模式、战略性新兴产业、科技成果产业化、上市公司股权收购等领域。产业基金可吸引保险公司等金融机构的资金，间接引入社会资本融资。产业基金是国有资本投资公司开展市场化融资投资的有力工具，可有效发挥放大国有资本杠杆功能、分散投资风险、并购工具抓手等作用。这种模式对国有资本投资公司的金融风险防控要求较高，部分国有资本投资公司可根据需要适度采用。

（三）参股金融模式

参股金融是指国有资本投资公司主要以参股方式与金融机构建立股权关系，不追求控股或实际控制金融机构。不求所有，但求所用。即使不控股、不实际控制，但被参股的金融机构对国有资本投资公司子企业仍具有较强的协同支持作用，可根据不同子企业需求提供个性化金融服务。如参股证券公司可为集团内部业务整合和资产重组、对外投资并购等提供专业咨询和资本运作服务；参股商业性银行、信托公司可为集团子企业提供灵活多样的个性化融资等金融服务；参股期货公司可紧紧围绕集团主业为子企业提供套期保值的交易平台和个性化服务；参股保险公司可为集团子企业提供财险、寿险、业务保险、董事保险等个性化专业服务；参股租赁公司可为子企业的机器设备、产品销售、工程建设等提供金融支持。由于信息不对称程度大幅降低，被参股金融机构更熟悉集团子企业的运作特点和实质需求，所提供的金融服务可显著降低子企业的业务成本及运作成本。这种模式对国有资本投资公司的金融风险防控要求更高，对于具有较强风险管理能力的部分国有资本投资公司可适度采用。

（四）金控平台模式

金控平台是指国有资本投资公司投资设立金融控股公司，定位于集团金融业务的控股平台，承担利润贡献和功能支撑职责。金融控股公司控股或实际控制两个或两个以上不同类型的金融机构，自身仅开展股权投资管理，不直接从事商业性经营活动。按照政策规定，经中国人民银行批准，金融控股公司可依法设立，并依照金融机构管理。

金控平台的作用主要体现在两个方面：一是利润贡献，如果经营得当，被投资金融机构将成为对国有资本投资公司贡献利润的一项优质业务资产；二是功能支撑，如果运用得当，被投资金融机构将对国有资本投资公司子企业更加高效地发挥协同作用，全方位、多角度、个性化地支持企业经营发展。这种模式对国有资本投资公司的金融风险防控要求较高，并不适用于所有的国有资本投资公司，对于具有较强风险管理能力、能建立起一套科学合理、实用有效的金融业务管理制度的少数国有资本投资公司可探索试用。

（五）综合金融模式

综合金融是国有资本投资公司采用财务公司、产业基金、参股金融、金控平台等两种及两种以上产融结合模式，综合发挥各种模式的聚合效应与协同合力。综合金融模式可以在融融结合基础上，使产融结合的潜力更大程度充分发挥。在综合金融模式下，被投资的金融业务中各种金融机构和非金融机构之间，可通过共享客户信息、销售团队、信息系统、运营后台、营业场所等方式，实现相得益彰、共赢发展，发挥融融结合的协同效应；同时，金融业务与产业业务之间，可在具备条件的领域嫁接融融结合的做法和优势，在更大范围、更广领域、更深层次开展业务协同，使金融业务更好地服务集团核心主业、更好地支持实体经济发展。这种模式对国有资本投资公司的金融风险防控要求较高，不适用于所有国有资本投资公司，只有在金控平台模式基础上积累更多金融业务管控经验、拥有更多专业化金融人才、健全更加市场化经营机制后，才能由少数国有资本投资公司探索采用。

三、国有资本投资公司对产融结合规范管理

一般而言，金融业务具有高投入、高杠杆、高收益、高风险等特点。在经营实践中，容易出现"脱实向虚"、金融业务挤占主业资源、拖累主业发展、产融协同质量不高等问题。国有资本投资公司适度发展金融业务、开展产融结合，必须明确目标、原则和策略，加强对金融业务的规范管理和风险防控。

（一）明确产融结合目标原则

国有资本投资公司发展金融业务应将"以融促产、做强主业"作为根本目标，发挥金融业务的盈利性和功能性作用。坚持立足产业金融、特色金融，以集团公司核心主业为发展基础，以集团主业产业链、供应链为服务对象，体现出不同国有资本投资公司的产业特点和专业化特色。坚持开展适度金融、稳健金融，不盲目扩张发展金融业务，不超越能力发展金融业务，不影响主业发展金融业务，不激进大干快上发展金融业务。

（二）实施产融结合阶段策略

国有资本投资公司探索产融结合，总体上应采取稳慎开展、分步实施的策略，在总结经验、提升能力的基础上分阶段开展。

1. 产融结合第一阶段：财务公司模式

设立财务公司对集团体系内资金实施集中管理，这种做法门槛低、风险小，比较适合产融结合的起步时期。在这一阶段，通过积累内部金融机构的管理经验以及同金融监管部门的沟通经验，可使国有资本投资公司初步形成实施产融结合的基本能力。

2. 产融结合第二阶段：产业基金模式

发起设立创业投资基金，为孵化培育创新业务、拓展新兴领域业务提供新支持；发起设立并购投资基金，为推进行业重组整合、带动产业转型创新提供新途径，这些都有利于国有资本投资公司在投资端的能力拓展升级。基金的资金来源包括社会资本、国有资本、外资资本，在这一阶段，通过逐渐成熟的基金运作，可使国有资本投资公司通过基金平台与各类出资人打交道并对出资人负责，逐步形成产融结合的基本理念和运作能力。

3. 产融结合第三阶段：参股金融模式、金控平台模式或综合金融模式

根据业务发展需要，适时投资参股或控股持牌金融机构，是产融结合能力的高级形态体现。在这一阶段，一方面借助建立股权关系的银行、保险、证券、信托等有效开展业务协同，可使国有资本投资公司产融结合、以融促产潜力发挥到更高层次；另一方面主导或参与多家金融机构的经营管理，对国有资本投资公司管控金融业务的能力也带来挑战，倒逼国有资本投资公司必须建立起一套符合监管要求和自身特点的金融业务管理体系。

（三）加强产融结合日常管理

国有资本投资公司要以"不发生系统性金融风险"为底线，建立健全对

金融业务、产融结合的日常管理体系。

1. 建立责任体系

国有资本投资公司要明确资本运营部门或财务资金部门作为金融业务监管和指导的主责部门、运营监控或协同管理部门作为产融协同管理和监督的主责部门。

2. 搭建制度体系

积极建立"一政策、三办法"，健全金融业务管理总体框架。制定《关于加强金融业务管理和促进产融结合的指导意见》，明确金融业务的功能定位、管控目标和产融协同的目标原则；制定《金融业务监管办法》，确定所属金融业务监管原则、细化分工及监管措施等；制定《产融结合管理办法》，确定集团内部产融协同、以融促产的具体目标、细化分工、主要措施、工作机制等；制定《金融业务考核和产融协同考核办法》，确定对金融业务的差异化考核政策，充分体现金融业务的特点，正向引导所属主业单元与金融业务积极有序进行内部协同，实现双促双赢。

3. 完善金融企业公司治理

加强金控平台公司和所属金融企业党的领导和党的建设，健全完善党委（党组）会前置研究讨论重大经营管理事项的工作机制；加强金融企业董事会建设，促进所控股机构安全稳健运行，配置更多金融领域专家、风险管理专家、经济学家等作为外部董事；加强经理层班子建设，严格按照外部监管要求选聘经理层，建立完善职业经理人制度。

4. 加强投资经营指导和管控

在投资金融企业方面，将涉及金融企业投资行为列入国有资本投资公司年度投资计划，新设、并购、增资或增持金融企业要审慎规范履行投资决策程序并按要求备案；在管理金融企业方面，要利用数字化、智能化手段建立完善金融业务信息系统，加强业务监测分析和提示预警，实时、全面掌握金融企业经营状况、资产质量和产融结合情况并采取相应行动。

（四）强化产融结合风险防控

金融的本质是管理风险，强化风险管理是国有资本投资公司管控金融业务和探索产融结合的重要主题。

1. 建立金融业务风险监测报告机制

金融业务公司应当建立与集团实体业务相适应的风险偏好体系，明确集团在实现其战略目标过程中愿意并能够承担的风险水平，确定风险管理目标，确定集团对各类风险的风险容忍度和风险限额。集团对所属金融企业建立全面风险管理体系提出明确要求，并每月定期梳理分析金融业务运行情况和面临的主要风险，及时制定风险处置预案，所属金融企业和金控平台要按集团要求定期报送相关情况。对于外部监管机构检查发现的风险隐患和风险事件，要在24小时内上报集团总部，及时稳妥处置并及时报告结果。

2. 建立金融业务风险清理排查机制

国有资本投资公司要不定期针对金融业务专项事项开展专项监督检查，梳理排查出关键风险点，及时下达股东提示函并知会股权董事，严格督促整改落实。专项事项涉及风险应包括但不限于信用风险、市场风险、流动性风险、操作风险、声誉风险、战略风险、信息科技风险等。严禁参股和控股金融企业参与网贷平台等高风险类金融业务。

3. 建立产融结合风险防火墙机制

国有资本投资公司在金融业务与产业业务的子企业之间开展业务协同，涉及共享客户信息、销售团队、信息技术系统、运营后台、营业场所等资源时，应当依法明确风险承担主体，防止风险责任不清、交叉感染、利益冲突。坚持产融结合风险隔离，作为防火墙防止风险相互传导。要将产融协同的风险管理要求嵌入集团经营管理流程和信息系统中，依据集团产融协同发展要求和风险偏好，将各类风险指标和风险限额分配到所控股金融机构，建立超限额处置机制，及时监控风险管理制度执行情况。所属金融企业与实体企业之间，不宜交叉持股。

04 | 第四部分
案例篇

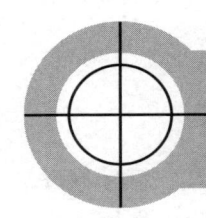

第十三章
国家开发投资集团有限公司案例[①]

一、企业基本情况

国家开发投资集团有限公司（以下简称国投集团）成立于1995年，是中央直接管理的国有重要骨干企业。2014年7月成为第一批国有资本投资公司改革试点之一。国投集团注册资本338亿元，截至2021年末，集团资产总额7671亿元，员工约5万人。2021年集团实现营业总收入1947亿元，利润总额461亿元，连续17年在国务院国资委经营业绩考核中荣获A级，连续五个任期获得业绩优秀企业。

国投集团始终坚持服务国家战略，优化国有资本布局，提升产业竞争力，在重要行业和关键领域发挥国有资本的引领和带动作用，实现国有资本保值增值。经过不断的创新探索和结构调整，国投集团在国内、国外两个市场形成了基础产业、战略性新兴产业、金融及服务业三大战略业务单元。基础产业重点发展以电力为主的能源产业，以港口、铁路、油气管道为主的交通产业，以及以钾肥为主的战略性稀缺性矿产资源开发业务。战略性新兴产业通过控股投资与基金投资"双轮联动"，重点发展先进制造业、新材料、生物能源、健康养老、医药医疗、检验检测、智能科技、生态环保、工程设计等产业。金融及服务业重点发展证券、基金、信托、担保、期货等金融业务，稳妥开展资产管理、人力资源、国际贸易、咨询、物业等服务业务。

国投集团实行母子公司管理体制。公司总部设10个职能部门、1个直属机构、国投直属党委、国投直属纪委、中国投资协会国有投资公司专业委员会办公室（简称协会办公室）。旗下拥有全资及控股子公司19家，三级全资及控股投资企业179家；其中包括9家控股上市公司：国投电力（600886.SH）、国投资本（600061.SH）、中成股份（000151.SZ）、国投中鲁

[①] 根据公开信息整理。

（600962.SH）、亚普股份（603013.SH）、神州高铁（000008.SZ）、美亚柏科（300188.SZ）、同益中（688722.SH）、中新果业（5EG.SGX），在资本市场上形成了具有一定影响力的"国投"品牌。

二、改革主要做法

国投集团在改革中围绕"市场化和活力"，坚持在重要行业和关键领域发挥控制作用、在产业转型升级中发挥引领作用、在防范化解风险中发挥平台作用，积极探索国有资本投资公司的功能定位、体制机制和运营模式。国投集团出台了改革试点总体方案和一系列专项改革方案，包括分类授权改革试点方案、集团总部职能重塑优化方案、大监督体系改革方案、股权董事改革方案、职业经理人制度方案、考核分配联动机制改革方案等，改革主要做法可以概括为"四试一加强"，即试方向、试管理、试机制、试监督、加强党建，如图13-1所示。

（一）试方向，调整业务结构，推动国有资本向国民经济命脉和民生领域集中

按照习近平总书记关于国有资本投资运营要服务于国家战略目标，更多投向关系国家安全、国民经济命脉的重要行业和关键领域的指示，中央关于国有资本投资公司的功能定位，国务院国资委对改革试点方案的复函要求，国投集团坚持"为美好生活补短板，为新兴产业做导向"的定位，重新梳理、优化调整公司业务结构，推动主要业务向国民经济命脉和民生领域集中。

1. 基础产业在调整中发展

主动融入供给侧结构性改革，大力推动国有资本布局优化和结构调整。将40多亿元航运资产整体无偿划转给中国海运。全面退出小容量、高能耗煤电机组，清洁能源占比提升至63%。重点发展水电、风电、光伏等清洁能源，不断优化电源结构；积极拓展海外市场，投资建设印度尼西亚火电项目，收购西班牙雷普索尔公司下属风电企业。结合"一带一路"沿线国家资源优势，将500多亿元煤炭资产全部划转至煤炭资产管理平台，加大对战略性、稀缺性矿产资源的投资力度，推动煤炭公司向矿产资源开发企业转型。立足"长江经济带"战略，加大港口资源整合力度。加快开发海外业务，印度尼西亚水泥项目点火投产，孟加拉国沙迦拉化肥厂顺利建成，习近平总书记为项目揭牌。

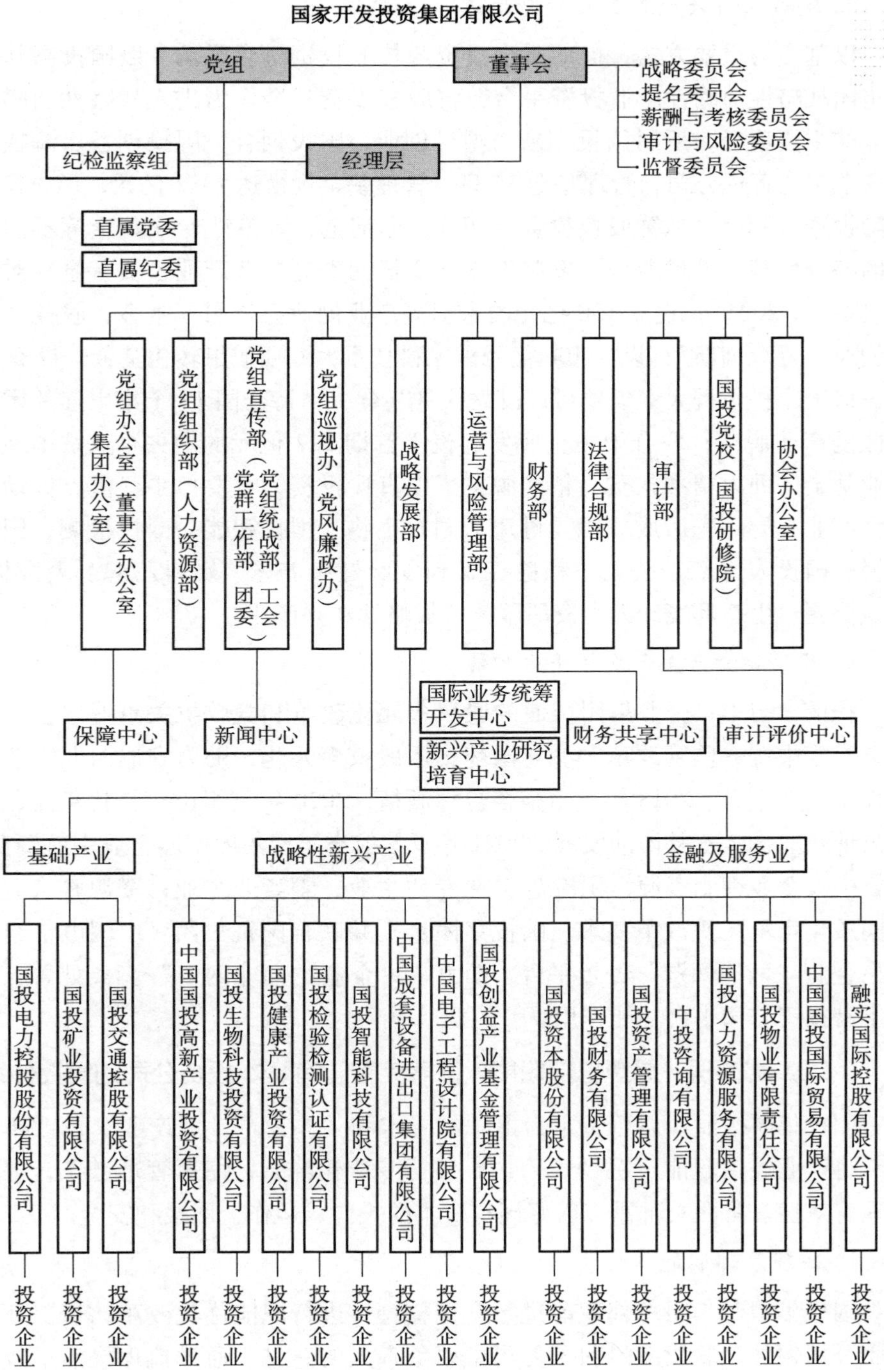

第四部分 案例篇

国家开发投资集团有限公司

```
                        党组 ──────── 董事会 ─── 战略委员会
                         │              │      ├── 提名委员会
                         │              │      ├── 薪酬与考核委员会
          纪检监察组 ──── 经理层           ├── 审计与风险委员会
                         │                     └── 监督委员会
                    直属党委
                    直属纪委
```

职能部门（从左至右）：
- 党组办公室（董事会办公室、集团办公室）
- 党组组织部（人力资源部）
- 党组宣传部（党组统战部、党群工作部、工会、团委）
- 党组巡视办（党风廉政办）
- 战略发展部
- 运营与风险管理部
- 财务部
- 法律合规部
- 审计部
- 国投党校（国投研修院）
- 协会办公室

下属中心：
- 保障中心
- 新闻中心
- 国际业务统筹开发中心
- 新兴产业研究培育中心
- 财务共享中心
- 审计评价中心

基础产业
- 国投电力控股股份有限公司
- 国投矿业投资有限公司
- 国投交通控股有限公司

（投资企业）

战略性新兴产业
- 中国国投高新产业投资有限公司
- 国投生物科技投资有限公司
- 国投健康产业投资有限公司
- 国投检验检测认证有限公司
- 国投智能科技有限公司
- 中国成套设备进出口集团有限公司
- 中国电子工程设计院有限公司
- 国投创益产业基金管理有限公司

（投资企业）

金融及服务业
- 国投资本股份有限公司
- 国投财务有限公司
- 国投资产管理有限公司
- 中投咨询有限公司
- 国投人力资源服务有限公司
- 国投物业有限责任公司
- 中国国投国际贸易有限公司
- 融实国际控股有限公司

（投资企业）

图 13-1　国投集团主要组织架构

2. 战略性新兴产业在创新中开拓

以基金为重要方式，推动基金投资与控股投资融合联动。以国投高新作为集团战略性前瞻性产业投资平台，将股权投资基金作为进入战略性前瞻性产业的主要途径，所属国投创新、国投创业、国投创合、国投创益、海峡汇富5个基金管理公司，管理基金34只，管理基金规模达1332亿元，形成覆盖风险投资（VC）、私募股权投资（PE）、母基金、政策性专项基金等不同类别的综合性基金管理业务。发起设立200亿元先进制造产业投资基金，对接"中国制造2025"；设立150亿元国家新兴产业创业投资引导基金，服务"大众创业、万众创新"；设立100亿元国家科技重大专项成果转化基金，投资10个民口国家科技重大专项项目；设立扶贫基金，支持全国14个集中连片困难地区的产业脱贫；联合中央企业发起设立首期122亿元的中央企业贫困地区产业基金，助力精准扶贫、精准脱贫。以直接投资为重要抓手，重点推动方向性产业布局。先后成立国投健康、国投生物、国投智能、国投检测、国投环境、国投人力等子公司，积极探索和发展健康养老、燃料乙醇、大数据、检验检测、生态环境和人力资源服务等战略性新兴产业。

3. 产业和资产整合发挥平台功能

积极参与中央企业集团层面的股权多元化改革和党政机关事业单位经营性资产集中统一监管改革，参与国药集团股权多元化，助力完成西北工业大学校企资产整合。2018年重组整合吉林酒精，2020年重组山东特检集团，实现央地企业优势互补协同发展。2021年承接航空工业集团所属企业中航资源，整合中央企业钾肥资源，积极落实"专注主业、剥离非主业；资源整合，减少同质化竞争"等改革要求。国投集团牵头并联合国机集团、中国电信组建中央企业"两非两资"处置平台，助力中央企业"两非两资"剥离处置，不断丰富投资公司平台功能作用。

（二）试管理，重塑总部职能，探索完善国有资本投资公司的管控体系

国投集团按照"以管资本为主"的要求和"小总部、大产业"的改革目标，将产业经营职能下沉到子公司，实行专业化经营，缩短管理链条，提高管理有效性。集团总部重点管好国有资本的投向、运作、回报和安全。

1. 梳理总部职能

国投集团对集团总部职能进行全面梳理，进行职能优化改革访谈，征求集团公司领导、职能部门和子公司主要负责人的意见。通过梳理聚焦了改革核心问题，包括集团决策权限分布不够合理，责任边界不够清晰；市场机制

发挥不充分，"大企业病"有所显现；子公司法人治理结构不完善，董事会作用有待进一步发挥，等等。按照"做减法"的思路，明确了集团总部需要保留的基本职能。

2. 下放部分职能

以国投电力、国投高新为试点，集团总部逐步下放运营监管类职能、共享服务类职能、公共管理类职能，将依法应由子公司自主决策的事项权力归位于子公司。

3. 整合交叉职能

按照精简高效、权责清晰的改革要求，国投对相近的管理职能进行整合，对于交叉、分离的职能，原则上集中到同一个部门。

4. 强化核心职能

集团总部作为资本配置和运作机构，聚焦资本投资和运作职能，建立精干、规范、高效的组织机构和决策体系，通过组织架构和部门职责调整，着力提升战略决策能力、资源配置能力、资本运作能力、监督评价能力等核心职能。

5. 推动服务共享

国投集团设立培训与保障中心，统筹后勤服务、医务、信息化终端及网络维护、离退休工作站服务等保障工作，以及职能评审、档案、培训计划的组织实施等职能支持工作，实现管服分离。

（三）试机制，推行分类授权，努力激发子公司发展动力和活力

国投集团按照"试点先行、一企一策"的原则，对子公司开展分类授权，推动子公司真正成为独立市场主体。国投的业务板块相对多元，二级子公司分布在能源、矿业、交通、高科技、金融、工程设计和承包、贸易流通等领域。各业务板块的发展阶段不同、管理要素不同、市场化程度不同，国投集团结合各板块的特点，将子公司划分为充分授权、部分授权、优化管理三类，通过分类授权依法落实子公司的市场经营主体地位。

1. 设计评价指标体系，对子公司进行分类

国投集团的授权评价体系选取外部条件、公司治理、人才队伍建设、企业竞争力四个维度14个指标，根据各评价指标和企业市场化运营的关联度明确分值权重。由8个主要集团职能部门结合自身管理职能对各子公司打分，进行量化评价。结合子公司评价打分情况，国投集团将子公司分为三类：A类公司，经营业绩优良，外部监管到位，内部管理相对规范；B类公司，经

营业绩一般，内部管理基本到位；C 类公司，存在一些管理上的弱项，需要进行优化管理。

2. 建立专职股权董事制度，做实子公司董事会

国投集团认为，做实子公司董事会、提高子公司董事会的决策能力，是分类授权改革的重要保障。国投集团坚定实施股权董事改革，制定《子公司董事管理暂行办法》《董事库建设方案》《股权董事工作指引》等制度，加强董事管理，明确股权董事职责，打造一支符合改革发展需要、专业化职业化的子公司董事队伍。集团总部通过选派子公司的董事长、党委书记、纪委书记和专职股权董事，履行出资人职责。

3. 一企一策分类开展授权改革

针对 A 类公司，国投集团逐步推行充分授权，按照《公司法》相关规定，该管的绝不缺位，不该管的依法放权。选择属于 A 类公司的国投电力、国投高新作为先期试点，集团总部将选人用人权、薪酬分配权、自主经营权等由集团总部决策的 70 多个事项，分别授权国投电力董事会、国投高新董事会，将延伸到三级及以下控股企业的管理事项，原则上交由国投电力、国投高新依法依规决策，推动决策责任归位和管理责任到位。以投融资决策为例，国投电力可自主决策符合主业发展方向、无须集团总部出资且资本金出资额在集团上年末归属母公司净资产的 2%以内额度的投资项目，无须再上报国投集团总部审批。照此测算，资本金 12 亿元、投资总额过百亿的项目可由国投电力董事会自主决策。针对 B 类公司，国投集团根据子公司不同情况，推动其进一步提升内部管理水平。选择属于 B 类公司的国投矿业、国投交通、国投资本、国投财务、国投资产、电子工程院、中投咨询、国投贸易、中成集团 9 家企业，开展差异化授权。对于 C 类公司，国投集团明确该类公司的战略定位和发展方向，着力调结构、强管理，激发企业活力，提升企业竞争力。采用授权清单的形式，在人力资源、战略规划、投资决策、资本运作、产权管理、全面预算、分红收益、融资管理等方面分别进行授权。充分授权类与部分授权类子公司授权范围比较，见表 13-1。

表 13-1 充分授权类与部分授权类子公司授权范围比较

序号	事项	充分授权类	部分授权类
1	投资管理	授权	部分子公司授权，投资额度较小
2	内部结构设置及人员编制	授权，事后备案	授权，事前备案

续表

序号	事项	充分授权类	部分授权类
3	总师、总助的任免	授权，事后备案	授权，事前备案
4	高级管理人员选聘和管理	随职业经理人试点一并开展	不授权
5	子公司经营业绩考核	授权，考核办法事前备案，考核结果事后备案	不授权
6	金融衍生品业务管理	授权，事后备案	不授权
7	项目退出规划制定与调整	授权，事后备案	不授权

（四）试监督，整合监督资源，以大监督体系构建国有资本监督闭环

国投集团按照"集中资源、提高效率、职能明确、责任落实、全面监督、统一归口"的原则，实施监督资源整合，形成监管合力，在组织管理、监督实施、结果运用等环节，加强各类监督主体的协同合作，推行大监督体系改革，形成监督工作常态化和闭环管理机制。国投集团将大监督体系作为"受得下、接得住、用得好、行得稳"的改革保障措施，确保各项改革落地生根。

1. 推行审计集中

针对同体监督偏软问题，国投集团推行审计集中改革，确保授权到哪里，监督跟到哪里。将审计监督权上收至集团总部，并设立审计中心，子公司原则上不设审计机构。按照子公司行业监管要求必须设置审计机构的，业务服从集团总部领导，审计部门负责人以集团总部考察推荐为主。针对问责不到位问题，国投集团强化审计部门向董事会负责的工作机制，成立监督体系领导小组，设立稽查办公室。针对"事后诸葛亮"问题，推行外派监事会向内设监事会改革，发挥监事会过程监督与审计事后监督的合力。针对审计力量不足问题，统筹审计资源，建立集团审计专家人才库，面向集团各成员企业选聘兼职审计专家，由集团审计部统一调配使用。

2. 实施协同监督

以统筹编制年度监督计划为抓手，按照监督全覆盖要求，将审计、纪检、监察、巡视、后评价、监事会等监督纳入年度监督计划，更加突出集团战略执行、经营管理重点，落实监督环节前移、强调闭环管理等要求。对同一监督对象采用多部门协同监督，发挥各自专业优势，变"专科大夫检查"为"全科大夫会诊"，对审计发现的重要问题、重点事项，当即反馈相关部门，并定期召开审计监督工作沟通会，通报监督情况，剖析突出问题。

3. 实施过程管理

国投集团应用"互联网+"理念,开发建设监督工作平台,将监督工作标准、监督内容、控制要求、操作流程等内置其中,实现对监督全过程管理,促进监督工作标准化、规范化,实现监督管理、作业、成果共享应用一体化、系统化。国投集团运用大数据技术,从不同角度、不同层面挖掘分析,从中找出企业经营发展的内在规律、共性问题和发展趋势,增强后续监督的针对性,提供个性化的预警服务。

4. 闭环责任追究

国投集团推动问题整改常态化,问题统一入库,分级督导整改。开展整改跟踪专项监督,对公司在上一年度外部各项监督检查中发现的问题,以及以前年度未完成整改问题的整改情况进行专项监督检查。建立问题整改台账,对整改实行销号管理,保证整改落实效果。对经检查核实完成整改的,予以销号;对未完成整改的问题,持续跟踪并列入后续整改专项监督范围。加大责任追究力度,开展分类分级责任追究,制定(修订)违规经营投资责任追究等制度办法,规范责任追究程序。将监督发现问题、问题整改、问责追责等情况纳入子公司年度业绩考核,并通过信息化平台、会议等方式通报,推动监督结果共享应用。

(五)加强党建,全面落实管党治党责任,解决国企党建"四个化"问题,打造坚强领导核心

国投集团贯彻落实习近平总书记在全国国有企业党的建设工作会议上的重要讲话精神,在改革试点中全面加强党的领导、党的建设,将加强党的领导与完善公司治理相统一,强化各级党组织和党务工作者的党建能力,推进实施国投"卓越党建管理"。

1. 全面落实管党治党责任,提升党建质量

推动所有子公司全部成立党委、纪委,健全党的工作机构,配备专职党务人员,实现体制对接、机制对接、制度对接和工作对接。加强党的领导和完善公司治理有机统一,集团总部配置专职党组副书记,全面推进子公司董事长与党委书记"一肩挑",将党建工作纳入公司章程,确保国家大政方针有效贯彻落地。积极探索混合所有制企业加强党建的有效途径,通过定制度、立标准,确保企业发展到哪里,党的建设就跟进到哪里,党组织就覆盖到哪里,确保党建工作"有组织、有活动、有作用、有影响"。

2. 加强基层党建工作，创建国投卓越党建管理品牌

国投集团党组坚持问题导向，针对基层党组织虚化、弱化、淡化、边缘化等"四个化"问题，探索总结出"卓越党建管理"，按照"总体设计、分步实施、闭环管理"的思路，推进网格化管理、项目化操作、绩效化考核，明确基层党建工作做什么、怎么做。运用"互联网+"理念，把"三会一课"、党员发展、党费管理等党建基础工作固化于"卓越党建管理平台"，实现传统的纸质记录与现代的网上留痕相结合。通过项目化管理方式，运用主题实践、阵地建设、党群共建、创新创效、展示示范五大载体，创建了 150 多个独具特色的党建活动项目。

三、典型经验启示

国投集团是产业引导型国有资本投资公司的杰出代表，也是世界一流国有资本投资公司的中国公司筑梦者。经过 9 年的改革探索，国投集团形成了体系化可复制的试点经验做法和模式，在战略超前（看得远、投得准）、管理有效（管得好、提价值）、结构合理（知进退、保增值）、以人为本（汇众智、聚众力）、加强党建（强党建、固根基）、改革创新（锐意进取、勇于创新）等方面亮点纷呈、经验频出。总体概括起来，以下 3 条改革经验尤为宝贵。

（一）领导组织坚强有力，设计与执行高度匹配

1. 坚持党的领导，确保正确的改革方向

国投集团党组高度重视国有资本投资公司改革试点，坚决贯彻落实党中央、国务院决策部署，牢牢把握正确改革方向，重大改革方案由党组研究决定，确保改革不走偏、不折腾、不走回头路。

2. 定位于"一把手"工程，发挥企业家作用

国有资本投资公司试点是一项复杂的系统工程。试点以来，历任国投集团党组书记、董事长作为"一把手"对投资公司改革亲自谋划、亲自推动、亲自督导，思路一致、目标一致、接力攻坚。时任国投集团党组书记、董事长王会生指出，"国有资本投资公司是什么、如何做好国有资本投资公司，是国投必须思考的问题。核心思路是，要代表国有经济的发展方向，服务服从国家战略，国家哪里需要就往哪里投。面对市场竞争瞬息万变，国有资本投资公司必须对市场高度敏感，要看得准，也要下手快"。

3. 坚持组织落实，独立设置改革"参谋部"

在改革试点之初，2014年11月国投集团成立了集团全面深化改革领导小组，在集团总部单独设置改革工作办公室，从集团内抽调骨干人才（专业领域涵盖了人力资源、战略、财务、法律、资本运作、运营管理、审计监督、党建等方面），集中精力、保持独立，全力推进落实国有资本投资公司试点改革任务。

（二）体制创新坚定持续，以管资本为主日趋成熟

1. 从集团总部改起，以上率下重组管理体制

国投集团坚持"以管资本为主"，按照"集团总部—业务单元（子公司）—所投资企业"的三级管理架构，落实子公司经营责任。集团总部定位于战略决策和资源配置中心，主要职责是进行战略管理、资本管理和二级公司董事会管理。在明确职责定位的基础上，重组集团总部职能，对集团总部组织机构自我革命。改革后，国投集团总部职能部门由14个减少为9个，处室由56个减少到32个，管理人员控制在230人以内。总部机构和人员减少了，在资源有限的条件下，集团总部自然就不能对子公司管得过多过深过细了。

2. 实施分类授权，区分不同企业类型真松绑

国投集团坚持改革国有资本授权经营体制，有步骤有计划地坚定推进对子企业授权放权。梳理总部决策事项，建立集团审批事项清单，凡是需要子企业上报集团总部决策的事项以清单方式列明，其余事项授权子企业自主决策。梳理子企业决策事项，建立子企业授权放权清单。结合不同子企业的实际情况，区分子企业和控股企业决策类要素，从充分授权、部分授权、加强管理三类企业出发，一企一策、试点先行，逐步对子企业授权放权，实现层层松绑。

（三）布局优化内外结合，以落实国家战略为根本方向

1. 先退后进，主动调整集团产业组合

国投集团坚持供给侧结构性改革主线，积极顺应产业发展趋势，"一盘棋"谋划内部产业组合，谋定后动、谋定快动。主动退出非主业非优势业务，如煤炭、航运业务整体划出，通过市场化方式退出项目超1700个，回收资金超240亿元。相关资产划转退出后，"腾出手来"集中精力向战略性新兴产业投资发力，积极探索发展健康养老、燃料乙醇、大数据、检验检测、生态环

境和人力资源服务等战略性新兴产业，引领行业发展方向，充分发挥国有资本投资公司引导国有资本结构调整的基本功能。

2. 国资重组，主动搭建国有资本市场化运作平台

借助国资重组方式，以最高效率、最低成本，优化国有资本布局，扩大集团投资版图。在中央企业资产重组方面，出资参与国药集团股权多元化，重组航空工业集团所属中航资源，整合中央企业钾肥资源，整体并入中国投资担保有限公司、中国纺织物资（集团）总公司、中国电子工程设计院、中国成套设备进出口（集团）总公司、中国高新投资集团公司。在地方国资重组方面，重组整合吉林酒精、山东特检集团，促进央地企业优势互补、协同发展。

3. 产融协同，主动引导金融资本助推实业发展

建立直接投资与基金投资"双轮联动"机制，发挥基金的"触角"和"孵化"作用。建立健全国投基金系，通过5家基金管理公司和34只基金，形成覆盖VC、PE、母基金、政策性专项基金等不同类别的综合性基金管理业务，管理的基金规模超过千亿元。通过基金投资，发挥"四两拨千斤"的作用，放大国有资本功能，布局关键产业攻关核心技术，培育良好产业生态环境，支持有创新能力的民营经济发展。有17家国投系基金投资企业主持或参与完成项目荣膺2020年度国家科学技术进步奖，其中一等奖7项、二等奖9项。投后上市企业共计179家，在科创板上市企业78家。

第十四章
中国宝武钢铁集团有限公司案例[①]

一、企业基本情况

中国宝武钢铁集团有限公司（以下简称中国宝武）是经国务院批准，由原宝钢集团有限公司和武汉钢铁（集团）公司联合重组而成的中央直管企业，2016年12月1日揭牌成立。同月，中国宝武获批成为第二批国有资本投资公司改革试点。2021年，中国宝武实现粗钢产量近1.2亿吨，问鼎全球钢企之冠，营业收入9722亿元，利润总额602亿元，资产负债率51.45%，《财富》世界500强企业排名第72位，居全球钢企首位。

中国宝武定位于"提供钢铁及先进材料综合解决方案和产业生态圈服务的高科技企业"，以"共建产业生态圈推动人类文明进步"为使命，以"成为全球钢铁及先进材料业引领者"为愿景，大力弘扬"钢铁报国、开放融合、严格苛求、铸就强大"的企业精神。中国宝武建立了钢铁制造业、先进材料业、智慧服务业、资源环境业、产业园区业和产业金融业"一基五元"业务组合，聚焦主责主业，握指成拳、协同发展，并以此为基础强化产业生态圈建设。其中，钢铁制造业突出绿色内涵，先进材料业与其协同耦合，为用户提供综合材料解决方案；智慧服务业、资源环境业、产业园区业和产业金融业依托科技赋能，以构建产业生态圈模式加强与制造业及相互间的协同支撑，加快向智慧型现代服务业转型，以服务创造价值。

中国宝武坚持建设以"管资本"导向为核心的高效总部，集团总部围绕战略管控和资本运作，形成"前中后台"高效协同、职能管理与项目运作并重的管理体系。集团公司设12个职能部门、10个业务中心、4个功能性办公室及研究院，实际控制12家上市公司。中国宝武主要组织架构如图14-1所示。

[①] 根据公开信息整理。

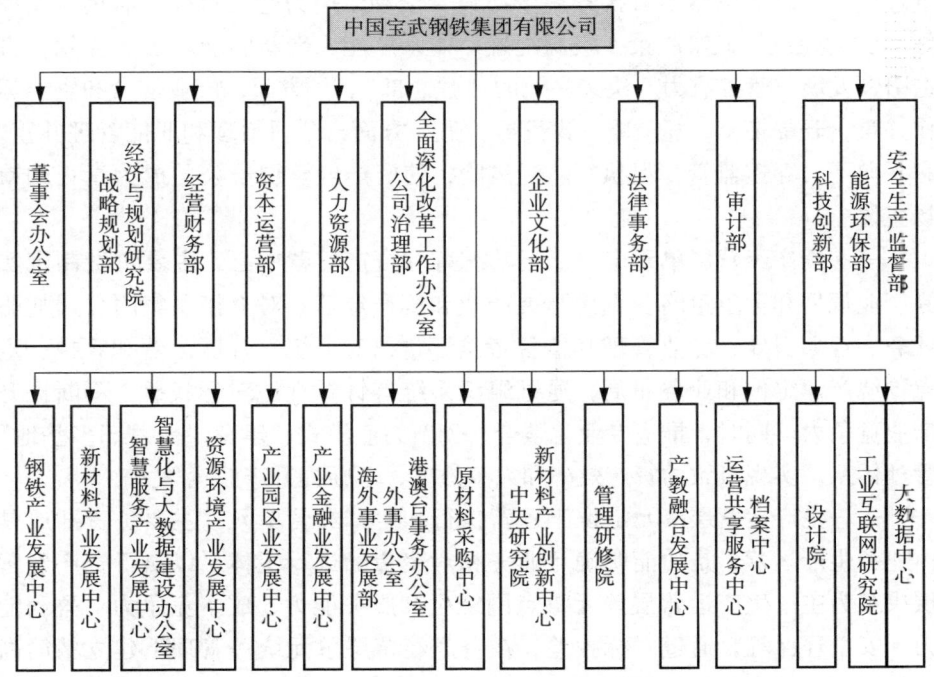

图 14-1 中国宝武主要组织架构

二、改革主要做法

中国宝武深入贯彻落实习近平总书记在考察调研宝武时提出的"企业发展,钢铁挂帅""老大变强大"等指示要求,紧扣服务国家战略、优化国有资本布局、提升产业竞争力,大力开展联合重组和资本运作,深化内部管理体制机制改革,加快从钢铁产业集团向国有资本投资公司转型,实现超亿吨钢铁航母编队起锚远航。

(一)以管资本为导向,重塑集团管控架构、能力与体系

1. 建立具有宝武特色的三层管控架构

中国宝武以"管资本"为核心,不断厘清国有资本投资公司管控的基本逻辑,构建了"资本运作—资产经营—生产运营"三层管控架构,确保不同管理层级定位清晰、职责明确。

——集团总部作为资本运作层,定位于战略投资中心和资本运作中心,更加注重以资本为纽带、以产权为基础行使股东权利,通过作为"积极股东"

管理企业。总部虽然不直接开展生产经营活动，但为达成目标，需重点发挥好"党的建设、战略决策、资源配置、体系赋能、创新驱动"五大作用，打造引领发展、管控有力、决策高效的"强总部"。一方面，产业使命和资本运作并重，开疆拓土，抓战略、谋发展；另一方面，公司治理和职能管理并重，扁平向下、穿透监管，促执行、防风险，使资产经营层子公司成为真正的市场主体。

——资产经营层单元定位于运营统筹和资产经营中心，主要负责制定实施产业规划和竞争策略，直接开展产业和资产经营，对上接受集团公司战略任务、规划引导、专业管理和监督考核评价，对下统一开展运营和管控。重点围绕产业定位和业务布局，通过组织系统有针对性地对标找差，不断提升产业竞争力。同时，推进专业化整合、创新商业模式、建设"一总部多基地"管理体系，实现极致的资产效率和人事效率，不断提升产业竞争力。

——生产运营层单元定位于运营执行和生产经营单元，主要负责开展具体业务生产运营，是功能明确且业务相对聚焦的运行主体，以执行资产经营层决策为主。生产运营层单元重点围绕生产服务能力、成本竞争力、盈利能力、安全环保等，通过对标找差，在资产经营层单元统一管理下建立精简高效的组织体制，将各类管理要求执行到位。

2. 强化适应宝武管控需要的总部核心能力

围绕集团总部资本运作层"管资本"核心定位与"价值创造、资本运作"两大核心功能，中国宝武持续打造八大核心管控能力。一是强化总部的战略研判与科学决策能力，加强对宏观形势、行业态势的研究预判，完善决策主体明确、决策权责清晰、决策程序规范的决策机制。二是强化总部的资本运作与产融结合能力，更多利用市场化手段和平台，优化上市资产产业布局，提升上市公司质量和价值，盘活存量资产。三是强化总部的生态引领与产业协同能力，通过构建支持各产业发展的若干平台，寓管理于产业，引领生态圈建设方向；加强跨产业、跨单元协同工作力度，推动专业化整合融合，兑现协同效益。四是强化总部的机制创新和高效运行能力，通过持续深化改革，不断优化体制机制，不断清除影响体系运行的沉渣顽疾，不断提高总部运行效率和数智化治理水平，不断激发全集团各级各类要素生机活力。五是强化总部的全球发展与跨国管理能力，加快培养国际化经营管理人才，加快建立海外发展体系。六是强化集团的人才集聚与科技领航能力，在材料、能源、信息高科技方面加大投入，尽快形成核心竞争力。七是强化总部的品牌建设与文化塑造能力，展现新时代宝武精神风貌和品牌形象，弘扬公司价值观和企业精神,使全体员工入眼、入脑、入心。八是强化总部的穿透监督与风险管控能力,从体系设计到体系执行,从手段方法到协同联动,不断提升风险管控的有效性。

3. 着力完善集团公司管理体系

聚焦战略迭代升级要求,中国宝武升级了匹配国有资本投资公司定位的综合运行体系。以协调运转、有效制衡的法人治理体系为前提,规划引领、规范有序的投资管理体系为核心,协同共享、开放共赢的创新推进体系为动力,"超跑追领"、绩效驱动的战略执行体系为关键,穿透监督、智慧有效的风险控制体系为保障,在五大综合运行体系基础上,夯实"公司治理、战略执行、风险控制"三个基础体系;围绕科技引领、资本运作功能发挥,升级"资本运作、科技领航"两个体系;着眼未来国际化发展,新增"海外发展"体系。特别是,立足国有资本投资公司功能定位,突出完善资本运作体系,着力构建"价值(增值)型"资本运作体系。一方面,以集团级联合重组及重大创新、战略性新兴产业培育等项目为抓手,做好资本布局,扩展产业边界,提升发展空间;另一方面,以"投融管退"为手段,管好资本效率,发挥资本作用,为子公司产业发展注入新活力。多体系、多部门上下联动,全面对标找差,提升资产效率,为资本运作创造价值提供强大支撑。在资本运作开展过程中,集团总部"前中后台"部门分工协同、高效联动。前台业务部门,具体承担所对应产业板块的资本投资运营功能,持续改善提升资产总量、结构和效率;中台职能部门,建立健全管理制度和管理标准等专业体系和运作机制;后台共享单位,统筹集团内各单元同类服务资源和服务业务,持续提升服务效率、降低服务成本、创造服务价值。

(二)以发展战略为引领,重塑集团业务布局、结构与效率

1. 明确战略目标与路径,推动战略迭代升级

中国宝武迭代升级后的公司战略,明确提出宝武是一家定位于提供钢铁及先进材料综合解决方案和产业生态圈服务的高科技企业,并将高科技聚焦于材料、能源和信息三大领域。按照"一基五元"的战略业务布局,2035年要实现"亿万千百十、五四三二一"的战略目标,即"集团形成亿吨级粗钢、矿产和再生资源,万亿级营收、资产和市值,千亿级利润;培育一批千亿级营收、百亿级利润的龙头企业,其他子公司均为百亿级营收、十亿级利润的优秀企业";"研发强度5%,人均钢产量4000吨,吨钢减碳30%,跨国指数20%,成为世界一流伟大企业"。坚持并优化高科技、高市场占有率、高效

率，生态化、国际化（"三高两化"）的战略实施路径。

2. 通过战略并购重组，优化产业布局结构

试点以来，中国宝武先后联合重组马钢集团、太钢集团，实质性控制重钢股份，受托管理中钢集团、昆钢公司、重钢集团，与山东省政府签订重组山钢集团的协议、与江西省政府签订重组新余钢铁集团的协议；中国宝武旗下八一钢铁分别完成对铸管新疆、伊犁钢厂的股权收购。由此，中国宝武已基本形成沿江（长江）沿海（海岸线）、沿路（丝绸之路）沿线（胡焕庸线）的"双弯弓搭箭"态势，空间布局更加向新能源资源丰富的地区完善和倾斜，产业脉络更加清晰。多元产业完成重组西藏矿业、宝钢金属增持云海金属、宝武碳业收购精功碳纤维等一批项目，整体竞争力进一步加强。

3. 实施专业化整合，创造重组协同价值

按照"一企一业、一业一企"的专业化整合原则，要求各一级子公司以战略为牵引，通过"专业化整合、平台化运营、生态化协同、市场化发展"，成为各自细分行业领域的"单打冠军"和龙头企业，提升市场竞争力和行业话语权。除钢铁业板块保持全球领先优势之外，相关协同产业通过整合集团内外部资源，宝武碳业占据了焦油加工能力世界第一、市场占有率全国第一的行业地位；宝信软件持续巩固作为国内钢铁行业智慧制造解决方案首选供应商的领军地位；宝钢资源托管马钢矿业、梅钢矿业、八钢矿业、马迹山港等8家单位，实现资源开发、贸易一体发展，成为国内矿产资源领域的头部企业。金融板块完成了宝钢财务公司、武钢财务公司和马钢财务公司的整合与托管，华宝租赁和马钢租赁的整合，以及欧冶保理和马钢保理的整合。

4. 坚持瘦身健体，实现资产有进有退

"退出"是国有资本投资公司非常重要的一环，有进有退的企业才能保持活力。中国宝武按照"从严管理、应压尽压、应退尽退"的导向开疆拓土，同时坚持推动企业瘦身健体，设立总部特设机构，按照"清算注销关闭一批、股权转让出售一批、吸收合并整合一批"的思路，推动控股子企业压减退出和参股子公司清理退出工作。对于持续亏损、扭亏无望的企业坚决予以压减，把连续3年亏损、扭亏无望的非战略培育类企业全部纳入压减范围。试点以来，已压减全资控股企业370户、参股企业150户（不含托管单位）。将企业瘦身健体与业务发展相结合，对于多年发展规模起不来、资产体量弱小、利润单薄、风险较大、对集团整体价值贡献度低的"低小散乱差"企业，坚决予以归并整合或转让退出。对于联合重组新进企业，压减工作同步覆盖，及时制订压减计划，太钢、西藏矿业、重钢集团、昆钢等单位下属全资控股与参股企业的计划压减比例平均达到50%，通过压减工作，保障公司在做大的同时能够做强做优，实现"进来一个就瘦身健体一个"。

（三）以治理现代为核心，建设中国特色现代企业制度

1. 强化顶层设计，确定完善治理的总体安排

首先，统一思想，加强集团上下对"治理现代"的全面准确认识。集团主要领导在专题推进会上作出部署，对"为什么要推进宝武公司治理体系和治理能力现代化、什么是宝武公司治理体系和治理能力现代化、如何推进宝武公司治理体系和治理能力现代化"三个方面作了全面深入的阐述。其次，建立完善治理全景图。以"一个坚持、两个方面、三层架构和四类体系"为整体框架，绘就公司治理体系和治理能力现代化建设全景图，即坚持党的领导，把党的领导融入公司治理体系各个环节，用党的政治领导力引领公司治理能力；治理和文化两方面相互补充、相互融合、共同发力；建立资本层、资产层、资源层三层架构；形成综合运行体系、专业职能管理体系、服务保障体系、制度体系四类体系。最后，确定完善治理十大任务。一是专业化整合、产业化发展、生态化协同的钢铁生态圈建设，二是分层、分业、分级的管控架构建设，三是激发活力、放大能力、推动升级的市场化机制建设，四是横向到边、"前中后台"协同的综合运行体系建设，五是全覆盖、穿透式、精益化的人才队伍建设，六是整合、共享、赋能的基础设施建设，七是凝聚、引导、约束、激励的文化价值观建设，八是超越自我、跑赢大盘、追求卓越的对标与评价体系建设，九是责任清晰、快速传递、运作高效的制度体系建设，十是巩固、深化、转化、引领的党的建设。

2. 优化决策体系，明晰集团治理责权和程序

中国宝武按照改革政策要求，全面优化"三重一大"决策实施办法，依规制定重大决策事项权责清单，完善董事会议事规则和授权制度，建立健全决策会议制度，优化完善重大决策体系。一是依法厘定权责，充分发挥作用。根据各决策主体权责、行权要求和"三重一大"事项的规定，明确权责清单的基本结构与决策内容。二是明确决策范围，提高决策效率。细化董事会决策事项，研究提出董事会、总经理职权界面和董事会授权董事长、总经理决策事项。将决策事项具体化，确保上会议案可以准确对应决策事项，避免成为一个"筐"，什么都往里装。三是优化决策流程，强化协调运转。具体明确了各决策事项的拟案、前置研究讨论、决策主体和"三重一大"事项集体研

究讨论的程序安排。精简需党委（党组）前置研究讨论事项，仅董事会决策的重大经营管理事项须党委（党组）前置研究。通过制定重大事项决策权责清单，将集团决策事项精简为29类150项。四是健全配套机制，支撑落实落地。建立战略务虚常态沟通机制，党委班子和董事会、经理层共同对全局性、前瞻性、综合性问题进行研讨，广泛听取意见，凝聚各方共识；建立复杂决策全程通报机制，例如，跨三届董事会的湛江钢铁投资决策，环节多、金额大、周期长，先后6次向外部董事专题通报，组织3次现场调研，沟通及时、充分、透明，深入听取外部董事意见；建立议案会前反馈完善机制，对资本运作、产业规划、风险管控等专业领域议案，会前主动请外部董事挑"毛病"、提建议，根据意见及时完善，提高议案质量和决策效率。

3. 改革管控体系，依托子企业董事会实施差异化管控

一是全面落实"应建尽建、配齐建强"。纳入应建范围的各级子公司224家，已全部设立董事会。二是优化派出董事授权体系。根据子公司产业成熟度、资产规模及体系能力等因素，对资产经营层子公司制定重大事项决策程序，明确股东（会）基本职权事项12项、董事会基本职权事项23项。三是完善派出董事决策流程。派出董事在审议子公司董事会职权事项时，在授权范围内的事项由派出董事根据个人职业判断进行表决，超越授权范围的事项由中国宝武先行审批，派出董事根据集团总部意见进行表决。四是"一企一策"差异化授权。2022年初，集团公司对子公司授权放权体系进行了全面优化，明确14类65项授权放权事项清单、四种授权放权形式及相应决策流程，并"一企一策"明确决策权限。同步建立健全定期报告、跟踪监督、动态调整的授权机制。对于集团公司相对控股、战略投资者能够有效参与公司治理的子公司，实行差异化管控，实施以股权关系为基础、以派出股权董事为依托的治理型管控，不干预企业日常经营。

（四）以激发活力为核心，完善市场化经营机制

1. 建立完善"绩效驱动型"战略执行体系

在集团范围内形成了统一的管理体系与管理语言，将"严格苛求的精神"贯穿到商业计划书、管理报告书、绩效评价等各个环节，通过战略执行体系"年度管理日历"将各管理环节有效衔接，有力提升了公司管理规范化水平。"超跑追领"的绩效导向在集团上下深入人心，各级单位都自觉在本单位建立"赛马机制"，形成了全集团昂扬向上的干事创业氛围。通过清晰传递股东意图和管控意志，中国宝武各级单位"心往一处使"，公司经营业绩屡创新高，

战略目标不断达成。

2. 牢牢抓住干部能上能下的改革"牛鼻子"

坚持重实干、重实绩的用人导向，强化"相马"更"赛马"，探索与"一基五元"产业架构、"一企一业、一业一企"资产经营格局相匹配的干部管理模式，将韶关钢铁、宝钢德盛、马钢交材等10家原一级子公司调整为二级子公司，占子公司总数的24%，将22名集团直管干部日常管理调整为由相应一级子公司管理，占直管干部总数的7.7%。严惩贯彻执行上级决策部署不坚决、不全面、不到位者，让能者上、庸者下成为常态，2021年集团党委管理的干部因末等调整或不胜任退出的达32人。

3. 全面推行用工市场化

一是健全市场化用工机制。全面实行市场化用工，在招聘过程中严格执行"阳光用工"要求，公开招聘比例达100%。回归劳动合同契约化本质，强化员工劳动合同严格管理。二是推进人事效率提升工作。钢铁主业围绕人均产钢量与世界一流、行业优秀对标，"五元"产业聚焦主责主业，从世界一流、行业头部等寻找对标对象，围绕人力资本投入产出、人均实物产量等指标展开对标，明确差距。坚持年均8%的人事效率提升底线目标。

三、典型经验启示

中国宝武是产业主导型国有资本投资公司的杰出代表。作为首批转正的国有资本投资公司，中国宝武在发挥功能作用、优化布局结构、资本投资运作、创新管理体制、完善市场机制、推动企业混改、塑造企业文化等各个方面都作出了重要探索，取得了显著成效，为国有资本投资公司改革贡献了"宝武样本"。概括起来，有四方面主要经验最具借鉴意义。

（一）以国有资本投资公司的发展路径，打造世界一流企业

中央提出，要加快建设一批产品卓越、品牌卓著、创新领先、治理现代的世界一流企业；要发挥国有资本投资公司功能作用，形成国有资本投资公司、国有资本运营公司、产业集团三类企业功能鲜明、分工明确、协调发展的中央企业格局。中国宝武将国有资本投资公司建设作为手段而非目的，以国有资本投资公司的发展模式为主要路径，迈向具有全球竞争力的世界一流伟大企业。以国有资本投资公司为平台载体，承担产业使命、培育新兴产业、推动产业整合、实施市场化资本运作、获得出资人放权授权，中国宝武在改革试点中方向明确、路径清晰、举措务实、执行有力，为国有资本投资公司

改革树立了榜样。

（二）以解决产业痛点问题为核心，开展产业并购重组

1. 聚焦行业痛点问题，明确履行产业使命的方向

经过近20年的高速发展，我国钢铁行业面临诸多问题。一方面，产业集中度低，虽然占据了全球60%的产能，但企业单体规模较小、布局较散、竞争秩序较乱，产业结构不合理，资产回报率不高。另一方面，资源（能源）消耗大、环境污染重、土地利用效率低等各种问题一直成为行业发展的巨大困扰。在这样的背景下，中国宝武明确了以并购重组为主要路径，推进产业集中度提升和转型升级，有效发挥了国有资本投资公司作为国有资本市场化运作的专业平台作用。

2. 综合运用资本运作方式，因企施策落实并购战略

一是国资重组。通过与当地政府友好协商、互利共赢，以股权划转方式，重组马钢集团、太钢集团、山钢集团、新余钢铁集团。例如，2019年中国宝武与安徽省国资委签署协议，安徽省国资委向中国宝武划转其持有的马钢集团51%的股权。二是受托管理。受国务院国资委、相关地方国资委委托，托管中钢集团、昆钢公司、重钢集团，将相关企业生产运营全面融入中国宝武运营体系，相关企业依托宝武平台走出困境。三是市场化并购。通过八一钢铁作为主体，以市场化方式出资21.81亿元收购新兴铸管新疆有限公司100%的股权，出资14.51亿元收购31名职工股东持有的新疆伊犁钢铁有限责任公司77.125%的股权。四是基金并购。中国宝武（持股25%）联合美国WL罗斯公司（持股26%）、中美绿色基金（持股25%）和招商局集团（持股24%）共同发起设立四源合钢铁产业结构调整基金（基金规模初定400亿~800亿元），通过市场化方式、专业化运作，并购重钢股份。

3. 突出提升资本投资运营能力，有效控制负债率

以投资能力管理为基础，优化投资管理体系，建立与国有资本投资公司三层管理架构相匹配的世界一流资本运营体系。在集团总部创新性地开展资本运营预算编制工作，明确形成基于对资本投入与回报的要求而制定的资源配置方案，上承战略规划、下接投资计划。一是梳理运营资本盘清家底，列明潜在运作标的，从管资产到管资本转型；二是揭示资本积累衡量对外投资能力，注重"融投管退"有序循环；三是审视资本收支平衡、控制资本行为，优化资本结构，从而控制资产负债率。

（三）以打造产业生态圈为目标，实施内部专业化整合

1. 打造产业生态圈蓝图，确定内部整合总体设计

如何让先后联合重组进入集团体系的若干家体量庞大、管理自成体系、文化各异的钢铁企业真正融合在一起，是中国宝武必须解决的难题。中国宝武的答案是，建立钢铁产业生态圈。聚焦钢铁智慧制造、智慧服务、智慧治理领域内的制造、交易、物流、原燃料、金融、数据、技术及园区开发等核心业务，所有业务关联方共同参与打造集多功能于一体，为用户提供高效、敏捷、安全的产品及服务的产业生态系统。钢铁、新材料产业位于生态圈的最核心位置，内圈是智慧服务业、资源环境业、产业园区业、产业金融业等四个五元产业，制造、交易、原燃料、物流、技术、大数据、金融、产业园区八大功能是支撑起生态圈的八根立柱，交易、物流、金融、数据四大基础平台则成为横向连接协同生态圈的四根横梁，"智慧制造"与"智慧服务"处于两端。生态圈内，要素相互交融、链接、重叠，可以协同共生、支撑发展。

2. 依托产业生态圈，发掘业务协同价值

遵循生态圈的理念，中国宝武打破传统意义上钢铁产业集团的架构，按照国有资本投资公司的运营模式，重新架构一批中国宝武的市场化运作专业平台，着力优化资源配置、发挥协同效益。例如，建设全新工业品生态平台，成立欧冶工业品公司，集中整合宝武采购资源和能力。该公司实现了对宝武 11 个钢铁基地采购的全面集中，完成 106 家多元单位采购委托管理；宝武所属 303 家公司使用其搭建的"欧贝易购"平台，315 家公司已在其搭建的"欧贝商城"下单采购。集中采购具有规模化、专业化等优势，为集团内部用户带来更加强大的供应保障、更具竞争力的采购成本、更优质的服务体验。2021 年全体系采购降低成本 4.5 亿元、降低库存 9.7 亿元。

3. 总结整合方法论，有序推进业务整合

中国宝武形成了从联合到整合再到融合的一套成熟做法，通过"合并同类项"，彻底解决了"联而不整、整而不合"的顽疾。例如，在宝钢与武钢的整合中，中国宝武通过"首日计划"实现上市公司顺利复牌、业务平稳交接，通过"百日计划"实现管理对接，完成原武钢股份组织机构变革，通过"年度计划"实现主要产品统一销售、大部分经营管理信息系统的全覆盖。"三个计划"梯次推进、分段实施，有效保证了整合各阶段目标任务的完成。

4. 注重人文关怀，以文化力聚人心、促融合

中国宝武积极寻求和凝聚"同一个宝武"的最大公约数，"强"融合、"强"内容、"强"传播，大力提升企业文化体系能力，通过固根基、扬优势、补短板、强弱项，将企业文化建设推向更深层次、更高质量发展的新阶段。一是以战略为指引，形成文化融合顶层设计，出台《中国宝武关于完善企业文化体系支撑高质量钢铁生态圈建设的指导意见》，作为指导各单位制度化、规范化、体系化推进企业文化建设工作的纲领性文件，为"同一个宝武"筑牢文化根基、凝聚文化共识。二是以活动为载体，促进宝武文化共情共鸣。集团党委宣传部、企业文化部、党校、管理研修院四部门协同配合，先后以"企业文化融合年""宣传工作创新年""文化体系建设年"为契机，有策划、有重点、有步骤地推进企业文化建设工作，丰富文化内涵，创新工作方式，提升体系能力，为建设世界一流伟大企业提供精神动力和文化条件。三是以培训促深化，加深理解促进融合。经过精心策划组织，中国宝武对联合重组企业陆续开展了管理与文化融合专项培训班。讲师团队深入各新进单位调研，摸清管理和文化融合中存在的突出问题，授课中以问题为导向，与学员共同研讨产生问题的原因、解决问题的对策，为打通管理和文化融合的"瓶颈"统一思想、厘清思路，使公司各级管理者和全体员工认知认同宝武文化，统一思想、形成合力。

（四）以打造真正独立市场主体为关键，探索"治理型"战略管控

1. 探索实践子公司"治理型"战略管控

中国宝武以资本为纽带、以产权为基础对所出资企业实施以"战略引导、投资赋能""一企一策、授权经营""绩效驱动、穿透监管"为核心的"治理型"战略管控。对下"管住发展方向和战略边界、管住业绩绩效和底线红线"，并不断加大集团总部对子公司的引导、协调和服务力度；同时，配齐建强子公司董事会，积极发挥董事会在日常经营管理中的作用，充分调动激发子公司市场主体活力。创新构建形成"前台业务部门日常运营管理支撑""中台职能部门穿透式专业监管""派出董监事体系行使股东权利"与"共享单位服务式管理，寓管理于共享服务""专业化产业单元平台式管理，寓管理于产业经营"相结合的"3+2"管控方式。

2. 积极推进子企业混合所有制改革

从产权改革维度，推动子企业引入积极股东，变革体制机制。以战略规划为引领，按照不同的业务类型、业务发展需求分析各板块混改总体思路以

及宜混公司混改方向，形成子公司混改三年计划和年度重点推进项目计划。将各混改项目按照上市申报、上市辅导、完成股份制改制、完成 A 轮混改引资、策划 B 轮引资方案、实施方案制定、框架方案审议通过、框架方案策划等各不同阶段，分阶段有序推进。2021 年度梳理出宜混公司 41 家，推进 23 个混改项目。对重点项目进行现场路演，吸引了超过 90 家国内顶级投资人现场参会，并引导企业优先引入有协同效应的产业投资人和战略投资者。

3. 积极探索推进子企业市值管理

上市公司市值管理，是国有资本投资公司管资本的重要内容。中国宝武建立与国有资本投资公司三层管理架构相匹配的"值钱、赚钱、省钱"管理逻辑。组织上市公司围绕"价值创造、价值营销、价值实现"制定年度市值管理策略，主动作为、积极布局，制定《上市公司市值管理工作评价指导意见（试行）》，引导下属上市公司做好市值管理体系建设，促进上市公司依法合规高质量发展，从产业和资本层面共同建立价值管理良性循环体系。

第十五章
中国五矿集团有限公司案例[①]

一、企业基本情况

中国五矿集团有限公司（以下简称中国五矿）成立于1950年，是以金属矿产为核心主业、由中央直接管理的国有重要骨干企业。2016年7月，中国五矿成为第二批国有资本投资公司改革试点企业之一。自成立至改革开放前，中国五矿作为专业贸易公司，是新中国从事金属矿产品、五金制品及建材等进出口贸易的主渠道；改革开放后，中国五矿在市场经济中探索多元化、实业化发展道路，是中国最早"走出去"的企业之一；进入21世纪，中国五矿围绕金属矿业开启了以重组并购为主要特征的战略转型，2015年与中冶集团实施战略重组，在全球率先打通从资源获取到勘探勘查、设计施工、采矿选矿、冶炼加工、贸易物流的全产业链通道，企业规模更大、业态更丰富、抗风险能力更强。2022年公司营业收入超8900亿元，《财富》世界500强企业排名第58位。截至2022年末，中国五矿资产总额超1万亿元。

中国五矿以建设具有全球竞争力的世界一流金属矿产企业集团为战略愿景，定位于"金属资源保障主力军、冶金建设运营国家队"，构建了以金属矿产、冶金建设、贸易物流、金融地产为"四梁"，以矿产开发、金属材料、新能源材料、冶金工程、基本建设、贸易物流、金融服务、房地产开发为"八柱"的"四梁八柱"业务体系。公司科技创新能力突出，截至2022年末，共拥有成建制的研究设计机构14家，国家重点实验室等各类国家级科技研发平台45个，科技活动人员3万人，累计有效专利达到5.2万件，主编（参编）国际国家标准1800余项，综合科技实力位居央企前列。

中国五矿坚持国有资本投资公司的集团总部定位，围绕产业与资本

[①] 根据公开信息整理。

"双轮驱动"提升核心竞争力。集团公司设 15 个总部职能部门、2 个直属机构、16 户直管企业,控制 8 家上市公司。中国五矿主要组织架构如图 15-1 所示。

图 15-1 中国五矿主要组织架构

二、改革主要做法

（一）着力建设中国特色现代企业制度，夯实国有资本投资公司的制度基础

1. 加强党的领导与完善公司治理相统一

创建"三清单一流程"，有效落实"两个一以贯之"，推动制度优势更好转化为治理效能。建立完善"三重一大"清单、核心管控事项清单、总部决策事项清单及管理流程，将集团党组会、董事会、总经理办公会、副总经理、总部部门负责人、直管企业的决策事项、责权边界、审批程序等纳入一张图表、一个系统，520项电子审批流程全部嵌入电子公文OA系统，实现各责任主体职责权限、事项流程一目了然、一网操作。

2. 加强董事会建立与规范董事会运作相统一

注重董事会建设的"硬结构"，更注重规范有效运行的"软实力"。贯彻"应建尽建、配齐建强"改革要求，一年之内完成140户子企业董事会建立，100%实现外部董事占多数。同时出台《子企业董事会规范运作管理办法》和《直管企业外部董监事行为规范》，对董事会如何组好队、开好会，董事如何履好职、尽好责提出了具体规范要求，确保规范可操作、可落地。同时指导推动各级子企业全面落实，上海宝冶公司入选国务院国资委评选的"国有企业公司治理示范企业"。

3. 落实董事会职权与差异化放权授权相统一

以塑造真正独立的市场主体为核心，积极迈向以管资本为主，建立授权评估模型，确定29户重要子企业率先落实董事会职权，通过"两下两上"有序实施。"一下"，集团明确工作方向、指导操作方法，下发落实董事会职权工作方案模板；"一上"，相关企业结合自身需要，向集团上报工作方案，提出中长期发展决策权等6项职权放权具体诉求；"二下"，集团总部一企一策、综合考虑，审议批准落实职权方案，正式印发企业并明确具体落实要求；"二上"，相关企业制定（修订）经营业绩考核办法、薪酬管理办法等7项配套制度，上报集团备案。

4. 加强管理管控与数字化智能化赋能相统一

建设"数字化企业大脑"，推动治理体系数字化和运营体系数字化。以要素管理为前提、以数据共享为基础、以应用场景为核心、以数字底座为支撑，打造数字化智能化管控平台，解决长期存在的"信息孤岛"、数据碎片化问

题。以集团公司司库建设、采购监控平台建设为牵引,聚焦供应链流、资金流、票据流、合同流、物流、人流的数字化,加快关键管理领域平台系统建设,大力推动人工管理、事后管理转向数字管控、实时管控。例如,采购监控平台以采购业务风险预警场景为核心,以"数据赋能,推动企业提质增效"开展采购业务赋能为目的,实现了采购业务"运行+治理"的数字化转型,具备实时、穿透、预警、赋能的特征和责任主体闭环管理的功能。

(二)着力推进国有资本布局结构调整,优化国有资本投资公司的资产组合

1. 突出金属矿业使命担当,发挥资源保障主力军作用

高效建设秘鲁拉斯邦巴斯铜矿[①],探明铜资源储量超过 2000 万吨,实现"四个世界领先",即单矿产能世界领先,进入全球前十大在产铜矿项目行列;矿山建设标准和管理水平世界领先,克服社区居民抗议等重重困难,按工期、按预算顺利达产;运营成本优势世界领先,现金成本处于全球铜矿现金成本最低的 25%分位以下;试运营期间产能提升效率世界领先,在不到 6 个月时间实现从投产到达产的跨越。攻关开发澳大利亚杜加尔河铅锌矿,由于成矿地质条件复杂,在中外团队联合攻关下,自主设计、建设通过近 3 年时间推动试验性采矿取得突破性进展,最终实现工期较计划缩短 2 个月。投产后进入全球十大锌矿行列。

2. 突出冶金建设强国力量,彰显国家队世界一流水平

站在国际水平的高端和整个冶金行业的高度,用独占鳌头的核心技术、持续不断的革新创新能力、无可替代的冶金全产业链整合优势,承担起引领中国冶金走向更高水平的国家责任。按照钢铁冶金 8 大部位、19 个业务单元,建成了宝钢湛江钢铁、台塑越南河静钢厂、柳钢防城港基地、马来西亚关丹联合钢铁等一批全球瞩目的全流程绿地项目,承担了马钢铁前一体化智慧管控中心、河钢氢能源开发和利用工程等一批绿色化智能化前沿标杆示范项目,占据国内 90%、全球 60%的市场份额。

3. 突出推动转型升级,发挥行业引领和带动作用

以湖南湘江流域重金属污染治理、清水塘老工业区综合治理为契机,大力压减低端供给、扩大绿色高端供给,在衡阳建设世界一流铜铅锌产业示范基地,采用世界最大的 152 平方米沸腾焙烧炉、世界最大的单系列 30 万吨浸

---

① 中国金属矿业海外并购史上金额最大的项目之一,收购及建设投入超 100 亿美元。

出和 OTC 溶液深度净化系统、行业最大的富氧挥发回转窑等大型设施，使用行业领先的铟直萃技术、智能制造技术、重金属工业废水治理零排放技术等，实现物料循环利用，铜回收率、铅锌回收率均达到世界领先水平，使湘江流域二氧化硫减排 1.5 万余吨/年，重点防控元素（铅、砷、镉、汞）大幅削减。

4. 突出抓好瘦身健体，深入推进供给侧结构性改革

大力处置僵尸企业和特困企业，通过强化管理、重组整合、破产退出等方式，处置 104 家"僵尸特困"企业，妥善分流安置员工 3 万人。大力处置退出非核心非优势资产，退出澳大利亚世纪锌矿，规避闭坑费用和尾矿开发的不确定性影响；出售澳大利亚金丛林铜锌矿，获得现金收益并节省近 1 亿美元未来资本开支。主动退出钢铁生产冶炼业务，将所持五矿营钢全部控股股权公开挂牌转让，通过网络竞价达成交易，转让价格 138 亿元，溢价率高达近 30%，收回历史全部投资成本，实现国有资产保值增值。

（三）着力深化战略重组整合融合，锻造国有资本投资公司的整合协同能力

1. 加强深化管理对接

全面完成制度统一，结合集团总部职能优化，对总部制度进行全面梳理，组织中冶集团积极做好下位制度承接，确保规章制度有效承接、管理规范有效落实。中冶集团 400 多项制度全部上线中国五矿制度库系统，实现集团总部部门实时在线查询。全面健全治理体系，规范集团总部与中冶集团的管控界面，合理确定"管什么、怎么管"。推动中冶集团组织机构优化，将集团总部 89 项核心职责与中冶集团全面对接，促进职能整合融合。

2. 加强内部业务协同

积极打造千亿内部市场，充分发挥产业链互补协同优势。全面规划部署，制定《集团公司业务协同工作推进方案》，出台《业务协同奖励办法》《内部业务协同采购管理实施细则》等制度作为配套政策。督促落地实施，通过交易型协同再造内部市场、集成创新型协同拓展外部新市场、平台型协同推动平台服务共享等多种形式，推动各级企业在资源开发、工程项目、贸易物流、装备制造、产融协同、地产建设等方面广泛协同对接，充分发挥互补式重组的独特优势。

3. 加强业务资产整合

按照"先易后难，有序推进，集团整体利益最大化"的原则，稳慎推动

相关业务及资产整合。在资产管理领域，实施两家资产管理公司整合，将中冶资产管理公司股权调整至五矿资产公司，全面实现一套班子、一套机构、业务融合。在工程建筑领域，将五矿国际工程公司整合至中冶国际，推动存量业务有序开展，历史遗留问题抓紧处置。在贸易物流领域，将中冶国贸公司整合至五矿发展，通过业务一体化运营，中冶国贸实现连续3年营业规模和净利润双增长。在投资领域，将中冶建信公司成建制并入五矿创投，打造集团统一的创新投资平台。

（四）着力培育战略性新兴产业，发挥国有资本投资公司的引领作用

1. 从资源到材料，引领新能源电池材料产业加速发展

中国五矿依托资源和技术优势，以打造"中国一流、世界领先"的新能源电池材料产业运营商为方向，前瞻性布局新能源电池材料产业链。在正极材料方面，以湖南长远锂科为平台投资建设前驱体和正极材料产能，以河北中冶瑞木为平台投资建设6万吨高镍正极材料前驱体，以青海五矿盐湖为平台投资一里坪万吨碳酸锂产能。在负极材料方面，联合中国一重、华润集团等中央企业，牵头组建黑龙江石墨产业公司，整合控制鹤岗地区石墨矿资源，成为全球最大的在产优质石墨资源供应商。

2. 从材料到工具，引领硬质合金产业转型发展

以中钨高新为钨产业发展平台，加大从传统金属材料领域向高端深加工领域拓展，整合旗下"钨精矿—仲钨酸铵—碳化钨—棒型材—切削刀具"硬质合金全产业链，投资20多亿元实施精密工具产业园、高端棒型材技改、PCB微钻扩产等一系列产业转型升级项目，加快推进制造业技术改造。目前，实现硬质合金产量约占全国总产量的1/3，其中高端数控刀片年产量占国内产量约40%；PCB微钻年产量位居全球第一，打破国外企业对高端切削刀具市场的垄断，支撑了航空航天、汽车行业、机械工业模具制造、电子科技及国防工业等行业的高速发展。

3. 从陆地到海洋，引领未来深海矿产勘探开发

中国五矿积极落实国家海洋战略，结合自身业务优势助力打造海洋强国。与国际海底管理局签署多金属结核勘探合同，获得东太平洋海域金属结核矿区的专属勘探权。这是我国第一块，也是迄今为止唯一一块以企业为责任主体的海洋勘探矿区，开创了中国深海资源开发的新机制和新体系，为深海矿产资源真正实现商业化开发利用提供了可行性。

（五）着力健全市场化经营机制，激发国有资本投资公司的活力动力

1. 突出选才导向，强化总体设计

建立更加鲜明的用人导向，重点解决"干事创业精气神不够，患得患失，不担当不作为问题"。出台《中国五矿人才发展体制机制改革实施意见》，明确人才队伍建设的目标和路径，严把政治关、能力关、廉洁关。建立常态化干部考察机制，对二级单位领导班子和领导人员精准"画像"，解决"到了要提拔考察时才去谈话、去了解"的问题。通过全面了解干部的精神状态、政治能力、工作状态、工作业绩、业务本领等，形成对党组（党委）管理干部的综合性"画像"，并在此基础上建立动态干部库，两年一梳理，一年一调整，实现人选有进有出、一池活水。建立多层次人才培养机制，对初级管理岗位及以下干部开展"三个一批"调研，通过使用一批、交流一批、培养一批，重点解决年轻干部从家门到校门再到机关门的"三门问题"。打破固有的干部层级和班子职数的条条框框，把"敢不敢扛事、愿不愿做事、能不能干事"作为识别干部的重要标准，形成"三个一批"名单，加大优秀年轻干部使用力度。

2. 突出业绩导向，强化上下流动

紧抓经理层任期制和契约化"牛鼻子"，通过"五定操作法"建立新型经济责任制。一定政策，集团总部出台《关于中国五矿全面推行领导人员任期制和契约化管理的意见》《关于加大力度推行职业经理人制度的指导意见》等规范性文件和落实方案，修订《领导人员选拔任用工作办法》等30余项制度，优化细化经理层成员（含职业经理人）的选拔聘任、考核评价、薪酬激励、调整退出等具体标准及规则；二定范围，坚持应签尽签，梳理确定子企业及经理层成员（含职业经理人）明细清单纳入改革范围；三定契约，坚持一人一策，按照中央改革有关要求和企业人员实际情况，差异化确定每个签约人的岗位、目标、权限及奖惩；四定考核，创建"进步指数"考核体系，从"横向与同行比、纵向与同期比、环比与上月比、闪光比亮点、完成比速度"五个维度，体现到指标制定、目标确定、结果核定各环节；五定奖惩，根据年度和任期考核结果从"签约"到"履约"，确保奖惩制度刚性兑现。

3. 突出人本导向，强化机制配套

通过"解干部三忧"健全激励担当作为配套支持。解思想之忧，制定《领导人员容错纠错实施办法》《经营投资免责事项清单》，宽容领导人员在深化改革、先行先试、探索性试验等方面工作中的失误，为敢于担当的干部

担当,为敢于负责的干部负责。解能力之忧,科学设计干部学习地图,针对不同层级、不同发展阶段的干部确定差异化培养主题,构建了以 M-HERO 领导力模型为核心的能力培养目标,通过"璞石、基石、磐石、钻石"培训体系,有效增强干部能力提升的系统性和持续性。培训后超过 80% 的课题成果已落地实施,30% 的学员通过职务晋升、轮岗锻炼、主持专项工作等方式承担了更重要的管理职责。解保障之忧,对不同类型、不同地域的干部在户口迁转、企业年金、子女入托等生活方面,给予多层次、全方位的便利保障,促进干部工作安心舒心、事业为上。

三、典型经验启示

中国五矿属于产业主导型的国有资本投资公司。在国有资本投资公司改革试点中,坚持开拓创新、勇于探索,大胆试、大胆改、大胆闯,探索形成了国有资本投资公司改革的"五矿模式",可具体概括为"一统三结合"。

(一)注重顶层设计统领,以国有资本投资公司改革助力建设世界一流企业

在国有资本投资公司改革试点中,中国五矿以加快打造具有全球竞争力的世界一流金属矿产企业集团为核心目标,以推进物流、人流、合同流、资金流、供应链流等领域的数字化转型为抓手,以改革行动穿透到基层实现全覆盖为基础,以集团总部和各级企业职能部门强化把关、指导、服务功能为关键,不断完善改革顶层设计,推动改革举措落地见效。

在改革中,中国五矿坚持以"五大核心要义"作为行动指南、价值导向和企业精神,即坚持"世界一流的使命担当、自主创新的引领作用、问题导向的工作思维、精益求精的品质坚守、敢于胜利的奋斗精神";以"五大行动计划"和"五型五矿建设"作为关键抓手,着眼于产业体系现代化、治理体系现代化,全面贯彻新发展理念,加快推进高质量发展;以"进步指数"考核体系作为重要保障机制,不看出身看努力,剔除外因看内因,更加突出行业对标、历史对标、强化激励的作用;以坚持党的领导、加强党的建设作为引领保证,持续"强根铸魂"。

(二)注重投运结合,探索建立市场化融投管退的国有资本投资运营模式

市场化融投管退是国有资本投资公司作为国资监管机构授权的国有资本投资运营主体,以服务国家战略、优化国有资本布局、提升国有资本运营效

率、实现国有资产保值增值为主要目标,以市场化方式对国有资本及带动资本开展融资、投资、管控、退出的全过程闭环投资运营模式。其主要特征是,在融投管退的四个运作环节通盘考虑、协同联动,促进资本流动,畅通资本循环,实现资本增值。

1. 市场化融资

在债权融资方面,由集团总部主导推动,从"集团统贷、统借、统担保"的传统融资模式,向"集团统筹、企业主贷、集团不担保"的新型融资模式转变,由集团确定总体授信额度、子公司直接向银行融资并承担融资成本,压减集团委托贷款和融资担保存量,将资产负债率控制在合理水平。在股权融资方面,对上市公司综合运用非公开发行、发行优先股等方式,对具备条件的上市公司实施资本运作,把握时机、合规操作,充分发挥上市公司融资功能,持续打造优强上市公司;对非上市资产以 IPO 为主要方向,灵活运用合资新设、增资扩股、协议股权转让等方式引入外部投资者增量资金,宜控则控、宜参则参。

2. 契约化投资

完善投资团队风险收益共担机制,建立契约化的投资风险抵押金制度,将投资项目"契约化"作为投资管理的基本原则之一。对相关投资项目,要求以获得批准的投资项目可行性研究报告为主要依据,制定《投资项目契约化管理实施方案》;项目核心团队依据方案签署契约化责任书,按照自主及自愿原则缴纳一定的投资绩效金;以方案确定的关键指标为标准,进行综合评价,并按投资绩效金相应比例,以浮动薪酬形式对项目团队核心成员进行额外奖惩。

3. 治理型管控

以管资本为主改革国有资本授权经营体制,健全权责利相统一的授权链条,集团总部通过子企业公司治理方式履行股东职责。按照"应建尽建、外部董事占多数"的原则,规范建立子企业董事会,在董事会规范运作的基础上,有序落实董事会职权。建立集团专职董事制度,向重要子企业委派集团专职董事,代表国有股东意志。建立对专职董事的配套支持机制,对集团总部决策事项、董事自主决策事项分别确定具体的支持流程和程序要求。集团总部以授权放权评估为基础,一企一策制定授权放权清单,并动态调整,做到可放可收。

4. 市场化退出

集团总部统一制定子企业及资产退出标准,对非主业非优势资产、低效无效资产、重点亏损企业等形成企业及资产清单，按照"谁投资、谁负责"的原则，集团总部推动相关直管企业建立台账、成立专班、指定专人，推进资产处置退出。对于限定期限内未能完成处置的企业及资产，转移至集团所属资产管理公司进行专业处置，最大限度地提升资产处置价值。

（三）注重产研结合，探索建立事业合伙人制的产研结合模式

产研结合的事业合伙人制是转制科研院所等科技型企业以技术骨干与科研单位共同出资的方式开展科技项目研发，共享成果收益、共担失败风险，并允许骨干员工通过"技术股+现金股"与科研单位共同注册新公司，使骨干员工成为科研项目和公司创业合伙人的一种改革模式。这种模式坚持以成果转化和产业应用为导向，坚持以员工现金出资风险利益绑定为途径，以孵化科研创业企业为重点，有效解决了国有资本投资公司在传统科研项目中科研经费聚焦难、员工动力提升难、科技成果转化难等突出问题，有力支持了"大众创业、万众创新"。

1. 项目立项

由科研团队按要求选择合适的项目，拟定立项报告，经专家严格评审通过，并经决策审批同意后正式立项。研发项目要高度契合集团直管企业的规划发展方向和目标，具有较好的市场需求，研发或培育的新产品、新技术最终以产业化、商业化转化应用为目的。

2. 签订协议并出资

科研团队项目负责人及技术骨干与集团直管企业签订书面协议并按约定现金出资。在保证国有绝对控股的前提下，对于研发类项目，科研团队现金出资比例不低于项目总投入金额的5%；对于培育类项目，出资比例不低于10%；选择"注册公司模式"开展的项目，出资比例一般不低于20%。其中，项目主要负责人出资不低于团队出资比例的10%。

3. 项目实施

科研团队可自选研发场地，如果入驻直管企业双创基地，可享受相关优惠政策及服务。按照责权利相匹配的原则，在遵守相关制度的前提下，授予项目团队负责人日常运行的独立自主权，直管企业科研项目管理部门对项目运行进行阶段性检查评估。发现违规违约的，责令整改直至取消该项目。

4. 项目结题

当技术和市场趋于成熟，或项目执行期满，或项目资金使用完毕时，对科研项目结题。原则上单个科研项目实施期限不超过3年，特殊情况经审批

可延长至不超过5年。根据市场和投资情况，或结题封存，或转为注册模式。

5. 项目激励

对于原有科技成果作价入股参与项目的，从该成果形成的出资额或者出资比例中提取50%对完成和转化职务科技成果作出重要贡献的人员给予奖励和报酬，剩余50%由直管企业及成果所属二级单位同比例共享。科研项目在新形成的科技成果作价入股时，项目增值收益部分的50%~70%由项目研发团队直接享有，具体享受比例由团队出资比例大小决定；项目研发需要使用依托单位资源的，项目增值收益的5%~10%由项目依托单位享有；项目增值收益剩余部分由项目出资人按照出资比例享有。

中国五矿所属长沙矿冶院在新能源汽车退役动力蓄电池回收网络体系建设、新能源汽车退役动力电池梯级利用、高导电碳材料产业化技术开发、金磨科技、金炉科技等多个项目进行大胆探索，运行良好且取得了显著成效。

（四）注重产融结合，探索建立以融促产、产融衔接的产融结合模式

以融促产、产融衔接是国有资本投资公司结合自身实际适度发展金融业务，以产业为引领，以金融为促进，综合利用相关金融平台和手段，支持做强核心主业的一种产融结合模式。

1. 发挥财务公司"造血器"功能

财务公司是以加强企业集团资金集中管理和提高资金使用效率为目的，为企业集团成员单位提供财务管理服务的非银行金融机构。通过集中授信、资金归集、资金结算、委托贷款、对内担保等方式，提高集团体系内的资金集中度和使用效率，降低国有资本投资公司所出资企业的融资成本和资金风险。在资金充裕时为集团公司理好财、管好账、保安全，在资金短缺时向集团公司输送资金、排忧解难。建设和用好资金管理与结算系统，提升系统智能化、自动化水平，能够助力风险管控和效率提升。

2. 发挥产业基金"探路者"功能

产业投资基金是国有资本投资公司创新投融资模式，布局战略性新兴产业和投资风险高、不确定性强的初创企业的重要投资工具，可以有效发挥放大国有资本杠杆功能和对新业务、新产业、新技术投资风险控制的作用。中国五矿全资设立五矿创新投资有限公司作为产业直投和基金投资的投资平台，并由其牵头设立基金管理公司，发起设立多类型股权投资基金，形成了直投和天使、VC、PE基金的全生命周期和股债结合的完整产业投资业务图谱，管理基金规模超过470亿元，其中大部分资金投向集团体系内部项目。

3. 发挥金控平台"辅助器"功能

随着金属矿产资源大宗商品金融化属性日益提高，金属矿产领域国有资本投资公司需要金控平台辅助支持主业发展的业务需求愈加强烈。中国五矿依托历史发展优势，以参控结合的方式，投资布局银行、保险、证券、信托、期货、租赁等金融牌照公司，基本形成了金融全牌照投资布局，以此为基础组建了金融控股平台，并实现资产上市。金控平台坚持服务集团主业实业，立足产业金融，在有色金属和黑色金属等金属矿产品套期保值、制造业和建筑类企业生产设备租赁等方面发挥了关键作用，在协同产业公司开发新客户，围绕核心客户提供工程设计、施工、贸易、金融服务的一体化运作等方面发挥了重要作用。同时，坚持用好和管好相结合，把风险管理作为永恒主题，把守底线、补短板、堵漏洞作为常态化工作，不断完善从集团总部到金融子企业的多层次风险管控体系，坚决打好防范化解重大金融风险攻坚战。

第十六章
中国建材集团有限公司案例[①]

一、企业基本情况

中国建材集团有限公司（以下简称中国建材集团）是经国务院批准，2016年8月由原中国建筑材料集团有限公司与中国中材集团有限公司重组而成的中央企业，由国务院国资委直接管理。2018年12月，中国建材集团成为第三批国有资本投资公司改革试点之一。截至2021年底，中国建材资产总额6400多亿元，年营业收入4100多亿元，员工总数20万人，《财富》世界500强企业排名第177位。

中国建材集团是全球最大的综合性建材产业集团、世界领先的新材料开发商和综合服务商，主要业务领域包括基础建材、新材料、工程技术服务等，水泥、商混、石膏板、玻璃纤维、风电叶片、水泥玻璃工程技术服务等7项业务规模居世界第一；超薄电子玻璃、高性能碳纤维、锂电池隔膜、超特高压电瓷等多项新材料业务国内领先。中国建材集团在我国建筑材料与无机非金属新材料领域拥有雄厚的科研实力，拥有3.8万名科技研发和工程技术人员，26家国家级科研设计院所，有效专利1.76万项，55个国家、行业质检中心和行业最权威检验认证机构，11个国家重点实验室和工程（技术）研究中心，19个国家标准委员会，7项国家科技进步一等奖，4项中国工业大奖。

中国建材集团坚持打造战略管控型集团总部。集团总部设14个职能部门和1个特设机构（改革办公室），战略发展部、投资与资本运营部、公司管理部等一级部门均为试点后新设或强化部门。集团总部直接管理11家子公司，旗下控股14家上市公司，其中境外上市公司2家。中国建材集团主要组织架构如图16-1所示。

[①] 根据公开信息整理。

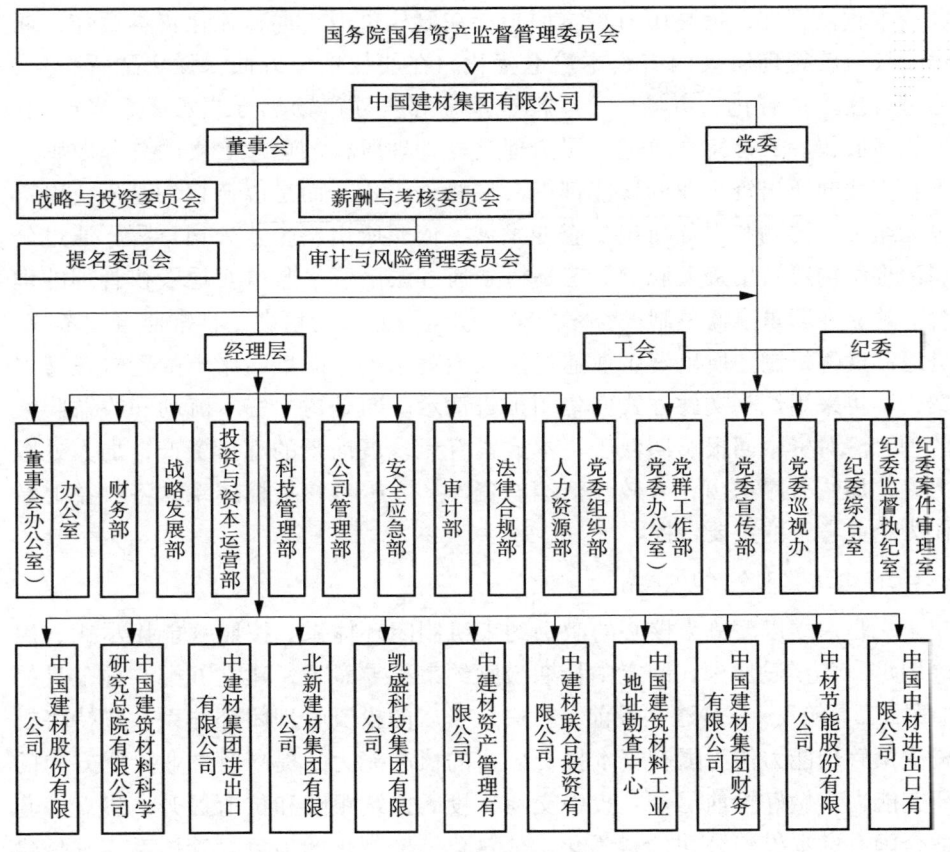

图 16-1 中国建材集团主要组织架构

二、改革主要做法

中国建材集团在国有资本投资公司改革试点中,提出"4335"指导原则,以创新驱动发展、以改革赋能发展、以国际化促进发展、以党建引领发展,探索建立"定位清晰、生态优化、机制有效"的国有资本投资管理体系,努力实现从管企业向管资本、从建筑材料向综合材料、从本土市场向全球布局的"三大转变",加快培育具有全球竞争力的世界一流综合性建材和新材料产业投资集团。

(一)坚持"4335"指导原则,确立国有资本投资公司顶层设计

1. 树立"4个理念"

一是树立"管好股权"理念。在存量股权方面,对所出资企业强化战略

和资本收益管理，提高国有资本回报；在股权进退方面，强化资本运作，通过股权流动管理实现国有资本进退优化；在股权增量方面，强化融资投资，通过直接培育孵化、市场整合、投资基金等多种市场化方式发展新兴产业，形成新股权。二是树立通过公司治理结构管理股权的理念。集团总部原则上不直接面向所出资企业的职能部门开展管理工作，而是以产权为基础、以资本为纽带，协调和引导所出资企业发展，依照所出资企业公司章程，通过公司治理结构履行出资人职责。三是树立通过派出董事监事实现股权管理的理念。建立专职董事监事制度，完善对专职董事监事的培训、日常监督、考核、进退制度等机制。所出资企业通过法人治理结构，向集团派出的董事提交议案，不再采用红头文件方式向集团报告请示。四是树立资本流动和收益收缴的理念。对资本回报长期低于资本成本且无发展前景的存量资产，加大处置力度，加快有序退出，有效盘活国有资本。完善考核指标体系，将收益上缴作为企业考评的重要指标。

2. 建立"3个闭环体系"

一是建立以薪酬为核心的激励约束机制闭环体系。按照"能用尽用、用好用足"的激励原则，制定中长期激励约束指导意见，建立五类八种工具的"激励工具箱"。二是建立投前、投中、投后的投资管理闭环体系。坚持将投资决策管理能力作为国有资本投资公司的核心能力，提高对主业投资方向的研究能力，做好投前尽调、投中交易、投后持续跟踪和价值提升，建立一套适合国有资本投资公司的科学化、信息化、模型化的项目投管体系。三是建立事前、事中、事后的综合监督管理闭环体系。打造事前制度规范、事中跟踪监控、事后监督问责的完整工作链条。建立内部常态化监督审计机制，加强对权力集中、资金密集、资源富集、资产聚集等重点部门和岗位的监管，不断健全监督制度，创新监督手段，严格责任追究。

3. 做到"3个继续坚决坚持"

一是继续坚决坚持改革的思路。以改革的思路解决改革过程中遇到的问题，让广大干部员工想干事、能干事、干成事，同时得到市场化的回报。二是继续坚决坚持创新的理念。综合开展技术、管理、制度、商业模式"四位一体"全方位创新，为实现高质量发展做好强支撑。着力完善科技创新体制机制，建立以企业为主体、市场为导向、产学研深度融合的技术创新体系。三是继续坚决坚持市场化原则。要形成以资本为纽带的投资与被投资关系，协调和引导所出资企业发展，推进建立现代企业制度；深化企业内部三项制度改革；进一步转换企业机制，推动企业各类生产要素依据市场规则、市场价格、市场竞争实现最优配置。

4. 明确集团总部"5大职能"定位

集团总部定位战略管控型,"5大职能"为"战略引领、资源配置、资本运作、风险防控、党的建设"。按照坚持党的领导、突出功能转变、创新管控模式、完善授权放权四项原则,调整总部机构设置,实现经营管理职能下沉,战略监督权上移。

(二)以上率下改革,推动以管资本为主的体制创新

1. 聚焦核心职能,推动集团总部率先改革

中国建材集团将集团总部定位聚焦于"5大职能",总部转型为主要负责产业投资战略制定、产业资源调配,开展资本投资运作、落实风险防控,"管干结合"进入战略性新兴产业、创新型产业布局的主战场,成为国有资本投资"增量"的操盘手。一是聚焦战略引领。强化集团总部的战略研究、产业研判、资本运作、投资决策和风险防控能力,打造价值创造型、服务支撑型总部。系统梳理28个所出资企业的子战略定位和目标,明确各公司所在"赛道"、年年回顾、考核评价、调整梳理,确保不"跑偏"。二是聚焦资源配置。围绕集团和所出资企业的战略,分析现有存量资源(人力、有形、无形)的配置情况,优化资源配置的阶段性目标、增量资源的优化配置原则等。以投资计划、项目配置、资金安排为抓手,调配资源投向,推进资源资产化、资产资本化、资本证券化,提高资源配置效率。三是聚焦资本运作。将集团总部作为落实国有资本投资公司投资职能的主体。围绕资源优化配置原则和阶段性优化配置目标,对存量和增量资本实施优化流动管理。通过募集新的股权资本和债权资金、收取存量资本的收益获取资本,做好投资管理和产业培育,推动产业集聚、化解过剩产能和转型升级,培育核心竞争力和创新能力。四是聚焦风险防控。加大授权放权力度,同时建立事前规范制度、事中加强监控、事后强化问责的政府监管、出资人监管、内部审计、纪检监察、巡视协同监督体系,让经营团队习惯在压力和监管环境下工作。五是聚焦党的建设。坚持管资本就要管党建,把党的建设融入管资本的全过程各方面,坚持党管干部、党管人才原则与市场化选人用人机制相结合。推动全面从严治党向纵深发展,加强党风廉政建设和反腐败工作,为集团改革发展营造风清气正的良好环境。在聚焦核心职能的导向下,中国建材集团优化总部职能部门设置和人员配置,一级部门从22个精简到14个(10个行政业务部门和4个党群部门)。集团总部员工编制精简到不超过100人(不含集团领导班子、总

助级、专职董监事等），保证管理队伍具有战略管理、资本运作、政策及行业研究等相关经验和能力。

2. 完善公司治理，明晰各治理主体权责边界

坚持"重大事项不授权、授权事项不前置、同一事项只有一个决策主体"原则，制定党委会、董事会、经理层研究讨论和决策事项清单，涉及四个方面共73项，其中重大决策11类48项，重要人事任免12项，重大项目安排8项，大额度资金运作5项。公司党委行权方式明确为四种，包括研究决定、前置研究、事前备案、审核上报；董事会行权方式为五种，包括审议决策、审核上报、履行程序、事后报备、研究审定；经理层（办公会）行权方式为四种，包括审核提议、审核上报、履行程序、通报。

3. 优化集团管控，建立专职董事监事制度

中国建材集团为适应国有资本投资公司功能定位，建立以"管资本为主"的管控方式，探索通过派出集团专职董事监事实施股权管理，减少"红头文件"的行政管理方式，最大限度减少对企业日常经营的干预，打造真正独立的市场主体。专职董事监事主要从集团总部部门正职以上人员、集团二级企业班子成员、中国建材股份二级企业班子主要负责人中遴选产生。专职董事监事从身份上划分为两类，Ⅰ类人员劳动关系在集团总部，Ⅱ类人员劳动关系在所任职企业，不担任其党委、经理层职务。目前，已建立派出董事监事人员库超过70人，并实施动态管理。在集团层面，出台《集团派出专职董监事管理暂行办法》作为配套支撑制度，党委组织部负责专职董事监事的日常管理，资本运营部负责专职董事履职管理和议案管理，审计部负责专职监事履职管理。

4. 探索差异化管控，给予混改企业更大自主决策权

中国建材集团从自身实际出发，坚持依法合规、有序推进，分类授权、应授尽授，积极探索对国有相对控股混合所有制企业实施差异化管控，研究制定《国有相对控股混合所有制企业管理指导意见（试行）》。加强对股权董事的履职支撑服务和监督管理，通过股权董事实施对相对控股企业的治理型管控，通过股权董事落实董事会对经理层成员选聘、业绩考核和薪酬管理等职权。例如，在薪酬管理方面，差异化企业一般由本企业董事会（包括薪酬与考核委员会）进行业绩考核，考核结果报上一级国有股东备案；差异化企业实行工资总额预算备案制管理，由本企业董事会行使管理权。

(三)调整优化布局,带动新材料产业创新转型发展

1. 大力重组整合,推进产业集聚和转型升级

加快推动集团内部同质业务整合,完成5家水泥企业整合,实现天山股份成为全球最大的水泥上市公司;完成4家工程服务企业整合,实现中材国际成为国内最大的水泥工程服务上市公司。以国检集团为平台重组并购国内检验检测企业,2020年收购广州京诚检测技术有限公司65%的股权,进入生态环境检测领域,2021年收购国内智能化实验室行业龙头企业上海美诺福科技有限公司,进入工业智能服务领域。以北新建材为平台,整合防水行业,先后重组并购四川蜀羊、安徽禹王、河南金拇指、上海台安、天津澳泰和成都赛特等多家区域龙头企业,形成覆盖全国的15个防水研发生产基地,快速成为中国防水行业领军企业之一。以绿色产业推动能源替代,建设31个光伏工厂,开展"零电工厂"试点,单条生产线年可降碳8万吨;建成世界单体规模最大的薄膜光伏建筑一体化项目,年发电1100万度;建成欧洲单体装机容量最大的光伏电站,年发电3.8亿度,树立绿色低碳国际合作典范。坚持有所为有所不为,加快清理退出在非优势业务的资本配置,有序退出现代农业、光伏电站等9家非主业企业,缩减非主业贸易额超过110亿元。

2. 积极开拓产业培育,大力发展新材料产业

围绕打造"国之大材"的材料产业布局,形成了一批自主创新产品并实现工业化量产。集团总部将资源和资本持续投向新能源材料、玻璃新材料、碳纤维等领域,新材料板块效益支撑度不断提升,2021年营业收入、利润总额分别占比22%、42%。中国建材集团发起设立150亿元新材料产业投资基金,以30%的出资带动70%的金融资本和社会资本,聚焦无机非金属领域先进新材料产业,对初创期、高新技术的新材料企业实施中短期投资,根据投资企业的技术成熟度、企业发展阶段灵活开展直接投资。碳纤维企业中复神鹰、第三代半导体企业山东天岳成功在科创板上市。

3. 强化科技自立自强,聚焦关键核心技术突破

大力投资解决"卡脖子"问题的新材料,万吨碳纤维基地成功投产,实现T700/800高性能碳纤维生产线设计和高端成套技术自主可控;中性硼硅药用玻璃稳定量产,开发西林瓶与预灌封注射器,护航新冠疫苗生产;攻克高放核废液玻璃固化世界难题,助力实现我国高放核废液处理能力零的突破。公司入选首批中央企业原创技术策源地,6项成果列入《中央企业科技创新成果推荐目录》。2项成果分别荣获2020年度国家科技进步一等奖和技术发明

二等奖。

三、典型经验启示

中国建材集团是产业主导型国有资本投资公司的杰出代表。经过4年来的改革探索,闯出了一条新材料产业国有资本投资公司的成功之路,有效发挥了在授权经营、结构调整、资本运营、激发所出资企业活力和服务实体经济方面的作用。概括起来,有3条典型经验最为值得学习借鉴。

(一)深刻理解和准确把握国有资本投资公司的功能定位

中国建材集团认为,国有资本投资公司的建立,将实现国有资本所有权与企业经营权分离,实行国有资本市场化运作。改组组建国有资本投资公司后,将构建"国资委—国有资本投资公司—所出资企业"三层架构:第一层国资委管资本,重点管好国有资本布局、规范资本运作、提高资本回报、维护资本安全。第二层国有资本投资公司管股权,对所出资企业行使股东职责,维护股东合法权益。第三层国有资本投资公司所出资企业管经营,打造专业化的产业平台,所出资企业是依法自主经营的独立市场主体,做到公司治理规范、激励约束机制到位,落实国有资本投资公司战略、提高资本回报。国有资本投资公司是国资委延伸的管资本"手臂",充分运用市场化、公司化资本运作方式,服务国家战略。通过国有资本投资公司建立"隔离带",有效减少国资委作为出资人代表对市场形成的直接干预;筑牢"防火墙",有效降低资本投资运营对国资委形成的各类风险。同时,国有资本投资公司也是优化国有资本的布局结构调整、落实国家战略的载体。推动国有经济布局结构调整优化,是国资委管资本的重要目标,是国有资本投资公司的重要使命,也是培育产业核心竞争力的必然选择。

(二)探索治理型管控,实施精准授权放权

中国建材集团坚持将合理授权放权作为改革授权经营体制的核心抓手,通过子企业董事会规范有效运作,体现股东意志。

1. 压实企业董事责任,改革行政化上传下达方式

一是强化董事会规范运作。通过资本纽带实施管控,减少对企业日常经营的干预,主要通过派出的股权董事监事管好资本。在子企业董事会应建尽建、外部董事占多数100%完成的基础上,建立了超过80人的董事监事库,所出资企业的董事会明确定位为定战略、作决策、防风险的主体。制定《所出资企业董事会规范运作的指导意见》,细化了董事会运作的流程、文档等规

范化模式。二是明确子企业董事职责和履职权限。集团公司委派的董事（独立董事除外）在审议授权事项时，应当忠实、勤勉地履行职责，由董事个人独立表决，不再履行国有股东审批程序，仅在董事会决议形成后报上一级国有股东备案。三是改革上传下达方式。子企业用董事提交议案代替向集团打请示报告。确定穿透与非穿透管理事项，70%的事项通过公司治理途径实施管控。对于投资项目决策等非穿透事项，所出资企业不再采用"红头文件"向集团报告请示，而是按照公司治理有关规定，以议案形式报送派出董事，集团公司资本运营部为派出董事提供集体研究决策建议等相关程序提供履职支持。董事对特定事项按照集团决策意见在董事会上发表表决意见，其他议案，董事可参考集团的决策建议发表意见，进一步优化了董事履职的能动性。

2. 差异化放权授权，真正落实企业自主经营权

一是分类分阶段加大投资授权。综合考虑不同子企业的发展阶段、公司治理水平、资产负债率等多种因素，结合投资项目是否属于主业范围、是否列入年度投资计划、是否境外投资、是否成熟产业等不同类型，进行分类分阶段授权。同类项目不同子企业间的授权额度最大相差约15亿元，既促进了优秀企业聚焦主业更快发展，又管控了一般企业的投资风险。二是对相对控股混合所有制企业实施差异化授权。中国建材集团对相对控股、治理规范的混合所有制企业实施差异化授权，经理层差额选聘、业绩考核、薪酬兑现均授权相关子企业董事会主导开展，上级党组织事后备案；对纳入年度计划的主业投资项目，由相关子企业董事会依据公司章程决策，国有股东不再事前审批。例如，相对控股企业中国巨石实施差异化授权后，计划内主业投资权限由原来的5亿元提高至净资产的10%（21亿元），大幅压缩了决策流程、提高了决策效率。在经理层选聘方面，把党管干部原则与董事会选聘经理层成员有机结合。差异化管控企业设立党委的，由本企业党委制定经理层成员选聘流程、候选人标准等选聘方案，向董事会提名经考察合格的候选人范围。本企业党委制定的选聘方案报上一级企业党委备案。经理层成员的人选原则上按照"1个岗位不低于2名候选人"的标准，由本企业董事会、本企业党委或国有股东党委推荐。候选人范围确定后，本企业董事会组织对候选人开展竞聘上岗，通过差额选聘方式选定企业经理层成员；获聘人员由董事会履行聘任程序，聘任后接受本企业董事会及上一级党委管理。由董事会根据经理层成员签署的"两书一协议"，行使对经理层的考核权和薪酬兑现权。三是实施授权动态管理。中国建材集团对各类授权事项坚持"可授可收"，形成闭环管理。适时开展人事、投资等专项评估及综合评估，从治理水平、战略执

行、经营效率与效果、风险防控等多个方面评估差异化管控实施效果，采取扩大、调整或收回等措施动态调整差异化管控事项。

（三）全方位体系化支持新产业培育，促进战略性新兴产业快速发展壮大

中国建材集团坚持服务国家战略，以培育发展战略性新兴产业为重要抓手，将科技成果转化与新兴产业培育有机结合，探索出了一套较为成熟的新产业培育体制机制。

1. 以科技创新为产业培育提供技术支撑

中国建材集团聚焦高精尖关键原材料，通过科技创新形成研究成果后，迅速推动成果产业化，打通科研和产业化之间风险最高的"死亡之谷"。围绕服务国防建设、国家重大工程和国民经济主战场，投资研制高性能碳纤维及玻璃纤维、信息显示玻璃、锂电池隔膜、氮化硅陶瓷材料、人工晶体等一系列高精尖关键原材料，大批新材料产品广泛应用于航空航天、舰船、核工业等国家重大项目。对科技成果实施分类管理，将集团自主研发的科技成果分为A、B、C三类，分类实施激励转化，让科技人员"名利双收"。对服务国家战略形成的A类成果和围绕集团主业形成的B类成果，按国家有关政策实施奖励。对可对外转化的C类成果，70%以上的成果转化收益分配给科研和转化团队，避免"好技术锁在抽屉里"。

2. 以多元资本为产业培育提供资金支撑

一方面，基于自身资本积累，开展新的投资。中国建材集团通过逐步提高国有资本收益收缴比例，提升资源配置能力，将上市企业收益收缴比例提高至35%，将非上市企业收益收缴比例提高至50%。2021年，集团总部获得子企业分红收益25.8亿元，其中17亿元以增资等方式取得的分红重点投向新材料业务，建成"以成熟业务反哺支持战略性新兴业务"的资本生态。另一方面，引入外部资本，采用基金方式投资新产业。发起设立150亿元的新材料产业基金，重点解决新材料研发周期长、技术产品风险高、市场导入难度大等问题，带动金融资本和社会资本全面赋能优质新材料科技成果。

3. 以正向激励为产业培育提供机制支撑

中国建材集团充分发挥中长期激励的正向激励作用，着力推动新兴产业相关企业建立市场化激励约束机制。在氮化物陶瓷公司实施科技型企业股权激励，北玻公司开展科技型企业股权出售和股权奖励，赛马物联公司实施项目跟投。对科技型企业开展差异化的考核评价和薪酬管理机制。推动直管企

业凯盛科技对所属科技型企业建立以价值创新、能力、贡献为导向的评价机制。凯盛科技股份、蚌埠中光电等开展高层次科技人才对标国际化薪酬，探索工资总额单列，建立中长期绩效评价、科技成果转化后评价、颠覆性创新免责等机制，激发创新创造活力，促进企业成功研发出 8.5 代超大 TFT 液晶玻璃基板、疫苗用中性硼硅药用玻璃管等一批打破垄断的新产品。

附　录

附录 1

国务院关于推进国有资本投资、运营公司改革试点的实施意见

国发〔2018〕23 号

各省、自治区、直辖市人民政府,国务院各部委、各直属机构:

改组组建国有资本投资、运营公司,是以管资本为主改革国有资本授权经营体制的重要举措。按照《中共中央 国务院关于深化国有企业改革的指导意见》《国务院关于改革和完善国有资产管理体制的若干意见》有关要求和党中央、国务院工作部署,为加快推进国有资本投资、运营公司改革试点工作,现提出以下实施意见。

一、总体要求

(一)指导思想

全面贯彻党的十九大和十九届二中、三中全会精神,以习近平新时代中国特色社会主义思想为指导,坚持社会主义市场经济改革方向,坚定不移加强党对国有企业的领导,着力创新体制机制,完善国有资产管理体制,深化国有企业改革,促进国有资产保值增值,推动国有资本做强做优做大,有效防止国有资产流失,切实发挥国有企业在深化供给侧结构性改革和推动经济高质量发展中的带动作用。

(二)试点目标

通过改组组建国有资本投资、运营公司,构建国有资本投资、运营主体,改革国有资本授权经营体制,完善国有资产管理体制,实现国有资本所有权与企业经营权分离,实行国有资本市场化运作。发挥国有资本投资、运营公司平台作用,促进国有资本合理流动,优化国有资本投向,向重点行业、关键领域和优势企业集中,推动国有经济布局优化和结构调整,提高国有资本配置和运营效率,更好服务国家战略需要。试点先行,大胆探索,及时研究解决改革中的重点难点问题,尽快形成可复制、可推广的经验和模式。

（三）基本原则

坚持党的领导。建立健全中国特色现代国有企业制度，把党的领导融入公司治理各环节，把企业党组织内嵌到公司治理结构之中，明确和落实党组织在公司法人治理结构中的法定地位，充分发挥党组织的领导作用，确保党和国家方针政策、重大决策部署的贯彻执行。

坚持体制创新。以管资本为主加强国有资产监管，完善国有资本投资运营的市场化机制。科学合理界定政府及国有资产监管机构，国有资本投资、运营公司和所持股企业的权利边界，健全权责利相统一的授权链条，进一步落实企业市场主体地位，培育具有创新能力和国际竞争力的国有骨干企业。

坚持优化布局。通过授权国有资本投资、运营公司履行出资人职责，促进国有资本合理流动，优化国有资本布局，使国有资本投资、运营更好地服务于国家战略目标。

坚持强化监督。正确处理好授权经营和加强监督的关系，明确监管职责，构建并强化政府监督、纪检监察监督、出资人监督和社会监督的监督体系，增强监督的协同性、针对性和有效性，防止国有资产流失。

二、试点内容

（一）功能定位

国有资本投资、运营公司均为在国家授权范围内履行国有资本出资人职责的国有独资公司，是国有资本市场化运作的专业平台。公司以资本为纽带、以产权为基础依法自主开展国有资本运作，不从事具体生产经营活动。国有资本投资、运营公司对所持股企业行使股东职责，维护股东合法权益，以出资额为限承担有限责任，按照责权对应原则切实承担优化国有资本布局、提升国有资本运营效率、实现国有资产保值增值等责任。

国有资本投资公司主要以服务国家战略、优化国有资本布局、提升产业竞争力为目标，在关系国家安全、国民经济命脉的重要行业和关键领域，按照政府确定的国有资本布局和结构优化要求，以对战略性核心业务控股为主，通过开展投资融资、产业培育和资本运作等，发挥投资引导和结构调整作用，推动产业集聚、化解过剩产能和转型升级，培育核心竞争力和创新能力，积极参与国际竞争，着力提升国有资本控制力、影响力。

国有资本运营公司主要以提升国有资本运营效率、提高国有资本回报为目标，以财务性持股为主，通过股权运作、基金投资、培育孵化、价值管理、有序进退等方式，盘活国有资产存量，引导和带动社会资本共同发展，实现国有资本合理流动和保值增值。

（二）组建方式

按照国家确定的目标任务和布局领域，国有资本投资、运营公司可采取改组和新设两种方式设立。根据国有资本投资、运营公司的具体定位和发展需要，通过无偿划转或市场化方式重组整合相关国有资本。

划入国有资本投资、运营公司的资产，为现有企业整体股权（资产）或部分股权。股权划入后，按现行政策加快剥离国有企业办社会职能和解决历史遗留问题，采取市场化方式处置不良资产和业务等。股权划入涉及上市公司的，应符合证券监管相关规定。

（三）授权机制

按照国有资产监管机构授予出资人职责和政府直接授予出资人职责两种模式开展国有资本投资、运营公司试点。

1. 国有资产监管机构授权模式

政府授权国有资产监管机构依法对国有资本投资、运营公司履行出资人职责；国有资产监管机构根据国有资本投资、运营公司具体定位和实际情况，按照"一企一策"原则，授权国有资本投资、运营公司履行出资人职责，制定监管清单和责任清单，明确对国有资本投资、运营公司的监管内容和方式，依法落实国有资本投资、运营公司董事会职权。国有资本投资、运营公司对授权范围内的国有资本履行出资人职责。国有资产监管机构负责对国有资本投资、运营公司进行考核和评价，并定期向本级人民政府报告，重点说明所监管国有资本投资、运营公司贯彻国家战略目标、国有资产保值增值等情况。

2. 政府直接授权模式

政府直接授权国有资本投资、运营公司对授权范围内的国有资本履行出资人职责。国有资本投资、运营公司根据授权自主开展国有资本运作，贯彻落实国家战略和政策目标，定期向政府报告年度工作情况，重大事项及时报告。政府直接对国有资本投资、运营公司进行考核和评价等。

（四）治理结构

国有资本投资、运营公司不设股东会，由政府或国有资产监管机构行使股东会职权，政府或国有资产监管机构可以授权国有资本投资、运营公司董事会行使股东会部分职权。按照中国特色现代国有企业制度的要求，国有资本投资、运营公司设立党组织、董事会、经理层，规范公司治理结构，建立健全权责对等、运转协调、有效制衡的决策执行监督机制，充分发挥党组织的领导作用、董事会的决策作用、经理层的经营管理作用。

1. 党组织

把加强党的领导和完善公司治理统一起来，充分发挥党组织把方向、管大局、保落实的作用。坚持党管干部原则与董事会依法产生、董事会依法选择经营管理者、经营管理者依法行使用人权相结合。按照"双向进入、交叉任职"的原则，符合条件的党组织领导班子成员可以通过法定程序进入董事会、经理层，董事会、经理层成员中符合条件的党员可以依照有关规定和程序进入党组织领导班子。党组织书记、董事长一般由同一人担任。对于重大经营管理事项，党组织研究讨论是董事会、经理层决策的前置程序。国务院直接授权的国有资本投资、运营公司，应当设立党组。纪检监察机关向国有资本投资、运营公司派驻纪检监察机构。

2. 董事会

国有资本投资、运营公司设立董事会，根据授权，负责公司发展战略和对外投资、经理层选聘、业绩考核、薪酬管理，向所持股企业派出董事等事项。董事会成员原则上不少于9人，由执行董事、外部董事、职工董事组成。保障国有资本投资、运营公司按市场化方式选择外部董事等权利，外部董事应在董事会中占多数，职工董事由职工代表大会选举产生。董事会设董事长1名，可设副董事长。董事会下设战略与投资委员会、提名委员会、薪酬与考核委员会、审计委员会、风险控制委员会等专门委员会。专门委员会在董事会授权范围内开展相关工作，协助董事会履行职责。

国有资产监管机构授权的国有资本投资、运营公司的执行董事、外部董事由国有资产监管机构委派。其中，外部董事由国有资产监管机构根据国有资本投资、运营公司董事会结构需求，从专职外部董事中选择合适人员担任。董事长、副董事长由国有资产监管机构从董事会成员中指定。

政府直接授权的国有资本投资、运营公司执行董事、外部董事（股权董事）由国务院或地方人民政府委派，董事长、副董事长由国务院或地方人民政府从董事会成员中指定。其中，依据国有资本投资、运营公司职能定位，外部董事主要由政府综合管理部门和相关行业主管部门提名，选择专业人士担任，由政府委派。外部董事可兼任董事会下属专门委员会主席，按照公司治理结构的议事规则对国有资本投资、运营公司的重大事项发表相关领域专业意见。

政府或国有资产监管机构委派外部董事要注重拓宽外部董事来源，人员选择要符合国有资本投资、运营公司定位和专业要求，建立外部董事评价机制，确保充分发挥外部董事作用。

3. 经理层

国有资本投资、运营公司的经理层根据董事会授权负责国有资本日常投资运营。董事长与总经理原则上不得由同一人担任。

国有资产监管机构授权的国有资本投资、运营公司党组织隶属中央、地方党委或国有资产监管机构党组织管理，领导班子及其成员的管理，以改组的企业集团为基础，根据具体情况区别对待。其中，由中管企业改组组建的国有资本投资、运营公司，领导班子及其成员由中央管理；由非中管的中央企业改组组建或新设的国有资本投资、运营公司，领导班子及其成员的管理按照干部管理权限确定。

政府直接授权的国有资本投资、运营公司党组织隶属中央或地方党委管理，领导班子及其成员由中央或地方党委管理。

国有资本投资、运营公司董事长、董事（外部董事除外）、高级经理人员，原则上不得在其他有限责任公司、股份有限公司或者其他经济组织兼职。

（五）运行模式

1. 组织架构

国有资本投资、运营公司要按照市场化、规范化、专业化的管理导向，建立职责清晰、精简高效、运行专业的管控模式，分别结合职能定位具体负责战略规划、制度建设、资源配置、资本运营、财务监管、风险管控、绩效评价等事项。

2. 履职行权

国有资本投资、运营公司应积极推动所持股企业建立规范、完善的法人治理结构，并通过股东大会表决、委派董事和监事等方式行使股东权利，形成以资本为纽带的投资与被投资关系，协调和引导所持股企业发展，实现有关战略意图。国有资本投资、运营公司委派的董事、监事要依法履职行权，对企业负有忠实义务和勤勉义务，切实维护股东权益，不干预所持股企业日常经营。

3. 选人用人机制

国有资本投资、运营公司要建立派出董事、监事候选人员库，由董事会下设的提名委员会根据拟任职公司情况提出差额适任人选，报董事会审议、任命。同时，要加强对派出董事、监事的业务培训、管理和考核评价。

4. 财务监管

国有资本投资、运营公司应当严格按照国家有关财务制度规定，加强公司财务管理，防范财务风险。督促所持股企业加强财务管理，落实风险管控责任，提高运营效率。

5. 收益管理

国有资本投资、运营公司以出资人身份，按照有关法律法规和公司章程，对所持股企业的利润分配进行审议表决，及时收取分红，并依规上交国有资本收益和使用管理留存收益。

6. 考核机制

国有资本投资公司建立以战略目标和财务效益为主的管控模式，对所持股企业考核侧重于执行公司战略和资本回报状况。国有资本运营公司建立财务管控模式，对所持股企业考核侧重于国有资本流动和保值增值状况。

（六）监督与约束机制

1. 完善监督体系

整合出资人监管和审计、纪检监察、巡视等监督力量，建立监督工作会商机制，按照事前规范制度、事中加强监控、事后强化问责的原则，加强对国有资本投资、运营公司的统筹监督，提高监督效能。纪检监察机构加强对国有资本投资、运营公司党组织、董事会、经理层的监督，强化对国有资本投资、运营公司领导人员廉洁从业、行使权力等的监督。国有资本投资、运营公司要建立内部常态化监督审计机制和信息公开制度，加强对权力集中、资金密集、资源富集、资产聚集等重点部门和岗位的监管，在不涉及国家秘密和企业商业秘密的前提下，依法依规、及时准确地披露公司治理以及管理架构、国有资本整体运营状况、关联交易、企业负责人薪酬等信息，建设阳光国企，主动接受社会监督。

2. 实施绩效评价

国有资本投资、运营公司要接受政府或国有资产监管机构的综合考核评价。考核评价内容主要包括贯彻国家战略、落实国有资本布局和结构优化目标、执行各项法律法规制度和公司章程，重大问题决策和重要干部任免，国有资本运营效率、保值增值、财务效益等方面。

三、实施步骤

国有资本投资、运营公司试点工作应分级组织、分类推进、稳妥开展，并根据试点进展情况及时总结推广有关经验。中央层面，继续推进国有资产监管机构授权的国有资本投资、运营公司深化试点，并结合本实施意见要求不断完善试点工作。同时推进国务院直接授权的国有资本投资、运营公司试点，选择由财政部履行国有资产监管职责的中央企业以及中央党政机关和事业单位经营性国有资产集中统一监管改革范围内的企业稳步开展。地方层面，试点工作由各省级人民政府结合实际情况组织实施。

四、配套政策

（一）推进简政放权

围绕落实出资人职责的定位，有序推进对国有资本投资、运营公司的放权。将包括国有产权流转等决策事项的审批权、经营班子业绩考核和薪酬管理权等授予国有资本投资、运营公司，相关管理要求和运行规则通过公司组建方案和公司章程予以明确。

（二）综合改革试点

国有资本投资、运营公司所持股国有控股企业中，符合条件的可优先支持同时开展混合所有制改革、混合所有制企业员工持股、推行职业经理人制度、薪酬分配差异化改革等其他改革试点，充分发挥各项改革工作的综合效应。

（三）完善支持政策

严格落实国有企业重组整合涉及的资产评估增值、土地变更登记和国有资产无偿划转等方面税收优惠政策。简化工商税务登记、变更程序。鼓励国有资本投资、运营公司妥善解决历史遗留问题、处置低效无效资产。制定国有资本投资、运营公司的国有资本经营预算收支管理政策。

五、组织实施

加快推进国有资本投资、运营公司改革试点，是深化国有企业改革的重要组成部分，是改革和完善国有资产管理体制的重要举措。国务院国有企业改革领导小组负责国有资本投资、运营公司试点工作的组织协调和督促落实。

中央组织部、国家发展改革委、财政部、人力资源和社会保障部、国务院国资委等部门按照职责分工制定落实相关配套措施，密切配合、协同推进试点工作。中央层面的国有资本投资、运营公司试点方案，按程序报党中央、国务院批准后实施。

  各省级人民政府对本地区国有资本投资、运营公司试点工作负总责，要紧密结合本地区实际情况，制定本地区国有资本投资、运营公司改革试点实施方案，积极稳妥组织开展试点工作。各省级人民政府要将本地区改革试点实施方案报国务院国有企业改革领导小组备案。

国务院

2018年7月14日

附录2

国务院关于印发改革国有资本授权经营体制方案的通知

国发〔2019〕9号

各省、自治区、直辖市人民政府,国务院各部委、各直属机构:

现将《改革国有资本授权经营体制方案》印发给你们,请认真贯彻落实。

国务院
2019年4月19日

改革国有资本授权经营体制方案

按照中共中央、国务院关于深化国有企业改革的决策部署,近年来,履行国有资本出资人职责的部门及机构(以下称出资人代表机构)坚持以管资本为主积极推进职能转变,制定并严格执行监管权力清单和责任清单,取消、下放、授权一批工作事项,监管效能有效提升,国有资产管理体制不断完善。但也要看到,政企不分、政资不分的问题依然存在,出资人代表机构与国家出资企业之间权责边界不够清晰,国有资产监管越位、缺位、错位的现象仍有发生,国有资本运行效率有待进一步提高。党中央、国务院对此高度重视,党的十九大明确提出,要完善各类国有资产管理体制,改革国有资本授权经营体制。为贯彻落实党的十九大精神,加快推进国有资本授权经营体制改革,进一步完善国有资产管理体制,推动国有经济布局结构调整,打造充满生机活力的现代国有企业,现提出以下方案。

一、总体要求

(一)指导思想

以习近平新时代中国特色社会主义思想为指导,全面贯彻党的十九大和十九届二中、三中全会精神,坚持和加强党的全面领导,坚持和完善社会主义基本经济制度,坚持社会主义市场经济改革方向,以管资本为主加强国有资产监管,切实转变出资人代表机构职能和履职方式,实现授权与监管相结合、放活与管好相统一,切实保障国有资本规范有序运行,促进国有资本做强做优做大,不断增强国有经济活力、控制力、影响力和抗风险能力,培育具有全球竞争力的世界一流企业。

(二)基本原则

——坚持党的领导。将坚持和加强党对国有企业的领导贯穿国有资本授权经营体制改革全过程和各方面,充分发挥党组织的领导作用,确保国有企业更好地贯彻落实党和国家方针政策、重大决策部署。

——坚持政企分开政资分开。坚持政府公共管理职能与国有资本出资人职能分开,依法理顺政府与国有企业的出资关系,依法确立国有企业的市场主体地位,最大限度减少政府对市场活动的直接干预。

——坚持权责明晰分类授权。政府授权出资人代表机构按照出资比例对国家出资企业履行出资人职责,科学界定出资人代表机构权责边界。国有企业享有完整的法人财产权和充分的经营自主权,承担国有资产保值增值责任。按照功能定位、治理能力、管理水平等企业发展实际情况,一企一策地对国有企业分类授权,做到权责对等、动态调整。

——坚持放管结合完善机制。加快调整优化出资人代表机构职能和履职方式,加强清单管理和事中事后监管,该放的放权到位、该管的管住管好。建立统一规范的国有资产监管制度体系,精简监管事项,明确监管重点,创新监管手段,提升监管水平,防止国有资产流失,确保国有资产保值增值。

(三)主要目标

出资人代表机构加快转变职能和履职方式,切实减少对国有企业的行政干预。国有企业依法建立规范的董事会,董事会职权得到有效落实。将更多具备条件的中央企业纳入国有资本投资、运营公司试点范围,赋予企业更多经营自主权。到2022年,基本建成与中国特色现代国有企业制度相适应的国有资本授权经营体制,出资人代表机构与国家出资企业的权责边界界定清晰,授权放权机制运行有效,国有资产监管实现制度完备、标准统一、管理规范、实时在线、精准有力,国有企业的活力、创造力、市场竞争力和风险防控能力明显增强。

二、优化出资人代表机构履职方式

国务院授权国资委、财政部及其他部门、机构作为出资人代表机构,对国家出资企业履行出资人职责。出资人代表机构作为授权主体,要依法科学界定职责定位,加快转变履职方式,依据股权关系对国家出资企业开展授权放权。

(一)实行清单管理

制定出台出资人代表机构监管权力责任清单,清单以外事项由企业依法自主决策,清单以内事项要大幅减少审批或事前备案。将依法应由企业自主经营决策的事项归位于企业,将延伸到子企业的管理事项原则上归位于一级企业,原则上不干预企业经理层和职能部门的管理工作,将配合承担的公共管理职能归位于相关政府部门和单位。

(二)强化章程约束

依法依规、一企一策地制定公司章程,规范出资人代表机构、股东会、党组织、董事会、经理层和职工代表大会的权责,推动各治理主体严格依照公司章程行使权利、履行义务,充分发挥公司章程在公司治理中的基础作用。

(三)发挥董事作用

出资人代表机构主要通过董事体现出资人意志,依据股权关系向国家出资企业委派董事或提名董事人选,规范董事的权利和责任,明确工作目标和重点;建立出资人代表机构与董事的沟通对接平台,建立健全董事人才储备库和董事选聘、考评与培训机制,完善董事履职报告、董事会年度工作报告制度。

(四)创新监管方式

出资人代表机构以企业功能分类为基础,对国家出资企业进行分类管理、分类授权放权,切实转变行政化的履职方式,减少审批事项,强化事中事后监管,充分运用信息化手段,减轻企业工作负担,不断提高监管效能。

三、分类开展授权放权

出资人代表机构对国有资本投资、运营公司及其他商业类企业(含产业集团,下同)、公益类企业等不同类型企业给予不同范围、不同程度的授权放权,定期评估效果,采取扩大、调整或收回等措施动态调整。

(一)国有资本投资、运营公司

出资人代表机构根据《国务院关于推进国有资本投资、运营公司改革试点的实施意见》（国发〔2018〕23号）有关要求，结合企业发展阶段、行业特点、治理能力、管理基础等，一企一策有侧重、分先后地向符合条件的企业开展授权放权，维护好股东合法权益。授权放权内容主要包括战略规划和主业管理、选人用人和股权激励、工资总额和重大财务事项管理等，亦可根据企业实际情况增加其他方面授权放权内容。

战略规划和主业管理。授权国有资本投资、运营公司根据出资人代表机构的战略引领，自主决定发展规划和年度投资计划。国有资本投资公司围绕主业开展的商业模式创新业务可视同主业投资。授权国有资本投资、运营公司依法依规审核国有资本投资、运营公司之间的非上市公司产权无偿划转、非公开协议转让、非公开协议增资、产权置换等事项。

选人用人和股权激励。授权国有资本投资、运营公司董事会负责经理层选聘、业绩考核和薪酬管理（不含中管企业），积极探索董事会通过差额方式选聘经理层成员，推行职业经理人制度，对市场化选聘的职业经理人实行市场化薪酬分配制度，完善中长期激励机制。授权国有资本投资、运营公司董事会审批子企业股权激励方案，支持所出资企业依法合规采用股票期权、股票增值权、限制性股票、分红权、员工持股以及其他方式开展股权激励，股权激励预期收益作为投资性收入，不与其薪酬总水平挂钩。支持国有创业投资企业、创业投资管理企业等新产业、新业态、新商业模式类企业的核心团队持股和跟投。

工资总额和重大财务事项管理。国有资本投资、运营公司可以实行工资总额预算备案制，根据企业发展战略和薪酬策略、年度生产经营目标和经济效益，综合考虑劳动生产率提高和人工成本投入产出率、职工工资水平市场对标等情况，结合政府职能部门发布的工资指导线，编制年度工资总额预算。授权国有资本投资、运营公司自主决策重大担保管理、债务风险管控和部分债券类融资事项。

政府直接授权的国有资本投资、运营公司按照有关规定对授权范围内的国有资本履行出资人职责，遵循有关法律和证券市场监管规定开展国有资本运作。

（二）其他商业类企业和公益类企业

对未纳入国有资本投资、运营公司试点的其他商业类企业和公益类企业，要充分落实企业的经营自主权，出资人代表机构主要对集团公司层面实施监管或依据股权关系参与公司治理，不干预集团公司以下各级企业生产经营具体事项。对其中已完成公司制改制、董事会建设较规范的企业，要逐步落实董事会职权，维护董事会依法行使重大决策、选人用人、薪酬分配等权利，明确由董事会自主决定公司内部管理机构设置、基本管理制度制定、风险内控和法律合规管理体系建设以及履行对所出资企业的股东职责等事项。

四、加强企业行权能力建设

指导推动国有企业进一步完善公司治理体系，强化基础管理，优化集团管控，确保各项授权放权接得住、行得稳。

（一）完善公司治理

按照建设中国特色现代国有企业制度的要求，把加强党的领导和完善公司治理统一起来，加快形成有效制衡的公司法人治理结构、灵活高效的市场化经营机制。建设规范高效的董事会，完善董事会运作机制，提升董事会履职能力，激发经理层活力。要在所出资企业积极推行经理层市场化选聘和契约化管理，明确聘期以及企业与经理层成员双方的权利与责任，强化刚性考核，建立退出机制。

（二）夯实管理基础

按照统一制度规范、统一工作体系的原则，加强国有资产基础管理。推进管理创新，优化总部职能和管理架构。深化企业内部三项制度改革，实现管理人员能上能下、员工能进能出、收入能增能减。不断强化风险防控体系和内控机制建设，完善内部监督体系，有效发挥企业职工代表大会和内部审计、巡视、纪检监察等部门的监督作用。

（三）优化集团管控

国有资本投资公司以对战略性核心业务控股为主，建立以战略目标和财务效益为主的管控模式，重点关注所出资企业执行公司战略和资本回报状况。国有资本运营公司以财务性持股为主，建立财务管控模式，重点关注国有资本流动和增值状况。其他商业类企业和公益类企业以对核心业务控股为主，建立战略管控和运营管控相结合的模式，重点关注所承担国家战略使命和保障任务的落实状况。

（四）提升资本运作能力

国有资本投资、运营公司作为国有资本市场化运作的专业平台，以资本为纽带、以产权为基础开展国有资本运作。在所出资企业积极发展混合所有制，鼓励有条件的企业上市，引进战略投资者，提高资本流动性，放大国有资本功能。增强股权运作、价值管理等能力，通过清理退出一批、重组整合一批、创新发展一批，实现国有资本形态转换，变现后投向更需要国有资本集中的行业和领域。

五、完善监督监管体系

通过健全制度、创新手段，整合监督资源，严格责任追究，实现对国有资本的全面有效监管，切实维护国有资产安全，坚决防止国有资产流失。

（一）搭建实时在线的国资监管平台

出资人代表机构要加快优化监管流程、创新监管手段，充分运用信息技术，整合包括产权、投资和财务等在内的信息系统，搭建连通出资人代表机构与企业的网络平台，实现监管信息系统全覆盖和实时在线监管。建立模块化、专业化的信息采集、分析和报告机制，加强信息共享，增强监管的针对性和及时性。

（二）统筹协同各类监督力量

加强国有企业内部监督、出资人监督和审计、纪检监察、巡视监督以及社会监督，结合中央企业纪检监察机构派驻改革的要求，依照有关规定清晰界定各类监督主体的监督职责，有效整合企业内外部监督资源，增强监督工作合力，形成监督工作闭环，加快建立全面覆盖、分工明确、协同配合、制约有力的国有资产监督体系，切实增强监督有效性。

（三）健全国有企业违规经营投资责任追究制度

明确企业作为维护国有资产安全、防止流失的责任主体，健全内部管理制度，严格执行国有企业违规经营投资责任追究制度。建立健全分级分层、有效衔接、上下贯通的责任追究工作体系，严格界定违规经营投资责任，严肃追究问责，实行重大决策终身责任追究制度。

六、坚持和加强党的全面领导

将坚持和加强党的全面领导贯穿改革的全过程和各方面，在思想上政治上行动上同党中央保持高度一致，为改革提供坚强有力的政治保证。

（一）加强对授权放权工作的领导

授权主体的党委（党组）要加强对授权放权工作的领导，深入研究授权放权相关问题，加强行权能力建设，加快完善有效监管体制，抓研究谋划、抓部署推动、抓督促落实，确保中央关于国有资本授权经营体制改革的决策部署落实到位。

（二）改进对企业党建工作的领导、指导和督导

上级党组织加强对国有企业党建工作的领导，出资人代表机构党组织负责国家出资企业党的建设。国家出资企业党组织要认真落实党中央、上级党组织、出资人代表机构党组织在党的领导、党的建设方面提出的工作要求。在改组组建国有资本投资、运营公司过程中，按照"四同步""四对接"的要求调整和设置党的组织、开展党的工作，确保企业始终在党的领导下开展工作。

（三）充分发挥企业党组织的领导作用

企业党委（党组）要切实发挥领导作用，把方向、管大局、保落实，依照有关规定讨论和决定企业重大事项，并作为董事会、经理层决策重大事项的前置程序。要妥善处理好各治理主体的关系，董事会、经理层等治理主体要自觉维护党组织权威，根据各自职能分工发挥作用，既要保证董事会对重大问题的决策权，又要保证党组织的意图在重大决策中得到体现。董事会、经理层中的党员要坚决贯彻落实党组织决定，向党组织报告落实情况。在推行经理层成员聘任制和契约化管理、探索职业经理人制度等改革过程中，要把坚持党管干部原则和发挥市场机制作用结合起来，保证党对干部人事工作的领导权和对重要干部的管理权，落实董事会、经理层的选人用人权。

七、周密组织科学实施

各地区、各部门、各出资人代表机构和广大国有企业要充分认识推进国有资本授权经营体制改革的重要意义，准确把握改革精神，各司其职、密切配合，按照精细严谨、稳妥推进的工作要求，坚持一企一策、因企施策，不搞批发式、不设时间表，对具备条件的，成熟一个推动一个，运行一个成功一个，不具备条件的不急于推进，确保改革规范有序进行，推动国有企业实现高质量发展。

（一）加强组织领导，明确职责分工

国务院国有企业改革领导小组负责统筹领导和协调推动国有资本授权经营体制改革工作，研究协调相关重大问题。出资人代表机构要落实授权放权的主体责任。国务院国有企业改革领导小组各成员单位及有关部门根据职责

分工，加快研究制定配套政策措施，指导推动改革实践，形成合力共同推进改革工作。

（二）健全法律政策，完善保障机制

加快推动国有资本授权经营体制改革涉及的法律法规的立改废释工作，制定出台配套政策法规，确保改革于法有据。建立健全容错纠错机制，全面落实"三个区分开来"，充分调动和激发广大干部职工参与改革的积极性、主动性和创造性。

（三）强化跟踪督导，确保稳步推进

建立健全督查制度，加强跟踪督促，定期总结评估各项改革举措的执行情况和实施效果，及时研究解决改革中遇到的问题，确保改革目标如期实现。

（四）做好宣传引导，营造良好氛围

坚持鼓励探索、实践、创新的工作导向和舆论导向，采取多种方式解读宣传改革国有资本授权经营体制的方针政策，积极宣介推广改革典型案例和成功经验，营造有利于改革的良好环境。

各省（自治区、直辖市）人民政府要按照本方案要求，结合实际推进本地区国有资本授权经营体制改革工作。

金融、文化等国有企业的改革，按照中央有关规定执行。

附录3

国务院关于改革和完善国有资产管理体制的若干意见

国发〔2015〕63号

各省、自治区、直辖市人民政府，国务院各部委、各直属机构：

改革开放以来，我国国有资产管理体制改革稳步推进，国有资产出资人代表制度基本建立，保值增值责任初步得到落实，国有资产规模、利润水平、竞争能力得到较大提升。但必须看到，现行国有资产管理体制中政企不分、政资不分问题依然存在，国有资产监管还存在越位、缺位、错位现象；国有资产监督机制不健全，国有资产流失、违纪违法问题在一些领域和企业比较突出；国有经济布局结构有待进一步优化，国有资本配置效率不高等问题亟待解决。按照《中共中央关于全面深化改革若干重大问题的决定》和国务院有关部署，现就改革和完善国有资产管理体制提出以下意见。

一、总体要求

（一）指导思想

深入贯彻落实党的十八大和十八届二中、三中、四中全会精神，按照党中央、国务院决策部署，坚持和完善社会主义基本经济制度，坚持社会主义市场经济改革方向，尊重市场经济规律和企业发展规律，正确处理好政府与市场的关系，以管资本为主加强国有资产监管，改革国有资本授权经营体制，真正确立国有企业的市场主体地位，推进国有资产监管机构职能转变，适应市场化、现代化、国际化新形势和经济发展新常态，不断增强国有经济活力、控制力、影响力和抗风险能力。

（二）基本原则

坚持权责明晰。实现政企分开、政资分开、所有权与经营权分离，依法理顺政府与国有企业的出资关系。切实转变政府职能，依法确立国有企业的市场主体地位，建立健全现代企业制度。坚持政府公共管理职能与国有资产出资人职能分开，确保国有企业依法自主经营，激发企业活力、创新力和内生动力。

坚持突出重点。按照市场经济规则和现代企业制度要求，以管资本为主，以资本为纽带，以产权为基础，重点管好国有资本布局、规范资本运作、提高资本回报、维护资本安全。注重通过公司法人治理结构依法行使国有股东权利。

坚持放管结合。按照权责明确、监管高效、规范透明的要求，推进国有资产监管机构职能和监管方式转变。该放的依法放开，切实增强企业活力，提高国有资本运营效率；该管的科学管好，严格防止国有资产流失，确保国有资产保值增值。

坚持稳妥有序。处理好改革、发展、稳定的关系，突出改革和完善国有资产管理体制的系统性、协调性，以重点领域为突破口，先行试点，分步实施，统筹谋划，协同推进相关配套改革。

二、推进国有资产监管机构职能转变

（三）准确把握国有资产监管机构的职责定位

国有资产监管机构作为政府直属特设机构，根据授权代表本级人民政府对监管企业依法履行出资人职责，科学界定国有资产出资人监管的边界，专司国有资产监管，不行使政府公共管理职能，不干预企业自主经营权。以管资本为主，重点管好国有资本布局、规范资本运作、提高资本回报、维护资本安全，更好服务于国家战略目标，实现保值增值。发挥国有资产监管机构专业化监管优势，逐步推进国有资产出资人监管全覆盖。

（四）进一步明确国有资产监管重点

加强战略规划引领，改进对监管企业主业界定和投资并购的管理方式，遵循市场机制，规范调整存量，科学配置增量，加快优化国有资本布局结构。加强对国有资本运营质量及监管企业财务状况的监测，强化国有产权流转环节监管，加大国有产权进场交易力度。按照国有企业的功能界定和类别实行分类监管。改进考核体系和办法，综合考核资本运营质量、效率和收益，以经济增加值为主，并将转型升级、创新驱动、合规经营、履行社会责任等纳入考核指标体系。着力完善激励约束机制，将国有企业领导人员考核结果与职务任免、薪酬待遇有机结合，严格规范国有企业领导人员薪酬分配。建立健全与劳动力市场基本适应，与企业经济效益、劳动生产率挂钩的工资决定和正常增长机制。推动监管企业不断优化公司法人治理结构，把加强党的领导和完善公司治理统一起来，建立国有企业领导人员分类分层管理制度。强化国有资产监督，加强和改进外派监事会制度，建立健全国有企业违法违规经营责任追究体系、国有企业重大决策失误和失职渎职责任追究倒查机制。

（五）推进国有资产监管机构职能转变

围绕增强监管企业活力和提高效率，聚焦监管内容，该管的要科学管理、决不缺位，不该管的要依法放权、决不越位。将国有资产监管机构行使的投资计划、部分产权管理和重大事项决策等出资人权利，授权国有资本投资、运营公司和其他直接监管的企业行使；将依法应由企业自主经营决策的事项归位于企业；加强对企业集团的整体监管，将延伸到子企业的管理事项原则上归位于一级企业，由一级企业依法依规决策；将国有资产监管机构配合承担的公共管理职能，归位于相关政府部门和单位。

（六）改进国有资产监管方式和手段

大力推进依法监管，着力创新监管方式和手段。按照事前规范制度、事中加强监控、事后强化问责的思路，更多运用法治化、市场化的监管方式，切实减少出资人审批核准事项，改变行政化管理方式。通过"一企一策"制定公司章程、规范董事会运作、严格选派和管理股东代表和董事监事，将国有出资人意志有效体现在公司治理结构中。针对企业不同功能定位，在战略规划制定、资本运作模式、人员选用机制、经营业绩考核等方面，实施更加精准有效的分类监管。调整国有资产监管机构内部组织设置和职能配置，建立监管权力清单和责任清单，优化监管流程，提高监管效率。建立出资人监管信息化工作平台，推进监管工作协同，实现信息共享和动态监管。完善国有资产和国有企业信息公开制度，设立统一的信息公开网络平台，在不涉及国家秘密和企业商业秘密的前提下，依法依规及时准确地披露国有资本整体运营情况、企业国有资产保值增值及经营业绩考核总体情况、国有资产监管制度和监督检查情况，以及国有企业公司治理和管理架构、财务状况、关联交易、企业负责人薪酬等信息，建设阳光国企。

三、改革国有资本授权经营体制

（七）改组组建国有资本投资、运营公司

主要通过划拨现有商业类国有企业的国有股权，以及国有资本经营预算

注资组建，以提升国有资本运营效率、提高国有资本回报为主要目标，通过股权运作、价值管理、有序进退等方式，促进国有资本合理流动，实现保值增值；或选择具备一定条件的国有独资企业集团改组设立，以服务国家战略、提升产业竞争力为主要目标，在关系国家安全、国民经济命脉的重要行业和关键领域，通过开展投资融资、产业培育和资本整合等，推动产业集聚和转型升级，优化国有资本布局结构。

（八）明确国有资产监管机构与国有资本投资、运营公司关系

政府授权国有资产监管机构依法对国有资本投资、运营公司履行出资人职责。国有资产监管机构按照"一企一策"原则，明确对国有资本投资、运营公司授权的内容、范围和方式，依法落实国有资本投资、运营公司董事会职权。国有资本投资、运营公司对授权范围内的国有资本履行出资人职责，作为国有资本市场化运作的专业平台，依法自主开展国有资本运作，对所出资企业行使股东职责，维护股东合法权益，按照责权对应原则切实承担起国有资产保值增值责任。

（九）界定国有资本投资、运营公司与所出资企业关系

国有资本投资、运营公司依据公司法等相关法律法规，对所出资企业依法行使股东权利，以出资额为限承担有限责任。以财务性持股为主，建立财务管控模式，重点关注国有资本流动和增值状况；或以对战略性核心业务控股为主，建立以战略目标和财务效益为主的管控模式，重点关注所出资企业执行公司战略和资本回报状况。

（十）开展政府直接授权国有资本投资、运营公司履行出资人职责的试点工作

中央层面开展由国务院直接授权国有资本投资、运营公司试点等工作。地方政府可以根据实际情况，选择开展直接授权国有资本投资、运营公司试点工作。

四、提高国有资本配置和运营效率

（十一）建立国有资本布局和结构调整机制

政府有关部门制定完善经济社会发展规划、产业政策和国有资本收益管理规则。国有资产监管机构根据政府宏观政策和有关管理要求，建立健全国有资本进退机制，制定国有资本投资负面清单，推动国有资本更多投向关系

国家安全、国民经济命脉和国计民生的重要行业和关键领域。

（十二）推进国有资本优化重组

坚持以市场为导向、以企业为主体，有进有退、有所为有所不为，优化国有资本布局结构，提高国有资本流动性，增强国有经济整体功能和提升效率。按照国有资本布局结构调整要求，加快推动国有资本向重要行业、关键领域、重点基础设施集中，向前瞻性战略性产业集中，向产业链关键环节和价值链高端领域集中，向具有核心竞争力的优势企业集中。清理退出一批、重组整合一批、创新发展一批国有企业，建立健全优胜劣汰市场化退出机制，加快淘汰落后产能和化解过剩产能，处置低效无效资产。推动国有企业加快技术创新、管理创新和商业模式创新。推进国有资本控股经营的自然垄断行业改革，根据不同行业特点放开竞争性业务，实现国有资本和社会资本更好融合。

（十三）建立健全国有资本收益管理制度

财政部门会同国有资产监管机构等部门建立覆盖全部国有企业、分级管理的国有资本经营预算管理制度，根据国家宏观调控和国有资本布局结构调整要求，提出国有资本收益上交比例建议，报国务院批准后执行。在改组组建国有资本投资、运营公司以及实施国有企业重组过程中，国家根据需要将部分国有股权划转社会保障基金管理机构持有，分红和转让收益用于弥补养老等社会保障资金缺口。

五、协同推进相关配套改革

（十四）完善有关法律法规

健全国有资产监管法律法规体系，做好相关法律法规的立改废释工作。按照立法程序，抓紧推动开展企业国有资产法修订工作，出台相关配套法规，为完善国有资产管理体制夯实法律基础。根据国有企业公司制改革进展情况，推动适时废止全民所有制工业企业法。研究起草企业国有资产基础管理条例，统一管理规则。

（十五）推进政府职能转变

进一步减少行政审批事项，大幅度削减政府通过国有企业行政性配置资源事项，区分政府公共管理职能与国有资产出资人管理职能，为国有资产管理体制改革完善提供环境条件。推进自然垄断行业改革，实行网运分开、特许经营。加快推进价格机制改革，严格规范政府定价行为，完善市场发现、形成价格的机制。推进行政性垄断行业成本公开、经营透明，发挥社会监督作用。

（十六）落实相关配套政策

落实和完善国有企业重组整合涉及的资产评估增值、土地变更登记和国有资产无偿划转等方面税收优惠政策，切实明确国有企业改制重组过程中涉及的债权债务承接主体和责任，完善国有企业退出的相关政策，依法妥善处理劳动关系调整和社会保险关系接续等相关问题。

（十七）妥善解决历史遗留问题

加快剥离企业办社会职能，针对"三供一业"（供水、供电、供热和物业管理）、离退休人员社会化管理、厂办大集体改革等问题，制定统筹规范、分类施策的措施，建立政府和国有企业合理分担成本的机制。国有资本经营预算支出优先用于解决国有企业历史遗留问题。

（十八）稳步推进经营性国有资产集中统一监管

按照依法依规、分类推进、规范程序、市场运作的原则，以管资本为主，稳步将党政机关、事业单位所属企业的国有资本纳入经营性国有资产集中统一监管体系，具备条件的进入国有资本投资、运营公司。

金融、文化等国有企业的改革，中央另有规定的依其规定执行。

各地区要结合本地实际，制定具体改革实施方案，确保国有资产管理体制改革顺利进行，全面完成各项改革任务。

国务院

2015 年 10 月 25 日

附录 4

关于印发《国务院国资委授权放权清单（2019年版）》的通知

国资发改革〔2019〕52 号

各中央企业，各省、自治区、直辖市及计划单列市和新疆生产建设兵团国资委：

为深入贯彻党中央、国务院关于深化国资国企改革的决策部署，落实《国务院关于印发改革国有资本授权经营体制方案的通知》（国发〔2019〕9号）精神，加快实现从管企业向管资本转变，更好履行出资人职责，进一步加大授权放权力度，切实增强微观主体活力，我委制定了《国务院国资委授权放权清单（2019年版）》（以下简称《清单》），现印发给你们，并将有关事项通知如下：

一、分类开展授权放权

《清单》结合企业的功能定位、治理能力、管理水平等企业改革发展实际，分别针对各中央企业、综合改革试点企业、国有资本投资、运营公司试点企业以及特定企业相应明确了授权放权事项。同时，集团公司要对所属企业同步开展授权放权，做到层层"松绑"，全面激发各层级企业活力。

二、加强行权能力建设

各中央企业要坚持中国特色现代国有企业制度，把加强党的领导和完善公司治理统一起来，加快形成有效制衡的公司法人治理结构、灵活高效的市场化经营机制。要夯实管理基础，优化集团管控，健全完善风险、内控和合规体系，确保各项授权放权接得住、行得稳。

三、完善监督管理体系

国务院国资委将加强事中事后监管，采取健全监管制度、统筹监督力量、严格责任追究、搭建实时在线的国资监管平台等方式，确保该放的放权到位、该管的管住管好，实现授权与监管相结合、放活与管好相统一。

四、建立动态调整机制

国务院国资委将加强跟踪督导，定期评估授权放权的执行情况和实施效果，采取扩大、调整或收回等措施动态调整授权放权事项。

请各中央企业结合实际抓好贯彻落实，工作中遇到的情况和问题及时报告国务院国资委。

各地国资委要按照国发〔2019〕9号文件要求，结合实际积极推进本地区国有资本授权经营体制改革，制定授权放权清单，赋予企业更多自主权，促进激发微观主体活力与管住管好国有资本有机结合。国务院国资委将加强指导督促，推动授权放权工作有序开展、全面落实。

国务院国资委

2019年6月3日

国务院国资委授权放权清单（2019年版）

一、对各中央企业的授权放权事项

序号 授权放权事项

1. 中央企业审批所属企业的混合所有制改革方案（主业处于关系国家安全、国民经济命脉的重要行业和关键领域，主要承担重大专项任务的子企业除外）。

2. 中央企业决定国有参股非上市企业与非国有控股上市公司的资产重组事项。

3. 授权中央企业决定集团及所属企业以非公开协议方式参与其他子企业的增资行为及相应的资产评估（主业处于关系国家安全、国民经济命脉的重要行业和关键领域，主要承担重大专项任务的子企业除外）。

4. 中央企业审批所持有非上市股份有限公司的国有股权管理方案和股权变动事项（主业处于关系国家安全、国民经济命脉的重要行业和关键领域，主要承担重大专项任务的子企业除外）。

5. 中央企业审批国有股东所持有上市公司股份在集团内部的无偿划转、

非公开协议转让事项。

6. 中央企业审批国有参股股东所持有上市公司国有股权公开征集转让、发行可交换公司债券事项。

7. 中央企业审批未导致上市公司控股权转移的国有股东通过证券交易系统增持、协议受让、认购上市公司发行股票等事项。

8. 中央企业审批未触及证监会规定的重大资产重组标准的国有股东与所控股上市公司进行资产重组事项。

9. 中央企业审批国有股东通过证券交易系统转让一定比例或数量范围内所持有上市公司股份事项，同时应符合国有控股股东持股比例不低于合理持股比例的要求。

10. 中央企业审批未导致国有控股股东持股比例低于合理持股比例的公开征集转让、发行可交换公司债券及所控股上市公司发行证券事项。

11. 授权中央企业决定公司发行短期债券、中长期票据和所属企业发行各类债券等部分债券类融资事项。对于中央企业集团公司发行的中长期债券，国资委仅审批发债额度，在额度范围内的发债不再审批。

12. 支持中央企业所属企业按照市场化选聘、契约化管理、差异化薪酬、市场化退出的原则，采取公开遴选、竞聘上岗、公开招聘、委托推荐等市场化方式选聘职业经理人，合理增加市场化选聘比例，加快建立职业经理人制度。

13. 支持中央企业所属企业市场化选聘的职业经理人实行市场化薪酬分配制度，薪酬总水平由相应子企业的董事会根据国家相关政策，参考境内市场同类可比人员薪酬价位，统筹考虑企业发展战略、经营目标及成效、薪酬策略等因素，与职业经理人协商确定，可以采取多种方式探索完善中长期激励机制。

14. 对商业一类和部分符合条件的商业二类中央企业实行工资总额预算备案制管理。

15. 中央企业审批所属科技型子企业股权和分红激励方案，企业实施分红激励所需支出计入工资总额，但不受当年本单位工资总额限制、不纳入本单位工资总额基数，不作为企业职工教育经费、工会经费、社会保险费、补充养老及补充医疗保险费、住房公积金等的计提依据。

16. 中央企业集团年金总体方案报国资委事后备案，中央企业审批所属企业制定的具体年金实施方案。

17. 中央企业控股上市公司股权激励计划报国资委同意后，中央企业审批分期实施方案。

18. 支持中央企业在符合条件的所属企业开展多种形式的股权激励，股权激励的实际收益水平，不与员工个人薪酬总水平挂钩，不纳入本单位工资总额基数。

19. 中央企业决定与借款费用、股份支付、应付债券等会计事项相关的会计政策和会计估计变更。

20. 授权中央企业（负债水平高、财务风险较大的中央企业除外）合理确定公司担保规模，制定担保风险防范措施，决定集团内部担保事项，向集团外中央企业的担保事项不再报国资委备案。但不得向中央企业以外的其他企业进行担保。

21. 授权中央企业（负债水平高、财务风险较大的中央企业除外）根据《中央企业降杠杆减负债专项工作目标责任书》的管控目标，制定债务风险管理制度，合理安排长短期负债比重，强化对所属企业的资产负债约束，建立债务风险动态监测和预警机制。

二、对综合改革试点企业的授权放权事项（包括国有资本投资、运营公司试点企业、创建世界一流示范企业、东北地区中央企业综合改革试点企业、落实董事会职权试点企业等）

序号 授权放权事项

1. 授权董事会审批企业五年发展战略和规划，向国资委报告结果。中央企业按照国家规划周期、国民经济和社会发展五年规划建议，以及国有经济布局结构调整方向和中央企业中长期发展规划要求，组织编制本企业五年发展战略和规划，经董事会批准后实施。

2. 授权董事会按照《中央企业投资监督管理办法》（国资委令第34号）要求批准年度投资计划，报国资委备案。

3. 授权董事会决定在年度投资计划的投资规模内，将主业范围内的计划外新增投资项目与计划内主业投资项目进行适当调剂。相关投资项目应符合负面清单要求。

4. 授权董事会决定主业范围内的计划外新增股权投资项目，总投资规模变动超过10%的，应及时调整年度投资计划并向国资委报告。相关投资项目应符合负面清单要求。

三、对国有资本投资、运营公司试点企业的授权放权事项

序号 授权放权事项

1. 授权董事会按照企业发展战略和规划决策适度开展与主业紧密相关的商业模式创新业务,国资委对其视同主业投资管理。

2. 授权董事会在已批准的主业范围以外,根据落实国家战略需要、国有经济布局结构调整方向、中央企业中长期发展规划、企业五年发展战略和规划,研究提出拟培育发展的1~3个新业务领域,报国资委同意后,视同主业管理。待发展成熟后,可向国资委申请将其调整为主业。

3. 授权董事会在5%~15%的比例范围内提出年度非主业投资比例限额,报国资委同意后实施。

4. 授权国有资本投资、运营公司按照国有产权管理规定审批国有资本投资、运营公司之间的非上市企业产权无偿划转、非公开协议转让、非公开协议增资、产权置换等事项。

5. 授权董事会审批所属创业投资企业、创业投资管理企业等新产业、新业态、新商业模式类企业的核心团队持股和跟投事项,有关事项的开展情况按年度报国资委备案。

6. 授权中央企业探索更加灵活高效的工资总额管理方式。

四、对特定企业的授权放权事项

序号 授权放权事项

1. 对集团总部在香港地区、澳门地区的中央企业在本地区的投资,可视同境内投资进行管理。

2. 授权落实董事会职权试点中央企业董事会根据中央企业负责人薪酬管理有关制度,制定经理层成员薪酬管理办法,决定经理层成员薪酬分配。企业经理层成员薪酬管理办法和薪酬管理重大事项报国资委备案。

3. 授权落实董事会职权试点中央企业董事会对副职经理人员进行评价,评价结果按一定权重计入国资委对企业高管人员的评价中。

4. 授权行业周期性特征明显、经济效益年度间波动较大或者存在其他特殊情况的中央企业,工资总额预算可以探索按周期进行管理,周期最长不超过三年,周期内的工资总额增长应当符合工资与效益联动的要求。

附录 5

中央企业国有资本投资公司改革试点企业名单

第一批试点企业（2014 年）

1. 国家开发投资集团有限公司
2. 中粮集团有限公司

第二批试点企业（2016 年）

3. 中国神华集团有限责任公司（2017 年与中国国电集团重组为国家能源投资集团有限责任公司）
4. 中国宝武钢铁集团有限公司
5. 中国五矿集团有限公司
6. 招商局集团有限公司
7. 中国交通建设集团有限公司
8. 中国保利集团有限公司

第三批试点企业（2018 年）

9. 中国航空工业集团有限公司
10. 国家电力投资集团有限公司
11. 中国机械工业集团有限公司
12. 中国铝业集团有限公司
13. 中国远洋海运集团有限公司
14. 中国通用技术（集团）控股有限责任公司
15. 华润（集团）有限公司
16. 中国建材集团有限公司
17. 新兴际华集团有限公司
18. 中国广核集团有限公司
19. 南光（集团）有限公司

参考文献

一、专著

[1] 习近平. 习近平谈治国理政[M]. 北京：外文出版社，2014.

[2] 习近平. 习近平谈治国理政（第3卷）[M]. 北京：外文出版社，2020.

[3] 习近平. 关于社会主义经济建设论述摘编[M]. 北京：中央文献出版社，2017.

[4] 毛泽东. 毛泽东选集（第2卷）[M]. 北京：人民出版社，2008.

[5] 列宁全集（第6卷）[M]. 北京：人民出版社，1986.

[6] 马克思. 资本论（第1卷）[M]. 北京：人民出版社，2018.

[7] 马克思. 资本论（第2卷）[M]. 北京：人民出版社，2018.

[8] 马克思恩格斯文集（第6卷）[M]. 北京：人民出版社，2009.

[9] 马克思恩格斯选集（第1卷）[M]. 北京：人民出版社，1995.

[10] 马克思恩格斯全集（第46卷）[M]. 北京：人民出版社，1979.

[11] 中共中央宣传部，国家发展和改革委员会. 习近平经济思想学习纲要[M]. 北京：人民出版社、学习出版社，2022.

[12] 全国干部培训教材编审指导委员会. 建设现代经济体系[M]. 北京：人民出版社、党建读物出版社，2019.

[13] 邵宁. 国有企业改革实录（1998—2008）[M]. 北京：经济科学出版社，2014.

[14] 邵宁. 启思录：邵宁文集[M]. 北京：中国经济出版社，2019.

[15] 郑海航，邵宁. 国有资产出资人代表：大型集团公司成为国家授权投资机构实施研究[M]. 北京：经济管理出版社，1999.

[16] 国企改革历程编写组. 国企改革历程（1918—2018）[M]. 北京：中国经济出版社，2019.

[17] 董大海. 中国国有企业基本理论导读[M]. 北京：人民出版社，2020.

[18] 本书编写组. 国企改革若干问题研究[M]. 北京：中国经济出版社，2017.

[19] 国务院国资委改革办. 国企改革探索与实践——中央企业集团15例

[M]．北京．中国经济出版社，2018．

[20] 国务院国资委改革办，国务院国资委新闻中心．改革实践：国资国企改革试点案例集［M］．北京：机械工业出版社，2019．

[21] 国务院国资委研究中心．做强做优世界一流［M］．北京：中国经济出版社，2012．

[22] 蔡昉，张晓晶．构建新时代中国特色社会主义政治经济学［M］．北京：中国社会科学出版社，2021．

[23] 徐乐江．宝钢董事会运作实践［M］．上海：上海人民出版社，2014．

[24] 宁高宁．为什么：企业人思考笔记［M］．北京：机械工业出版社，2007．

[25] 沈翎，薛飞，彭彭．大企业的战略选择：资本魔方与上市顶层设计［M］．北京：中信出版社，2015．

[26] 魏斌．价值之道：公司价值管理的最佳实践［M］．北京：中信出版社，2020．

[27] 国家开发投资集团有限公司编写组．国投的逻辑：解码国投集团15A［M］．北京：机械工业出版社，2019．

[28] 招商局集团公司治理与管理模式课题组．招商局集团公司治理与管理模式探索与实践［M］．北京：机械工业出版社，2019．

[29] 符胜斌．并购的艺术：交易的架构与策略［M］．北京：中国法制出版社，2021．

[30] 张夕勇．并购与管理整合［M］．北京：中国财政经济出版社，2004．

[31] 王昶．母子公司管理控制研究［M］．北京：经济科学出版社，2012．

[32] 周春生．融资、并购与公司控制［M］．北京：北京大学出版社，2007．

[33] 蓝定香．大型国企产权多元化改革研究［M］．北京：人民出版社，2012．

[34] 王悦．混改：资本视角的观察与思考［M］．北京：中信出版社，2019．

[35] 徐慧．国有产权、政府层级与集团内部资本市场运作机制［M］．北京：社会科学文献出版社，2018．

[36] 郑国洪．国有资产管理体制问题研究［M］．北京：中国检察出版社，2010．

[37] 庄乾志．集团治理与管控［M］．北京：社会科学文献出版社，2013．

[38] 谢杭生．产融结合研究［M］．北京：中国金融出版社，2000．

[39] 国家经贸委经济研究中心课题组．中国企业集团成长研究［M］．北京：中国城市出版社，2002．

[40] 中国证券投资基金业协会组. 股权投资基金 [M]. 北京：中国金融出版社，2017.

[41] 徐茂魁. 现代公司制度概论 [M]. 北京：中国人民大学出版社，2006.

[42] 武立东，黄海昕，王凯. 企业集团治理研究 [M]. 北京：高等教育出版社，2014.

[43] 王凤彬，等. 企业组织与管理制度 [M]. 北京：机械工业出版社，2012.

[44] 张维迎. 企业理论与中国企业改革 [M]. 上海：上海人民出版社，2019.

[45] 莫少昆，余继业. 问道淡马锡 [M]. 北京：中国经济出版社，2015.

[46] 严冰. 产权不完备性研究：兼论国有企业改革思路 [M]. 北京：知识产权出版社，2011.

[47] 漆思剑. 企业国有资产出资人监管法律制度研究 [M]. 北京：法律出版社，2020.

[48] 潘爱玲. 企业跨国并购后的整合管理 [M]. 北京：商务印书馆，2006.

[49] 中国集团公司促进会. 母子公司关系研究——企业集团的组织结构和管理控制 [M]. 北京：中国财政经济出版社，2004.

[50] 中央企业管理提升活动领导小组. 投资决策管理辅导手册 [M]. 北京：北京教育出版社，2012.

[51] 中央企业智库联盟. 中央企业改革发展研究：中央企业智库联盟重点课题研究成果 [M]. 北京：中国经济出版社，2020.

[52] 法律出版社法规中心. 2020最新公司法及司法解释汇编 [M]. 北京：法律出版社，2020.

[53] 于成永. 国有资本运营公司授权经营研究 [M]. 北京：南京大学出版社，2021.

[54] 国务院国有资产监督管理委员会研究局. 探索与研究：国有资产监管和国有企业改革研究报告（2014—2015）[M]. 北京：中国经济出版社，2016.

[55] 国务院国有资产监督管理委员会研究局. 探索与研究：国有资产监管和国有企业改革研究报告（2016—2017）[M]. 北京：中国经济出版社，2019.

[56] 国务院国有资产监督管理委员会研究局. 探索与研究：国有资产监管和国有企业改革研究报告（2018—2019）[M]. 北京：中国经济出版社，2020.

[57] 伊特韦尔，陈岱孙. 新帕尔格雷夫经济学大辞典 [M]. 北京：经济科学出版社，1996.

[58] 保罗·皮格纳塔罗. 财务模型与估值 [M]. 刘振山，张鲁晶，译. 北京：机械工业出版社，2015.

[59] 保罗·皮格纳塔罗. 并购、剥离与资产重组 [M]. 注册估值分析师协

会，译．北京：机械工业出版社，2018．

[60] 罗伯茨．并购之王：投行老狐狸深度披露企业并购内幕［M］．唐京燕，秦丹萍，译．北京：机械工业出版社，2018．

[61] 阿尔文·托夫勒．未来的冲击［M］．黄明坚，译．北京：中信出版社，2018．

[62] 卡普兰，诺顿．平衡记分卡：化战略为行动［M］．刘俊勇等，译．广州：广东经济出版社，2006．

二、期刊文章

[1] 习近平．不断开拓当代中国马克思主义政治经济学新境界［J］．求是，2020（16）．

[2] 习近平．在全国组织工作会议上的讲话［J］．党建研究，2018（9）．

[3] 郝鹏．深入实施国企改革三年行动 推动国资国企高质量发展［J］．求是，2021（2）．

[4] 李雯博．新时代国有企业的战略定位和历史使命——本刊记者专访国务院国资委党委书记郝鹏［J］．求是，2018（3）．

[5] 翁杰明．围绕"三个三"目标培育世界一流企业［J］．企业管理，2018（10）．

[6] 刘伟．当代中国马克思主义政治经济学新境界——学习习近平中国特色社会主义政治经济学［J］．政治经济学评论，2021（1）．

[7] 宁高宁．6S：保证公司正常发展的工具［J］．企业忠良，2006（2）．

[8] 吴立忠．论科学认识中国特色社会主义社会的资本［J］．哈尔滨学院学报，2016（7）．

[9] 王伟红，季恺阳，马运芝．国有资本投资公司改革的绩效影响评估及机理分析——以国投集团为例［J］．中国资产评估，2022（2）．

[10] 才华，周志文，王威，等．国有资本投资公司改革研究［J］．国企管理，2021（3）．

[11] 任志祥，刘海蛟．国有资本投资公司管理改革创新路径研究［J］．企业管理，2019（S1）．

[12] 齐军，李德荃，谢天翔．央企国有资本投资公司改革试点转正的经验与启示［J］．山东国资，2022（8）．

[13] 贺程．国有资本投资公司改革重在不断优化国有资本布局结构［J］．国资报告，2021（12）．

[14] 程杞国．论企业的核心资产［J］．发展论坛，2000（5）．

[15] 郑文平，苟文均．中国产融结合机制研究［J］．经济研究，2000（3）．

[16] 万亿，甘维，古晓慧．国有大型企业产融结合发展道路的选择［J］．中国市场，2008（9）．

[17] 李路阳，杨新明．国投：靠一流的管理抵御风险［J］．国际融资，2018（12）．

[18] 中国五金矿产进出口总公司．积极探索，勇于实践，努力推进国有资产授权经营试点工作［J］．国际贸易问题，1995（7）．

[19] 原晓红．推动国资委和中央企业全面从严治党向纵深发展——2019年国资委机关暨中央企业党风廉政建设和反腐败工作会议侧记［J］．中国纪检监察，2021（3）．

[20] 蔡昉．关于经济体制改革方法论的思考——学习习近平总书记系列讲话精神的体会［J］．中国社会科学院研究生院学报，2014（4）．

[21] 罗仲伟．中国国有企业改革：方法论和策略［J］．中国工业经济，2009（1）．

[22] 安娜，李鹤尊，刘俊勇．战略规划、战略地图与管理控制系统实施——基于华润集团的案例研究［J］．南开管理评论，2020（3）．

[23] 魏斌．企业管理体系的设立与运行——华润6S的发展与透视［J］．新理财，2005（4）．

[24] 李郡．改革国有资本授权经营体制的时代内涵［J］．上海市经济管理干部学院学报，2018（5）．

[25] 李南山．国资授权经营体制改革：理论、实践和路径变革［J］．上海市经济管理干部学院学报，2018（3）．

[26] 相洪东．国有资本投资运营公司授权经营体制改革对策探讨［J］．财经界，2020（21）．

[27] 沈乐平．母公司成为国家授权投资机构的法理依据［J］．经济与社会发展，2003（1）．

[28] 蒋凯，杨超，凌思远．我国国有资本授权经营演进历程及其阶段性特征［J］．财政科学，2019（1）．

[29] 齐军，李德荃，谢天翔．央企国有资本投资公司改革试点转正的经验与启示［J］．山东国资，2022（8）．

[30] 包头钢铁（集团）有限责任公司．基于国有资本投资公司改革实施集团化管控财务信息管理系统的构建与应用［J］．冶金财会，2020（7）．

[31] 王伟红，季恺阳，马运芝．国有资本投资公司改革的绩效影响评估及机理分析——以国投集团为例［J］．中国资产评估，2022（2）．

[32] 贺程．国有资本投资公司改革重在不断优化国有资本布局结构［J］．国

资报告，2021（12）．

［33］王倩倩．保利蹚出国有资本投资公司改革新路［J］．国资报告，2021（4）．

［34］马婧．国有企业改革背景下国有资本投资运营公司的治理结构优化［J］．中国市场，2022（3）．

［35］陈赟．国有资本投资运营公司的困境与改革［J］．科学发展，2021（9）．

［36］李郡．国有资本投资、运营改革试点：意义、环节和深化路径［J］．上海市经济管理干部学院学报，2019（5）．

［37］任志祥，刘海蛟．国有资本投资公司管理改革创新路径研究［J］．企业管理，2019（S1）．

［38］许宏才．推动国有资本市场化运作——详解推进国有资本投资、运营公司改革试点［J］．现代国企研究，2018（9）．

三、报纸文章

［1］习近平主持召开中央财经领导小组第十五次会议［N］．人民日报，2017-03-01（1）．

［2］习近平总书记调研东北三省并主持召开深入推进东北振兴座谈会纪实［N］．人民日报，2018-09-30（1）．

［3］习近平：在哲学社会科学工作座谈会上的讲话［N］．人民日报，2016-05-19（2）．

［4］习近平：在中国科学院第十七次院士大会、中国工程院第十二次院士大会上的讲话［N］．人民日报，2014-06-10（2）．

［5］习近平在江苏调研时强调　主动把握和积极适应经济发展新常态　推动改革开放和现代化建设迈上新台阶［N］．人民日报，2014-12-15（1）．

［6］习近平主持召开经济形势专家座谈会［N］．人民日报，2016-07-09（1）．

［7］习近平在看望参加政协会议的经济界委员时强调　坚持用全面辩证长远眼光分析经济形势　努力在危机中育新机于变局中开新局［N］．人民日报，2020-05-24（1）．

［8］习近平主持召开中央全面深化改革领导小组第二十二次会议强调　推动改革举措精准对焦协同发力　形成落实新发展理念的体制机制［N］．人民日报，2016-03-23（1）．

［9］中央经济工作会议在北京举行　习近平李克强作重要讲话［N］．人民日报，2013-12-14（1）．

［10］中央经济工作会议在北京举行 习近平李克强作重要讲话［N］.人民日报，2016-12-17（1）.

［11］刘志强.国有资本投资公司改革进展良好［N］.人民日报，2021-07-22（13）.

［12］吴储岐.让党务干部有作为有奔头［N］.人民日报，2017-07-04（18）.

［13］马骏.中央企业国有资本投资运营公司应加快深化改革［N］.中国经济时报，2021-01-27（4）.

［14］袁东明.地方国有资本投资运营公司试点的进展与建议［N］.中国经济时报，2021-02-02（4）.

［15］项安波.国有资本投资运营公司应加快全面转型与能力提升［N］.中国经济时报，2021-02-22（4）.

［16］项安波.有效发挥国有资本投资、运营公司功能作用［N］.经济参考报，2021-01-04，（6）.

四、网站文章

［1］共产党员网.习近平在全国国有企业党的建设工作会议上强调 坚持党对国有企业的领导不动摇 开创国有企业党的建设新局面［EB/OL］.［2016-10-11］.https：//news.12371.cn/2016/10/11/ARTI1476185678365715.shtml.

［2］共产党员网.习近平主持召开经济形势专家座谈会强调 坚定信心增强定力 坚定不移推进供给侧结构性改革［EB/OL］.［2016-07-08］.https：//news.12371.cn/2016/07/08/ARTI1467970946676748.shtml.

［3］共产党员网.习近平在全国组织工作会议上的讲话［EB/OL］.［2018-09-17］.https：//www.12371.cn/2018/09/17/ARTI1537150840597467.shtml.

［4］中国政府网.习近平出席中央人才工作会议并发表重要讲话［EB/OL］.［2021-09-28］.http：//www.gov.cn/xinwen/2021/09/28/content_5639868.htm.

［5］中国政府网.习近平在江苏徐州考察强调紧扣新时代要求推动改革发展［EB/OL］.［2017-12-14］.http：//www.gov.cn/xinwen/2017-12/14/content_5246749.htm.

［6］中国政府网.习近平：国企一定要改革，抱残守缺不行［EB/OL］.［2018-06-14］.http：//www.gov.cn/xinwen/2018-06/14/content_5298578.htm.

［7］中国政府网.习近平主持召开中央全面深化改革领导小组第三十五次会议［EB/OL］.［2017-05-23］.http：//www.gov.cn/xinwen/2017-05/23/content_5196189.htm.

［8］中国政府网.刘鹤出席国务院国有企业改革领导小组第四次会议及全国

国有企业改革三年行动动员部署电视电话会议并讲话［EB/OL］.［2020-09-27］. http：//www. gov. cn/guowuyuan/2020-09/27/content_ 5547693. htm？cid＝303.

［9］证券日报网. 国资委：深入推进国有资本投资、运营公司改革试点［EB/OL］.［2018-11-20］. http：//www. zqrb. cn/finance/hongguanjingji/2018-11-20/A1542691542692. html.

［10］国务院国资委官网. 翁杰明：精准发力　务求实效　推动国有资本投资公司改革走深走实［EB/OL］.［2021-07-22］. http：//www. sasac. gov. cn/n2588025/n2643314/c19848341/content. html.

［11］国务院国资委官网. 国资委深入推进国有资本投资公司改革［EB/OL］.［2022-06-20］. http：//www. sasac. gov. cn/n2588030/n2588924/c25197635/content. html.

［12］中国经济网. 中国宝武：发挥党委领导作用　改革完善重大事项决策机制［EB/OL］.［2019-12-08］. http：//www. ce. cn/cysc/ny/gdxw/201912/08/t20191208_ 33801850. shtml.

［13］共产党员网. 企业性质不仅仅取决于所有制［EB/OL］.［2015-05-11］. http：//theory. people. com. cn/n/2015/0511/c40531-26978578. html.

后 记

我对国有资本投资公司改革产生兴趣，源于2013年党的十八届三中全会。《中共中央关于全面深化改革若干重大问题的决定》提出，以管资本为主加强国有资产监管，改革国有资本授权经营体制，组建若干国有资本运营公司，支持有条件的国有企业改组为国有资本投资公司。从那时起，我的主要工作从公司治理、制度流程等一般企业管理转向了国企改革的研究和实操。作为主要执笔人和执行者，先后参与了中国五矿关于全面深化改革的指导意见、国有资本投资公司改革试点实施方案、改革三年行动实施方案（2020—2022年）等重要政策及方案的研究起草，亲身经历了中国五矿与中冶集团战略重组、长远锂科混合所有制改革及科创板上市、中钨高新"双百企业"改革和长沙矿冶院"科改示范企业"改革等重大改革。从2014年中粮集团、国投集团成为第一批国有资本投资公司改革试点的关注和羡慕，到2016年中国五矿成为第二批试点的欣喜和振奋，再到2022年国投集团、中国宝武转正成为正式国有资本投资公司的钦佩和反思，我们已经清晰看到国有资本投资公司将成为国有企业特别是中央企业的一种新的发展模式。通过对国有资本有效投资运营，国有资本投资公司将进一步提高国有资本投资效率、运营效益、布局结构合理性、转型创新引领性，夯实国有经济的主导地位，更好服务国家和人民。

记得2019年秋天，我在国资委改革局参加一个专项工作时，一位处长不经意地说："国有资本投资公司的改革实践已经很丰富，都可以写成一本书了。"说者无心，听者有意。在那一刻，我的心里便种下了一颗种子。作为亲历者和实践者，根据自己的所见、所做、所思、所悟，形成一本关于国有资本投资公司改革的工具书，将是一件有价值的事情。从2020年春节放假在家闭关起笔，到2023年新冠肺炎疫情消散成稿付梓，历时三年、笔耕不辍、抱书而眠，终于可以小心翼翼地拿出这本小册子，供各位读者批评指正、思考争鸣。

展望未来，在党的二十大精神指引下，在深化国资国企改革的新征程上，国有资本投资公司从概念到实践，改革模式将更加成熟定型，功能作用将更加有效发挥。可以预见，将会有更多的国有企业改革转型为国有资本投资公司，将会有更多的改革试点企业转正为正式的国有资本投资公司；同时，国资监管机构对国有资本投资公司的管理也将更加专业化、系统化，建立健全对国有资本投资公司遴选标准、授权放权、日常管理、动态调整等配套制度，指导推动国有资本投资公司改革向纵深推进。

本书的背景完全根植于新时代国企改革"1+N"政策文件和中央企业国有资本投资公司改革实践。在此，首先感谢我职业生涯最重要的组织中国五矿集团，是工作给予了我宝贵的精神财富和实践磨炼。其次，要感谢中国五矿各位高层领导及各级经理人，是他们的包容和帮助给了我做事的平台和成长的空间。再次，就是要感谢各位中央企业国有资本投资公司试点企业同仁，是他们不畏艰险、勇于拓荒的改革探索精神和最佳实践给予我思考总结的信心和灵感。这里需要特别感谢，在我写作过程中给予极大指导和帮助的领导和同事，他们是：集团公司办公室张从丽、孙轶、陈善刚、翁丽莎、孙荣飞、王之泉，战略发展部梁建波、肖庆华、王成思、林益欣、文海、孟牧，企业管理部（深改办）喻恩刚、黄冬梅、姜林国、郭超、邬媛、刘冰、邱海龙、杨成君、沈杰、王彦昭、王硕、张然、詹瞻，财务总部彭海清、胡佳超、戚琪、许露、马艳华，党组组织部张文进、闫峰、谭兆奎、袁昊、陈凯萌、杨坤、刘芳，资本运营部钱松、彭彭、刘茵、王霓、林杉杉，党群工作部张勇、朱玉、高培峻，科技管理部廖波、杨若晨，审计部黄巍、王晓东，法律部方朝英、仇悦，五矿经济研究院崔楠楠、陈俊全，中冶集团高岭、宋德春、李萍、贾凡，五矿国际朱丽娜、程是东，五矿发展陈绍荣、杨宏、谭巍、陈亚军、马建萍，五矿资本陈辉、肖斌，中钨高新汪全义、周建斌，长沙矿冶院雷志刚、郭轶、张刚，长远锂科刘海松、曾科，五矿勘查李建峰、王珊珊，五矿创投熊小兵、汪萍，等等。还要特别感谢集团公司总经理助理兼战略发展部部长薛飞先生、办公室主任曾刚先生、企业管理部（深改办）部长刘立军先生、党组组织部部长赵智先生、财务总部部长董甦先生、资本运营部部长王小榕先生、党群工作部部长王文海先生，在与他们的请教与讨论中，我的写作框架逐渐清晰。诸多同事有的换了岗位、有的已离开五矿，但他们都是国有资本投资公司改革的探索者、推动者和贡献者！特别感谢宗庆生先生、徐忠芬女士、姚子平先生、俞波先生，他们亦师亦友，对我孜孜不倦的指导和循循善诱的教导使我受益良多。

特别感谢国务院国资委改革办、改革局、资本局相关领导，国家发改委体改司相关领导，财政部资产司相关领导，广东省国资委有关部门领导，正是他们的工作指导和支持，为本书贡献了诸多思想火花。特别感谢国投集团改革办、中国宝武集团公司治理部、招商局集团战略发展部、华润集团战略管理部、中国建材集团改革办等国有资本投资公司试点企业的领导和同仁，是他们辛勤耕耘和探索实践，为本书提供了案例素材和框架指导。

特别感谢中国五矿集团原党组成员、副总经理、总会计师刘才明先生，才明总令人如沐春风，他对国有资本投资公司的深刻理解为我指点迷津。特别感谢惠每资本创始合伙人兼首席运营官许婉宁博士、毕马威中国区副主席江立勤先生、德勤风险咨询合伙人余云女士，他们对于国企改革的洞见和思考带给我很多启发。感谢中国经济出版社的专业团队，正是在崔姜薇社长、张博编辑指导支持下，本书有机会得以呈现。

在此，还要深深感谢中央财经大学孙国辉教授、中国人民大学吕一林教授，是两位恩师带我走进了管理学大门，也是两位教授的鼓励和关怀激励我坚持完成写作，心存温暖，不胜感激。

最后感谢我的家人。感谢母亲无时无刻的关怀和督促，感谢爱人杰梅无微不至的照料和慰藉，没有她们的理解和支持，我是难以坚持下来的。感谢父亲，教育我为人正直、做事认真。

限于本人学术水平有限，加之文笔"孱弱"，书中难免有不成熟和值得商榷之处，不当之处乃属作者文责，与作者工作单位和给予热情鼓励的领导、同事和朋友们无关。

真诚希望读者们提出宝贵意见。